Thought Frontiers in Strategic Management
of Instantiation-Based Knowledge
Structure

战略管理前沿思想
——基于多例化的知识结构

谭 聪 著（Roger C. Tan）

九州出版社
JIUZHOUPRESS

图书在版编目（CIP）数据

战略管理前沿思想：基于多例化的知识结构 ／ 谭聪
著. -- 北京 ：九州出版社，2014.3
ISBN 978-7-5108-2817-1

Ⅰ．①战… Ⅱ．①谭… Ⅲ．①企业管理－战略管理
Ⅳ．①F272

中国版本图书馆CIP数据核字(2014)第052792号

战略管理前沿思想：基于多例化的知识结构

作　　者	谭　聪 著
出版发行	九州出版社
出 版 人	黄宪华
地　　址	北京市西城区阜外大街甲35号　（100037）
发行电话	（010）68992190/2/3/5/6
网　　址	www.jiuzhoupress.com
电子信箱	jiuzhou@jiuzhoupress.com
印　　刷	北京华忠兴业印刷有限公司
开　　本	787毫米×1092毫米　16开
印　　张	18.25
字　　数	262千字
版　　次	2014年5月第1版
印　　次	2014年5月第1次印刷
书　　号	ISBN 978-7-5108-2817-1
定　　价	32.00元

前　言 > >

学习本书的意义

作为公司高层管理者，当你的企业正在不断出现亏损，董事会大部分人提出精简收缩的重组方案；而却有经理人逆流而上，主张加速扩张；你觉得后者的主张可行吗？

在公司处于逆境时期，有人提出要学习韦尔奇的改革路线，从战略开始，到组织结构，最后阶段是进行文化变革；而有人却主张把改革的路线顺序调转过来；你如何判断？

大多数人都认为弱势的中小企业应利用的竞争优势是掌握先机和主动性；而有的弱势企业却实行不竞争和滞后战略；你怎样评价？

企业环境复杂化的趋势增加了商业决策的风险。管理者拥有好的知识基础变得更加重要。以下所列的描述决策环境复杂性的每个因素，都要求管理者具有多种更好的知识来支持他们的决策：

· 每个决策都要考虑更多的变量；

· 管理领域中需要多领域的理论知识；

· 国内外竞争更加激烈，企业在改变战略模式，比如重新集中于优势业务上，收缩规模，以合作代替多元化；

· 解释战略规划和实施结果的理论和模型的质量正在提高；

· 政府不断调节社会和经济结构；

· 员工、股东、顾客、供应商和公共关系等利益相关者影响公司决策，他们比管理者有更多的内部和外部的信息，比以前更加关心自身的利益。

在这样一个环境中需要知道怎样去识别有用的信息和理论知识，怎样去识别一个决策是否具体和可行。而作为管理责任者，你要把高风险决策建立在这个知识结构之上，你要知道这样的决策分析如何进行；如何在管理决策环境中发展可用的技能和合理的方法。希望本书将满足你作为前沿思想的战略决策者的需要。

面对快速决策环境的挑战，战略思考和分析的方法体现出管理者能否将实践经验和理论知识进行有效融合，让解决问题的能力提升到新的高度。本书要表述的是，企业、非营利机构和公共组织的管理者和未来管理者，都需要培育前沿的战略管理思想和实践结合的能力。

但是并不容易。我们不能够把学者们的理论形成的专门学术类型和分支各自单一地应用到企业实践中去，企业实践需要多种类型理论思想的有效整合。现实是，企业实践在"零散地"运用"理论片段"。这样，企业在每个项目过程，感觉不到有一种理论结构——那是属于自己企业的能够指导不同实践过程的理论体系——始终在伴随。结果是企业界没有深刻体会到学者们从企业世界归纳而成的理论的强大力量；而另一方面很多学术界精英似乎面对企业环境显得无所适从。

为实践建立知识结构的战略管理研究是在这种令人不太满意的环境下进行的。往往战略管理的案例与理论和方法分析通常处理诸如人的态度、行为、绩效等方面的问题。企业人可能认为自己在这方面已经知道了很多，很难接受与自己观点不同的分析方法和结论。

尽管存在这些障碍，相信战略管理领域会不断取得更大的进步。因为新技术正在得到发展，严密的研究过程也在飞速进步。这种趋势的一个结果就是，与过去相比，建立在原理基础之上的决策在未来会被运用得更加广泛，那些还没有对这种变化做出准备的管理人员将处于严重的劣势。

管理者面临的困境是什么?

本书的案例如同现实企业经营中的情形，管理者面临的困境并不总是很清晰。比如，尽管管理者知道存在关注公司声誉的需要，但是由于职业经历短或者其他原因，管理者没有多少失败的经历，他就不清楚需要从哪方面来关注和发现公司声誉的问题。

由于战略思考的过程是从管理者的决策任务开始，管理者困境的准确定义就显得非常重要，但是要这么做经常非常困难。

以解决问题为目标

书中的各个案例中，都是要对管理者需要解决的问题做出反应。应用性分析注重于解决实际问题，虽然问题并不总是由消极因素引起的。然而无论是"消极的"问题，如纠正造成绩效恶化的公司文化，还是"积极的"问题，如评估通过多元化收购来保持公司增长的机会，解决问题都是案例分析的主要目标。

本书的案例分析基本上是为了解决与决策、行为或绩效相关的企业的实际问题。每个例子都能够被称为应用型研究，但不是纯学术性质的应用型研究。因为本书的案例不仅仅都是以解决问题为目标，而且像实际企业世界，需要做出即时的管理决策。

本书在做什么

企业的现实世界给予本人的想法是公司应该形成自己的理论 – 特定的知识结构。不同公司应能根据持续性的理想目标，对有关领域的理论学说进行有效整合，形成适合于指导自己公司行为的体系化工具。特别是公司理论体系应融合理性和非理性的思维模式，能够用来解决常常让我们进退两难的管理决策问题。但是实际上基于不同企业的不同公司理论体系的范畴是如此的庞大，一本书的内容似乎无法应付过来。本书的初衷是能够抛砖引玉。读者若能在实践中洞察到本书的知识结构可以灵活地运用，形成"多例化"来解决各种企业问题的话，将会令本人感到无比兴奋，因为那将是本人从读者身上获取智慧的难得的机会。

本书有关战略管理案例分析的内容与以下 3 个因素有必要的关联：

1. 引用 18 个不同类型的企业案例，它们大部分来自国家级管理创新成果的资料；根据案例资料来活用和整合学者们多领域的前沿理论，构成了理论前沿与实践前沿的战略管理体系。

2. 每个案例课题推导出若干满足问题需求的知识模块，它们之间具有逻辑性关系，也能够拆分开来。希望管理者能够根据解决不同问题的需要，把不同案例课题中的不同分析模块重新进行整合，形成新的适合自己公司或者项目的一套可遵循的思考方法和理论体系。这样的有效组合数量将近乎"无限"多。

3. 基于以上 1、2 点，希望本书如果不是全部，也起码有部分内容对读者有启发作用。

本书案例企业的管理者和全体员工在过去 20 多年中，目睹了企业环境发生的巨大变化。业界经历孕育期、婴儿期、青春期直到到成长期和成熟期，都体验到：管理科学和实践的演进、管理的群众性和社会性，往往是通过一次又一次的企业外部因素和内部因素轮番来驱动的。企业最初的经济角色不断进化。这些变化使管理者有了新的知识需求，也使我们在评价任何决策时都要考虑新的社会视角、经济视角、战略视角、营销视角以及组织伦理观所引发的战略问题。

每篇课题的结构安排

本书把围绕案例的战略管理课题定义为提供理论信息来指导企业作出系统性决策。每篇课题文章的思路体现了如下的基本结构方式：

1. 定义目的。每篇战略管理课题开头都说明分析的目的，包括主要问题和分析方向，让阅读者充分地理解要解决什么问题，以及解决问题的可行的建议。这个特点类似于明确某个问题目标，并且为后面的战略行动制定战略计划。

2. 陈述分析过程。每篇战略管理课题开头陈述了主要分析过程，以增强读者对问题分析本身及讨论的信心。这个特点相当于发展战略计划。

3. 计划研究设计。每篇文章的整体和部分的有关文字和图示勾画出分析的思路和分析程序。

这个特点相当于为每个战略制定详尽的行动计划。

本书的内在功能

报道功能。在公司案例中，部分篇幅是关于案例企业的报道。从这些报道中，读者需要知道应该评价公司的哪些信息。在管理研究中，这种知识主要从行为理论、代理理论、战略类型、财务管理、会计和市场营销过程中获得。在你职业生涯的早期阶段，你可能有机会进行一系列的报告型研究，因为这种研究方式是让你熟悉雇主和公司所在行业的良好途径；并且有助于你学会进行计划和测评。在这种情况下，你会碰到有关如何集中解决数量、成本、效率、效果等问题。

描述功能。在本书的论述中，对案例的描述并不是要有一个假说需要检验，而是列举企业实际问题发生的属性，为发展有关的适合公司的理论或者发现提供素材。读者可以根据案例企业的报道内容来理解案例分析如何重新组织资料内容，比如作出图表来描述案例中值得关注的有关变量，如：时间、地点、人物、事件过程，并且在这些变量间建立起关系，来确定一种对核心问题的定义或者表述，从中得到有关解决问题的启示。描述性分析可能不会得出明确的结论。但是企业管理者，特别是欠缺经验的管理者，如果能够保留和重视挖掘有关公司员工、消费者、供应商等的数据库，在将来的企业决策中可能成为非常有用的参考依据。

解释功能。解释和预测这两种分析方式都建立在理论基础之上。管理者应善于运用理论来解释描述中所观察到的现象发生的原因。比如，在企业界我们需要知道在责任范围内是什么导致问题以及是什么提供机会，而不是只有直觉就行。这样我们需要对案例事件尽可能提供看似合理的解释。案例分析中我们利用理论，或者至少是假设来解释产生某一特定现象的原因。

推测功能。在解释的基础上，我们就有可能预测类似的事件将在什么时间空间和什么情形发生。推测与解释一样，建立在运用理论与符合逻辑方法的基础之上。问题的答案可能引导出解决今后类似问题的路径。这也可能有助于发展一种更合适的、有关这种现象的公司理论。在企业活动中，那些用来评价项目进程或者预测现在和将来的价值效果的分析经常会运用到预测。

调控功能。最后，本书的案例分析是要表明这样一种思想：在实践中任何预测的偏差都是可调整的。我们能够调整已经作出解释和预测的结论，我们是要把预测作为坐标，在这个基础上通过反复调整来再次确定某个方案的某种更可靠的逻辑关系。调控的目标是要看到某个方案在反复调控的过程中能够保持某种因果关系确定不变，并将此作为某种公司行为的准则。但是，实践中现象的复杂性和理论的充分性在很大程度上决定了调控分析的有效性。

获得决策能力的价值

作为一个企业决策者，你经常会感到在选择一种行动方案之前需要更多的决策方法，你需要参照更多的公司案例。如果你要自己做出决策，而又不能依赖于他人的话，你可能会意识到你的选择比较有限，因为你常常要在没有任何足够信息的情况下根据直觉来做出决策判断；或者依靠自身合理的思考和分析技能来自己处理信息。

当你处于职业经理人生涯的早期阶段，你的经验有限，直觉判断也不是很可靠时，你无法做出可行的决策。但是应该能够清楚别人的哪种决策选择会更好些。

你也可能会被要求为决策者做战略分析。这样一种任务，经常会在你的职业生涯早期出现，可以被看成是一种晋升的好机会，可能给上级留下良好的印象。

你也可能作为决策者，需要从咨询公司那里购买研究服务或评估咨询公司提出的研究建议。如果你可以理解别人提出的研究方案，并能够充分地判断预期活动的质量以及这些活动将会对你的决策有帮助的可能性有多大时，你就可以为公司节省时间和金钱。

致 谢 > >

　　本书终于能够付诸出版，感触良多，不仅是因为一项工作的终结或者是结果，更多的是写作反映了我的工作经验和知识积累的全过程。在职业生涯中，面临最大的考验是如何解决数据内容上的限制。特别是在公司转型或者是失去发展的过程中，解决企业个案的描述不可能具备所有可以确定这些转型或者消退的具体过程的信息。此外，在所碰到的个案中，还有很大一部分根本无法满足生成基本变革的标准，所以企业进行变革的过程可能不会成功。但是这正是检验我对实际项目问题运用综合理性和有限理性的思考作为标准进行推导问题和开发有效途径的能力。最终的比较结果可能具有相当的启迪意义，在转型或是失去发展的过程中可能会涉及某些变革的关键组成部分。我要感谢所有给予我智慧的伟大的学者们和老师们。我要感谢职业生涯中给予我充满挑战的工作环境、真诚的帮助、启发以及值得回忆和自省的人和事。特别地：

　　感谢 ABB RAYMOND 公司的总经理 A. A. Newsome、产品经理 Thomas、营销经理 Grzelak，他们与我进行过的沟通和很多细节方面的讨论和具体协定，让我学习了行业的领先者如何在设计一直到现场施工和售后服务的整个过程，从顾客的战略要求和价值出发，主动进行调整，配合顾客制定有利于长远发展的战略规划，而又能够跟公司的产品和服务理念匹配。

　　感谢美国军队工程和服务中心的工程师 William N. Brabston，他多次给我提供的研究分析报告，让我体会到在高科技环境下，实践创新、生产率、成本（经济成本、社会成本、环境成本、维修效果成本）之间的具体关系和显著意义。

　　感谢得克萨斯州 A&M 大学系统工程和交通运输研究项目的 Freddy L. Roberts 博士，他让我领悟到企业多元化发展与多个行业产品、社会、环境的交互作用的意义和内涵。

　　感谢 EDCI 公司的 John M. McRae 总裁、Margaret M. Pugh 副总裁、E. Ray Brown 教授，Byron E. Ruth 教授和 L. E. Wood 教授在针对我们的 GTM 中国项目提出的技术方法和技术管理，让我认识到为什么以及如何把测试的范围、价值、标准、程序、安全和责任范围跟材料、操作和设备的风险和安全标准分离，来解决混合控制的有效性，来增强客户认识能力和产品可信赖性。

　　感谢 R.N.C. 公司的产品经理 Paul Kramer 和 Joseph Lao 教授关于 FDA/GRAS 的食品认证和食品原料认证的战略知识和经验交流。

　　感谢 Chesswood 公司 CEO，Pattricia Miller 博士向我介绍关于芳香疗法产品（生活）的 "多平面钻石" 组合概念。使我从独特的角度来认识到强势品牌的形成方式和协同关系。作为亚洲第一代的芳香疗法产品，我把该系列引进了亚洲市场。

感谢我曾经的同事 Thomas D. Kerr 律师，在解决跨国经营中的一系列复杂的法律问题上他给予的紧密支持。

感谢 BESCO 公司的工程总经理 R. Mailloux，他向我解释了铅酸电池产品设备和服务的"低技术"是基于能量、操作简便性和需要最少技术支持的概念，让我领悟到企业如何处理高技术竞争与顾客需求变化这样的关系，以及产品与服务模糊化的思想。

感谢 Champion 公司的副总裁 W. D. Mason，从他那里我学习了产品分级（Grader）与营销的内在交互作用。

感谢 Brown 公司的执行副总裁 T. A. Goodwin，他让我看到了管理者在订单和工程施工中偶发事件的处理能力。

感谢广州东圃桥梁施工队的施工队长，这位女大学毕业生领导其施工队伍克服了桥梁设计上的错误，与我和外方专家一道成功地进行了大型桥梁伸缩缝的安装，他们的团队精神、敬业态度和智慧使我认识到基层组织力量的重要性。

感谢多伦多仕加堡市市长 Frank Faubert，从他那里我了解了政府与企业社区建立伙伴关系的思想。在信息方面他给予我很大的帮助。

感谢多伦多市和麦勘市城市经济发展部门，他们向我提供了大量快捷而便利的信息和资料服务。

感谢多伦多市图书馆的工作人员，数年来你们伴随着我度过了美好时光，提供了大量的信息服务。

感谢美国驻多伦多领事馆，长期以来定期为我寄来产业破产局的和商业方面的资料和信息。

感谢曾经共事的 Antony Ashworth，在他的支持下，我能够自主地开展工作，接触了 130 多宗收购业务。

感谢曾经共事的黄文博总经理和黄小松博士，在那跨国经营的日子里，他们给予我的支持和理解，让我不能忘怀。

感谢曾经的董事长，我带走了当年他在麦勘市第 7 街某餐厅对我说过的一句话，它至今仍然是我强大的精神支柱。

目录 > >
contents

第十一章
战略重组：
收缩与扩张结合

**第十二章
战略组织结构：
先加后减的合并模式**

第一章　愿景和使命①：
与目标和绩效的一致性

Chapter 1

有人争辩道："什么公司愿景 (Vision) 和使命 (Mission) 都是多余的，是虚泛的东西而已，没有实在的承担的责任。赚取利润才是公司根本的激发因素。"这话对吗？

　　有人争辩道："什么公司愿景 (Vision) 和使命 (Mission) 都是多余的，是虚泛的东西而已，没有实在的承担的责任。赚取利润才是公司根本的激发因素。"这话对吗？

　　Rarick 和 Vitton 发现有正式使命表述的企业的净资产收益率 ROE 比没有正式使命表述的企业多出一倍。Bart 和 Baetz 发现使命表述和公司绩效之间存在正面的关系。商业周刊 (Business week) 报告说运用使命表述的企业，其回报率的财务指标比没有使命表述的企业高出 30%。然而 O'Gorman 和 Doran 发现没有全体员工的参与，使命表述并没有直接给财务绩效带来贡献。我们认为员工参与制定公司愿景和使命的有效性取决于它们能否在战略管理的全过程——包括目标、绩效和评估——保持一致性。主要表现有以下方面：

- ·能利用某种关联实体的知名度（如："国际性企业"）；愿景能引起一些积极的价值联想。
- ·与使命有关的关联实体标准的知识（如：财务指标）；
- ·目标与绩效评估有关标准的知识运用；从绩效向价值判断转换。
- ·相关标准的知识传递性，即潜在有价值、有意义的有关标准的知识能在愿景、使命、目标和绩效评估之间传递。

■　综合分析部分

公司战略管理过程参看图1。

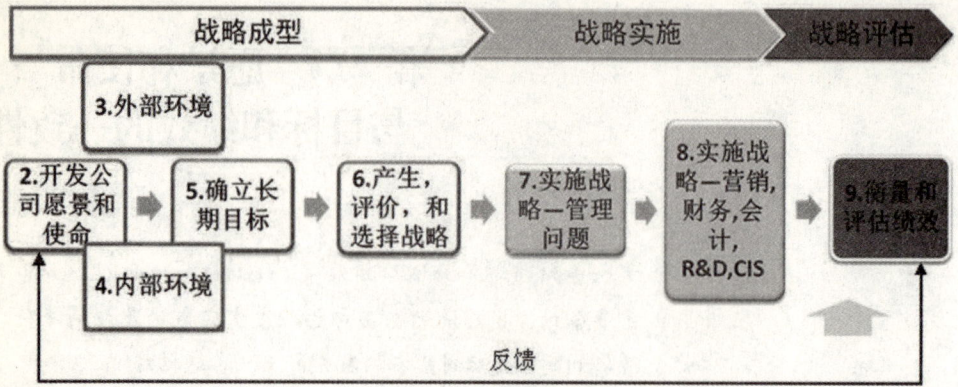

图 1. 战略管理模式

□　愿景表述的方式

　　当员工和管理者们一起为公司描绘愿景和使命时，最后定稿的描述能反映他们心中对未来的个人愿景。共同分享愿景能创造出利益的共同性，使员工们从日常单调的工作中得以提升，把自己投入到新的机会和挑战的世界。

1. 愿景

愿景 (Vision) – 我们想要成为什么

一个愿景表述回答此类的基本问题：我们要取得什么成就？

一个清晰的愿景描述应成为开发明了的使命描述的基础。

2. 启示

一个愿景描述应该短小，最好是一句话。

参与开发愿景描述的公司员工越多越好。

比如："发展为一个全国性组织体，并成为具代表性的 XX 领域的国家或者国际性成员。"

□　使命的内涵

使命表述在特定性（窄）和一般性（宽）之间达到平衡很难。

使命 (Mission) – 我们的事业

1. 使命表述的基本元素

在愿景的大方向下，使命 (Mission) 表述可有 9 个基本元素：

①顾客 – 对象是谁？

②产品或服务 – 公司的主要产品 / 服务

③市场 – 地理上公司竞争的市场

④科学技术 – 现代科技水平

⑤对生存和发展的关注 – 公司致力于成长的财务状况

⑥哲学理念 – 公司的基本价值观和伦理观

⑦自我概念 – 公司主要能力和竞争优势

⑧公众形象 – 围绕社会和环境等问题，行业关键成功因素

⑨员工 – 公司把员工看作是价值资产，而不是成本

2. 启示

好的使命表述通常范围较广，理由是：

· 好的使命表述要一般化，照顾到将来公司业务变化，需要重新选择战略目标；过度的针对性表述会限制公司将来创造性的成长潜力。过度精确的表述会对不断变化的环境产生抵制。

· 但是使命表述范围过广也会导致战略目标分散和过度多元化。

这样，使命表述在特定性（窄）和一般性（宽）之间达到有效平衡很难。

□ 使命与战略阶段

在设计有效的公司使命时，我们应能理解它是如何从愿景中衍生出意义，而它的每个关键元素又怎样能贯彻于每个战略阶段的目标。

3

1. 战略分析与成型阶段

在战略管理体系的前期 – 战略分析、战略成型和战略选择阶段，公司使命的有关元素是关于外部环境和内部环境分析、内部资源和外部关键因素整合以及具有核心竞争优势的目标形成的过程。图 2. 中的序号对应于公司使命表述中的序号。

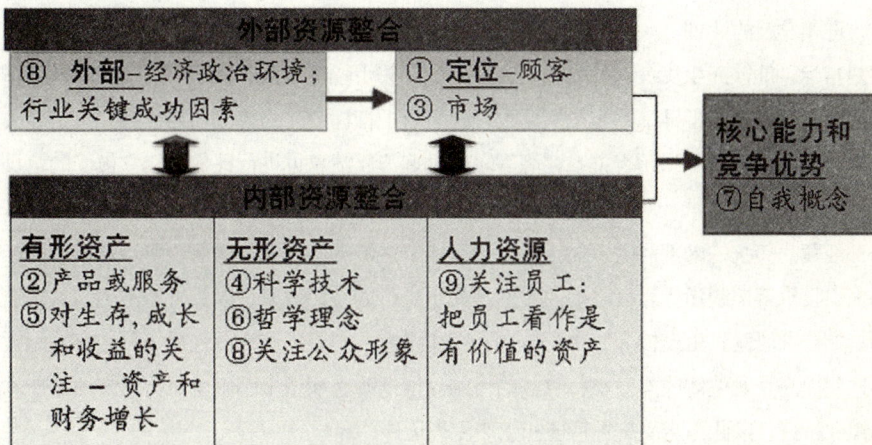

图 2. 使命关键元素在战略分析、成型和选择阶段的作用

2. 战略实施与评估阶段

在战略管理的中后期 – 实施和评估阶段，公司使命的关键元素也应贯穿客户层面、内部业务流程层面、财务层面、学习与成长层面。从平衡计分卡的内容，可看到战略实施和评估如何贯彻公司使命的精神。参看图 3。图中的序号跟使命表述的元素序号对应。

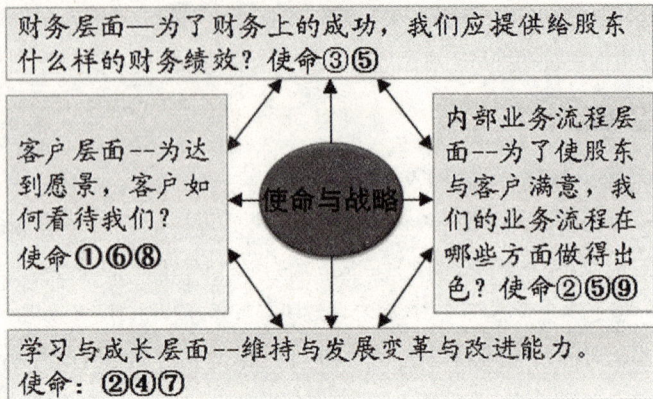

• 平衡计分

- ■ 客户层面
- ■ 财务层面
- ■ 内部业务流程层面
- ■ 学习与成长层面

财务层面—为了财务上的成功，我们应提供给股东什么样的财务绩效？使命③⑤

客户层面--为达到愿景，客户如何看待我们？使命①⑥⑧

使命与战略

内部业务流程层面--为了使股东与客户满意，我们的业务流程在哪些方面做得出色？使命②⑤⑨

学习与成长层面--维持与发展变革与改进能力。使命：②④⑦

图 3. 从平衡计分卡看战略实施和绩效评估的使命元素

3. 启示

从图 3 中看到，平衡评估超越了单纯用财务指标作为企业业绩评估的根据。传统的财务指标评估模式是问题发生后的事后控制，而不能预见问题并作出事前控制。要做到有效的事前控制，需要将企业愿景和使命转化为各级管理者和员工认可的具有逻辑和因果关系的评估指标，包括财务指标和非财务指标。有四方面战略性指标：财务、客户、管理和学习创新。

财务指标。成长期的企业财务指标注重销售增长；成长－成熟期的企业注重获利能力；成熟－衰退期的企业注重现金流。根据企业有关周期的特点，员工应能作出绩效和目标相关的能力概括、实施、改进和发展的计划。

客户指标。能够产生优良财务绩效的客户指标是关于顾客利益、顾客满意度、新顾客增长率和旧顾客保持率。战略指导下的客户指标改善政策可把指标细化为为公司与社会和投资者关系、产品和供应商关系；员工和顾客关系，等等。通过客户反馈意见进行评估、建立员工的培训和才能发展计划。

内部经营。传统的内部经营评估指标是基于各个经济部门的独立考评，重点是经济控制，如投资回报、股价等控制指标。战略绩效评估是关于生产能力和效率，以及价值链增值。重点是战略控制，如技术研发、生产投入、市场信息开发和顾客认同等工作方面进行资源的有效配置和共享，以达到提高企业整体成本效率和收益的目的。根据顾客期望来明确企业营运方面的技术参数和产品组件特征，以此再定义流程特征和生产流程运作。

学习创新。当企业的员工能够具有共同的愿景和使命感，并全力以赴去实现共同的目标时，员工就会感到有一个强有力的纽带，去促使他们共同学习，建立愿景和使命跟个人特定职能之间的逻辑关系。战略绩效评估跳出岗位职责的框框，根据成员对企业战略的理解和执行的能力，包括：沟通、头脑风暴、培训项目、新项目的参与和适应；进而评估成员的总结能力和发展能力，以及改进和创新建议的次数和有效程度，等等。总的来说，企业对环境急剧变化的适应能力取决于全体成员对未来企业和个人前景某种特定逻辑关系的认知能力和态度的积极转变。

以上四个关联战略性评估指标的中心思想是确定、调整以及发展关键的个人和组织的成功因素。尽管全面绩效计分卡是建立在关键成功因素的逻辑性因果关系基础之上，然而原来的逻辑关系可能随着战略变化而失去，比如，不同流程和工作环节之间的逻辑关系或者进行调整和改进，或者重新建立。关键成因与两方面的问题有关：首先，企业和战略模式的独特的领先指标是什么？第二，那些能够反映顾客和员工感受的指标是什么？这需要在信息披露的清晰可靠性和有效的财政资源控制方面同时保持高标准。

□ 使命与环境视角
运用公司愿景和使命元素来理解和解释外部和内部环境因素，进行匹配和整合，来构成具有竞争适应力的战略视觉。

战略视觉一般要考虑企业外部环境与内部环境关键要素。对这种战略性要素进行匹配的适宜性、可接受性，以及可行性的理解和认同离不开公司愿景和使命的指引，目的是要作出具有竞争优势的战略选择。图4表示企业的外部环境要素情况。

不同的战略思维往往决定了环境分析的顺序。比如，把国家政治风险放在第一位的外部环境分析往往忽视了不同产业、不同企业、不同城市的风险差别，忽视了当地市场潜力和市场力量。

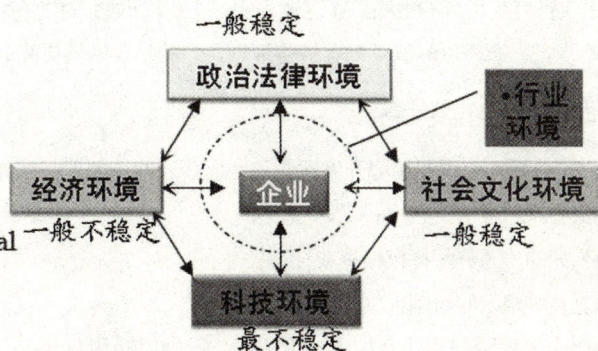

图4. 公司的外部环境

1. 外部环境

行业外部环境。 企业所在行业的外部环境因素是：政治法律环境，这是一般稳定的因素；社会文化环境，这也是一般稳定的因素；经济环境，这是一般不稳定的因素；科技环境，这是最不稳定的因素。外围环境变化对企业愿景和使命施加不同变化的影响力，企业要关注当地市场的经济收入状况、法规和政治关系、产品和服务所体现的意识形态、有关产品技术的优势和市场价值等，来确定融入当地市场的可能性。这是使命⑧所关注的方面。

行业环境。不同的战略思维往往决定了行业外部环境分析的顺序。比如，把政治风险和经济风险放在第一位的外围外部环境分析往往因为风险的存在而忽视了不同产业和不同企业的当地市场潜力，从而失去先动优势。所以我们还要根据企业所在行业的关键成功因素进行分析。比如，化工行业的企业可能跟当地法规有较复杂的关系，审批手续和环保监督很严格；或者娱乐行业的企业跟当地意识形态有关的问题很复杂，经营风险很大；又或者，企业所在的科技行业变化快速，市场很不稳定；等等。这也是使命⑧所关注的方面。

市场定位。根据行业关键成功因素分析，企业结合自身内部资源配置和开拓情况，作出市场定位 – 顾客是谁；有潜力的市场在哪里。这涉及使命中的顾客对象③市场位置。

2. 内部资源整合

内部资源分成有形资产、无形资产和人力资源三部分，使命的不同部分分别跟它们对应。

有形资产：② 产品或服务；⑤ 对生存、成长和收益的关注，资产和财务增长。

无形资产：④ 科学技术；⑥ 哲学理念；⑧ 公众形象。

人力资源：⑨ 关注员工：把员工看作是有成本的资本。

3. 核心能力和竞争优势

公司使命的⑦ – 自我概念 – 是关于公司主要能力和竞争优势问题。通过对公司外部和内部环境的关键因素和核心资源进行测试、匹配和整合，完成若干可选择的战略成型的适宜性分析。在共同愿景和使命指引下，利益相关各方接受战略方案就没那么困难。进而通过某些战略选择工具，来确定实行特定可行的战略。在这过程中，企业根据愿景和使命与外部环境和内部资源结合，来形成战略视觉，选择目标以及制定战略规划，为的是要取得更高的收益和利润增长。

4. 启示

综合上述分析，公司要用心开发愿景和使命表述的重要性归纳如下：

· 确保公司目标的一致性；

· 为公司的资源分配提供根据或标准；

· 建立某种组织的氛围或文化；

· 对于个人来说起到焦点作用，去认识公司的目标和方向，以及推动一些没有进一步参与公司活动的人。

□ 使命与目标一致性

使命使目标转化成某种工作架构变得容易，在公司内把任务分配成责任元素。

UPS 的主席 KENT NELSON 在解释为什么他的公司要创立新的战略规划部门时说道："因为我们正在把更大的赌注押在技术投资上，我们花了大量的金钱在一个方向上，然而 5 年后发现那是一个错误的方向，我们输不起。"

我们已经根据使命各元素的指引，结合外部不同环境因素和内部不同资源因素、市场定位等方面，建立起形成竞争优势的一致性关系。容易理解，使命 9 个方面的元素能够使各个子目标转化成某种工作架构变得容易。这涉及逐一根据使命元素来理解公司的诸子目标，并且把这些子目标转化成任务分配，把资源整合成责任元素。这种转化方式能够评估和控制费用成本、时间和绩效等系数。

□ 长期目标

长期目标体现了推行一定战略的预期结果。战略体现了要完成长期目标所要采取的策略和行动。

目标和战略的时间框架应该是连续的，通常是 2 到 5 年。

1. 目标条款与使命元素

在以下目标条款描述中，我们也看到公司使命的诸因素发挥着指引作用。

资产增值。对应于使命⑤：对生存、成长和收益的关注；关注股东的收益；管理者目标与股东目标一致；关注资本回报和经济增加值 EVA；⑨：员工不是成本，是创造价值的具有成本的资本。

收益性（利润率）。对应于使命⑤：对生存、成长和收益的关注；财务指标与非财务指标结合；关注股东的财务绩效；⑨：员工不是成本，是创造价值的具有成本的资本。

销售增长（利润增长率）。对应于使命⑤：对生存、成长和收益的关注。

市场份额。对应于使命：顾客；③：市场；

多元化的程度和性质（同心、横向、多向多元化）。对应于使命②：产品或服务；③：市场；④：科学技术；⑦：自我概念－公司主要能力和竞争优势。

垂直一体化的程度和性质（水平、前向、后向一体化）。对应于使命②：产品或服务；③：市场；

每股收益。对应于使命⑤：对生存、成长和收益的关注；关注股东的收益；管理者目标与股东目标一致；关注资本回报和经济增加值 EVA；⑦：自我概念－公司主要能力和竞争优势；

社会责任。对应于使命⑧：公众形象－公司响应社会，社区和环境等关心问题。

2. 目标的作用

目标有如下的作用：

提供方向。帮助股东理解他们在公司未来所扮演的角色；

协同。为不同价值观和态度的管理者们提供决策一致性的根据；

辅助评估。目标能够作为标准，来衡量个人、小组、部门以及整个组织体的表现，建立优先顺序，减少不确定性，激励潜能的发挥；

7

把冲突减少到最小程度。在战略成型期间达成目标一致，辅助资源分配，辅助工作规划，来减少实施时所带来不必要的冲突。

3. 启示

没有愿景和使命指引方向，公司将无法判断长期的目标在哪里，就会向着未知的目的地漫无目的地漂流。

□ 非目标管理

很难想象一家公司或者个人没有明确的目标而能够成功。成功几乎很少偶然地发生，它是向着达成一定目标的方向艰苦努力的结果。

1. 根据外推法管理

遵从这原理："如果它还没破，就不要捅破它。"这种想法是既然事情还进行得好好的，就按同样的方法做同样的事，直到走不通为止。

2. 根据危机来管理

这种观念的思想是，衡量一位真正出色的战略家是看他有没有解决危机的能力。因为每个人或者公司都会被很多危机和问题困扰着，战略家们应当把他们的时间和精力主要用来担负起解决当天最急迫的问题。

我们常常听到某些高层职位申请人说起自己的职历的时候，总是介绍自己如何善于拯救企业于危难之际。这令人担心该职位候选人是否来到企业后也是让企业到了危机的时候才进行控制。根据危机来管理实质上是一种对问题作出被动反应的形式，即等问题堆积成山才被迫去处理，而不是时时怀着热切的愿景，强烈的使命抱负和清晰的目标，时时警醒自己去做什么和何时去做。

3. 根据主观来管理

这种想法是由于愿景和使命没有跟目标建立起紧密的关系，也就不存在往哪个方向走和干什么的一般计划。"就按你认为能够干好的那种想法尽力去做就行了。"简言之："自己看着办。"有时候是管理者唯恐自己在决策上出错，事情做到半途就让下属去识别怎么回事和尝试着去完成。

4. 根据希望来管理

尽管抱有强烈的愿景和使命感，但是没能建立起明确的目标，因此对将来总怀有巨大的不确定性，总是处于令人忧心这样一种状态。于是仅仅依靠愿景来支持自己的行为。基于"如果我们尝试而不会成功的话"这样的前提，然后时时产生"有志者事竟成"、"百折不挠"、"上天会眷顾"之类的幻想。

5. 启示

非目标管理给企业这样的群体带来的不良后果比起个人来严重得多。它给企业带来更多的混乱、冲突、无效率。

□ 绩效的内涵

安然的数据显示，销售量在增长，效益也在增长，可是与股权资本成本有关的经济增加值EVA历年都在下滑，最终导致安然失控而突然倒闭。

1. 结果评估

半年或者一年的审计制度是根据年度目标，以一个较长时间段的结果来评估绩效的方法，往往忽视了中间过程。比如，尽管年中审核财务报表时显示的税后利润是正值，但是账面上没能报告与过程有关的股权资本的成本。而这与管理者和员工的行为效率有关。因此这种单纯财务指标评估绩效的方法难以满足企业经营管理的需要。

2. 行为评估

而另一方面，行为论学派认为绩效是组织员工的工作行为。例如，Schneider认为："绩效是个人或系统的所作所为"；Murphy提出："绩效被定义为一套与组织或组织单位的目标相互关联的行为，而组织或组织单位则构成了个人的工作环境。"这种对绩效的评估只依据员工的工作努力的程度，而没有也无法考虑员工实际的工作效果和创造的价值。往往员工显得越卖力，实际的效果可能更差。

9

3. 启示

将以上的结果评估和行为评估的方式结合起来，就可看到，绩效具有行为以及行为所导致的结果的双重内涵。行为是绩效管理的过程，结果是绩效管理的目标。行为过程实质上应该遵循一连串短期目标。

绩效与价值的区别。尽管在绩效评估时，我们把过程跟结果结合起来，但是这一认识仍然存在缺陷。它没有看到公司价值是顾客和社会等对企业、股东以及员工等的评估反映这一基本特性。这样，绩效评估是双向互动的，决定了公司价值。

总的来说，绩效概念转向价值观念需要具备内部和外部两种条件。内部条件指公司代理成本的有效控制，外部条件指公司股票在资本市场的良好表现。不管是内部条件还是外部条件，最终的归宿点都是愿景、使命和目标紧密结合的企业行为。

■ 案例部分

□ **品牌愿景与目标**

从三星案例看到，企业往往是在危机重重中进行豪赌。

愿景的实现。三星的品牌价值 108 亿美元，居世界 25 位；从 2001 年的 52 亿美元三年内翻了一番，品牌价值上升速度居世界之首。

1. 品牌愿景—危机下的博弈

愿景和使命。三星会长李健熙认为，三星的愿景和使命是把争当奥运主要赞助商这种方式作为公司业务的核心推广手段，灵活运用，趁机将三星电子与奥运形象融合在一起，来改变三星集团的整体形象，从而提高公司品牌价值。三星曾经有过赞助的经验，1988 年是韩国国内汉城奥运会的主赞助商。

强大的压力。1997 年金融风暴中三星负债达 170 亿美元；第四期 TOP 计划 11 个成员赞助费比 1984 年上涨了 10 倍，平均为 4000 万美元；另外加上"表演内容"=4000 万 × 2.5 = 1 亿美元；赞助需要复杂的系统工程设计和丰富的经验。

在强大的压力下，决策层出现决策上的对立。

2. 品牌目标的博弈

非目标性。90% 的决策层成员都反对赞助奥运会。赞助看起来是一场豪赌。实际上他们仅仅从市场和产品出发来看收益性，从当前刚刚复苏的经营状况判断，可以一直走下去，直到走不通为止。这是非目标管理的惯性思维。

目标性。三星会长李健熙赞助奥运会是从企业的愿景 (Vision) 和使命 (Mission) 出发，要成为国际级的公司。他认为赞助计划是通往世界顶级品牌的唯一出路。而且，当时三星危机重重，很需要救命稻草。

3. 启示

传统的观点都把赞助看成是公司盈利的前提下，从盈利中拿出一小部分而不是全部。而三星的赞助计划在没有盈利结果之前，的确可以看成是场豪赌。因为三星是在 170 亿美元沉重负债的状况下作出巨额赞助的，李健熙把赞助奥运会看成是救命稻草。

企业往往是在危机重重中进行豪赌的。

□ **品牌战略实施的绩效**

三星的赞助费约 1.4 亿美元。但是如果不进行这个赞助项目的话，170 亿美元负债什么时候才能还清？

1. 品牌战略实施结果

实施赞助奥运项目后，通信产品销售：

1998 年 39 亿；1999 年 52 亿；

2000 年奥运会后第一年：52 亿 X (1+44%)；

品牌认可度：2000 奥运会后从以前的 5% 上升到 16.3%。

品牌价值 – 品牌调查公司 Interbrand 对世界品牌进行排名，三星 3 年内由 52 亿美元上升到 108 亿美元。品牌价值世界排行第 25 位；品牌价值上升速度连续两年居首位。

2. 启示

三星要赞助约 1.4 亿美元，但是如果不进行这个赞助项目，什么时候才能还清 170 亿美元负债？赞助的结果告诉人们，企业培植品牌的意义往往比开发先进产品的意义更大。产品会过时，品牌则相反。

□ 品牌战略的绩效评估

品牌培育机理跟三星飞速提升的品牌价值有直接关系。将品牌和其他一些实体（奥林匹克）相关联，不但会建立起新的与愿景、使命和目标相关的品牌联想，而且会影响到现有品牌联想。这是基本的原理。

11

根据品牌战略实施结果的内容，我们着重依据使命的三个方面因素来进行评估：②产品或服务；⑤成长和财务状况；⑧公众形象。

从品牌增值和产品销售的增幅情况来看，品牌的快速增值提升了公司形象，也促进了销售额的增长。三星产品和服务与购买者存在的一些关系类型是：

·品牌功效。由品牌和顾客之间的互相依附关系。产品成为使用者日常工作或者生活的一部分。

·品牌形象。顾客对品牌的自我概念依附。产品品牌有助于确立顾客的身份。

·品牌传播。由对品牌的喜爱产生的顾客信息传播。产品品牌成为引发温暖、激情或其他强烈情绪的情感纽带。

1. 品牌功效原理

这是指三星新技术的效用与使用者日常的相互依附关系。不可忽视的是，奥运会为三星电子向大众展示新技术提供了一个绝佳的窗口。三星公司提出应该将数字信息技术全面应用于 2004 年雅典奥运会，为此，他们开发了一套无线信息系统。三星认为，该套系统可以确保雅典奥运会能够以更为有效、更节约成本以及更加安全的方式进行。全面地融入到奥运基础性的运营系统里头。

2. 品牌形象形成原理

三星电子副主席兼首席执行官尹钟龙认为，通过对奥运会的赞助，三星使自己的品牌与高水平的运动会结合在一起，在最大范围内让那些热爱体育、崇尚健康生活的人们认识三星，使消费者产生三星是世界一流企业的印象。三星借助了奥运最强大的生命力，对奥运用品产生信赖的潜在市场遍及世界范围。人们对三星品牌形成自我价值和自我概念依附。

3. 品牌传播原理

三星赞助奥运的成功的营销要素是创造全球性快速增加的市场先见者（opinion leaders）

· 三星使自己的品牌与高水平的运动会结合在一起，运动员贴身使用三星产品设施和服务，是市场先见者群体，传播三星品牌信息。

· 运动员来自全世界，能够以最大范围和最快速度让热爱体育崇尚健康的人们关注自己国家的运动员，从而也认识三星（见解接收者 opinion receivers）

· 原来的见解接收者，成为地域性市场先见者，在当地传播奥运和三星品牌信息。

4. 品牌培育的行为评估

尝到甜头的三星，接下来在体育赞助商方面一发不可收拾。赞助本身成了一个主营业务和品牌。这对于一般把产品和服务作为主营业务的企业是不可思议的。前述曾指出绩效评估方面认识上的缺陷，在于没有看到价值是顾客和社会等对企业、股东以及员工等的能动反映这一基本特性。这种能动反映是双向互动的，是外部顾客和社会的评价，决定了公司（声誉）价值。

品牌培育机理跟三星飞速提升的品牌价值有直接关系。

将品牌和其他一些实体（奥林匹克）相关联，不但会建立起新的与愿景、使命和目标相关的品牌联想，而且会影响到现有品牌联想。这是基本的原理。

有三个重要因素可以评估品牌与（赞助）实体间的杠杆作用程度：

实体本身的知名度和相关知识。如果市场并不熟悉（奥林匹克）实体－奥林匹克的精神（相当于"愿景"），或者对于次级实体 － 各种运动项目和设施（相当于"使命"）和运动项目的评判标准（相当于"目标"），不具有知识，那么显然就没有什么信息可传递的了。

实体相关知识的意义。如果该（奥林匹克的）实体能引起一些积极的（"愿景和使命"的）联想、（"目标或绩效"的）判断或感受，这种相关知识对（三星）品牌有多少关联和价值呢？

实体相关知识的传递性。假设对（奥林匹克）实体存在一些潜在有价值、有意义的联想、判断或感受，这些能否传递到（三星）品牌上呢？如果能的话，这些感受和认知实际上与（三星）品牌的关联度有多大？也就是人们能否从（三星）品牌感受到跟（奥林匹克）实体有关联的成功的路径？还是路径中的部分环节？

对奥林匹克运动存在的有价值的联想是人类走向成功的典型的人生路径：

人类生理潜能→风险与勇气→社会认同→地位→自我实现。

这条完整的路径体现了人生观的形成和成熟过程。如果品牌能够在这条路径上走完全程，也就是顾客在不同阶段一直把（三星）品牌跟（奥林匹克）实体联系起来，一直得到顾客的认同，那么顾客忠诚度就会很成熟和牢固。

互补性品牌战略。另一方面，有时候选择的实体（如奥林匹克）可能与公司品牌相脱离，因为两者之间几乎没有相同或者相似的联想（比如可乐饮料、清凉油或者赞助项目本身）。这种情况下，互补性（complementarity）品牌战略就对传递理想的品牌定位至关重要。此时的挑战是，确保与实体不太一致的品牌知识对（与实体有关的）既有品牌知识产生直接或间接影响（比如以著名运动员作代言人，喝可乐或者使用清凉油、身穿赞助商商标的运动服）。这就需要巧妙地设计营销方案，以消除顾客一开始产生的困惑或者怀疑。

5. 品牌化的结果评估

· 赞助项目应作为品牌来"培育"。

· 赞助项目应当跟公司业务有互动性、关联性，能把"捐出去的东西"进行"再生"。

· 如果赞助项目捐出去的比原来的主营业务量更多，则赞助项目应作为主营业务来进行管理。

三星的赞助项目正是体现了这三点。当"捐出去的东西"进行"再生"，并得以成功时[盈利指数=收现值/（赞助）成本>1]，就进入到下一阶段：赞助项目变成了主营业务来进行管理，进行品牌培育。

一般而言，主项目的资金规模和赞助的资金规模是联系在一起的，比如资金总量不变的情形，应以主项目的经营来确定赞助的资金上限。

6. 启示

然而，如果将"剩余资金"用于赞助，而能够转化为一种主营业务项目的协力优势，企业就有必要将"主项目和剩余资金"的观念转变成"项目和项目"，并且进行优化。一方面积极地管理这"两种"项目，使两者产生品牌杠杆效用；另一方面，达到利润最优化的目的。

我们会发现资金的运用尽管成了"项目和项目"的形式，但实质上公司继续像往常那样经营主项目，并且把所有的剩余资金变成形式上的"副项目"。这样的企业几乎不会有利润最大化。因为这种基于"剩余"的副项目没有产生对主项目的协力优势，包括品牌协力优势。

我们将会发现增加处理剩余资金的成本（比如组织管理费用或者赞助费本身）也增加了主项目的成本；不过也同时减少了副项目的成本；比如赞助费可从应税部分扣除。要将增加处理剩余资金的费用抵消掉，就需要生成副项目的协力优势这种二次效应。

相对于竞争者，企业实行副项目协力优势增加了成本优势。副项目的资产结构，不只是跟剩余资金有关，而且跟主项目有关；例如减少主项目的资金来补充副项目，所以具有协力关系。

因此，当一家企业实行副项目（比如赞助奥运会）协力优势时，尽管处理剩余资金的成本增加（比如管理和运营费用，或者赞助费），但比起没有实行副项目协力优势的企业来，剩余资金的总量减少得更多，因应剩余资金要缴交的利息和所得税也会低，即资本运用效率更高，资本成本更低。

另一方面，变成副项目的剩余资金部分可以根据企业经营情况构造成某种资产－负债的资本结构，来减低税收或者资本成本。或者通过捐献项目来避税，并且变成声誉或者无形资产。

市场是"可分离的"的情形。当主项目和副项目的市场是"可分离的"的时候，最优化的情形是指将一部分剩余资金转化为副项目，而把剩下的剩余资金处理掉。

市场是"相互依存的"的情形。当市场是"相互依存的"的时候，企业应当增加主项目的经营，以便在副项目市场里捕获更多的价值。这里的情形是，所有的剩余资金转变成副项目。因为两个市场是通过企业的（按比例的）主项目和副项目的经营连接在一起的，企业必须根据两个市场的特征来考虑两种项目规模的优化（或者平衡）问题。

在三星产品未能成为奥运设备用品供应商之前，就像上面第一种情形，主项目和副项目看上去是"分离的"，没有协力优势。

还有，企业通过主项目来增加剩余资金比例，也可能有优化作用，以此来改善副项目经营过程的效率。看看下面说明：

在预算约束下：

主项目 A + 剩余资金 e

在正确使用盈利指数的情况下（它常常被误用）找出项目 B，使 A 变为 B，此时出现剩余资金 e0。这样剩余资金增加至 (e+e0)，使 (e+e0) 构成项目 C（注意到 B<A），使 B 和 C 组合后的加权平均盈利指数最大化，即 B+C 的加权平均指数大于 A+e 的加权平均指数。这一决策与在预算约束下修正的企业净现值最大化原则完全是一码事。

副产品变成了主产品的情形。我们同样能够检验和评估市场构造，假定有两家公司都实行副项目协力优势，其中一家有这种状况：副产品变成了主产品的情形。

核心思想是把传统根据数据库数据（比如 ABC 分类法）以各个产品开发和企业为出发点，向市场进行信息传播的方式，变为以顾客为中心，同一产品向各个细分市场传播不同的信息。比如哪个是副产品，哪个是主产品，不同市场的认知不同。

我们研究一家制造商如何利用副产品协力优势来取得竞争优势。通过将焦点对准影响企业的经济因素和竞争市场，来强调副产品协力优势为总体产品系列和环境保护所带来的附加价值。

14

第二章　战略判断力[①]：
自我能力和参照能力

Chapter 2

人们可能认为战略判断力是战略管理研究的核心，但事实并非如此。

好的战略判断力就是能够对外部状况间错综复杂的潜在关系做出非直观的洞察、理解、评定的过程；这种能力由个人和他人经验、知识、人格和情感融合而成。战略判断力是评价高层管理能力的重要标准。

好的决策不一定出自决策者好的判断力或者意图，反之亦然。公司现时的营运状况与高层管理者当初做出决策时的意图和判断有什么关系，无可奉告，它们实际上仍然隐藏在"黑盒子"里面。难怪战略判断力在有关战略管理的研究中已经被忽略。然而，领会高层对战略所做的判断对于了解战略决策形成的思考过程，以及该过程对公司战略及运作的影响，是至关重要的。决策者判断力的成功因人、事、处理能力或者方法不同而不同；另外，判断力能否得到人们认可，可以通过产生的效果而被感知。我们可以从基于决策者特质的传播信息的自身能力，以及接受信息的参考能力来寻找战略判断力形成的轨迹。这个轨迹经历了三个阶段：

- 方向判断
- 判断力分解
- 判断力核心资源集成

15

■ 综合部分

□ 战略判断

战略判断的本质就是公司高层管理者根据现在状况对未来作出设想，并对现在状况和将来设想进行对照。广为人知的学习机制引导判断能力的动态性进化。

打个比方，从医生和病人接触那一刻起，判断的过程就开始了。医生在诊断过程中的表现建立在以下基础之上：诊断的方向－根据知识基础和经验积累；判断进程－根据（对病人）预先了解和快速的辨别力。这种判断能力从个人的诊断的准确度体现出来。优秀医生的判断力形成是基于对复杂病情的内部环境和外部环境的了解，即对病人身体状况以及病人的社会环境的了解；另外，对于发展方向不确定的病情，还会借用其他不同专业的医生的判断力，即会诊。

企业决策者的判断力来自自身的能力和参考外部人和事的能力。

1. 战略判断过程描述

判断力是一种对错综复杂局面进行深入洞察、了解并能跟经济和市场不同阶段问题建立起合理的衔接关系的能力，进而能够通过开展实际调查来制定恰当的问题解决方案。战略判断力涉及三个因素：

- 现象解读：感应、审视和解读事物的当前状况，以及参考组织和行业在类似环境下的普遍观点。
- 途径：考虑事物应达到的可接受状况，并给自己总结的时间空间；或者在想定的知识体系内看别人如何去做，并参考相关的结果和经验。
- 方法辩证：为了分辨出实现可接受状况最有效的办法，先思考在多种先见力之间能否建立起关系；在权衡这些复杂混乱的关系时得出结论。

战略判断的本质就是公司高层管理者根据现在状况对未来作出设想，并对现在状况和将来设想进行对照。

2. 启示

从对现象进行解读开始，判断力就表现出其复杂性。比如员工现象是属于成本问题，还是组织结构问题，或者是战略人力资源问题，要结合其他因素进行综合考量才行。判断的可能结论往往不是唯一的。重要的是对问题解决要有好的方向感。

□ 方向判断力

方向判断力体现了具有建立事物间卦显性的因果关系的逻辑思维能力，是基于经验和先知来描画感知的方向和目标；进化的关注点是变化认知、逻辑感受和方向判断。

16

亨利·基辛格 (Henry Kissinger) 将政治家和公司 CEO 的职责进行了对比，认为在确定一个公司的发展方向问题上，该公司 CEO 的判断力起着至关重要的作用。

TCL 在看待国际化的问题上，CEO 李东生的判断是从事消费电子成功的企业都是全球化的。所以国际化这个方向没有错。至于用什么样的方式来推进国际化，要看企业不同的选择。

决策者是从战略视角来进行方向判断的。在判断过程中，决策者对所在企业内部各科层、企业同行之间，以及不同行业和社会环境的适应性过程中所形成的不同可能的因果关系来构成自己对未来事件的思维定位。

改革开放初期，TCL 公司内部独特的"机会主义"文化、积极进取的"诸侯"，政府给予的配合，强劲成长的经济周期，以及毗邻港澳的区位优势等等，所有这些形成的关系结构给予 TCL 创业初期阶段的决策（者）一个比较明确的方向定位，战略视角相对来说是比较简单明了的，就是要取得任何不同业务机会的先动优势，因此显示出很强势的决断力。但是随着扩张，企业内部和外部的人、物、时间以及空间之间的关系构造变得越来越复杂，"机会主义"的判断力优势变成了判断力劣势。TCL 诸侯的市场地盘割据和外部经销商对市场交易规则的破坏，使 TCL 发展的局面失控。

在公司战略制定中，判断力问题是中心问题还是纯粹的附属问题？一方面，方向判断力产生于战略视角，这是决策者为了改善企业经营状况而形成的直接视角。与此同时，良好（或者不良）的经营状况本身又能使决策者对内部或者外部的利益相关者作出有利（或者不利）的判断，并促使这些判断进一步形成适应性战略视角，来调整决策并加速实施的进程。这样，要区分决策者的战略判断力、财务绩效和利益相关者对企业行为的反应这三者之间的因果顺序相当困难，因为它们之间存在互相制约关系。参看图 1。

17

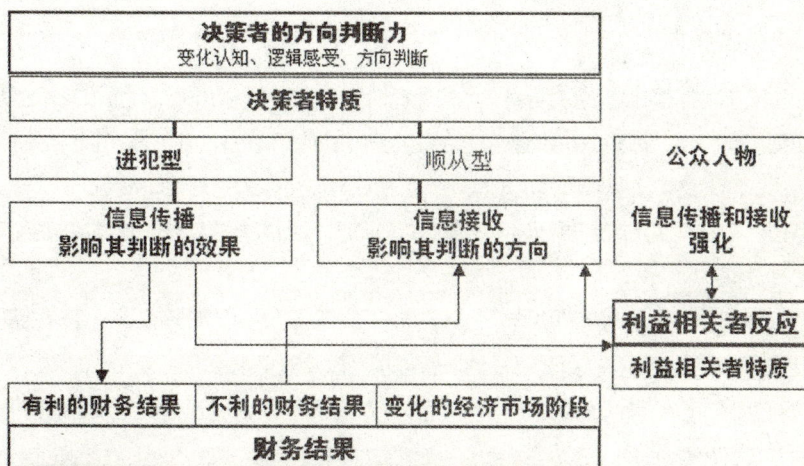

图 1. 方向判断力的三角因果循环关系

以下决策判断力的四个关系可能成为我们今后关注方向判断力的关键。

1. 信息传播与接收方式

信息传播和接收方式对决策者特质有着直接关联性。

决策者信息传播方式。决策者信息传播方式的效果体现出判断力的效力。如果按照判断来传播的信息得到公众的广泛接受和响应，那么决策者的判断会被看成是准确和有效的（尽管有时候信息传播方式误导了公众）。

决策者信息接收方式。另一方面，决策者作出什么判断，是受其信息接收方式影响的。

也就是说，从决策者的信息传播方式可感知其判断的效果；从决策者信息接收方式可感知其判断的方向。

公众人物。公众人物集信息传播和接收于一身。作为判断力的信息传播和接收的增强因素，企业决策者可能会经常性地花时间和金钱去参与公益活动、慈善项目和社区活动，来获取现在或者将来战略决策所需的市场知识和公众支持。实际上这些活动是决策者希望用来维系社区良好而稳定的关系，扩大企业和个人决策方面对社会的认知能力或者主动影响力，减少作出战略判断前的不确定性维度。

在实践中我们看到，一些企业公民的活动通常很难得到人们的理解和支持。那么究竟如何判断这些公益活动有助于企业决策以及获得社区认同？又如何判断这些活动应该如何跟不同经济和市场阶段进行衔接呢？

2004 年法国前总统希拉克向李东生颁发了法国国家荣誉勋章的那一刻起，李东生就成了中国和法国的社会公众人物。这种对个人的国际社会认同是有助于决策者对今后企业的市场影响力作出有利的判断还是使判断变得复杂？无论如何，2004 年 TCL 并购两家法国企业后随之而来的是很大的经营危机。

2. 决策者特质

个性和权威性会限制决策者对自身角色的理解，因此会影响他们与关键利益相关者之间的关系。

进犯型。比方说，进犯型决策者主动传播自己决策的可信性，意图获取利益相关者对企业及自己决策的认同；这类决策者所作出的战略判断往往具有更多的主观性和推测。

顺从型。顺从型决策者则更倾向于接收来自不同利益相关方的反映；这类决策更多地倾向于过去和现有数据。

高层管理者如何作出判断和决策，如何影响科层团队，是由其管理背景、经验以及性格特质决定的。这种高层影响力存在于信息渗透、管理程序以及偏见之中。决策人员的判断力的影响并不能够被观察到，但是可以通过其性格特质感觉到。性格特质因素影响到决策者的传播和接收信息的行为方式。

不管如何，进犯型和顺从型决策者的目的都是为了使自己作出的判断能够得到关键利益相关者的有利反应。

TCL 的李东生最终在其顺境时的进犯型和逆境时的顺从型决策特质之间逐渐成为独

立型的决策者。他一手拿着杰克·韦尔奇的管理学，一手扶着曾国藩的精神史学，通过知识和感悟来调节自己的动态判断力。

3. 利益相关者特质

显然，不同决策者，甚至同一决策者，在试图说服利益相关者或者接收他们的意见方面所做出的努力方式和程度以及一贯性是存在差异的，是可变的。其中某个利益相关者在决策者眼中的价值，决定了决策者处理与该利益相关者的关系的努力程度和所用资源。决策者特质和利益相关者特质的互动决定了决策信息传播和接收的方式；而信息接收和传播方式体现出决策判断力方向的适宜性和可行性。

无论如何，CEO 与公司的活动有着不可分割的某种联系。公司的信息传播和接收方式中表现出来的战略、绩效、风险和文化反映出 CEO 的观点和判断力。

当然一个基本的前提就是：那些包括科层经理在内的利益相关者能够发挥接收和传播的作用，在公司决策者的判断跟最终结局之间建立起联系。

就像当时 TCL 的诸侯文化一样，这种各级管理者的"企业家精神"能够反映出李东生本人的敢想、敢闯、敢干的性格特质。这种李东生特质不仅仅是民营企业家个人的意志，而且是转制后的民营企业的一个"敢为天下先"的团队的意志。

在经济处于成长期，市场基本上处于供不应求，销售很顺利的状况中，TCL 在"敢为天下先"的企业家精神推动下，初期创业的决策者的信息传播和接收过程中容易产生某种偏见 — 企业渗透一种无所不能的自满情绪，以及疏于思考。这样判断力很容易掉进盲目扩张的陷阱。在超速扩张过程中，眼睛盯着市场，而没有顾及内部的管理。在以上问题出现的时候，李东生决定让业务扩展的速度降下来，让作为创业先驱的自己花多点时间在办公室里进行思考，是必要和明智的，因为企业扩展的步伐走得越快，乱子就越多，以至于无法收拾。这是关系到正确判断下一步往哪个方向走的大问题。

4. 财务风险启示

当前对于从业者而言最重要的问题是战略判断力和财务绩效之间的关系。但很少有研究能够可靠并一致地阐述此种关系影响的大小。在与企业发展方向和财务风险有关的决策者的方向判断力里头，上述的决策者特质、利益相关者特质、它们之间的互动等，对决策者的方向判断力施加的影响力又有多大？

变化的经济和市场阶段。无论如何，以上给出案例的几个情形都告诉我们，不同背景下显示的方向判断力都没有跟变化的经济和市场阶段进行过顺利的衔接。

有利和不利的财务结果。反过来从财务结果来看，有利的或不利的财务评估对决策者的方向判断又会产生何种影响？

TCL 的情形，李东生本人判断走国际化的路是企业发展唯一选择；但是后来跨国并购接续陷于破产边缘，股东、员工、业界和舆论几乎一边倒对 TCL 跨国并购持否定态度。坚忍不拔的他对自己的判断力也怀疑起来。

由此看来，良好财务结果使决策者更具进犯型特质和信息传播的驱动力；不良财务结果会使决策者更具顺从型特质和信息接收的驱动力。

决策者的方向判断力的形成以及适正性并不是轻而易举就能驾驭的事情。要使判断力跟不同经济和市场阶段进行适正衔接，也需要知道经济和市场处于什么不同阶段才行，才能决定判断功能应侧重于进犯型还是顺从型，是加强信息传播还是加强信息接收。

■ 分类部分

□ 判断力分解

判断力包括很多可变的能力因素。从判断力分解过程中，我们也看到了企业不同的经济和市场阶段需要不同的判断力内涵，具体过程是用心智和直觉，关注点是微观选择、局部试验、路径判断。

判断力分解基本上成为两方面。一方面判断力出自自身能力，另一方面出自参照能力。实际上它们跟上述的信息传播能力和信息接收能力是一致的。它们也反映出上述"进犯型"和"顺从型"的决策者特质。这里的自身能力和参考能力根据不同的经济和市场阶段作出战略判断。在此判断过程中，决策者运用洞察力、先见力、可变因素关系分析以及处理能力，来解决判断力跟这些不同经济和市场阶段的衔接问题。参看图2。

20

1. 洞察力

洞察力是关于决策者自身的信息处理能力，包括从不完整信息中通过感应来作出完整信息的能力。决策者对事件进行审视、解读以及从不同关系中得出结论。另一方面，洞察力是关于决策者的参照能力，决策者更关注有关的团体、组织和行业在类似环境下的普遍观点。诸如：考察组织文化的类似意义、行业对于战略形成的影响以及组织学习生成的智慧。

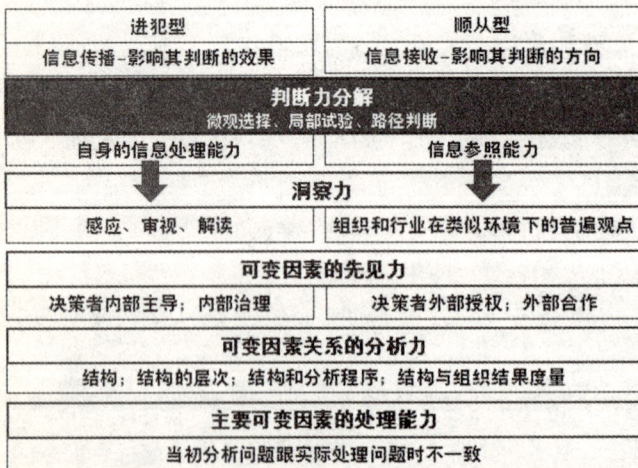

进犯型	顺从型
信息传播-影响其判断的效果	信息接收-影响其判断的方向
判断力分解 微观选择、局部试验、路径判断	
自身的信息处理能力	信息参照能力
洞察力	
感应、审视、解读	组织和行业在类似环境下的普遍观点
可变因素的先见力	
决策者内部主导；内部治理	决策者外部授权；外部合作
可变因素关系的分析力	
结构；结构的层次；结构和分析程序；结构与组织结果度量	
主要可变因素的处理能力	
当初分析问题跟实际处理问题时不一致	

针对不同经济和市场阶段，以洞察力为基础，目的是通过先见力来明确判断力跟经济和市场不同阶段如何建立起顺利的衔接关系

图 2. 判断力分解

TCL决策者作为惯于构建挑战的市场机会主义者，除了勇气和魄力之外，在发展的瓶颈及其里程碑式技术、市场和文化转型等关键环节上，充分体现了其决策者自身对信息敏感，对重大问题具有认知方面的洞察力；但是在电视机等离子技术与液晶技术的发展路向判别上出现失误。这也验证了存在国际产品生命周期理论的前提条件，即先进国的技术和市场信息对于新兴国企业来说具有相当的封闭性，在合作过程中也是如此，从而导致TCL决策者自身处理信息能力降低。这样，TCL决策者处理技术方向问题上很可能是参照数多市场观察者的判断力，其中有TCL的股东；加上因为汤姆逊在等离子背投技术上的领先地位而使TCL受到误导，进而选择了等离子技术方向。结果导致合并公司陷入危机，最终破产。

2. 可变因素的先见力

决策者的先见力是建立在预先了解的基础之上的，就是说他能够在实践过程中及时地不断吸取教训，作出反思。先见力为洞察力提供了线索根据。先见力可以通过决策者个人实践（自身能力）、借助外部人实践、外部合作以及整顿总结（参照能力）等各方面来获取。

决策者内部主导。决策者内部主导是基于自身能力。在创业初期阶段，管理层通过机会创新来谋求发展，该阶段是内部科层自上而下的主导模式。

由于当时从政府规制到企业生存路向都是有规定性的，领导危机主要出现在寻求机会最大化与法规"红灯"的界限之间。TCL的决策者对这种机会和风险的界限的确具有清晰的判断力，每每都能使企业刚好"贴近起跳线"起跳。

决策者外部授权。决策者外部授权是基于参照能力。接续下来随着企业成长的需要，决策者会尝试利用外部关系，如经销商、合作者或者承包等关系，来延伸自己的先见力。在判断环境变化可能带来的各种变化因素和机会方面的视野更广。

当时TCL决策者选择了给"诸侯"高度（外部）授权，通过他们的实践来使自己获取先见力，也使下属更有冲劲，更自主，对市场机会反应更敏感。然而，机会主义行为惯性很快让"诸侯"越走越远，与整个公司失去战略一致性，"诸侯"和渠道不断滋生的机会主义文化侵害着公司"产业报国"的整体文化和长远利益。这种通过外部授权来成长的路径带来了自主权危机。

决策者内部治理。决策者内部治理是基于自身能力。并不是毫无节制的实践会增加先见力，除非能对内部指导实践和外部授权活动及时进行总结和思考，理清企业发展路向。特别是在企业经历急速成长的阶段，过于频繁的组织活动会产生不假思索的行为惯性，挤压了公司处理活动信息的空间、适宜的学习操作程序，也就降低了对知识收获的消化和熟悉程度。当企业出现混乱的时候，决策者应尝试让发展速度减缓，进行总结和提高认识。

作为TCL决策者的李东生当时就意识到放缓和停顿的必要性，静下心来思考如何整理这种混乱局面。在这个阶段环节，2000年，公司带来了治理结构的变化。

决策者外部合作。决策者外部合作是基于参照能力。特别是企业在寻找新一轮的成长机会时，参照能力很重要。合作过程从价格谈判力，股权分配和契约约束等阶段开始，决策者会逐渐认识到自己企业的优势和劣势，以及向对方学习什么，如何应对机会主义等知识和经验。合作公司是由知识所构成的一个体系，很多知识难以在公司体系之外进行传递和扩散。而这种组织中长期积累的内部知识能够在合作各方之间进行传递和扩散，实质性地增强了经理人的智力机会主义方面的能力，也就是多方学习和适应的能力。

从双方持久而僵持不下的谈判过程可以判断，实际上这时候的 TCL 决策者可能已经意识到公司进入了既联合又竞争的"跨国警戒区"。后来在法国的两次并购严重受挫后，应该意识到并购的价值创造并不在于开始时的交易和谈判阶段，而是后期的整合阶段。因为前期强势讨价还价而取得的一方利益，必然以另一方的损失为代价；同时会在高风险的并购中增加了战略的刚性、偏见、另一方的敌意，以及今后合作过程中的机会主义。

对于 TCL 这一方来说，决策者面对失败，能及时判断出并购出现了某种变革性危机。这些经验教训后来都成了 TCL 的先见力。结果，面对严重亏损，TCL 理性地从文化变革开始，而不是像 GE 那样从战略开始进行整顿。

3. 可变因素关系的分析力

决策者通过分析先见力中不同可变因素之间的关系来明确判断和决策如何跟经济和市场不同阶段建立起顺利的衔接。但是先见力的多样性中不同可变因素也有两方面问题：

首先，如何在这些先见力可变因素之间建立起关系。

其次，在权衡这些复杂混乱的先见力可变因素之间的关系时，如何得出结论。这里存在四方面的难题：（1）可变因素缺少结构的一致性；（2）难以分析可变因素结构的层次；（3）可变因素结构和分析程序之间不能建立一致性的关系；（4）可变因素结构与组织产出结果之间的关系如何度量。以下分析为了容易理解，会跟这里的数序对应，结合 TCL 几方面的情形来说明。

在企业过去 30 年的高速发展中，TCL 不同阶段的战略和经济管理是有层次和有重点的。创业期，TCL 一直是出色的。作为市场机会主义者，TCL 在国际化的问题上也不例外，是有先见力的。TCL 原来就有海外业务，但主要是做 OEM 为主。1999 年 TCL 进越南是源于亚洲金融危机，那一年人民币没有贬值，而周边国家的货币都贬值了。所以 TCL 外销业务和代工业务下降得非常快。另一方面，亚洲多国政府放松了外国企业投资的规制，在当地直接投资能够增加对东道国市场的敏感性，以求减低集团销售的波动。

从这里看到（1）TCL 从先见力经验掌握到的众多可变因素中选出了三个因素来建立判断力结构：市场、货币金融、东道国政府政策。（2）TCL 建立这三个可变因素的工作逻辑关系，也就是固定了它们的层次。这里为止 TCL 基本上确定了他们"要做什么"，这种关系是一种刚性层次结构。（3）接下来 TCL 要考虑工作程序，相当于"如何做"，这是一种柔性的流程设计，是可变的。如果没有越南华侨偶然的出现和穿针引线，使 TCL 对越南市场有了先见力，TCL 也许对东道国政府政策和货币风险这两个可变因素变得特别关注起来，分析的程序就调转过来了，也就是说没有固定一致的工作程序。（4）不同的可变因素结构和程序使组织决策的产出不同：TCL把市场因素作为重点关注的可变因素会导致企业以东道国的不同城市为进入目标，并且可能采取独资方式；而以东道国政府政策因素作为重点关注的可变因素会导致企业从国家整体来考虑进入市场，并且会考虑合资来规避风险。

在法国的两次并购失利后，影响TCL判断力的情形是：（1）企业同时经验了核心技术可变因素和并购可变因素这两种因素的结构性危机。然后TCL从众多先见力可变因素中重新选出战略、治理结构和文化三个因素来形成判断力结构。（2）TCL确定了战略、治理结构和文化三个可变因素的工作关系，也就是形成结构的（刚性）层次。（3）难能可贵的是，在"绝境"中，TCL的决策者能够迅速判断这三个因素结构的（柔性）工作流程，判别出改革的方向：只有行动，才会及时"出人意料地"发现公司问题出在文化层面上，意识到自己如何陷入了革新性危机。按照TCL决策层的话来说，GE的韦尔奇上来之后，改革的程序是先从战略入手，然后从战略调整转到治理结构，最后再推进文化建设。而TCL的决策者却反其道而行之，对改革程序的判断是先从文化改革开始，然后调整组织结构，最后才制定战略。（4）在没有共同愿景和健康文化的情况下，一开始实施组织结构改革很难有好结果；因为实施组织结构改革需要调动全员的积极性才会有效果。另外，通过新战略似乎能够改变结构，但是现有结构的确能阻碍新战略实施。

4. 主要可变因素的处理能力

一般来说，CEO们都是从广泛而又激烈的竞争中脱颖而出的。在成为CEO之前，在他们的职业生涯中经历了激烈的竞争，并且得到了很快的提升。至少存在这样一种可能：他们比低层次的员工能更好地作出商业判断。

5. 启示

我们甚至会发现，在复杂性问题方面，CEO会出现当初分析问题跟实际处理问题时不一致的情形。前者是基于逻辑思考和分析工具，关注点是变化认知、逻辑感受、方向判断；后者是用心智和直觉，关注点是微观选择、局部试验、路径判断。判断力能否得到人们认可，可以通过产生的效果而被感知。每位决策者本身也具有独特性。这样，那些基于分析的有关决策者判断力的成功规则的确因人因事，处理能力或者方法不同而不同，不同个案归纳起来可谓类型迥异。这些都是构成战略判断力的必要内涵。

☐ 判断力的资源集成

在进行战略决策内窥调研时，决策者一方面是基于自身能力，通过将公司的运作情况跟公司的绩效进行比较，力求找到其中决策的规则；另一方面，决策者基于参照能力，也最大限度地参照和借鉴其他人或者其他公司已经给公司带来极大效益的规则来对自己公司战略作出判断和抉择。

由于管理者的决策意图无可奉告，所以这种决策意图无法作为决策选择和公司绩效之间的纽带。然而，领会高层对战略所做的决策意图（判断）对于了解战略形成的过程以及该过程对公司运作的影响，是至关重要的。若要触及关于判断力问题的实质，基于规则的分析能力和基于创意的处理能力两种方法都要采用。参看图3。

1. 个人判断力

基于自身能力的决策者个人判断力与以下几方面因素有关：

· 决策背景；背景特殊性；决策者处境；决策者独特性。这许多因素需要考虑可变因素结构一致性问题。

· 基于自身能力的决策者个人判断力具有更多的进犯型特质。这种特质有助于判断力接近不同结构层次的可变因素，并能取得结构层次一致性。

· 可变因素结构与分析程序的关系。这需要解决结构与程序的一致性问题。

· 我们很需要对决策者个人的决策程序和战略实施效果之间的关系进行研究（可变因素结构与

进犯型	顺从型
自身的信息处理能力	信息参照能力
先见力可变因素关系建立的难题	
结构；结构的层次；结构和分析程序；结构与组织结果度量	
判断力的资源集成 微观选择、局部试验、路径判断	
基于创意	基于规则
基于自身能力的决策者个人判断力	多元化团队判断力
可变因素结构一致性	可变因素结构一致性
决策背景；背景特殊性；决策者处境；决策者独特性	多国背景；多国文化；信息高度非相关；内部竞争更激烈
可变因素结构层次一致性	可变因素结构层次一致性
判断力具有更多的进犯型特质	顺从型决策；多元化团队判断力
可变因素结构与程序的一致性	可变因素结构与程序的一致性
可变因素结构与程序的关系	决策程序
可变因素结构与组织产出的关系度量 决策程序和战略实施效果之间的关系	可变因素结构与组织产出的关系度量 产出结果

图 3. 判断力资源集成

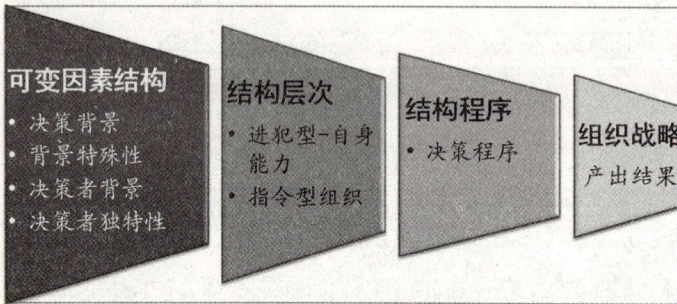

图 4. 个人判断力可变因素、层次、程序、组织产出结果

组织产出的关系的度量）。把程序和实施效果达成一致或者不一致的程度作为考察高层管理的判断力和决策特点的根据，来了解个别领导者的判断力问题。参看图4。

从李东生和他的 TCL 充满艰难险阻的海外扩张历程可以看到，战略判断力的研究是个很复杂的问题。

我们不可能仅限于那些通过社会科学归纳法研究来发现规则，我们还要触摸到战略判断中那些具有独特性和创造性的东西。但是，我们又不能因此而只注重那些形而上学的东西，否则就难免盲从于决策者个人威望或者权威，以至得不到一个全面的看法。

24

2. 多元化团队判断力

我们可能会看到越来越多的多元化决策团队正在挑战个别权威，并且作出更好的判断和决策。这样的话，多元化团队就成了战略实践（运作状况与绩效）跟高层管理之间建立关系的基础。也就是说原来个别决策者的判断力和决策意图是基于参照多元化团队的判断力来作出的。这样，个别决策者变得更具顺从型特质。从多元化团队（而不是高层决策者个人）那里有可能知道运作程序和效果之间存在什么可变的因素，其中涉及如何判断和决策意图等问题，这是难以从原来高层决策者个人或者指令型组织那里得到的。

多元化团队与一言堂团队决策相比，他们内部的竞争更加激烈，这也就迫使他们做出富有创造性的判断、决策和创新。

员工特性，比如国籍成分和结构，能反映出公司上层管理信息来源的多元化以及战略判断和决策制定的创造性。员工特性会影响上层战略判断的改变。

然而，上述多元化团队创造力效应必须在"一个企业，一个战略，全体协力"的"同心"主导力下，才能发挥其多元主张对决策判断的正面作用。人本身是复杂的，在不同环境下同一个人会产生不同动机和需要。

在特定环境下，来自多元化团队的多元化信息会呈现高度非相关性（异质性）。这些异质性信息反映出各方意见的对立和不一致。高层决策者会因此而作出妥协、让步或者适应性的判断，以满意准则代替最优准则。参看图5。

25

图 5. 多元化团队判断力可变因素、层次、程序、产出结果

那些有关决策者判断力的成功规则的确因人因事而异，不同个案归纳起来可谓类型迥异。这些都是构成战略判断力的必要资源。

未来对于团队成员之间相互关系和战略判断多元化的研究可能会为我们对高层决策者和公司行为的关联性研究提供新的视点。这些发展或许会引起进一步的关于高层管理团队判断力与多国化战略之间关系的研究。

3. 判断力的核心能力

衡量认知能力最好的或者唯一的方式，往往是规律和数据，而不是人事和性格因素。因为人事和性格因素等不是那样直接或者说简单明了地显示"认识、程序和绩效之间的关系"。比如，

"进取心强，敢想敢干"之类的性格特质和工作过程描述不能说明该人有好的判断力。

问题是，像 TCL 的情形，当时的海外扩张是一条没有参照坐标的发展路径，没有现成的规则可循。特别是当企业在并购中遭受挫折的时候，单纯用规律和数据原理解决不了判断力问题。

判断力的核心能力来自自我实现。在自我实现的假设下，战略判断者能表现出较强的独立与自主的个性，以及通过战略决策扩展和丰富经验，以新的挑战挖掘自身潜力的热情。

当海外业务严重受挫时，李东生经历了职业生涯中最艰难的时期。李东生承受着巨大的心理压力，难以接受亏损的结果，自责，甚至产生自我怀疑，失去信心。觉得以前学习过的西方管理学理论和模式不能帮助其解决面临的危机问题。定量和定性分析的工具无法使自己豁然开朗，在他的判断力里，他需要人文情怀和报国情结。

解决了个人理念的问题，李东生进一步从管理思想上进行了反思："曾国藩给我影响比较大是后期，是在公司比较成熟的时候、到一定规模该再怎么往下走，特别是对我自己，怎么应对企业中的艰难，在挫折中如何应对？如何让企业适应中国社会、文化大背景，如何经营好。西方对这一点基本上研究得很少，它是一个很成熟的经济的体系，法律制度。而且大家已经有很多约定俗成的东西了，规则很完善了。很多观念、规则大家都会遵守。在中国，文化不一样。很多问题是西方企业不会碰到的。在中国，真的要作为一个董事长而不是作为一个职业经理人，真的要把企业管好的话，确实还需要对中国的思想有比较深刻的理解。"

4. 启示

动态判断能力是一组特定的和可识别的处理问题的能力，比如，产品开发、战略决策制定以及联盟。尽管动态判断能力在细节和路径依赖方面显示出其异质性，但是它们对于不同企业都有着通用性。通常用这样的术语："按照'最优化结构'和'最佳理想状态'行事，有时候是靠特殊的洞察力，也就是直觉。"这意味着，它们更具同质性，更具互换性和替代性以及等效性。

在适度动态的市场，动态判断能力类似于传统的例行程序概念。它们是细节的、分析性的、稳定的过程，具有可预见的结果。

TCL 最初 20 年敢为先下先的发展过程是在适度动态的市场。

相比之下，在高速变化的市场中，例如 CRT 向液晶技术市场急转型的阶段，动态判断能力应该是简单的（结构）、高度实验性的和短暂的过程（层次和程序），结果不可预料（组织产出）。但是以 CRT 技术为主体，在跟汤姆逊建立合资关系的过程中，TCL 的战略判断力很快失去了灵活性。

我们从资源观的层面得出结论，在动态性市场中，传统的资源观错误判断了长期竞争优势的轨迹，过分强调战略性逻辑分析的杠杆作用，资源配置成了长期计划，而忽视了过程变化中的微观判断和局部试行。

类似于 TCL 及其决策者的情形，如果一个公司不是经常进行某类活动，比如并购活动，那么它们对并购方面的一些可变因素之间的关系会显得非常难以把握。这种困难来自组织知识得不到积累的情形。知识的积累是来自不断吸取以前的经验教训，这些经验教训包括理性和非理性，可以帮助公司在以后的活动中取得成功。战略判断力整体框架图参看图 6。

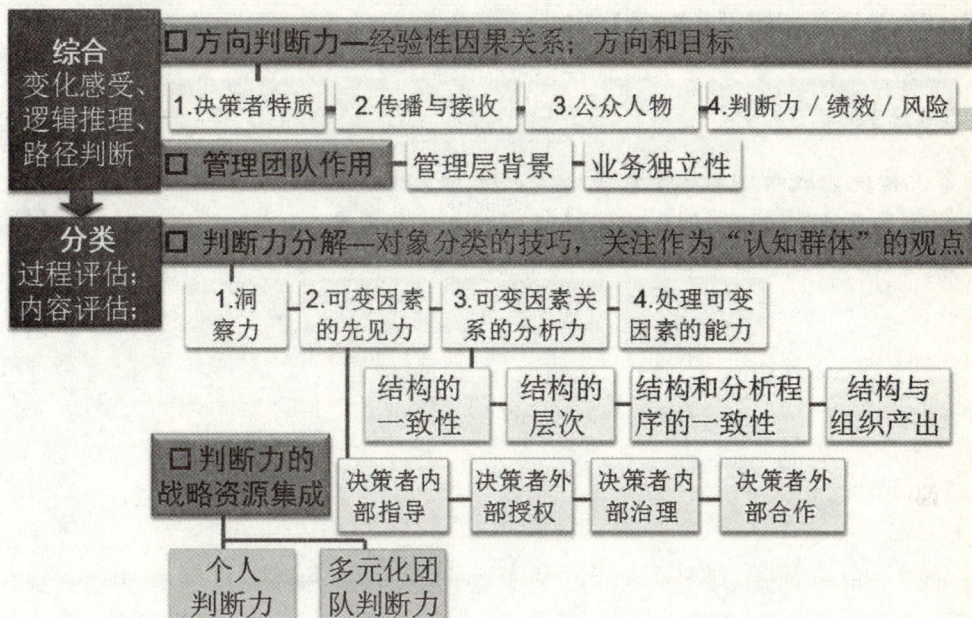

图 6. 从抽象到具体的战略判断力两个层面

第三章 战略规划[①]：
战略意图下的快速扩张
Chapter 3

如果说传统的战略规划就像机遇跟公司现有资源匹配
而成的博弈棋局的话，创造性战略规划则像一本交响
乐谱。

───────── Thought Frontiers in Strategic Management of Instantiation-Based Knowledge Structure ─────────

28

　　如果说传统的战略规划就像机遇跟公司现有资源匹配而成的博弈棋局的话，创造性战略规划则像一本交响乐谱，你的想象力 - 战略意图 - 依附在它上面。于是，每个音符随时都可能引发机遇，会开创完全不同的局面，这时候公司的机遇与资源完全不设定在同一个水平上。

　　企业甚至在亏损严重的情况下不但不收缩重组，反而进行快速扩张。其扩张目标跟资源能力根本不在一个水平上。这种战略规划的驱动力量是人们并不善用的战略资源 - 战略意图。战略家的特质 - 创新性、风险承担、先动性、主动性、应变性和自主性 - 在战略意图里面起着关键作用。由于快速扩张导致频繁"更新"和"重新定位"的刺激而形成紧张状态，多业态公司最终必须通过密切各项业态的关系来生成快速应变能力，来创造价值。在这个与时俱进的过程中，快速扩张的根本动因不仅是市场份额的主动争夺，而且是新经济中争夺技术升级换代的先机。战略规划分为三个过程：

　　　· 综合理性的逻辑化过程：强调预先考虑。
　　　· 分支环节的持续性过程：强调预先发现。
　　　· 补完平衡的适应性过程：强调预先行动。

───────────

① *Copyright@2014 by the President and Fellows of Gallop International. All rights reserved. No part of this publication may be reproduced, stored in a retrieval system, used in a spreadsheet, or transmitted in any form or by any means – electronic, mechanical, photocopying, recording, or otherwise – without prior written permission of the publisher.*

Thought Frontiers in Strategic Managem

■ 综合理性

□ 战略规划的思想

传统的战略观将重点放在公司现有资源与机遇的适配程度上。但是目前就存在这样的公司，他们的实力与资源配置远远不足以应对他们要进行的大范围快速扩张的要求。

公司在战略规划过程中一方面制定整体决策，这涉及如何理解综合理性中的完全理性认知与有限理性认知之间的关系；另一方面在综合理性认知的基本原则指导下，还需要关注在综合理性未曾预料的扩张过程中的业务分支和环节引发决策变化的关键因素，包括诸如零售环境和业态的变化所引发的非系统性的管理变化、组织发展和企业范围内新生业态出现等变化因素。这样，综合理性阶段与业务分支环节阶段的战略决策会产生不一致。如何解决战略的不一致性，是"补完"阶段主要考虑的问题。

成立于 1991 年的联华超市尽管经历了初创时期的迅速发展，已经成长为我国连锁超市的领头羊，但从发展地域来看，联华超市还只是区域性的连锁零售企业。1996 年的联华超市 95% 以上的门店局限于上海城乡和江浙地区。联华超市的初创阶段并不顺利，自创立到 1995 年年底，仅有 41 家门店，销售规模 2 亿元，累计亏损就达 560 万元。

是战略意图这种很少人会运用的资源，能够帮助他们开创完全不同的局面。与此同时，也需要承担高度风险。

□ 完全理性与风险承担

整个公司的决策思想强调在当令快节奏、全球化的零售环境中想要快速扩张取得成功，公司的高效的策略制定和变化过程管理是重要一环，要体现竞争主动性。

竞争先动性。1996 年，联华超市直面国内市场的国际化竞争趋势，明确提出了"推土机式"延伸与"跳跃式"拓展相结合的拓展策略，以最快速度把网点铺延开来，推进联华超市的规模经营。

"跳跃式"发展是指在全国条件成熟的中心城市，重点开设大型综合超市，即大卖场；"推土机式"发展是指以区域中心城市为据点，以整体推进的方式向周边地区辐射和推进。在具体做法上，沿沪杭、沪宁高速公路实施推土机式延伸；在全国省会城市、计划单列城市、人口 150 万以上的中等城市实施跳跃式的拓展。

为了更好地把"推土机式"与"跳跃式"发展有机地结合起来，联华超市在实施快速持续发展战略中以大型综合超市为先导，便利店和标准超市为两翼，先站稳区域中

29

心城市，并尽快进入当地零售企业销售规模的前三名，然后依托大卖场、标准超市、便利店三种业态良性互动的优势，以"推土机式"向该区域其他城镇市场推进和扩张，最终取得该区域零售市场的领先地位。这些经营面积均在2万平方米左右的卖场在各地站稳脚跟后，一方面扩大了联华超市在全国的知名度，另一方面为联华超市将来在当地以"推土机式"进一步扩张打下了良好基础。

快速扩张的战略决策制定处于集团层面，它不仅要考虑决策制定本身，还包括决策实施过程与结果之间会如何相互影响。在决策制定开始阶段要尽快把快速扩张的可能性弄清楚，就需要借助分析和逻辑推理这种完全理性方法。

1. 战略目标与意图

传统的战略观将重点放在公司现有资源与机遇的适配程度上。传统商人有句俗话，"没有那么大的头，就不要戴那么大顶帽子"。

创新性。对于公司扩张范围很大，公司目前的实力和资源远远不足以应对这种扩张目标的情形，战略意图这种心智资源能够帮助公司开创完全不同的局面。战略意图是某种意义上的扩张，要求公司找到更具创新性的机会，找出最强有力的逻辑性理由，并进行资源开拓。参看图1。

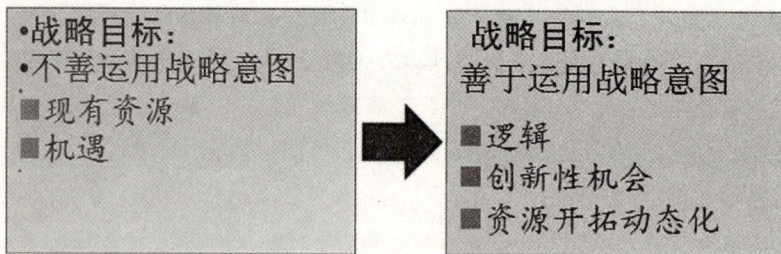

图 1. 战略目标与战略意图的区别

风险承担。在这种情况下，公司的将来目标与现有资源完全不应设定在同一个水平上。在扩张过程中不断实现资源开拓。比如，通过前期优良业绩获得金融机构贷款或者投资者加入。与此同时，这也需要高度的风险承担。这里，战略意图中"预先考虑"这一高度理性和逻辑性的功能起了风险承担的关键作用。

战略意图是最重要的资源。在公司多业态跨区域这种复杂多变的快速扩张过程中，公司很容易迷失方向。战略意图可以为公司提供战略聚焦点，在实现目标的过程中排除干扰，坚持关注与扩张有关的某一个问题，来指导公司成员开发自身的能力。战略意图这种"心理的力量"会成为公司为数不多的最重要的资源，而且只有那些能够运用这些力量的领导者或公司才能实现最后的目标。

2. 预先考虑与创新先动性

我们用预先考虑这种思维方式来处理完全理性阶段的决策问题。围绕亏损情况下是否快速扩张，以及如何快速扩张的问题，主要涉及三个步骤：认知、感受、规划。在考虑业态和地域扩张的情形，首先要确定哪些问题是可以预先考虑的。

认知。首先关注整个公司运作特点跟快速扩张的新目标的适配性。从符合逻辑的方面提出战略扩张提案，包括理性认识和学习，对过去的经验数据和现象进行分类。

例如，快速扩张实施前联华已有的业态演进遵循着零售转轮规律。公司业态开始是标准超市；进而是连锁便利店；再就是大卖场、折扣店等业态。还有就是"零售轮子转轨"的新业态，例如利用食品和日用品零售连锁超市的概念，开发适合日常健康需要的医药连锁店。见图2。

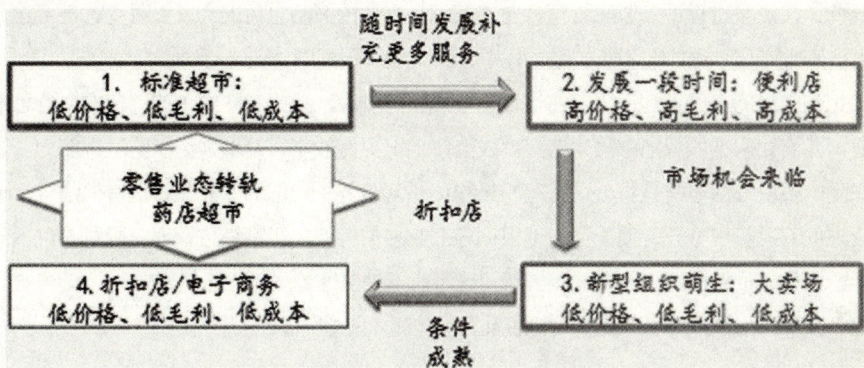

图2. 零售业态转轮和转轨规律

感受。在认知的基础上，然后设法对分类问题进一步进行抽象（感受），来了解扩张问题的实质是否确属"常态"。只有建立一种基于"常态"的合理的规则或原则的决策才能找出解决问题所需的规范，来解决各个不同扩张阶段的战略一致性问题，避免迷失方向。这类似于找出问题的"边界条件"，即在哪种条件（程度）下，快速扩张是可行的或者不可行。

虽然多业态是可行的，比如零售多业态，但是面对来自多家不同专业化业态的外国零售企业，同时进行三种业态的扩张在专业化和成本效率方面难以分别跟这些专业化程度很高的国外零售竞争者抗衡。但是战略意图会驱动公司设法超越这个难题，遵循提高多业态相关性的（常态）思路发展，这种相关性所产生的效果能够是专业化发展的其他零售商无法达到的。

如果公司能够根据消费者的综合生活概念进行多业态组合，而这种创新性的组合业态能够产生比各自独立的业态经营有更好的效果的话，那将是快速扩张的可取模式。每位顾客将会光顾公司内多个业态的零售店，来满足自己多样性的生活概念。这是单业态的竞争者无法模仿的。而要达到这种目的，战略控制显得至关重要。这就是说，多业态零售公司最终要通过密切各项业态的关系来创造价值。前提是，除非战略控制中花费的组织成本低于所创造的价值，否则，实行多业态跨区域的战略不可能成功。图2表示每个地理区域（这里标出三个）存在三种业态的综合生活概念组合。

图2. 多业态的
综合生活方式概念

规划与规模经济性。在上述感受的基础上进行综合性考虑，作出多业态的规划。如果能顾及各业态不同的演变形态，那么公司在制定总部的决策时会更有效。可以根据不同特定环境选择不同的地域或者业态。然而，由于业态演变轨迹不同，多业态使公司难以运用集中控制的方式，这样的结果就可能失去规模经济性或者成本效率。由于战略规划方面要同时考虑地域扩张的范围经济，又要考虑整体资源的规模经济，规模经济性就成了快速扩张能够盈利的前提。这就给公司总部带来压力。

此外，在扩张过程中，原来管理各业态部门最有效的策略也可能会发生改变，甚至连企业文化也可能发生变化。比如在不断扩张过程中，联华陆续跟不同外资进行合资经营。

预想到未来的不确定性压力，在这个完全理性的阶段，战略意图给予的"常态"的思维力量是：公司无论如何都能想出办法，这些挑战会使组织更有效率，并增强组织的适应能力。这时候公司想到的解决办法可能是将公司特有的集约化经营与各个业态的专业化管理有机结合。比如，将各业态的营运管理分开，便于更好地根据各个业态的特点实行精细化管理。同时，对不同业态所需要的设备、设施进行统一采购。当然，这可能不是快速扩张最理想的方式。

这个预先考虑阶段的认知是高度理性化的。

3. 启示

先动性。战略意图始终指引着多业态扩张的方向："多业态公司最终要通过密切各项业态的关系来创造价值。"随着扩张进程，对物流链等不断优化，公司会认识到在亏损情况下快速扩张的根本动因不仅是市场份额的争夺，而且是争夺技术升级换代的先机（先动性）。因为规模效应体现在技术升级所带来的成本下降。这两种战略决策分支是相辅相成的。

□ 有限理性与主动性

在快速扩张的情形，决策的可变因素很多，要及时作出决策，来解决没预料到的问题或者进行纠偏，战略制定跟实施要同步，体现决策的主动性。

1. 调整的应变性和创新性

综合理性中的有限理性是在原来的完全理性认识和学习的基础上，根据完全理性中需要顾及的，然而仍然未知或者不确定的因素，来进行逻辑上的改良、设计和调试模式或作出必要的妥协，以求决策被利益相关各方接受并得以实施。

商品过细分流行不通。以上的情形，需要更新经营观念；调整业态组合方案；寻找新的增长点；等等。在多业态不能全面运用集中控制的情形下，为市场上各个不同的扩张地域和不同业态分店逐一建立物流系统必然产生大量独立而分散的投资。在这种无法建立有效共享的物流平台设施的情形，针对各地不同消费特点来产生过多不同的商品结构，以及每个商店进行跨地域的过细的商品调拨和微观营销就难以实施。

减少繁文缛节。企业应懂得，在快速扩张的情形，决策的可变因素很多，要尽量减少繁文缛节。

决策制定与实施同步。要有应变性和创新性，来解决没有预料到的问题以及形成解决问题新的设想。此外，决策制定与实施要有同步性（主动性），这样，发现决策出问题时能够迅速纠正，并从中发现满足问题规范的正确途径，通过深入分析和总结，对解决问题的设想进行论证，形成粗线条结论，从中推演出什么是集团快速扩张战略控制方面未解决的重要成功因素和失败因素。

成功因素：

· 规模经营的有效性；

· 战略制定与战略实施的同时性；

· 易耗品的生产与消费的同时性配送系统。

失败因素：

· 复杂烦琐的规章制度和程序；

· 经营目标分散；

· 根据当地情况过度变动商品结构；

· 步入市场成熟期。

2. 启示

这里的问题是，如果快速扩张的战略规划具有时间表的话，战略规划很自然会成了运营计划，将无法处理好以上的成功和失败因素。战略规划应体现战略意图的应变性和创新性，并且能够跟过去数据的分析一体化，来明确发展轨迹和进行知识积累。

33

包括完全理性和有限理性的综合理性体系，如图 3。

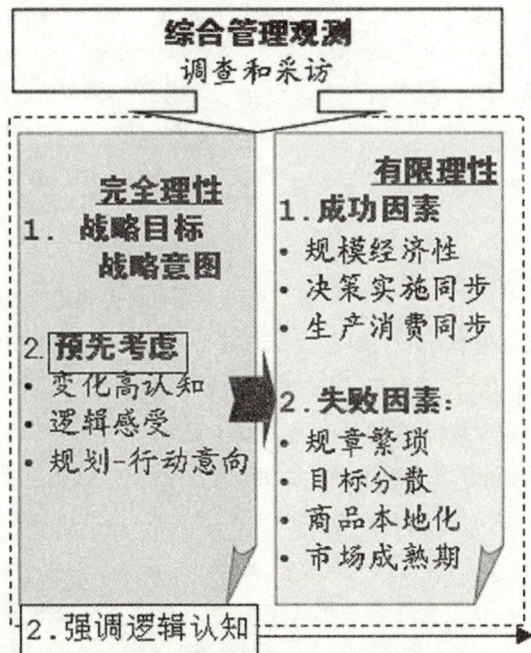

图 3. 快速扩张战略规划的综合理性体系

■ 经验与行为学习

□ 业务分支环节与创造性

业务分支环节阶段至关重要的是需要创造力。决策过程要抛弃传统的决策制定方法，要用心而不是简单地用脑。这与决策者的特质有关。另一方面因为预先发现的能力不是在静态的环境中进行的，要因时、因地、因人和因物。

1. 变化过程

多业态快速扩张要重视某些分支（比如新业态，或者新地区市场）和环节（比如分店）引发的变化。研究的中心大多放在管理变化、组织发展和企业内"新生力量"的出现过程中。关注两个方面：

- 开发外部新业态或者新分店的战略规划过程。
- 开发内部新生业态或者分店的战略规划过程。

这种战略决策方法是根据经验积累以及观察各个事件、活动、阶段的先后顺序，来分析并给出有关业态／分店的演进过程。

例如，联华超市基于已有的多业态运营基本经验，以大卖场为龙头，标准超市和便利店为两翼，把"推土机式"与"跳跃式"发展有机地结合起来。

2. 非系统化方式

上述关于扩张的业务分支环节变化中，战略决策是以"非系统化方式"来进行的。这个过程对变化因素的识别包括认同、研究、评估三个步骤。这些因素将导致一些（完全和有限）理性决策中未曾预测到的决策的出现。如联华的"意外的"社会资本、合资、并购、内生（滞销品）和外生（合资）的折扣店新业态、选址、供应商选择、产加销一体化以及资金瓶颈等情形。

3. 预先发现

"预先发现"将人们的注意力首先放在 "哪些问题是研究争论的焦点，如何处理这些焦点问题"上面，在变化过程中不断进行认同、研究和评估，形成非系统化方式的经验和先见力。

认同。认同处于确认阶段，是分支扩张过程中决策制定的第一个步骤，其中共分为两个方面：认同和判断。在进行数据收集时，我们也可能依靠非正式的信息源和较为主观的评估数据。把这些主观判断作出的业绩评估数据与标准或业绩期望值进行比较，找出差距。这样做的目的是为了增强决策人的主观判断力和经验，有利于不断提高快速扩张所需要的决策能力和速度。

例如，联华认同"民以食为天"是永不疲软、最具潜力的市场这一观点；进而判断：连锁超市网络的形成，会为传统食品加工业融入超市新型业态提供新的发展动力。

研究。研究处于发展阶段，包括研究、设计、监测三个步骤。在研究与监测步骤中，相关人员会提供一个既定的符合常态习惯的选择。例如根据上述的认同步骤，联华超市瞄准"民以食为

34

天"这一永不疲软、最具潜力的市场作为经营的主攻方向，大力实施"厨房工程"。围绕这个"预先发现的研究焦点"，设计出生产、加工、销售一体化的网络工程。在监测过程中不断对产销体系、采购方式、物流支持等方面进行了配套的改革。

评估。评估处于选择阶段，包括评估、判断、分析三个步骤。信息的描述具有较强主观性，例如，"迅速增长、有前景、差不多、还可以、缺少焦点、不协调、或者不对劲"等非定量术语来比较现行状况与将来需求之间的差异。联华超市在落实"厨房工程"的过程中，生鲜食品销售额达到总销售额的 30%，并保持逐年上升态势。这说明连锁超市网络的形成，为传统食品加工业融入超市新型业态提供了创新性的发展动力。

在分支环节层面，理性认知程度不高，是低度理性（认同）加上尝试（研究），再进行总结（评估），以此将认知水平提高到新的理性认知层面。

上述两个层面涉及的概念（综合理性和分支环节）实际上已经和战略过程联系到了一起。在快速扩张理念下强调高效的战略制定和战略实施的逻辑和变化过程管理，对于想要在当今快节奏、全球化的社会中取得成功的公司来说是重要的一环。

快速扩张的分支和环节的体系如图 4。

4. 启示

这一分支环节至关重要的是需要创造力。决策过程要抛弃传统的决策制定方法，要用心而不是简单地用脑。这与决策者特质有关。另一方面因为预先发现不是在静态的环境中进行的，要因时、因地、因人和因物。如果在酝酿期不能有所进展的话，这种"预先发现"的方法往往会在决策实施过程中将决策制定者引入歧途。例如，创建以低价、低毛利和低成本为宗旨的大卖场在开始阶段效益不佳时，"预先发现"的感知可能认为"不对劲"，于是会催促零售商不断增加促销和其他营销活动，这样的话就变得背离了当初的"低价形象"的宗旨，改变了顾客心智（原来所谓的低价政策还有降价余地，那么先不买，再等等看），也使效益进一步恶化。又比如，供货商和联华全面性协同投入的消费者回应技术 ECP，如果几千家供货商中开始第一年只有几十家使用，但以后逐年使用该项技术的供货商数量都有实质性增长的话，（预先发现的感知）就不应过早否定该项技术投资的适正性。

35

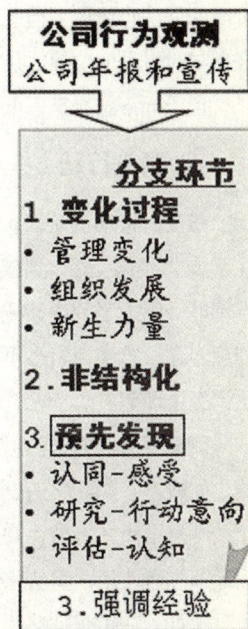

公司行为观测
公司年报和宣传

分支环节
1. 变化过程
· 管理变化
· 组织发展
· 新生力量
2. 非结构化
3. 预先发现
· 认同-感受
· 研究-行动意向
· 评估-认知
3. 强调经验

图 4. 快速扩张战略规划的分支和环节

□ **补完性**

战略规划过程的一个主要目的就是了解战略制定对于公司业绩究竟会产生积极影响还是消极影响。

1. 不一致性

战略决策的理性分析和业务分支环节中的主观性描述这两个阶段各自的合理性不等于公司会走上高业绩的轨道，除非在变化的环境中它们始终能保持战略一致性。但这并非简单地就能做到。比如，从不受限制的战略扩张意图中发现了业务分支环节中的机会并获得局部性利润；但是又因其与公司整体业务的非相关性而失去理性原则中要求公司全体的规模经济性，结果造成公司整体长远利益的损失。

自上而下结合自下而上。 要达到快速扩张的战略一致性，需要将自上而下和自下而上的两种战略规划方法结合起来。这种方式实质上实现了有限理性阶段提出的"决策与实施同步"的要求。

在快速扩张的过程中，自上而下的命令型模式的简单化发挥了很大的作用，可以帮助公司更好、更有效地使用公司资源。但是，自上而下的模式在多业态和跨区域的分支环节中会产生"不和谐"因素。在处理偶发事件或者风险的时候，自上而下的命令模式反而成了即时解决问题的障碍，也导致了公司可能看不到其他的解决方案。这就需要公司在较低的科层组织可以好好地利用"智力型应变"这种解决实际问题的应变模式。例如，联华超市从零售业战略发展的角度，改坐商为行商的做法也体现了自上而下变为自下而上的思想。并且能够增加"预先发现"的经验数据积累，产生与时俱进的决策效用。

自上而下结合自下而上的决策模式加快了快速扩张的步伐。

2. 预先行动

感受、行动、认识。 我们已经看到，随着业务不断扩展和深化，多数情形，公司各级管理层并不能"预先考虑"到或者"预先发现"很多意想不到的风险问题或者机会。如果公司各级管理层不能做出适当的决策或是不能带来一些有帮助的见解，那么也可以使用"预先行动"的方法。管理者在试验中迈出小小一步后，发现问题，进而就是采取改良措施。这种方法包括感受、行动、认识三个环节。

测量要素和方法。 通过对这些具体问题的总结和研究，以及对于一些实用性问题的分析和微调，如成本、购物渠道、供应渠道等，人们可以确定公司运作中最优方法是什么，发展过程中用什么测量要素才有效，并且在今后类似的情形加以重复实施。若能对上述感受、行动、认识三方面环节综合使用，将从感性到理性，来得到更为有利的战略决策效果。

比如，在扩张战略决策实施过程中，在供货和销售的环节会出现分歧。这或许是理性决策阶段没有事先考虑或者预料到的。随着市场地域的扩张，会发现大卖场的战略决策焦点（测量要素）放在单店选址和商品结构方面；而标准超市和便利店的战略决策焦点（测量要素）转移到配送中心的选点和物流辐射区域内密集布店方面。因为配送中心的运营费用甚至可能占连锁超市总部开支的90%以上，所以对配送中心的成本控制成了整个连锁集团成本控制的重中之重（寻找最优方法）。

多业态组织结构。 实践中面临最大的挑战之一是如何去建立管理多业态的组织结构。当前公司倾向于分别独立地管理他们的每个业态，这跟所有业态都向同一个人汇报的情形相反。

案例介绍的联华实施了 K3 财务信息控制系统，通过会计数据的规范化统一账册管理模式；还有就是设备统一采购。

虽然业态渠道冲突在任何公司都一定存在，业态专业化的管理方法看来会使多业态零售集团的问题增大。有待弄清楚的问题是：比起那些不同专业化独立管理的多业态零售集团来，有共同报告结构的企业是否会从多业态渠道资产里收获更多知识和经验；CMO（首席营销官）能否以顾客服务为导向，理顺业态渠道之间的合作方式，如协调定价和促销决策；诸业态做出更相容的定价和促销决策的可能性；这些多业态的顾客进行天衣无缝的跨业态渠道转移的可能性，比如会员卡交叉使用，产品识别、结账、交货和退货，等等；构造协同激励体系的可能性；以便理顺跨业态部门经理之间适当的合作关系。

如果价格允许在不同业态变动，那么我们如何确定顾客是否会在作出购买前访问所有渠道呢？这样的话就会放慢他们购买决策过程的速度。

或者，各业态渠道之间的价格差别是否会导致更大的收益性？因为所有业态渠道都努力去获得新顾客，结果是业态渠道之间产生竞争倾向，这样做的结果是否会浪费资源？

是否应该允许每个业态渠道按照自己的顾客基础来定制自己的信息？还是多业态信息共享，尽管这样做会导致每个业态渠道效率降低。

商品采购是否按照品类，而不是品牌来划分采购员职能，这样可以避免采购员之间为了个人绩效薪酬而导致同品类不同品牌之间的竞争。

采购职能是否按照品类（而不是品牌）进行跨业态统一管理，这样采购员心中有数，可以对不同业态的品牌组合进行划分，可以有效区别不同业态的个性和品位，从而解决以上业态间由于独立采购和管理而引起的商品结构重叠，业态形象混乱不清的问题，有利于消费者选择和对不同业态形成鲜明的品位心智。

如何对这种新出现的战略决策的业务分支环节的缺陷进行"补完"？这可能就是联华超市将大卖场的跳跃式扩张战略跟标准超市和便利店的推土机式扩张方式进行有机结合的战略规划的内涵。参看图5。

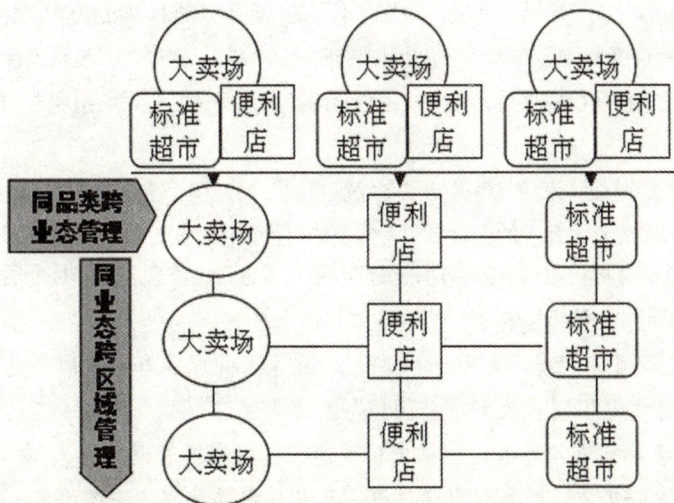

图 5. 多业态商品管理系统

3. 与时俱进

预先行动的做法主要的问题是，在某种程度上缺乏目标、难以控制。因为在开始的时候，人们并不知道从何处着手，第一个做出的决策也许会跟原来理性目标相去甚远，而后续的行动并未产生多少效果，也许只是缓慢地走向无目的状态。例如，联华快速扩张开始的目的是保护民族零售业，跟外国"入侵者"抗衡；但是后来由于资金短缺（时间和情境因素），就抓住了跟外资零售业和投资者进行合作的机会，在这过程中不断收购国内的中小零售企业。这样的分支环节扩张违背了扩张战略的初衷。

分支环节的知识管理。我们在分支环节中也要贯彻综合理性原则，以免后来阶段会离经叛道。这些理性原则包括：愿景、使命、目标、工业条件、科技发展趋势、高层管理的作用与组织发展的阶段，以及"新经济"与知识管理等问题。而知识管理对于财富生成过程也会带来影响，从事件中能够找出"小的理性"，建立分支环节活动之间的"因果关系"。这样，通过分析各种事件的"与时俱进"推演过程，我们能够总结出，在扩张战略下涉及的各决策环节能够随着某些特质因素的变化而独立进行变化，而不是共同变化、步调一致。这是因为，我们已经将理性决策的原则跟分支环节的每个事件建立起了关系，从中我们每每能够总结出关于该事件的一种因果关系。这里给予我们的启示是：当我们应付某一环节出现的偶发事件时，我们应该从该偶发环节中能够产生独立变化的（因果关系）视角出发，而不会因为多种因素的复杂关联性而难以辨清头绪或者一发牵动全身。这样，从独立变化的角度出发，把个别环节"拆下来"进行"修理"，而又不会影响全局的运作；"修理后的环节"又能容易重新"安装回到"原来的决策系统上面去。

考核。在涉及事先行动的分支环节中关注综合理性问题，来找出各个独立事件的因果关系，实际上这是以某种理性原则为标准（比如前述的保护民族零售业，对抗外来零售业入侵），来为每个扩张"小行为"的起点和后果的关系建立起理性的解释；并围绕该"小行为"来弥补行为主义与理性决策的差距。为了可以建立起这类因果关系，可以引入考核手段。具体可以通过以下方法实现：要清楚经理人所采用的具体行动是什么，而且要包括行为的主要情景、因素的评估，比如重要程度和紧急程度等；也包括对决策结果的评估，并且对不同的行动案例进行书面整理。

这里不同的行动情景和时间选择问题会作为"遗留问题与解决方案"，储存在"废品事件处理站"。在里面某项活动以后重新获得成功后，业绩差距也会因此得到确认，并对所出现的问题仔细地加以描述和归纳。

在将事件的因果关系理性化的过程结束后，就开始了"保管机遇"的过程。这些"机遇"就是从（成功或失败的）事件的因果关系中发现的，具有参考价值的可行途径。与保管机遇过程不可分割的还有"判定过程"。这一过程针对失败的事件，根据因果关系进行"修理"。并且今后要在类似事件决策中加入某些强制规定等措施。

保管机遇。联华从前述不同业态产生和扩张过程中，碰到了采购职务与销售职务是否应分离等等问题，进而进行问题识别和找到"补圆性"解决方法。

这种与时俱进不断进行经验积累和思考，归纳出机遇途径：供应链管理。

从供应链管理这个机遇途径出发，联华超市通过进一步构筑平等协商的采购平台、互通信息的 IT 服务平台和产品开发平台等三个平台。

通过与供应商建立起三个平台，联华又总结出新的机遇途径：新型的管理体系。

于是，联华超市积极推行旨在加强供应商和零售商之间进一步合作的 ECR（Efficient Consumer Response 高效率消费者回应）管理技术，并与供应商建立了共同实施销售目标的新的销售管理方式。通过降低零售价格让利给消费者。在商品库存管理方面，联华超市推行供应商自行库存管理系统，使之更贴近销售终端。

从这里，零售商会产生新的机遇途径：消费者有效管理。

多业态零售企业快速发展的另一种机会存在于收集更多的顾客信息的能力。现时很少有顾客数据分析用来理解个别顾客跨业态（业务）渠道的行为。然而，这才是理解错综复杂的多业态渠道协同的关键。例如，价格促销能够促进来自新顾客的市场需求，但是可能对原有顾客的市场造成损害。我们可能要对跨业态渠道的定价和促销找到综合（理性）的解决方案才行。

以上整个"补圆"的过程始终围绕有限理性决策中关于获取成功要素的方向进行：规模经营的有效性；战略决策与实施同时性；生产与消费的同时性配送系统。

判定过程。例如，联华超市在快速发展的过程中，出现门店选址不当、销售不佳、开支过高、管理脱节、人才不济等问题。联华超市对此加入的"强制性规定"是：坚持选点策略、强化预算管理、制定对标工程、加强技术控制、建立监控体系等综合理性的标准。以此来控制风险，使企业在快速发展的同时保持健康发展的态势。

4. 创造力惯性

问题不会停留在目前的补圆性状态。在始终对建成理想配送系统保持清醒的理性认识和迫切需要的驱动力下，零售商会进一步考虑跨越一些无效率的供应商，去掉很多小型中间商环节，节省中间费用的同时，直接找到生产货源地，对农业和土地进行整合，大大提高了到货率和食品新鲜度，从而培育出新的核心资源整合能力，达到理性分析阶段所要求的生产与消费同步的目的。这种补圆性战略行为还会顺着这种逻辑思路进行下去，比如，投资于保鲜运输和储存设施，变商品产后采购为产前招标订购。进而，投资材料加工设施；再按此逻辑进行"补圆"，就是给自己加工出来的食品贴牌。这样的结果是让整个"补圆"程序走进了公司大品牌的"光环"里头。公司以顾客和供应商管理为基础的物流链在克服不利因素和创造成功因素过程中不断与时俱进，形成良性循环，创造阶段性价值，最终与品牌资产产生协同效应。至此，我们分析了公司多业态快速扩张战略规划的整个思路结构。参看图6。

5. 启示

静态性持续发展。传统的企业，例如零售商，建立持续性竞争优势的传统观点有五大元素：(1) 顾客忠诚度；(2) 选址；(3) 供应商关系；(4) 员工忠诚度和效率；以及 (5) 低成本运营。但是，这些观点不足以解释多业态跨区域快速发展的思想。这些元素是关于一个相对稳定的环境空间里产生作用的。

动态性持续发展。根据上述对持续快速扩张的战略规划的诠释，就是不停顿地更新和创新经

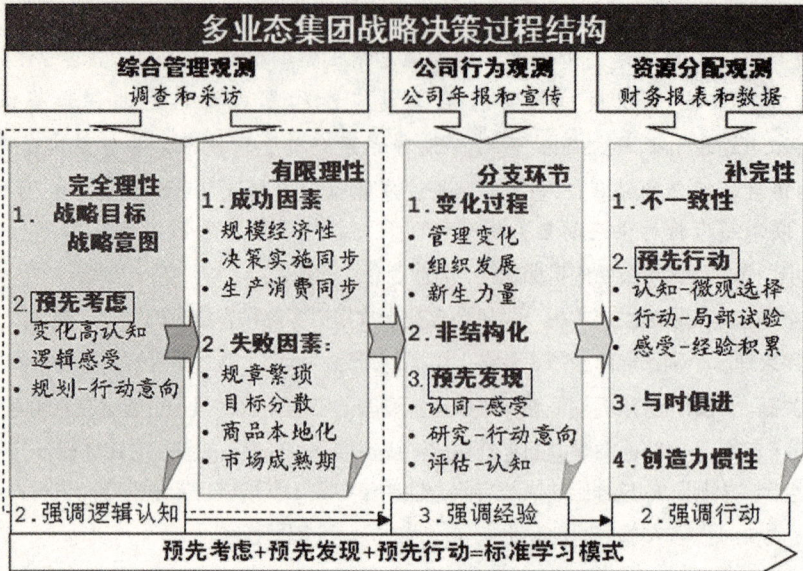

图 6. 零售多业态扩张集团战略决策构造

营观念；不断调整业态新组合，实施精细化管理，寻找新的增长点；从多种内部和外部关系来凝聚企业的形象和品牌，使企业的形象和品牌深入人心、经久不衰。

对于外部环境持续变化，公司的全国性多业态组合的快速扩张显示出战略的复杂性和多变性。公司取得持续性竞争优势应满足以下几个成功扩张的要素：

· 针对全国（或跨国）发展机会提出假设性目标与评估 – 战略目标。

· 作为国内（或国际）市场领先者 – 战略意图；强调逻辑性。

· 战略适应性 – 综合理性中，根据完全理性需要顾及的未知或者不确定的因素，进行有限理性的差别化协调；为适应业务分支环节阶段的变化，决策重心往下层的业务分支环节偏移。

· 战略一致性 – 理性决策跟分支环节的经验和行为主义实现战略协调，强调标准化和低成本；在分支环节的活动中，决策重心往上层的理性决策偏移，并进行符合理性决策的逻辑上的改良，形成某种因果关系。

· 全国/全球系统 – 通过以上战略适应性跟战略一致性建立起紧密的逻辑关系，强调快速扩张过程中同时实现差别化和低成本；

· 与时俱进，不断努力。

第四章 战略实施体系化[①]：
基于战略与结构的体系化
Chapter 4

不少人认为战略实施就是战略成型过程的一部分，因而不需要给予特别的关注。

以成本和收益的关系优化为宗旨，战略实施体系在公司各层面形成战略－结构的配套关系；同时，它关注战略－结构的变化可能性，通过强调行动与思考同步的思想，来促成战略对环境变化的高度适应性。

41

战略实施的各种活动分散地从属于不同科层组织里头，自然被不少公司领导者看成是缺乏目标指向的，因而不需要给予特别的关注。于是把自己的责任限定在战略规划和制定的范围内，实施活动由下面的中层干部和员工来负责完成就被看成是自然而然的事。但是实际上，与战略成型相比，战略实施复杂得多，难度大得多。参与者众多，关系细微而变化复杂，过程漫长。多元化战略实施直接接触的变量及各种变量的配套关系是混乱无序的，还存在潜在的干扰。这就是说，战略实施往往是在复杂性和不确定性的情况下作出行动选择。

我们的目标是设计对环境变化高度适应的战略实施体系，使它能够以最少的预报值掌握最大量的标准变异信息。在战略实施体系中：

从横向看战略与结构各层面的内涵：

· 基于方向定位的公司层战略与产业市场结构
· 基于业务流程的业务层战略与组织结构
· 基于人力资源的职能层的激励与控制

从纵向看战略与结构层次间的关系：

· 经济控制与战略控制

· 资源观与交易成本原理

· 战略实施效率

■ 战略与结构横向关系

□ 战略实施类别

Joyce 的研究发现，如果能够容易地分辨出哪些是属于战略实施类别的行为，就能够强有力地解释公司绩效方面的问题。

Joyce 指出，能够维持高业绩的企业，或者能够从不良业绩逆转而取得后续高增长的企业，依赖于以下四种关键行为：

· 开发清晰的战略方向；

· 建立起快速而有效率的组织结构；

· 确立一种适应性。

既然是"行为"，那么我们可以更多地从战略实施方面进行理解和分析。

天津移动通信有限责任公司（简称天津移动）隶属于中国移动通信集团公司，1999 年开始独立运营，2000 年通过股份制改造，分别在香港和纽约同时上市，由传统的国有企业转变为外商独资企业。目前，天津移动拥有 1239 名员工，运营着天津地区最大的移动通信网络。近年来，天津移动的客户总量增长了 4.5 倍，综合绩效排名在中国移动集团 21 家上市公司中位列第二。天津移动能够取得如此成果，是在管理过程中成功地提高战略实施能力的结果。

天津是全国通信市场竞争最激烈的地区之一，虽然天津移动保持了网络覆盖和市场经营的显著优势，但价格战造成市场过度开发，影响了公司经营业绩的提升，并削弱了持续盈利能力。面对严峻的形势，天津移动认真研究分析存在的问题，寻找未来发展的突破口。

1. 解决问题设想

比起战略决策，战略实施过程介入的人数要多得多，进行的时间要长得多。要解决战略实施过程中不断出现的大量复杂的调整、适应和应变计划等问题，我们不会在每个实施元素跟所有其他实施元素之间建立起关系。因为这样的话，关系的纽带就太多，一发就会牵动全身。我们把战略实施作为一个体系，分成三个层面：公司、业务、职能，来对战略实施整体进行观察和分析。将"效果"和"效率"作为战略实施的目标，在每个层面上总结出战略实施的某种关键的"因果关系"，来让我们明白战略实施的实质－产生什么结果。

在公司层面或者业务层面，我们不可能直接看到战略实施的最终结果，直到在职能层面的工序的完成阶段这种绩效数据才能显现出来。由于管理层把自己的工作责任限定在开始的公司层面的战略规划和制定的范围内，而忽视了战略实施与战略整个过程的关系和作用，这样，对战略实施的评估往往集中在最后阶段－职能层面的绩效结果。要注意，如果管理层关注战略的整个过程的话，就会发现职能层面正值的收益结果不一定是理想的结果；而负值的收益结果的主要责任不一定全在职能部门和个人。比如说，尽管战略实施取得了盈利，但是其间实际上业务部门和职能部门负责人掩盖了很多低效率的问题；或者职能部门工作无效率的根源不在职能部门，而是在于上层管理战略制定或者业务层面工作流程出现问题。

战略实施是一个过程，与公司不同的层面都有关系。

在公司层面，战略实施是事前控制，因为无法看到最后的结果，也就只能依靠逻辑性预测。重点是从不同角度建立产业市场结构跟公司层战略类型的逻辑关系。通过多个逻辑关系来确定某种一致性的逻辑结果。可以想象，这些逻辑关系"越多越有保障"。

在业务层面，战略实施是事中控制。业务层面也没有看到最终实施的结果。因为业务层是所有功能网络的中枢，太多的事件和来龙去脉，管理者不会参照任何作业流程上个别的实施成果和结论，而是基于过去既有的"通识"、原理和概括性经验，来尽快把公司层战略和新任务"翻译"成业务层战略，进而作出战略实施的框架、流程和组织结构，好让下面各职能单位尽快理解和顺利实施。就是说，业务层管理者从业务层战略跟经营结构的经验积累来估计战略实施效果，理解过程是简洁的，"越少越好"。

在职能层面，战略实施是事后控制。是对岗位指标完成情况实行监督和评估。在这个层面上战略实施产生最直接和最有针对性的效果。它取决于人的因素：规则和责任、技能和激励。也就是说，职能层面对战略实施效果的解释是功能性的，讲究效率的，完成过程是"刚够就好"。但是工作岗位和职能之类的调整和变化也是最频繁的。

这样，我们可以基于"效果"来建立一种战略实施的独立的体系，这是从纵向－公司层、业务层、职能层－来看战略实施的层次间关系。分别从三个层面上的横向来确定基本关键因素的"因果关系"：匹配。

2. 启示

参与战略实施的人数众多，关系细微而变化复杂，过程漫长。进行纵向分层次和横向匹配来构建战略实施的体系，目的是通过体系化，在实施过程中出现问题时有根据和有程序可循，不要一发而动全身，以至于不可收拾。我们可以像修理机器那样，把局部问题的部件拆下来，修理好后再重新装回系统里面去，而不至于牵涉太多零部件，拆除太多，然后装不回去。与强调海量"证据"的大数据原理不同，这里的战略实施体系是强调逻辑和规则的结构、结构的层次和流程，以求"以最少的预报值掌握最大量的标准变异。"

43

□ 　公司战略与产业结构

效果适配性还没有涉及战略实施过程中真正的互动效果。它只是体现了遵循某种范围内的规则或者逻辑。两种变量的配对能大体上产生某种对效果的判断。

为后面论述简单起见，这里把"公司战略与产业结构"称为第一层面。

1. 产业组织理论（IO）

效果适配性是关于公司层面的战略类型与产业市场结构的主要规则的效果一致（比如产业之间的关系、多元化）。比如，某个产业市场出现新技术，而公司一直注重这方面的研发，结果公司在这个产业市场的业绩提高了。那么产业市场结构跟该公司战略这两个变量之间就被判断为有一种适配性。

天津移动实施的"服务与业务领先"的双重方针和面向市场的多元化目标，是以产业组织理论为基础的。

如前述，这种效果适配性还没有涉及战略实施过程中两种变量真正的互动效果，而是遵循某种范围内的规则（或者常识范围内），来判断两种变量的配对能大体上产生某种效果（如市场份额、收益性）。根本上这些变量之间仍然没有（如公司战略和产业市场结构）直接通用的关系，它们之间的配对完全不适合作为预测的通用程序。效果适配性是根据自己公司战略与特定产业市场结构之间建立起某种逻辑关系的基础上来确定的，作为战略实施的一个框架。

财务控制。根据产业组织理论，产业市场结构变化的情况下，公司会考虑多元化问题。公司能够应对产业市场结构变化和多元化的是组织内部的财务控制，而不是强调资源共享的内部战略控制。反过来，从多元化来看财务业绩，关系就不那么明确。用心良苦的多元化战略制定并不保证有良好的财务业绩，这是因为，出色的多元化类型，都是以特别有利可图的产业（市场结构）作为前提的。而公司所在产业（市场结构）的不景气，而不是公司战略本身，会导致公司财务业绩不佳，从而又导致大量的多元化，即公司到其他产业寻求出路。换言之，是不同的产业市场结构的差别，而不是这些公司的多元化战略类别本身，决定了业绩的差别。从这里的分析可看到，大多数公司的多元化实际上很少有战略可言。

以上论述说明，公司战略跟产业市场结构没有实质性的有规律的互动（匹配），它们只是反映出一种统计学上的总体效果模式而已。

在公司层面上，克服产业市场风险，增强产品和市场定位的准确度的做法是，从多方面考察公司层战略跟产业市场结构之间的逻辑性关系。比如将公司战略和市场结构进行细分对应。

天津移动相应的做法如下：

产业市场结构。在外部环境分析中，研究了天津市的电信消费规律，预测了天津通信市场总量，确定了电信消费与个人可支配收入等变量之间的内在关系，并深入分析了客户消费行为、行业竞争环境和潜在市场机会。例如，在客户分析中，重点研究了高端、中端和低端客户市场份额与增长趋势的特点，不同人群不同区域客户普及率与发展潜力关系，客户增长与品牌分布关系等。在内部环境分析中，全面客观地研究了天津移动的各项经营指标，并与中国移动其他上市公司进行了横向比较，明确了天津移动的定位。

战略。 准确把握"服务与业务领先"战略重点的内涵。一是以客户细分为基础，针对目标客户群，提供优良的客户服务和优质的网络服务；二是提供多样化、个性化的业务，创造高价值的技术先进的产品，保持品牌优势，使业务始终处于市场的领先地位。

这一基本内涵是，产业市场（细分）结构是制定本地策略的出发点。

统计学的总体效果模式。 在分析了内外部环境后，天津移动综合运用影响图、决策树、敏感性分析、量化决策模型等科学工具，确定了在未来发展的产业市场结构中，最需要开拓的是集团客户，最需要保住的是中高端个人客户群，最需要吸引培育的是年轻个人客户群，最需要培养的是客户的使用习惯，并相应地确定了实现"双领先"战略的六大途径是：第一，以信息化"解决方案"的创新突破集团客户；第二，以产品与服务机制的创新，加上集团客户的通道，为中高端特别是中端客户提供更满意的服务；第三，以数据等新业务的创新，在低端客户群中重点吸引和培育 18 - 25 岁的年轻个人客户；第四，以营销网络及营销机制的创新，吸引区域性农村新客户；第五，以内部管理的创新实践，促进员工理念创新；第六，调动公司的内外部资源，使移动通信成为客户通信消费时的第一选择。

最后两点（第五、第六点）涉及资源观的观点。见图 1。

2. 启示

简单地理解这种互动性过程的难度已经够大；能够从概念上和统计学上捕捉到关键的互动的特质，并且运用到实际企业活动中，更是巨大的挑战。当战略实施是把公司转向重大的新方向时，管理方面的变化一定是牵涉面更广、更复杂。

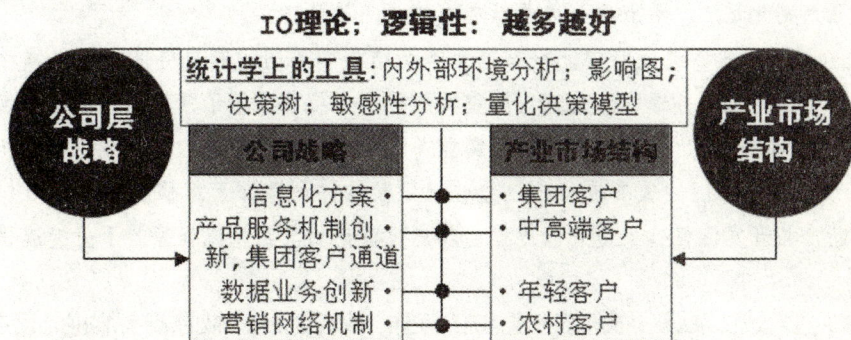

图 1. 公司层面战略跟市场结构的适应

□ 战略与经营组织结构

在解释多元化战略跟绩效之间的关系方面，资源观 RBV 克服了产业组织理论（IO）在概念和经验两方面固有的问题。

为后面论述简单起见，这里把"公司战略与经营结构"称为第二层面。

1. 资源观（RBV）

资源观或许能够提供多元化战略的有效管理方面的见解。资源和战略的关系影响业务层战略 – 经营结构的关系。

在解释多元化战略跟绩效之间的关系方面，资源观 RBV 克服了产业组织理论（IO）在概念和经验两方面固有的问题（参看前面"公司战略跟产业市场结构的适配性"）。产业组织论（IO）基本上分析的是产业之间的结构，认为企业是产业市场的跟随者，根据既定规则行事，而没有考虑产业本身也在变化。事实上，企业通过创造适合自身的环境，能够打破现有规则，创建产业新规则。例如：业绩优秀的公司制定战略的方法，包括全面质量管理、流程再造、培育核心竞争力以及学习型组织等。

这种业务层战略跟经营组织之间的适配性发生在流程的变量之间，它们可以看成是连贯一致的。跟前述的效果适配性不同，这里的适配与否是根据以前的前后一致的业务流程关系，没有参照任何特定的结果指标。

在设计价值链资源配置的关键业务流程方面，资源观解释了多元化战略跟绩效的关联性。比如说多元化战略中实现资源共享的战略控制能力；或者实现资源节约的财务控制能力。也就是说，跟特定战略类型有关联的资源跟财务绩效有关，而公司特定资源将会产生比一般性资源有更高的绩效。

天津移动实现"双领先"战略（见"战略 – 产业结构适配"部分）的六大途径，进一步细化为 29 项主要工作内容和 50 项行动措施，对组织的运营流程进行了优化。针对开发农村客户的发展途径，制定了 8 项主要措施，包括渠道多元化、人员本地化、促销多样化、资费实用化、成本节约化、覆盖适度化、客户规模化、服务标准化等。前三项是关于差别化适应，后五项是关于低成本的业务层战略。

在多元化的业务层战略中，根据产业市场结构中不同的客户群体，天津移动重点对部门内部的核心业务流程和跨部门的重大流程两个层面进行了分析，筛选出重点改进的流程，设计了支持价值活动配置的关键业务流程，开展了流程的填补和完善工作。

在涉及市场部门的重要流程中，结合组织架构的调整，天津移动建立了诸如市场流程、新产品开发流程、渠道管理流程、客户挽留策划与实施流程等若干关键流程。如图 2。

跨部门流程建设为人员从岗位职能走向系统职能、战略实施从分散的部门和岗位活动走向公司体系化打下了基础。业务层战略跟公司层战略建立起了有机结合的关系。

天津移动新的扁平式的组织结构具有较大的灵活性和高度的适应性，使公司能够根据外部环境变化迅速做出反应。可以跨部门组建机动组织，成功进行资产经营运作；能够以任务为中心来配备企业人员，充分发挥组合人才优势，使组织具有高度的灵活性和创造力。在这种扁平式的组织架构下，相互协作，整合企业的内外资源，丰富企业资

46

源配置。

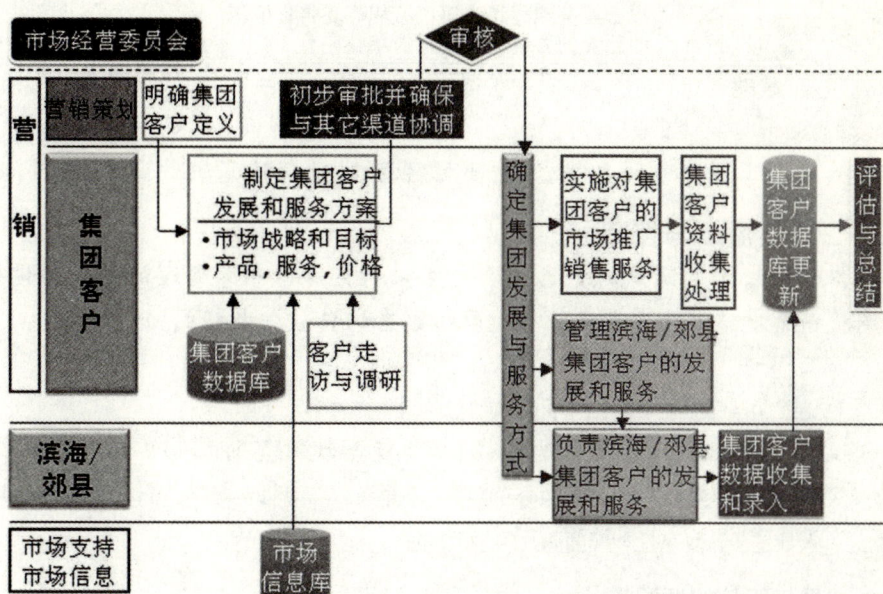

图 2. 跨部门协调，优化运营流程，提高运作效率
摘自：第 11 届国家级企业管理创新成果，企业出版社，2005，P99

47

2. 启示

当公司涉足的多元化业务流程可能有着多种演变轨迹时，多元化战略实施将是一项巨大的挑战。因为在多元化业务部门之间，整合的机会是不确定的。当一些部门的客户（如集团客户）本身的业务面临市场的结构性或基础性变化时，整合的压力就更大了。在结构性变化或基础性变化中，客户主营业务或资产会面临被淘汰的厄运，直接祸及公司本身。

关键的问题是，即使各个部门的演变轨迹不同，或者发展阶段不同，多元化市场战略仍是可行的。如果业务层战略的流程制定能够预计到各部门在各自客户市场演变进程中的压力，它就会更有效地与之匹配。

多细分市场和多流程结构的公司还会面临着这样的压力：要证明多流程比较各自独立运营的业务单元能创造更多的价值。我们着重观察两点：

· **共享性**。只有公司已经实现了经营活动或者资产在各流程间的经常性共享，预计到了它们在各流程间存在经常发生转移的需要，这些流程体系才称得上优化。

· **节俭特性**。给出同等量的因变数（特别是不相关多元化的情形，因变量不止一个），如果流程的结构模式能以更少量的预测程序来完成有关结果的话，那么该模式就被判断为更有用。参看图 3。

RBV理论；节俭性：恰当的话越少越好

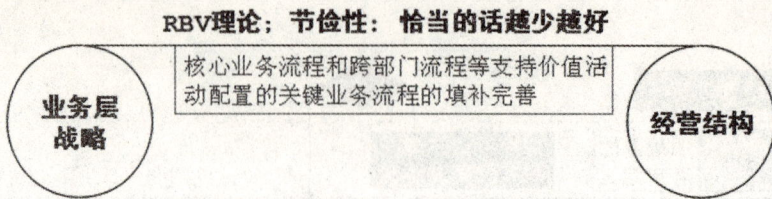

业务层战略

核心业务流程和跨部门流程等支持价值活动配置的关键业务流程的填补完善

经营结构

图3.业务层战略跟经营结构的适应

□ 职能激励与控制

人力资源政策和实践的更富于人文主义的方法与科学管理的原则和设想大不相同，前者要试图改变单纯人员—职位配套的绩效分析模式。

为后面论述简单起见，这里把"职能激励与控制"称为第三层面。

一般来说，参与战略实施的人员数量众多和任务复杂性增加会牵涉到很多问题，包括多种职能活动上的管理控制。相互依赖的人数分布在不同职能部门或者业务部门，而且跨越多个垂直的层级的话，人数越多，复杂性和难度以几何级数增加。

1. 人员与职位的适配性

这种职能匹配性被认为是按照特定的标准，具有替代性。

天津移动目前的职位包括市场、网络、职能、后勤4个专业，从3－19级共500余个，在定岗定编、岗位描述、全员竞聘上岗、绩效考核、实施末位淘汰、组织下岗培训等各方面，建立起了系统的优胜劣汰制度与流程。

激励机制。天津移动对职位体系的设置充分考虑了职位晋升的空间，为职位晋升提供了发展通道，有效激励了员工将个人发展与岗位业绩结合起来。在职位体系的架构下，还进行了关键岗位的评估，从财务、客户、内部运营、学习发展4个维度评估职位的关键性，以薪酬以外的方式激励员工。

约束机制。天津移动对每一个职位都从8个方面，即名称、职级、编制、督导关系、任职资格、职责、考核指标、用工类型进行详细描述。一名员工竞聘到某个职位，必须承担该职位的职责和考核指标，接受直接上级的督导和任务分配，如果不适应职位要求就面临淘汰。绩效计划是部门对公司、员工对直接上级的工作承诺合同，通过把目标任务分解落实到每个员工，使得人人有目标，人人有任务，逐级抓落实，层层有责任，一级考核一级，一级对一级负责。为加强计划制定的规范性、可衡量性与可考核性，天津移动改进了绩效计划模板。对工作目标部分强制要求区分每一项任务完成的时点、里程碑、完成标志和累计百分比。其中，"时点"规定了完成每项工作任务的各子步骤的最后期限，"里程碑"明确了对应于时点所指示的子步骤的具体任务，"完成标志"表示完成里程的证据，"累计百分比"标志着完成相应里程后累计完成的总比例。这样，绩效计划就为绩效执行考核提供了可操作的依据和标准，起到对员工的约束作用。

另外，天津移动还运用策略库方法进行绩效目标分解。

可动性。有用的模式应能辅助管理者产生解决方案。这种要求意味着需要模式去促进有目的的改变。这种模式依靠可操作的变量，比如针对跨职能的新岗位调动的培训计划和上岗前考核。对于一个模式来说除了有根据外（如同公司层面的逻辑性），还应该是可观察到的行为。模式越是具体和操作性的，就越能起作用。

这个阶段值得注意的事情是，要有充足的证据显示系统的工作、个人和绩效分析给原来不正式的关于员工选用（如果不是偶然的）方法补充了逻辑性和精确性，以及人力资源在业务需要时进行补充的及时性和连贯性。

人文主义。在建立以上工作系统的同时，社会系统技术方法更加强调潜在生产力问题中的"人性因素"，指出人事系统和工作系统组合的重要性。比如，完善的工作环境能够提高工作量；工作可以重新设计和富于变化，而且可以促使管理者避免专制的领导方式。这些关于人力资源政策和实践的方法更富于人文主义，与科学管理的原则和设想大不相同。这显然偏离了纯粹的人员－职位的配套绩效分析模式。

天津移动为促进员工能力的提高，在制定绩效计划和能力发展计划，以及绩效评估时，上下级通过充分沟通，员工可以直接提出个人问题、观点、合理化意见。绩效评估的结果体现于包括季度绩效奖金回报、年度绩效奖励和末位优化及根据绩效的非薪酬性回报。

2. 人员与系统的适配性

49

人力资源战略中的系统适配概念强调职能行为之间一致的重要性，是为了跨越岗位，达到互相支援和替代。往往在不同时间段有序地培训员工和选择员工这样的人力资源工作本质上也是相互支援和可替代的。在其他的情形，人力资源的特定时期也可能存在"对立与统一"的关系，它们相互对立并发出本质冲突的不一致的信息。比如特定时期职能重叠而岗位不足，或者情形相反，人手不够。这样，管理系统而不是个人职位实践就可能成为人力资源战略的重要因素。人力资源以体系为导向，与组织战略构成方法之间划出一条相近的平行线

图 4. 职能层内激励与控制的适配性

（Doty 和 Glick，1994；Lado 和 Wilson，1994）。也就是保持人力资源战略跟公司战略的一致性。

天津移动的职位管理的激励与约束机制充分考虑职位晋升空间，为职位晋升提供发展通道，有效激励了员工将个人发展与岗位业绩结合起来。在职位体系的架构下，还进行关键岗位的评估，从财务、客户、内部运营、学习发展 4 个维度来评估职位的关键性，以薪酬以外的方式激励员工。这种职位管理体系从纵向（内部科层和客户）和横向（内部运营的水平职位适配）的职能转换（可替代性）方面来扩展员工的工作视野和综合能力，从而提升全体员工的合作和凝聚力。天津移动跨部门流程能培育起人员的系统观念。参看图 4。

3. 人力资源的纵向作用

每个层面的配对是一种固定要素，而灵活性则是一种随时间的推移使公司、业务和职能三个层面发生改变的能力，是适应性能力。这样，我们应该把人力资源从原来的战略辅助地位提升为战略实施的中心地位来看待。

第三与第二层面的关系。人力资源系统匹配本身会约束灵活性，因为它受到了岗位匹配的约束。人力资源的日常实践被大量的力量控制在本来岗位的位置，例如，文书档案、组织惯例、公司规章和对员工的期望工作指标，它们代表着阻止变化的主要行政力量之一。

在这个第三层面，继人员－职位匹配之后，基于系统匹配的人力资源战略超越了个人职位的视野，把人力资源放在担当战略实施的位置，而不再是作为"简单的"岗位配置。

我们曾经强调特定的业务层战略要实施特定的匹配行为。例如，Porter 提出了低成本业务层战略。这给人力资源战略提供了某种启示，低成本战略的有效活动是要求人力资源遵循常规性工作模式，工作动机是按照限定性的目标，以及相对低标准的培训为基础。而采用差别化业务层战略强调创造性和革新，人力资源的政策是保留高水平技术员工，保持员工对公司活动的较高参与度，以及有吸引力的更多的培训。这些基于差别化的战略实施模式不像低成本战略的常规性工作模式，没有明确地在工作范围内给定人力资源的规范。

第三与第一层面的关系。一方面企业人力资源的集体学习能力形成核心竞争力和适应能力；另一方面高层管理者这类人力资源提供公司层面的战略体系结构，来增强公司的能力构建。人力资源就是这样处于竞争优势的关键位置上。因此，我们应该把人力资源从原来的战略辅助地位提升为战略实施的中心地位来看待。

现在我们把上述从实施系统上"拆卸"下来的三对配套子系统经过"修理"（解剖分析）后，根据它们之间的关系，重新组装，成为整体的实施系统。见图 5 天津移动的例子。

人力资源战略的基础结构。在反应灵敏的组织里，人力资源战略的角色是多面的。一方面，它为组织设计和塑造一种坚固的核心：共同的价值观、愿景和绩效规则；另一方面，围绕这个核心，人力资源战略能够发挥其辅助功能，去开发和改善员工的能力和行为。人力资源战略的基础结构应具有可动性和人文主义的内涵，能够迅速地重新进行构建（例如，畅顺的工作再分配和再授权），来改变并适应环境。

4. 启示

前述的人力资源的可动性和人文主义，它们的功能贯穿系统，跨越职位局限。然而这种较新的管理模式仍然没有融入人力资源战略，让其产生变化。像通常那样，业务层战略与职能层的人力资源之间仍然保持着单向的基于规则和标准的联系。人力资源很少被看作是从中可以派生出竞争的备选战略能力。这就严格地限制着人力资源对公司竞争的潜在贡献。在这样的背景下，人力资源被看作是一种"启动开关"：在最佳情况下启动－受到激励，在最坏情况下限制－受到约束。

战略实施的效用如何，还需要看它能否发挥随时思考的潜力。

逻辑性：越多越好

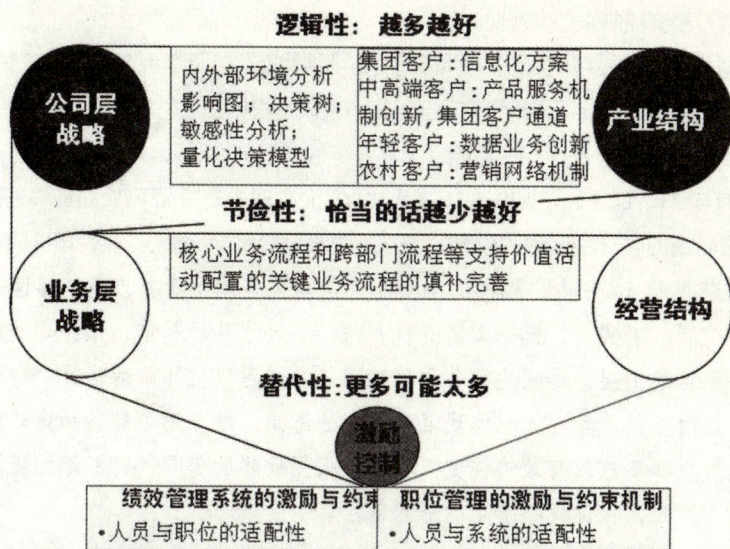

公司层战略	内外部环境分析影响图；决策树；敏感性分析；量化决策模型	**产业结构**

集团客户：信息化方案
中高端客户：产品服务机制创新，集团客户通道
年轻客户：数据业务创新
农村客户：营销网络机制

节俭性：恰当的话越少越好

业务层战略 — 核心业务流程和跨部门流程等支持价值活动配置的关键业务流程的填补完善 — **经营结构**

替代性：更多可能太多

激励控制

绩效管理系统的激励与约束 — 职位管理的激励与约束机制
• 人员与职位的适配性 — • 人员与系统的适配性

图 5. 天津移动战略实施系统结构

■ 战略与结构纵向关系

□ 经济控制与战略控制

我们已经从战略实施的三个配对层面中理解战略和结构的横向和纵向的相互关系，并建立逻辑模式。然而，战略实施还需要具有随时思考的功能。我们将结合有关理论来进一步分析战略实施任务本身的思考方面的问题。

1. 资源观与交易成本学说

资源基础观与战略控制。一方面，在战略（产业的或者公司内部的）与组织结构的关系上，人们按照资源观的思想，来提出如何能够适应外部市场环境的见解。公司战略并非一定要遵从第一层面中关于产业市场结构的规则，因为产业市场结构本身及其规则也在变化。公司通过在第二和第三层面的战略控制功能，进行内部组织结构改造、供应链流程再造、新技术开发或者新的全面质量管理标准，等等，结合制定相应的战略方法，来适应或者改变行业的市场结构和规则。

战略控制与节俭性。战略控制强调合作、协调、凝聚和紧密的节俭性工作关系。这种控制系统在垂直相关的业务以及在那些很少产品多元化的公司可以见到。战略控制适合实行产品系列差别化战略。然而这些控制系统在高度多元化的业务管理上花费很大，包括对非财务指标进行量化，来实现协同管理。

交易成本论与经济控制。另一方面，交易成本学说提供了一种关于多元化战略的经济控制的解释，是针对外部竞争来控制效率。每一个子公司的绩效都要根据它们的经济措施来衡量（固定资产回报，市场份额等）。多元化公司对多个产业市场不同业务和异质性资源实行战略控制成本太大，只能通过经济控制来进行管理。

经济控制与逻辑性。经济控制应对外部产业市场结构变化以及竞争策略是基于逻辑性。比如，因应不同产业市场的竞争状况作出经济预算。竞争手段是根据多元化的规模经济和范围经济，实行成本领先战略。

混合控制与替代性。在公司规模适中，多元化程度也就适中的情况下，公司能够进行混合控制。重要的是业务较高的同质性能够发挥第二、三层面中流程和人力资源跨岗位跨职能的替代性作用。

天津移动当时1239人，规模适中；业务是相关多元化业务，应能够同时实施战略控制和经济控制。事实上，根据案例资料介绍，"天津移动制定运作计划的时候，实现战略与财务预算的衔接。传统的财务预算管理只对资源进行简单的估计，与战略行动脱节。而战略性财务预算管理能够体现混合控制的思想，结合财务控制和战略控制，将预算管理转变为战略实施的有效的控制工具，以根据战略的需要进行资源配置。严格执行全面预算管理流程，保证战略重点的资源需求。"

参看图6。

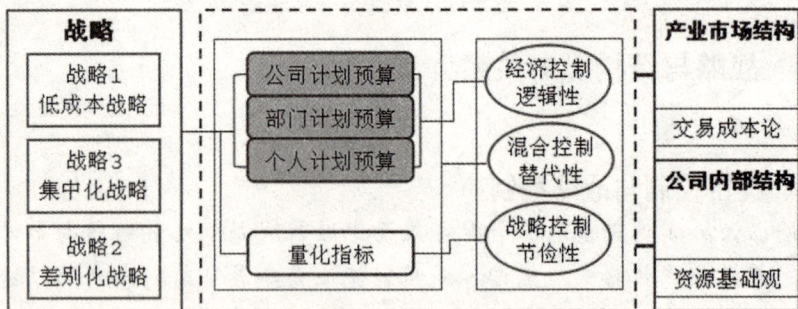

图6. 战略与结构必须紧密一致

案例中的天津移动的全面预算管理是财务控制和战略控制结合的混合控制类型。天津移动的财务预算控制功能引入运作计划（公司运作计划、部门运作计划、个人工作计划），是基于预算的逻辑性的。与此同时，在战略控制功能中，将有关战略措施进行量化和分解，便于与其他量化指标进行协同管理。然后将这些指标分属于以上相关的运作计划，以此形成年度预算实施方案（形成某种财务控制和战略控制合成结构）确保了战略与结构（内部结构与外部市场结构）的一致性，同时也为预算考核提供了重要的战略依据。

这里关注的是在多元化战略情形下战略控制与财务控制混合进行控制的任务本身所产生的组织成本问题。

天津移动根据细化的工作内容和行动措施编制公司年度运作计划，明确公司战略行动计划，并界定各部门的重要任务。

各部门根据公司运作计划，编制各部门的年度运作计划，包括战略要求、业务活动安排、资源投入等多方面内容，并生成公司关键绩效指标和部门非财务类的关键绩效指标。

再根据部门年度运作计划编制收入预算、成本费用预算和投资预算。其中，管理与业务支持部门主要编制费用预算，生成相关部门财务类关键绩效指标。而计划财务部则在汇总各部门运作计划和预算后，形成公司财务预算。

天津移动由领导层亲自挂帅，成立由战略发展部、计划财务部、人力资源部等组成的跨部门团队，对部门的运作计划和预算进行会审，提出意见和建议，并要求在运作计划实施时要有具体的行动方案，对实施情况也要及时反馈。

对于战略措施中明确的支撑集团客户、稳固中高端客户、吸引年轻客户、开拓农村市场、打造精品网络、整合现有营销渠道等方面战略的运作计划，预算中必须给予优先保证。

预算的执行、调整与考核。天津移动严格监控全面预算的执行情况，定期分析执行差异。因为预算是与运作计划相对应的，所以在分析预算执行差异时，能够将预算与战略和运营相联系，切实反映出公司资源是否按照战略要求配置，真正起到了控制公司运营活动不偏离战略方向的作用。

原则上，战略控制能够用来管理业务系列，这些业务系列是资源共享的，或者通用资产，而管理者是懂得的。财务控制则用于那些不相关的多种业务系列，而总部的管理者对这些业务不熟悉。然而，虽然这种混合控制逻辑符合情理，但是很难应用，因为战略控制和财务控制系统被认为是互不相容的。每个系统的便益会被另一系统的便益所抵消，战略控制系统的共享和协同优势被财务系统的竞争压力给抵消了，后者强调各业务单位对各自的损益负责，进行独立核算；反之亦然。这样，造成了多元化系统控制的低效率。

53

不足为奇的是，最可能运用上混合控制系统的公司看来要重组，特别是面临环境不确定性的情况下。

天津移动的多元化战略实施是采取调整市场部门组织架构和精简支撑部门组织架构，优化职位设置，以及流程优化的做法来进行的，这种战略控制实质上能够使多元化战略实施的全部组织成本减少到低于运用原来各种进行（财务控制的）业务交易程序的成本。

2. 战略实施效率

与战略制定不同，多元化战略实施要直接触及各种配套关系。如果6个变量不分成三个层面，这里可能的配对就会多很多，而不只是三对配套。这些变量是混乱无序的。还有潜在的干扰。这就是说，战略实施往往就是要在复杂性和不确定性的情况下作出选择。

这说明实施战略时，管理者要有灵活和有效的方式去分辨复杂性问题。

经济效率。只有在发现组织体的操作无效率时，才不得不改变组织结构。最终要表明调整的必要性：能够以最小投入来有效改变运作和经济绩效。

天津移动的支持价值活动配置的关键业务流程－实施核心业务流程和跨部门流程－以及填补完善等措施，体现了经济效率的思想。

认知效率。公司会认知不同的战略和结构的方案，来进行协调和解来决复杂性问题。形式上按照成本优劣进行排位。参看图7。

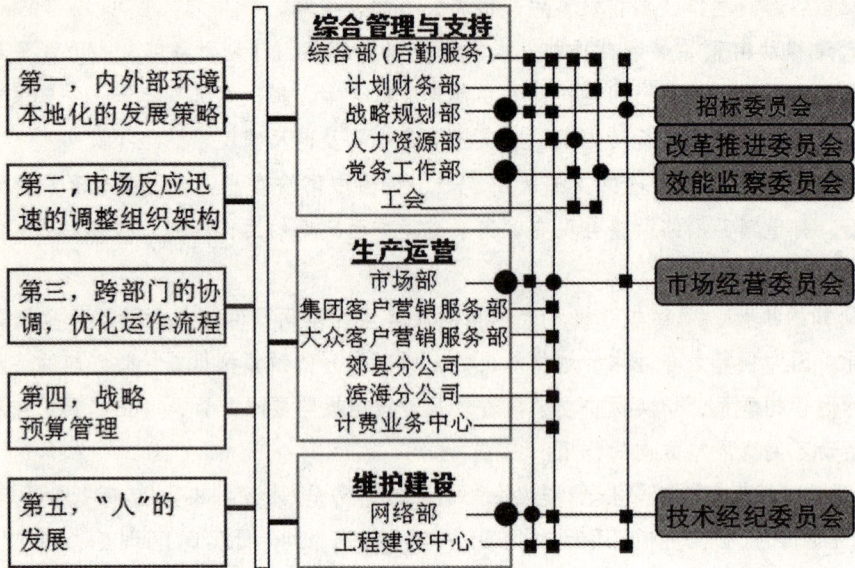

图 7. 调整组织架构，提高市场反应能力

修改自：第 11 届国家级企业管理创新成果，企业出版社，2005，P97

54

3. 启示

天津移动的效能监察委员会主要跟党务工作部建立直接关系，还有就是跟仅有的其他三个部门（工会、计划财务部、综合部）建立联系。这样等同于把效能监察停留在战略实施构造的最高层级：公司层战略 – 结构，而忽略了对于效能监察来说最重要的其他两个层级：业务层战略 – 经营结构以及激励 – 控制。

认知可处理性。多元化战略实施由于存在许多不确定因素，因而没有管理者或管理团队能够确切揭示任何一个业务分支的最终结局或者去向，更不用说能够通过所有业务分支的相互作用来生成战略实施的统一体系了。

好的战略实施的基本前提是，预先做好各种备选方案，来应对将来可能发生的不利或者有利的事件。然而太多公司的应变计划是为不利事件准备的，这是错误的。风险最小化和机会最大化这两者都能改善公司的竞争地位。

战略实施的动态连续性。在复杂、动荡的环境中，战略实施的关键是不要把计划看作一成不变，而要预想其可变性和进化的可能性；这需要把实施结果的反馈，评估和调整的过程转变为行动与思考同步的常规性程序。

公司必须不断使实施行动和公司的重要信息交流保持同步思考。这就是战略实施的特点。这要因应不同决策来随机创造一种解决问题的顺序链。

比如说，A 代表业务层战略，而 B 代表经营组织结构，一旦 A—>B 的关系确定下来，战略 –

结构一致性的问题就意味着如何运用战略来促使结构改变。这时候战略为主导变量，结构为从属变量。管理者就会在逻辑结果引导下转向解决 C 的要求和转变问题。这种按照逻辑结果排序的选择就会继续下去。

经济效率的问题。在对成本和收益保持敏感的竞争环境下，公司不应只重视业务战略的战略和结构，还必须考虑今后战略和结构的可变性。例如，由于战略－结构固有的相互配对关系构成密封式的流程，短期内控制系统（比如设备或者技术）可能不会出现实质性的重新调整的需要。但是，为了应对将来可能发生的市场环境变化，必须考虑战略－结构随后可能会出现哪些调整，比如流程再造。

认知效率问题。根据上述分析，战略管理的研究重点可能是关于公司如何开发适应环境变化的战略；而这一战略的重要环节是战略实施。相应的与战略实施有关的组织行为的问题是为什么在环境变化适应过程中有的公司比其他公司表现得更好？我们一直强调两个方面的答案：一种是 Porter 的基于产业组织（结构）理论，强调公司在行业中的位置优势；另一种答案是，Selznick、Prahalad、Hamel 和 Wemerfelt 强调公司创造有别于竞争对手的资源整合能力。然而是否还有第三个与组织适应性有关的答案，这就是战略实施过程中与认知效率有关的组织探索和调查过程。

55

第五章　企业文化①：
从文化看战略
Chapter 5

公司文化总是跟组织体的生存规划打交道。明确地说，
要理解这一点，成功的管理者必须是公司文化的学习
者。

公司文化总是跟组织体的生存规划打交道。明确地说，要理解这一点，成功的管理者必须是公司文化的学习者。

关于大多数公司战略与文化的关系问题，人们都无法准确定义。通常，人们不仅要面对现实存在的这类关系问题，他们还需要在不确定环境下找出这些关系的问题所在。

从竞争来理解战略问题，我们看不到公司战略与伦理文化方面有任何关联。公司强调任何情况下竞争如何取得经济上的成功，而不管使用了何种手段。

而当我们从文化角度来看战略时，我们会将公司战略理解为把企业置于市场中，并遵循社会伦理和行为规范来进入某种商业模式。只要公司的核心战略和规范主张没有受到来自行业内外环境的挑战，公司战略就会保持公司全体对伦理规范的理性承诺。

但是公司又如何看待战略与病态文化的关系？战略因此既失去竞争力优势，又失去伦理规范指导的情况下，公司需要从两方面来思考和解决战略跟（病态）文化之间的复杂关系：

· 战略如何适应病态文化和新文化，并帮助新文化进行有效转换；

· 如何培育对不断变化的环境的适应性公司文化。

我们力图运用独特的战略工具和分析方法，在精神、制度、行为/物质层面来剖析这两方面的问题。

■　文化与战略

□　文化内涵

文化是企业做事业的另一种独特的方式。它是人类社会的次元，在作出战略决策变化时，它能够在企业内创造出团结和意义，激发起承诺和生产性。

1. 社会 – 企业价值观

人类有基本的需要：别具一格的需要、权力的需要、成就的需要、归属或被认同的需要，去让自己的世界变得有意义，觉得自己有控制权，以及去做出有意义的事情。当事件威胁到这种意义时，各人就会做出防卫性的反应。管理者和雇员甚至会破坏新的战略，以此来重新掌握以前的地位。

从 1986 年到 2001 年，赛格集团发展主要经历了两个阶段。第一个阶段（1986 年至 1992 年）为创业阶段，主要是做大，但大而不强。

第二个阶段（1993 年至 2001 年）为调整阶段，主要是在调整中做强。一是收缩战线。境外近 10 家企业除了保留香港公司外全部撤离，境内除深圳本地企业以外也基本退出。二是调整企业结构。集中力量发展以电子元器件为主业的大型骨干企业，其他与主业关联度不大或市场前景不好的企业逐步退出。三是调整投融资结构。一方面通过多种途径降低银行的负债；另一方面通过重组上市，开辟新的融资渠道。

第二阶段的调整虽然富有成效，但并没有完全到位。其中，最为突出的就是创业阶段母子公司间形合神离的问题没有从根本上解决，企业的离散更加严重，内耗俱增，管理混乱。

2. 企业文化构成

企业文化包括能够描述企业价值观的主流方向：个性与态度的平衡、经验和习惯、行为规范和榜样，等等。好的文化是企业和个人做事业的另一种独特的方式。它是人类的次元，在作出战略决策变化时，它的指导作用在于能够在企业内创造出共识和一致，产生适应能力和生产性。

规范的企业文化，是企业适应环境变化和发展需求，以及企业各层级成员的共同利益基础上建立起来的一套价值观与行为方式。它有着完整、协调、和成熟的特点。企业文化可从精神、制度和行为 / 物质三个层面进行分析。

精神层面 – 尊严和自我实现需要；制度层面 – 归属需要；行为 / 物质层面 – 安全和物质需要。

价值标准。公司文化的价值标准是一种关于特定组织行为操守或者期望的持久信念、职业伦理和精神面貌；是评价组织或者员工操守的指南，并且根据彼此间的重要程度不同而构成的一个具有价值优先权的系统。我们可以参照心理学家米尔顿·罗基奇（Milton Rokeach）界定的一套可用于不同文化的终极价值观（terminal values），是对目的状态的渴望，以及实现这些价值观所

57

需要的由行动组成的工具性价值观（instrumental values）。针对特定企业的文化改变，对其中的元素进行重要性排列和调整，如下表1。

3. 文化规范

从特定企业的价值标准出发，企业形成相应的文化规范，这些规范具有规定性、排他性和中立性。规范被定义为规定对与错、接受或者不接受的规则。高科技企业的文化要在错综复杂的内部和外部变化的环境中有效地进行转变，要使全体员工有能力辨别必须做、应该做和不能做的企业内个人行为，最根本的出发点不是个人能力，而是根据价值标准确立的基本道德伦理。

表 1. 文化的工具性价值观和对应的终极价值观

	工具价值观（方法）	终极价值观（目标）
精神层面	有雄心	舒适的新生活
	勇敢	争取平等
	礼貌	社会认可
	有能力	成就感
	智慧	减低风险
制度层面	自制	智慧
	服从	自尊
	逻辑性	舒服顺畅
	有责任感的	真诚友谊
	心胸宽广	职业生涯保持奋发
	宽容	职业安全感
行为／物质层面	乐于助人	减少障碍
	富于想象力	内部和谐
	独立	成熟的爱
	热爱的	救助

4. 伦理

文化变革传播的后果：可能是有效果，但是也有可能产生功能紊乱。取决于对组织体的改变措施是否令员工积极接受。

为了正确引导员工的价值观判断和行为，伦理准则必须成为企业战略制定过程中要考虑的因素，并成为企业文化的一部分。事实上，一个基于价值观的文化能最有效地确保员工符合企业伦理要求。

赛格集团针对实际情况，按照现代市场经济发展的客观要求，把中国传统文化倡导的诚信、包容、和谐等理念与现代企业商业化操作规范等有机结合。

5. 启示

当执行战略的过程符合伦理准则时，其有效性会增强。否则，如果在组织内发生了不符合伦理的行为，这些行为就会像病毒一样在组织内迅速散播。

赛格集团存在着好的或不好的文化。在第一和第二阶段发展过程中，企业文化是不规范的，例如案例中，母子公司间形合神离，企业的离散严重；内耗俱增，管理混乱；集团的定位和发展方向不明确，员工缺乏认同感，缺乏信心，人心涣散，士气低落，十分迷惘，等等。

□ 战略选择的文化方面

我们可以将企业战略理解为在某种道德规范指导下的一种自觉而合作的个人（如CEO和其他员工）行为。而这一指导规范就是企业战略。

1. 文化作用

精神层面——导向力。是指精神层面上的方向指引，提倡解放思想。解放思想的重要性体现在鼓励全员认识旧的和新的文化的区别，提高学习能力。导向力不是靠自上而下的指导和服从，而是要从价值标准出发，务实进取。使全员具有创造新生活的雄心；跟不平等现象斗争的勇气；受到社会认可的道德和礼仪；创造成就的能力提升；培育减低个人和企业风险的智慧。在全员价值观形成主流力量的时候，适时提出大多数人支持的发展愿景和战略目标。

例如，深圳赛格集团本着既务实又进取的精神，提出了在产业上专注于电子元器件制造，紧紧把握集团发展面临的机遇期，发挥自己的优势，把赛格建成中国一流的高科技电子元器件制造企业，进而建设世界级领先企业的战略构想和目标。

制度层面——凝聚力。是指制度上的规范。主张实事求是以及在公司里自觉而有规范的行为。每个人学会自制来体会自己的智慧；用服从来免受惩罚，保护自尊；用逻辑性使自己看通事物，保持舒畅开朗；用责任感来赢得团队之间的信任和友谊；用宽广心胸来处理想不通的憋屈事，使自己奋发；用宽容来对待别人的犯错，来获取别人的宽容，保持职业保障感。

物质/行为层面。进取力。是指物质/行为层面的进步。鼓励与时俱进。通过乐于助人来减少员工之间的沟通障碍和隔阂；通过遇事富于想象力来避免钻牛角尖，保持和谐的工作关系；通过练达的至诚至爱来避免别人的恶意伤害，从而使自己能有更多自主空间；通过积极救助别人来获得爱戴和拥护。

赛格集团文化建设的基本内涵是：遵照解放思想、实事求是、与时俱进的原则，针对赛格的实际情况，按照现代市场经济发展的客观要求，把中国传统文化倡导的诚信、包容、和谐等理念与现代企业商业化操作规范等有机结合，把企业文化的精神形态、制

59

stantiation-Based Knowledge StructurE

度形态、行为形态和物质形态等相互统一，全员参与，贯穿各层次、各环节的企业文化建设，使企业文化的导向力、凝聚力和创造力最大限度地发挥出来，为提升企业的核心竞争力注入持久的生命活力。

文化作用的图式参看图1。

2. 精神内核

企业处于新文化转变的适应过程中，有效的方式是强调自身对别人的适应开始。以下是赛格集团企业文化转变阶段贯彻的文化精神内核。

精神层面。提出"敬人"。就是坚持以人为本。最核心的内容体现在对员工的尊敬和对顾客的尊敬。尊敬员工就是要把为企业创造价值的员工作为公司最宝贵的财富。

制度层面。提出"敬业"。就是每一个赛格人都要执着于"产业报国、造福人类"的神圣事业，坚持终生学习，实现最佳业绩。

物质/行为层面。提出"追求卓越"。追求卓越，就是要求树立完美的意识，采取积极的行动，达到一流的水平。

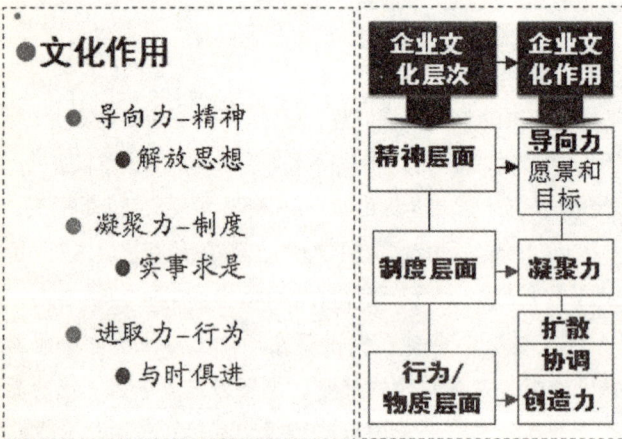

图 1. 文化作用的三个层面图式

从精神层面、制度层面、物质/行为层面来剖析企业的文化精神内核。参看图2。

3. 别具特色的经营方针

跟传统的强调竞争和不择手段获利的经营方针对照，从文化的视角来审视战略，会产生很不同的经营方针。看以下赛格的经营方针。

精神层面。先想别人，后想自己。

制度层面。从做生意转向做企业。做生意是重结果，重短期收益，而做企业是重过程，重资源优化配置和生产效率提高；做生意重市场机会，做企业则要靠点点滴滴和锲而不舍的努力。

行为层面。提高管理水平、

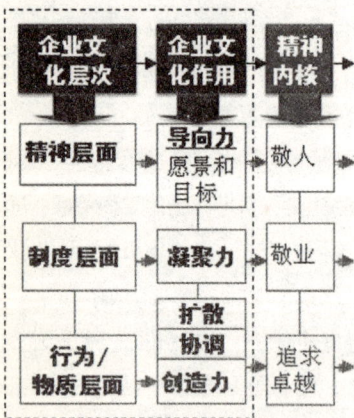

图 2. 三个层面的精神内核的内涵和联系

60

技术档次、员工素质、核心竞争力和品牌知名度。

参看图3。

4. 以人为本的精神理念

传统的管理方法都是靠各种各样的策略来引导员工实现企业的预定目标。然而如果有了一个适合的企业文化，员工就会在潜移默化中接受共同的价值观念，不仅过程自然，而且由此形成的竞争力也更持久。

对于赛格集团来说，针对离散严重、内耗俱增等问题，提出"敬人"——尊敬员工和顾客——这样一个精神内核。其思想指引是"先想别人后想自己"。这种"别人在自己之上"的"以人为本"的思想能产生相互遵从的集体主义和凝聚力。内涵有四方面：

精神层面，自上而下，从领导做起，领导把自己置于金字塔组织结构的底部；

制度层面，是敬人的行为规范：在规则和制度面前人人平等；

制度辅助层面，是制度灰色地带可能引起冲突的处理原则：中道；

物质／行为层面。是敬人的认知能动性：培育学习型组织。如图4。

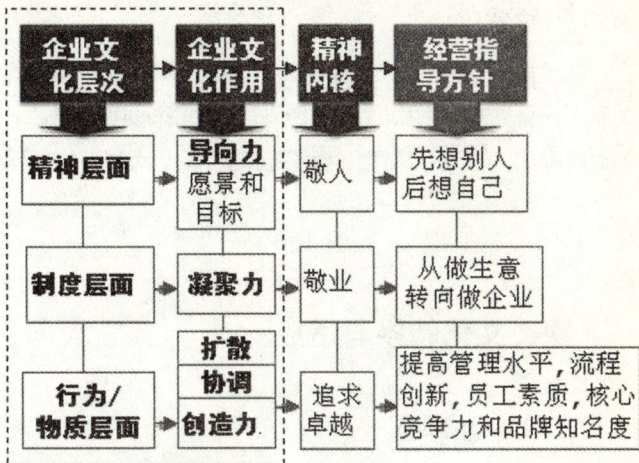

图3. 从文化角度来定位经营方针

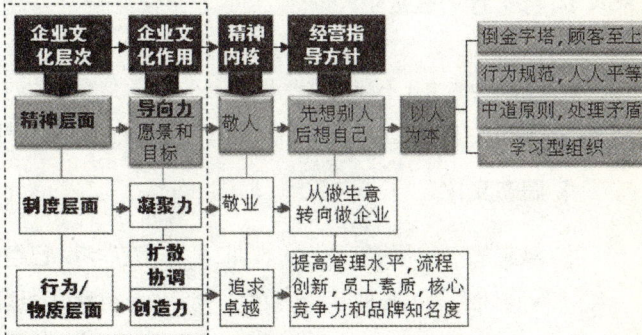

图4. 以人为本的精神理念

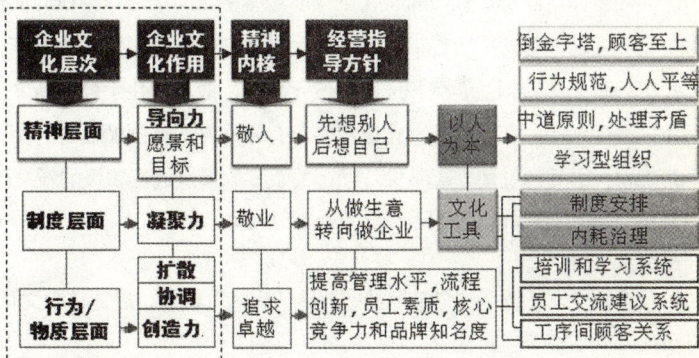

图5. 制度和行为／物质层面的文化工具

5. 制度和行为的文化工具

制度层面： 制度安排；内耗治理。

行为／物质层面： 培训和学习系统；员工交流和建议系统；顾客满意计划。参见图5。

61

6. 启示

在精神、制度和物质／行为三个层面上，增加健康文化的可接受性，克服旧文化惯性和阻力的重要手段是善于运用工具性价值观。比如精神层面的雄心、勇气、礼仪、创造力和自制；制度层面的服从、逻辑性、智慧、责任感和宽容；行为层面的"至诚至爱"和"富于想象力"，等等。

■ 文化转换与适应

□ 文化转换

从公司文化的视点来看战略管理问题很有益处，因为成功往往取决于公司文化对战略支持的程度。

如果支持性的文化不存在或者没培育好，那么战略的改变将是没效果的，或者甚至会产生反作用。公司的文化能够让新战略烦恼重重，这种烦恼或许是混乱，或许是人心背离。

1. 病态文化

62

员工或者部门个体的亚文化跟公司旧文化相互作用，已经产生了对公司旧文化适应性，形成个人和部门职业行为的某种自我一致性，或者说是自我观念延伸性。如果新文化不能够对全体员工产生全面性同化效应，那么习惯于旧文化和旧行为的个体思想会像病毒一样从个人或者某个部门开始向全公司蔓延，致使新文化创建前功尽弃。而学习一种新的文化，是每一位员工和部门在开展业务过程中都要经历的，可以视为公司新文化适应。新文化适宜性应该包括个人和部门亚文化公司与新文化的相互影响和适应，进行平衡，最后同化于公司新文化的范畴里，并且自觉地对新文化进行维持。在这种新文化适应中，有效的方式是强调自身对别人的适应开始。比如说，工序间或者科层间通过建立起某种"顾客关系"的模式进行积极的新文化适应。

2. 战略家的贤明

无论企业文化处于"健康"状态还是"生病"状态，需要较少文化转变的战略会更有吸引力，因为这样就不至于耗时费事。

"正确的"公司文化成了优良公司的精髓和基础。在文化"生病"时，管理者的贤明和能力成了公司改革成功与失败的关键。贤明的管理者能够根据所需要的公司战略变化来合时宜地和合调子地把旧文化改变为具有驱动力作用的文化。

文化变革需要时间来对"症候群"进行诊断，来研究"手术方案"，逐一"动手术"，让新文化出现并逐渐占据优势。像赛格集团规模这样大的组织体，要进行文化变革，使之跟战略匹配，过程会很复杂，需要的时间会很长。在大型的公司中，对企业文化做重大的变革至少需要 2-5 年的时间。

尽管管理层成功地对小团体的管理者甚至是整个部门的价值观和行为进行了改造，到后来可能发现这些变化会随着时间而流逝。组织体的新文化被某个部门的病态文化所侵蚀，如 "经营领导"，而不是经营企业，小帮派、小团体的行为和价值观死灰复燃。这是旧文化久治不愈的重要原因。

3. 战略决策

政治因素。在社会价值观与企业价值观的理解产生矛盾的情形，如果缺乏客观分析，管理政治关系就成了公司里建立热情和团队精神的不可分割的部分。战略决策往往是根据当时的政治情况来作出的。

战略成型工具。随着战略成型工具的开发，政治因素就变得没那么重要了。政治因素对战略决策施加专横因素对公司来说是很不幸的。

4. 去政治化

人们发现成功的战略家：

· 对于受到弱小支持的主张和提案，通过不作为来让其死亡。

· 对于受到强烈支持的，但是被这些战略家们认为不可取的主张，他们不是公开反对，而是设置障碍和测试。成功的战略家在不可接受的提案上保持低的政治姿态，设法让来自下属的或团体一致的反对意见出面，他们个人的否决意见留待大问题或者重要时刻。

· 掌握介入时机。做很多交谈和非正式提问，这样跟事情的进展与时俱进，知道什么时候介入，并且形成信任和威信。

5. 政治关系能力

在高度矛盾的问题上，以及主要的反对很可能来自关键的权力中心的情形下，让自己的政治曝光减到最低限度。

以上这些关于战略家的发现提供了管控公司内部的政治关系的根据。

6. 政治伎俩

因为战略必须在市场起到作用，以及能够获得内部的一致投入，以下政治家惯用的战术能对战略家们有辅助作用：

殊途同归。常常可能运用不同途径的手段取得类似的结果。战略家们应当认识到，不要扼杀他人的点子和方法。因为这些点子和不同方法有可能产生新的选择，来取得同等的结果，而且可能有更高的潜在机会，使投入增加。重在看成功的结果，不要纠缠于取得成功的方法。

防卫与归属。不要独断专行，过得去就行。用大多数人可接受的战略去取得令人满意的结果，远比那种为取得最佳结果而独断专行的情形好得多。因为如果后者用不为人所知的战略，但到头来以失败告终的话，个人风险就非常大。

63

7. 政治导航能力

不要指令型。领导（引导）战略，但不是指令战略。很少给出命令，很少用通知方式来传达决定，而是依靠提出大量的非正式问题，进行探讨和澄清，直到一致的看法出现为止。

劝服力。找到共同更关注的问题，或者依靠舆论，来把特定问题进行转移或者一般化。

· 一般化。把焦点从特定的问题转移到更一般化的问题会增加战略家获得公司投入的机会。

· 焦点对准更高层次的问题。通过把问题提高到更高的水平，很多短期的利益能够推延，为的是长期的利益。例如，焦点对准企业生存问题，汽车和钢铁产业能够说服工会在增加工资方面做出让步。

奖励成功的发声者。对敢于跟坏人坏事斗争的人给予慷慨而又可见的奖励。把这些口头攻击的责任分配给一些"先见者"，这些个人能最强烈地识别出点子和产品，并且他们的前途跟点子的成功有关。这样他们对自己的行动和言论的可能影响保持警醒，以便不会发出错误信号，让文化变革运动往错误方向走。

引进新人。确保公司里所有重要的驱动力资源都能在最上管理层得到描述或者让他们知道。突然插入一些新面孔和新观点，来作为重大改变的考虑因素。这点很重要，因为新进员工和管理者比在公司工做了很长时间的雇员有更高的热情和动力。新雇员没有用同样的老眼光看问题，也不会像屏蔽门那样反对变化。

中层管理。在重要问题上提供接近政治的机会。给中层管理人员带来重大负面后果的战略和政策措施将促使他们作出干涉行为。如果中层管理者没有机会在适当的政治会议上就这些决策挑明自己的立场的话，在政策措施作出后，他们能够成功地进行抵制。给中层管理者提供接近政治的机会能够给战略家提供那些其他场合得不到的信息，而这些信息有助于管理那些干涉战略和政策的行为。

8. 启示

文化变革应该利用新事物来作为改变文化的开端。而管理者要成为文化变化的媒介。媒介的作用是要使公司全体能从被动变为主动，去适应旧文化往新文化的转变。这需要高层管理者能够贤明地行使自己的职能，在自己的权力和被管理者的认知能力之间保持适度的距离，减少命令型的管理风格。

即便是贤明的领导者，在新与旧文化博弈的过程中采取"曲线救企业"的方式可能不知不觉地在妥协的思想和行为中迷失了方向，跑到了旧文化的阵营里。

另一方面，员工对文化变革的认知一定有个过程，这个过程取决于不同员工不同的个人需要、不确定性规避的程度、自我成就的个人主义还是集体主义的归属以及不同的自我参照标准。

这样，管理者与员工的角色互动形态决定了文化变化和企业经营的状况。

在文化变革中管理者善于发展和巩固支持变革的骨干力量，那些可靠的骨干力量往往实际上是那些拥护管理者个人决策的人群。到头来人们会发现，文化变革实际上是推行管理者个人政策思想和政治主张的运动。

在自上而下的领导主持文化变革的过程中，文化变革往往是下级执行的事情。当变革到自己头上来的时候，管理者可能成了文化变革的抵制者。

□ 文化变革适应性

员工或者部门个体的亚文化跟公司旧文化相互作用，已经产生了对公司旧文化的适应性，形成个人和部门职业行为的某种自我一致性，或者说是自我观念延伸性，即认为自己的行为一直是得当的。

如果新文化不能够对全体员工产生全面性同化效应。那么习惯于旧文化和旧行为的个体思想会像病毒一样从个人或者某个部门开始向全公司蔓延，致使新文化创建前功尽弃。

而学习一种公司新的文化，这是每一位员工和部门在开展业务过程中都要经历的，可以视为公司新文化适应。新文化适应性应该包括个人和部门亚文化和公司新文化的相互影响和适应，进行平衡，最后同化于公司新文化的范畴里，并且自觉地对新文化进行维持。在这种新文化适应中，有效的方式是强调自身对别人的适应开始。传统的管理方法都是靠各种各样的策略来引导员工实现企业的预定目标。然而如果有了一个适合的企业文化，员工就会在潜移默化中接受共同的价值观念，不仅过程自然，而且由此形成的竞争力也更持久。这个在精神、制度、行为／物质每个层面进行变革适应的过程都包括：

解放思想。要释放潜在的思想冲突，进而共同找出符合实际的解决冲突的途径。实际上，在处于病态的环境中，员工不仅陷于"绝望"，更抱有公司能重新发展壮大的强烈愿望。他们在迷茫，找不到正确的方向，也不知道如何去实行。最实质的问题是，他们对原来的领导层完全失去了信心。

实事求是。这种适应性文化具有的内涵一方面是核心价值观和长远的商业规则有机结合，另一方面的适应性文化内涵涉及公司行为和经营实践过程的变化。在这里，经营实践和行为的变化并不总是遵循核心价值观和长远的商业规则。由于不同思想的冲突和对变革的抵制，必然存在妥协、折中，得出各方接受但不是理想的结果。

与时俱进。要使经营实践和行为的变化不会对企业的核心价值观和长远的商业规则造成扭曲，开始阶段的经营实践和行为变化必须要顾及利益相关各方的利益。

1. 精神层面的适应方法

在"拨乱反正"的文化变革开始阶段，公司员工对新文化持怀疑态度，认知能动性较低。这时候要想员工具有自我利益牺牲的精神，"先想别人后想自己"的思想境界去实行文化变革是不可能的。

员工这时候最关心的是物质上的需要，最担心的是危及自己利益的风险。因此高层管理者必须要用一种能对有价值的员工和主要支持者的福利真正关心的方式进行管理。除非将"人人平等"作为进行制定决策和规则的前提条件，并且能让全体员工明显感到领导层在履行正确做事和做人的承诺，否则，上述的文化变革不那么容易被员工接受和执行。

伦理的作用。在对战略管理程序的解释中，理论上没有将伦理的影响力放在突出的位置，然而，无论如何伦理都是被看成在战略管理过程中给股东利益带来提供安全和可靠的成分。所以管

65

理者在制定决策时，注入更多的伦理是没错的。

文化引领战略。作为企业文化变革的新一届领导班子来说，新重点是为公司创造主要的政策和战略问题。但是并没有明确的理论或实践可供他们参考，以告诉其在做政策／策略决策时应该遵循什么样的社会责任和伦理标准。也没有告诉什么时候和什么情形伦理应该如何发挥其影响力。

精神内核。企业推崇的伦理标准是包括谦逊（敬人）以及自制和自我批评（先想他人，后想自己）。实际上，在文化变革跟经营战略结合的过程中，企业在不同文化构建层面分别注入不同的伦理元素。如赛格集团的敬人（精神层面）、敬业（制度层面）和追求卓越（行为／物质层面）。

CEO 的文化建设的主导作用。实质上，在文化与战略结合的过程中，赛格集团是以文化变革为主导，来设计一种文化变革过程中的经营战略。一般而言，这种文化变革过程中的战略要求公司的每一个文化变革参与者的价值标准与抱负都要服从于公司 CEO 为企业的发展所确定的价值标准与抱负。

这种代表战略方向的 CEO 如果成了健康文化的绊脚石，应撤掉。

图 6 说明在精神层面展开文化转变的步骤。

文化变革的知觉和持续关注。文化变革发出强烈信号，以引起全体的关注。病态文化实行变革的开始阶段，员工对企业寄予很弱的期望。这个阶段要通过一些强烈的信号来引起员工对企业文化变革的知觉和持续关注。如：实行领导层换班，新一届领导班子上任，这能够成为文化变革的强力信号。另一方面持续的会议和书面文字宣传资料引起对文化变革的持续关注。

文化变革中的观察学习。这个阶段是文化变革领导者作出行动表率。员工通过观察某种明了的"社会文化符号"来对文化变革进行诠释。如：领导带头的倒金字塔模式，自下而上的监督；设立规则面前人人平等的行为规范；以自我批评为主导的中道原则。这时候，员工对文化变革的榜样产生认同感，并且开始跟从。

实现命运共同体的认知学习。这个阶段，企业变成了学习型组织。员工开始主动认知和关心企业命运，而无须借助前两阶段被动认知的文化工具。

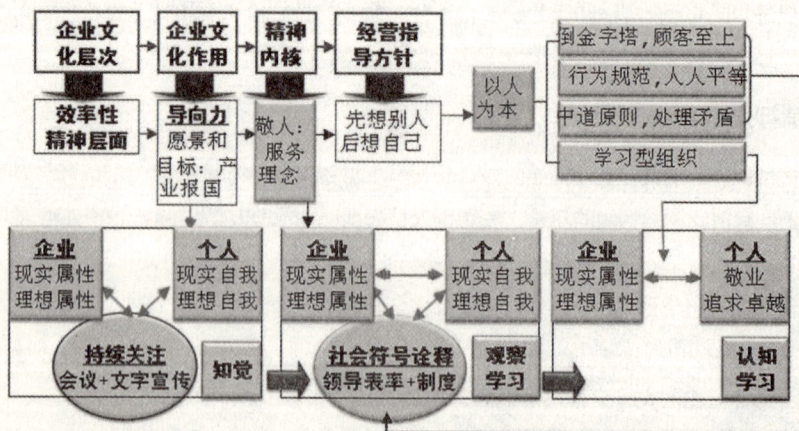

图 6. 在精神层面员工个人跟企业命运从弱关联到直接关联的过程

2. 制度层面的适应方法

一旦团队知道了企业将向什么方向发展，他们就可以重组企业了。从上述领导班子换班的情形可知，行政是处于困境中的一个角色，所以他们必须建立一个强健的行政结构。企业一般的目标就是任命一位行政副总经理，并塑造最高主管的角色。在他的带领下，建立起适应新文化的新秩序，包括有关的规章制度和责任流程。

新制度与正强化。一旦大家适应了一起工作、团队"敬人"的气氛形成之后，新重点是为公司创造主要的政策和制度问题。没有明确的适合自己企业的理论或实践可供管理者参考，以告诉其在做政策和制度时应该遵循什么样的社会责任和伦理标准。这阶段对于企业来说，主要是如何通过建立在"人人平等"基础上的制度来增强组织的凝聚力，以及增加能够激活创新的"能上能下"的组织活力。这个阶段公司要采取"正强化"的措施，通过"固定时距"的定期的总结、表扬和奖励，来强化新制度的推行；

排除方法。公司战略中，有价值员工是公司的精英(CEO之类)以及那些将精英的意图体制化的忠实员工。这个制度化过程中的战略实际上是一种孤立主义，通过制度和规范将旧文化残余孤立起来，以及将那些对公司不利的外部影响－包括外部能做而企业内部不允许做的事情——排除在企业门外。公司在这阶段要采取比较温和的负强化措施，让一些受到旧文化影响而出现"消退"的现象明白这样做原来得到的正强化好处也会消退，比如奖金等等；为了保持员工支持文化变革的积极性，采取"固定比率"的做法，按照员工获得的正强化成绩进行积分来计算员工的待遇，以此将消极因素不断从队伍中排除。

群体复杂性。有时候，政治偏见和个人利益不适当地植入了战略决策里面。在组织体里的发号施令的等级关系，加上不同个人的职业雄心以及分配资源的需要，肯定会形成串通联盟，这些串通联盟中的个人首先设法去照顾自己，然后第二、第三……直至最后才轮到公司。其结果又会搬起旧文化对新秩序进行干扰。公司应采取告诫的措施；不是出了问题才来告诫，这样就会陷于被动，被牵着鼻子走。应采取"不定时距"的方式，随时进行观察和监督，让这类消极行为时时警醒。这种告诫应该是积极的，及时鼓励纠错，脱离消极现状。

政治谋划。公司领导层对于文化变革的控制意识是清楚的。所有组织体都是政治性的。除非受到有效管理，否则，政治的谋划消耗宝贵的时间，使公司目标受挫，分散人类精力，甚至引起宝贵的人才流失。惩罚措施是针对告诫失效、触犯制度底线的人群；采取"不定时距"的方法，及时把破坏文化改革的行为消灭在萌芽之中；与此同时，及时挽救。对于"回头浪子"及时采取正强化的措施。惩罚的目的不是为了惩罚本身，而是通过结合挽救来团结一大片。

战略与群体。群体的串通同盟往往是围绕着公司面临的重要战略问题来形成的。战略家的主要责任是指导联盟的开发，去培育整个团队的观念意义，争取关键的个人和各群体的支持。

凝聚力。公司在这种适应性文化中，要让全体员工树立起一种信心，在高度凝聚力作用下，组织可以应对它所面临的任何威胁和机会；他们对冒风险、试验、革新、变化的战略和规则持接受的态度。适应性的文化与抵制性的文化形成直接对比，它支持各个层级的经理人和员工发起有用的变革。内部的企业家精神得到鼓励和奖励。制度层面的适应性方法参看图7。

67

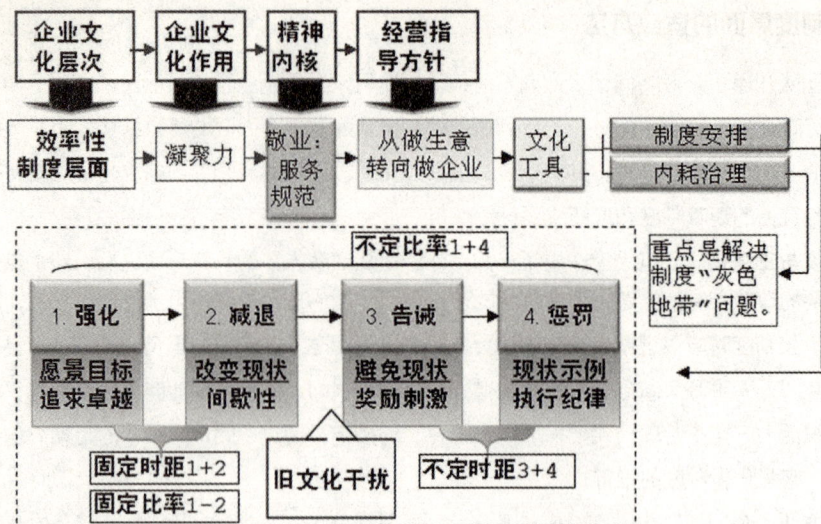

图 7. 制度层面的文化适应方法

3. 行为 / 物质层面的适应方法

　　行为形态与行政功能的关系。对于高科技企业来说，在新的行政权力行使之前，创新精神（行为形态）必须制度化。因为在没有创新制度化的情况下，基于行政功能的制度化因为求稳会压制求变的创新功能。在这方面，公司要结合文化变革做出另类的模式。

　　这是文化传播功能对于改变态度的效用。

　　进取与传播。从公司的角度出发来建造文化变革基础。通过多样化而一致性的信息来产生使人们改变想法或者去遵从的影响力。通过不同形式交替的新文化关注方式，如会议、印刷品的交替使用、向员工提供知识方面的培训以及宣传员工榜样，来让员工保持对新文化较高的持续关注度和认识方面的"一致性"。通过"适度威胁"—当一个岗位节点（比如员工榜样或者岗位间的互动）被激活时，其他跟它有连锁关联的岗位节点的传播功能也陆续开始被触发扩散，形成遵从文化准则的同事间的压力，对出格行为形成无形的威慑。

　　工序间顾客关系。这是从员工的角度出发来看文化变革问题。一方面这是以员工队伍中的信息交流和新文化惯行为基础，来形成舆论和社会力量。另一方面，在这种新文化适应中，工序间或者科层间通过建立起某种"互惠"的顾客关系模式来相互协调，并建立起满意关系，达到积极的新文化适应的目的。参看图 8.。

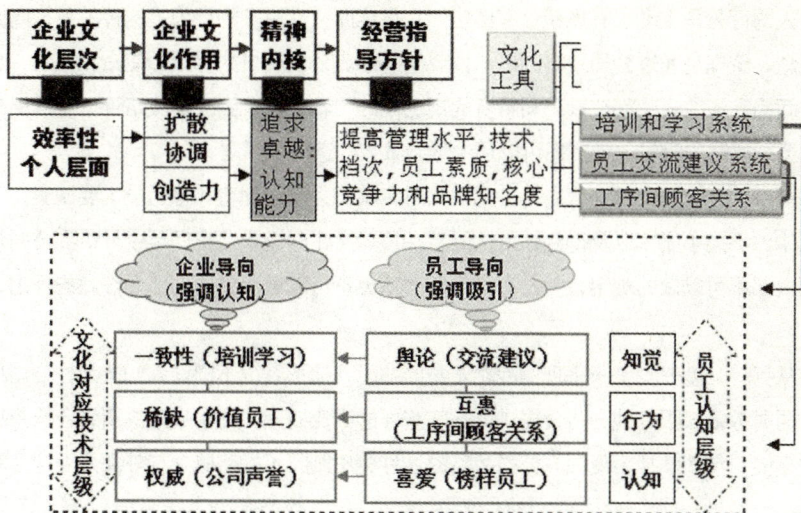

图 8. 行为层面的信息传播和交流的文化适应方法

4. 启示

人们很少关心，也无法准确定义公司战略与伦理的关系问题。但是公司越来越有必要认识这种关系，不仅是要正视这些关系在现实中的存在，而是要在公司所处不确定环境下能够找出这些关系的问题所在。

逻辑关系。当我们不是从战略角度来看待（有时候显得可有可无的）公司文化，而是从公司文化的角度来看待公司战略的时候，我们会把公司战略理解为把公司置于市场中，按照人们（如 CEO 和其他员工）的社会伦理和行为规范来选择并进入某种商业模式。

这就是说，我们的出发点是假设（1）公司战略，与（2）有关组织和个人行为的伦理之间存在逻辑关系。这样我们会将公司战略行为理解为：某种道德规范指导下自觉而合作的组织和个人（如 CEO 和其他员工）行为。

这是源于道德共同体的行为伦理。共同社会伦理观形成公司和成为公司成员的外部人员对公司里的组织和个人行为的自我认知以及自律，是对公司的组织和个人行为的一种规范。这些指导规范的共同体是：诚实、守信、帮助弱势群体、不搞小团体以及得到他人认同。因此，公司战略与有关组织和个人伦理行为存在下列两个共同点，即：（1）存在共同规范问题；（2）在公司里遵守自觉而有规范的行为。

再次，我们的出发点是假设公司战略含义：（1）包含公司全体对伦理规范的理性承诺，（2）只要公司的核心战略和规范主张没有受到来自行业内或者行业外环境的挑战，公司战略就不会出现问题。我们的想法是使公司战略超越商业环境。

我们分析公司战略与文化建设的关系，反映出公司战略包括从外部参入到公司里头的个人（管理者和员工）的行为，这些人在公司内部履行职责时具有员工和社会人两重身份。

69

这些人的行为是主动、有思想、有情感、有目标而又有原则的行为。这种关系是商业与伦理的综合概念。伦理是通过公司战略的概念体现出来的。公司成员的愿景、使命和雄心、利益以及人与人之间的交流方式，都能以公司特有的规定性的内容，融合到公司战略管理过程里头。当人们在制定公司战略的时候，他们还可以从中学到做人的道理和原则。

竞争关系。以上从文化角度看待公司战略时，我们强调管理者和普通员工要诚实、守信、帮助弱势群体、不搞小团体以及得到他人认同。在公司文化内涵中，我们至今只谈到公司外部社会可以做而内部不可以做的规定，而没有谈到外部社会不可以做而公司内部允许做的规定，比如竞争。

现在从另一角度—竞争—来理解战略本身问题时，情形就很不同。人们认为，公司战略是用来解释公司财务绩效跟其他一些公司进行比较这样的商业概念。公司战略决策者会认为战略是自己公司的事情，与外部社会无关。公司战略的这种概念割断了战略概念与外部人类社会观念之间的关系。

这样，在谈及竞争战略时，没有丝毫迹象表明公司战略与伦理方面的诚实、守信、帮助弱势群体、不搞小团体，以及得到他人认同的行为有任何关联。我们会强调任何情况下公司如何在竞争与经济上取得成功，而不管使用了什么样的措施和手段。

实际上，在表达公司战略的概念时，我们很少使用伦理学这样的词汇。

第六章　创新管理[①]：
资源与结构的协同性
Chapter 6

企业各层面的创新资源与结构的适当匹配使企业能够把创新求变与管理求稳之间的冲突转化为创新生产力。

Thought Frontiers in Strategic Management of Instantiation-Based Knowledge Structure

　　企业各层面的创新资源与结构的适当匹配使企业能够把创新求变与管理求稳之间的冲突转化为创新生产力，形成异质化的竞争优势，实现技术创新与市场盈利的兼得并进。

　　在快速变化的科技行业中，企业往往是边干边学，战略决策和实施也变成同步进行。没有任何其他类型的行业环境如此清晰地说明战略制定和战略实施的不可分割性。然而正因为如此，科技创新行业这种战略制定和实施的紧密关系又会导致其他行业所没有的管理求稳和创新求变之间频繁而激烈的冲突，这样会阻碍创新生产力的发展。结果是，国际科技产品市场上70%的市场领袖不是科技产品创新企业，而是后来者和模仿者。从分析白云和黄中药厂（以下简称白云和黄）的科技创新管理案例中我们总结出三个关键成功要素：

- 创新者和管理者的战略一致性。
- 设计"母子"模式的创新组织结构。
- 创新不同阶段的资源集成机制。

71

■ 对立与统一

□ 对立与冲突

现有产品市场状况远不令人满意的情况下，任何创新的"奇思异想"，往往会被管理者看成是不切实际和对公司正常秩序的扰乱，因为它们都是带来变化和不稳定的因素。

首先看看管理者和创新者如何形成对立和冲突，以及造成创新失败的原因，由此找出解决问题的路向。

1. 创新者特质

创新者将技术创新看成是其创新价值链的基本活动。创新者往往把任何的创新成果看作是原始起步阶段，希望在不断探索中让跟随者不能超越，来实现创新理念和愿景。赢利在创新者看来，是对创新行为预期结果的度量，而不是目的。创新者强调技术的新和多，但这种做法也会让不断投入的资金打水漂。

2. 管理者特质

管理者将技术创新只是看成其创新价值链的辅助活动。管理者的关注重心，往往会由最初的关注技术创新，迅速转向技术商业化和资本回报。管理者的眼光更多集中在资金的投入产出以及产品是否赢利。

3. 冲突

于是创新者和管理者经常会产生尖锐的冲突。现有产品市场状况远不令人满意的情况下，任何创新的"奇思异想"，往往会被管理者看成是不切实际和对公司正常秩序的扰乱，因为它们都是带来变化和不稳定的因素。当管理者认为难以控制创新者时，结局往往是设法将创新者挤出公司。

随着管理者特质的强化，企业会更加偏重商业化能力和赢利能力，丢失科研型企业本该具有的创新特色。创新者也会相继离开没有成就感的公司，去投奔能发挥自己创新能力的企业。这样做的风险是企业创新精神的丧失。

1999 年之前的广州白云山中药厂（现广州白云山和记黄埔中药有限公司，以下简称"白云山和黄"），其创新的内部环境曾陷入上述冲突导致的后果中。20 世纪 90 年代初，白云山和黄集团将大量资金投入房地产，而对制药业则基本停止投入，进而采取兼并国内多家濒临倒闭的制药企业以扩大规模。但由于疏于管理和控制，形成内部同品种、同品牌的恶性竞争，白云山和黄的科研几近停顿。虽然手中握有 100 多个产品批文，但由于主导品种科技含量低而导致竞争力弱，销量急剧下降，设备闲置率高，员工收入大幅减少，人心涣散。

在技术创新变化速度令人疲于奔命的全球市场环境中，白云山和黄后来能够走出困境，实现快速发展，是因为领导班子深入研究企业的内部和外部环境，构建起良好的适应创新变化的战略、组织环境和资源集成机制。

之后，白云山和黄的科技创新管理成效卓然。1999 年至 2004 年，白云山和黄企业规模扩大了 5 倍，销售收入以平均百分之三十以上的速度增长。2009 年，白云山和黄四个项目中标国家"重大新药创制"科技重大专项课题，与大飞机制造等项目一起入选《国家中长期科学和技术发展规划纲要（2006-2020 年）》，在确定实施的广东省 16 个重大科技专项中占四分之一强，成为广东省全省同时中标这一国家级重大专项课题最多的药企。

4. 启示

解决创新功能和管理功能的冲突问题是复杂的。创新是通过新产品为公司创造经济价值；而行政管理会顾及公司声誉和品牌声誉，是关乎公司的关系资产和品牌资产。

□　战略一致性

在决策层面上，如何解决创新跟管理的冲突问题，如何成功整合创新与管理这两种功能？可能的思路是，将两个人 —— 行政管理人和创新者两种人力资源 —— 合二为一。

73

要消除创新功能跟行政管理功能冲突，首先要解决战略大方向不一致的问题。

1. 决策者合二为一

在决策层面上，如何解决创新跟管理的冲突问题，如何成功整合创新与管理这两种功能？可能的思路是，将两个人—行政管理人和创新者两种人力资源合二为一。重要条件是企业 CEO 以前有过管理科技型企业方面的经验，这种类型的 CEO 同时具备高层次的科技知识和对科技市场的认识能力。这些综合能力有助于提升企业的产品开发能力。在这种条件下，CEO 本身就能够胜任产品推介人的角色和具备培育和发现产品推介人的能力。CEO 这种综合的智力结构能够形成管理层面独特的竞争者模仿壁垒。更重要的是，这种类型 CEO 同时扮演着管理和创新两种角色，有利于在管理跟创新的冲突之间找到均衡点。

例如，从白云山和黄厂长李楚源相关教育背景和长期任职于制药行业的经验知道，这类企业高层具备这种领导者特质。从白云中药的科技创新管理实践中可以探究这类领导者如何构建培育创新的组织环境。

2. 团队市场知识能力

在科技型企业中，如果管理团队和创新团队在那些最接近企业竞争战略的领域（比如市场营销、研发）内拥有更多专业知识，那么这样的企业在它们不同职能的合作中多半会成功。

市场知识能力是指创造和整合市场知识的能力，对产品市场绩效具有积极影响；高层管理人员和科技创新团队对市场知识重要性的认识是决定市场知识能力发展的头号因素。这也是解决创新跟管理功能冲突的关键因素。

3. 创新方向的一致性

创造性动力是直接受到市场需求刺激的。潜在市场需求出自市场洞察力和认知能力，也决定了企业创新方向的选择。于是在市场需求力驱动下，研发活动很自然受到管理层关注，并进行业务方向定位。这样，在市场需求的大前提下，技术开发与公司的经营管理会更紧密地联系起来，来共同确定创新与管理活动。例如，在创新方向关注技术产品质量差别化，而行政管理注重成本收益的情形下，白云山和黄针对工薪阶层需求来选择的创新方向是：高质量低价格的药品。这样就能有效地将创新求变和管理求稳两种力量合二为一，使冲突的损耗最小化，使创新和市场开拓更有效率，更不易被模仿。参看图1。

74

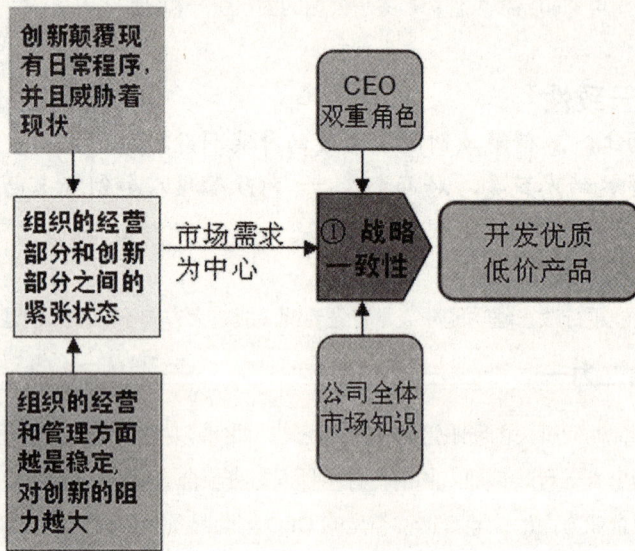

图 1. 创新和管理的战略一致性

4. 启示

创新者和管理者的市场知识能力，是科技型企业生产和经营过程中一项竞争者不可模仿的重要资产。这些能力能够让企业高效整合科技实力来应对市场需求，生产出技术和市场两方面之间关联度高和互补性强的产品组合，从而取得市场先机。

战略一致性让我们看到了创新者与管理者之间，在追求技术创新和市场赢利方面的逻辑一致性，不过还没有看到创新者和管理者实质性的互动过程。事实上，企业通过构造适合自身的特定组织环境，能够将创新者和管理者更好地融为一体，打破过去创新和管理"两张皮"的创新管理格局。

■ 组织结构与资源集成

□ 母子关系的组织环境

大公司模式中植入硅谷模式的科技型企业形成竞争优势有两个重要先决条件：管理团队对企业竞争能力的理解力和工作的灵活性。

　　管理跟创新的战略一致性体现于组织环境方面的情形是，设计某种行政管理跟创新功能平行对等的组织结构，使之能产生更好的协调作用。在这样的组织结构中，除了"正式"的组织体满足对现有业务和产品的需要之外，还存在非正式的组织体，它是新生力量，也就是新产品和业务的孵化器。前者是大公司模式，后者是硅谷模式。这两种组织体的结构关系是相对独立的。跟传统的基于从研发到生产再到营销的价值链一体化控制的公司模式不同。

　　白云和黄的组织活动结构实际上体现了这种"母子"的组织关系。

1. 大公司模式

　　为了创造某种知识环境以及有效地发展和利用创新，技术和利用创新所需的全部补充资源都在自己公司中合并，形成某种类型的大公司模式；这样的话，技术开发就不会停留在像硅谷模式那类个别"碰巧"的创新，而是通过科技创新管理系统，把各个"碰巧"的知识和经验积累构成各种技术关系和发展轨迹。

　　引进和培养人才。大公司模式的人才思路体现了一种环境、人才和效益的互动循环力量。

　　正如白云和黄所说：高素质人才作为第一资源，是抢占技术制高点的关键；一流人才催生一流效益；一流的效益营造一流的环境；一流的环境打造一流的人才。

　　问题是哪里作为起点来加大投入力度，人才、环境，还是效益？这里就牵涉到投入的内涵和方法问题。要改变效益，就要引进人才，但是目前效益很差，人才要求的待遇却很高，怎么解决？那就让人才待遇跟其创新实施能力同步，让他在相对宽松的环境下发挥能力。比如，看他能否成功担当产品推介人角色，负责领导课题或者推荐项目的工作，来形成一种硅谷模式。

　　分散式人才。白云山和黄引进的分散式人才具有多行业、多专业和多层次的互补性，每位人才作为企业跟外部院校和科研机构的对应沟通渠道，这种人才团队具有交叉职能，成为多项目的协同中心。他们充当外部产品项目推介人的角色，跟外部的科研机构和院校的合作，是典型的硅谷模式。

2. 硅谷模式

　　在大公司模式内借助分散式研发或者借用大公司技术的临时课题项目团队形成硅谷模式，它在管理技术方面的重要成功要素是：具有培育产品推介人的环境以及领导人具备技术知识。

　　产品推介人。有两类产品推介人：课题带头人和职能交叉团队。

　　· 课题带头人。这类企业内部的课题提出人/带头人，包括 CEO，他们负责组织产品开发

75

课题的团队和领导工作。课题负责制实质上是将每一个课题项目看作是一个"独立子公司孵化器"，其负责人相当于该"子公司"的总经理。这给予创新一种创造性自由空间的同时，也在权力和决策方面培养起平行和独立的"企业家（硅谷）模式"，而不受总部常规经营部分的掣肘。这样，公司内部就产生了前文所说的有利于创新生产力的"平行对等的组织结构"。

· 交叉职能开发团队。交叉职能的产品开发团队能将开发新产品所需的不同职能组织起来，而且是在职能事业部与外部组织体之间建立起发展交流和合作的高效率机制。这种交叉人力资源结构能够促进知识的集成与学习，以及创新和新产品的快速开发。

例如，白云山和黄通过广药集团博士后工作站，将新引进的博士挂靠在第一军医大学，在知名教授指导下从事企业课题研究，借助大学先进的科研仪器设备从事复方丹参片的基础性研究工作。

一般而言，在知识环境比较贫瘠的地区，实行硅谷模式不大可能。但是交叉职能团队能够通过跟外部知识体（科研机构、大学或者个人）建立合作关系来引进硅谷模式。

白云和黄的产品推介人功能有三个层面的结构：自主研发、产学研协作和国际协作。

从这里可以看到，白云和黄通过跟外部（国内的和国际的）高水平知识环境接轨所形成的硅谷模式打开了完全不同的创新局面。参看图2。

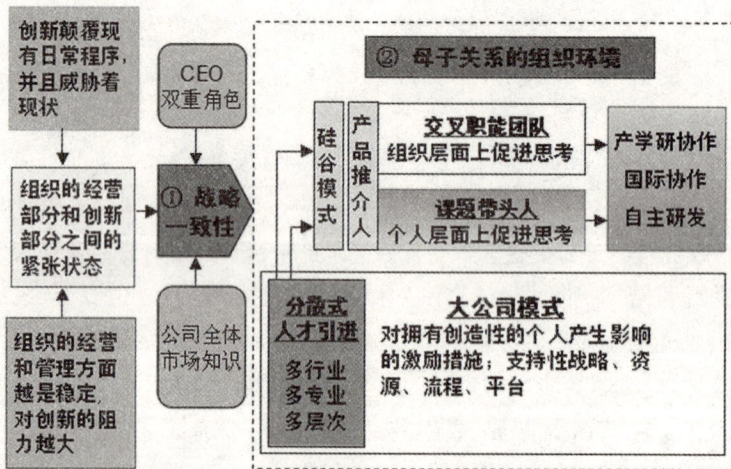

图 2. 管理跟创新的母子组织协同关系

特别注意的是：

· 硅谷模式中，能够提升竞争力的研发合作是技能共享型的，而不是成本分摊型的；后者会压制竞争力，比如利用对方（高校和科研机构）低成本的知识转让的情形，结果是将合作变成了临时交易；同样，合作伙伴之间分享技能的（互补性）动机能够促进研发投入。

· 交付给个人或者交叉职能团队的领导能力应能够克服组织内部对革新的阻力，促进跨界的交叉职能集成，并且能够跟那些企图保持现状和职权割据来取得既得利益的势力抗衡。区分成功创新的一个关键因素是"企业创新者"能够发挥领导作用。

产品开发团队和产品开发不同阶段可以形成"相互重叠"的资源结构，而不是简单地按照产品研发的先后顺序，来配置相应的研发人员和其他研发资源。参见图 3。这样，我们能够从"相互重叠"的这些结构中找到不同产品开发的技术资源轨迹和关系，以及不同业务流程的关系。这种交叉职能通过能力很强的产品经理人提供强有力的领导来整合不同创新引起的多业务流程，来形成知识交流和组织默契方面的竞争优势，以求达到业务层面的管理协同与创新的目的。

例如白云山和黄参与引入美国超微粉技术项目的关键研发人员，就能够利用吸收和掌握的药材粉碎的细度和产品的纯度方面的技术，同时参与到乌鸡白凤丸和大神口炎清颗粒等的产品开发项目中来。

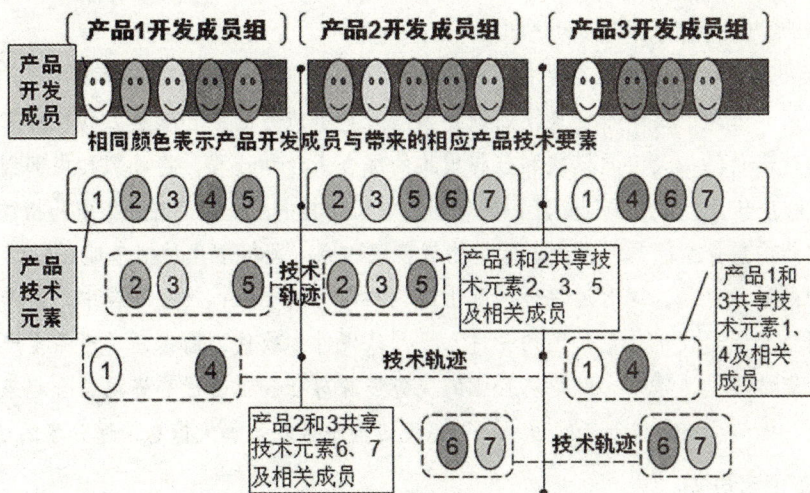

图 3. 交叉人力资源结构和技术资源轨迹

当企业涉足的多元化硅谷模式的业务流程可能有着多种演变轨迹时，多元化创新将是一项巨大的挑战，因为各硅谷子公司整合的机会是不确定的。

多创新而引起的多细分市场和多流程结构的母子公司模式还会面临着这样的压力：要证明母子公司的多流程比单独运营的母公司业务流程能创造更多的价值。

关键的问题是：即使各个多元化硅谷模式的演变轨迹不同，或者发展阶段也不同，多元化市场战略仍是可行的。如果业务层战略的流程制定能够预计到各硅谷模式在各自客户市场演变进程中的压力，它就会更为有效地与市场适应。我们可以着重观察两点：

共享特性。只有企业已经实现了创新经营活动或者资源在各流程间的经常性共享，预计到了它们在各流程间存在经常发生转移的需要，这些流程体系才称得上优化。这类似于图 3 中产品 1 项目和产品 2 项目之间有更多人力资源和技术要素共同分享的情形。在白云中药的情形，这类的知识都通过三个交流平台：生产制造平台、产学研协作平台、信息流传输平台，来实现快速分享。

节俭特性。给出同等量的变量，如果结构模式能以更少量的预测程序来完成有关结果的话，那么该模式就被判断为更有效。例如，白云制药的板蓝根和穿心莲标准化种植 (GAP) 两大基地，将中药质量控制关口延伸到了源头，同时还符合国际上绿色和环保的要求。

在战略一致性的指导原则下，以上勾画的母子模式只是给出了创新与管理之间的协调框架。

要看到最终运营的效果，还要考察创新与管理如何围绕任何特定的结果指标进行有效互动（而不是冲突）才行。

3. 组织体学习和适应能力

大公司模式中植入硅谷模式的科技型企业形成竞争优势有两个重要先决条件：管理团队对企业竞争能力的理解力和他们工作的灵活性。他们应当能够将硅谷模式的创新者和创新产品跟大公司模式的企业资源、流程以及战略结合起来，而不至于阻碍企业的创新。这样的话，企业能够具有独特生产模式（或流程），而且随着时间的推移会出现持续的异质性。这种异质性体现了竞争优势具备的稀缺性、难以模仿性和专用性。

白云山和黄在增强企业差异化，创造高质低价新价值链的战略方针指导下，通过一张图谱、两大基地、三个平台来提高领导团队对竞争能力的综合理解力和执行工作的灵活性，构建出独特的大公司模式和硅谷模式的综合平台和流程，将外部和内部创新资源进行有效和快速整合，增强创新产品的市场化效率。其中，一张图谱是指中药指纹图谱，解决了中药质量控制问题；两大基地是指板蓝根和穿心莲标准化种植基地(GAP)，解决了药品生产的原料问题，同时还符合国际上绿色和环保的要求；三个平台中，生产制造平台就是使生产制造技术达到了国内先进水平，从硬件和软件方面保证了产品生产过程的质量；"产学研"协作平台就是将企业的优势资源与社会上的优势资源结合起来，实现资源互补，推动企业科技创新的进程；信息流传输平台就是加大信息传递分享的速度。

4. 管理者能力

最高管理层在组织构造中平衡创造性、秩序和效率中的作用至关重要。竞争优势的真正根源在于高层管理的能力，看其是否可以将公司范围的技术和生产技能与公司的整体实力融合起来。这种能力也能帮助他尽快适应创新多变的环境。在这种情况下，战略制定过程一方面必将推动企业将整体实力化为竞争优势，另一方面，则是不断地构建新生力量。

5. 启示

在当今的知识经济中，当科学技术以令人几乎无法适应的速度突飞猛进，硅谷型的创业公司以低成本和高智力优势不断涌现的时候，很多人都不看好大公司，认为大公司将主导未来创新活动的观点似乎与大环境格格不入。但是这里提出的大公司运用内部孵化硅谷模式的做法比起独立的硅谷模式的创业公司来，竞争优势在于：

· 大公司这个"外壳"具有声誉价值，为内部承载的硅谷模式护航。

· 通过各个产品推介人以分散的模式进行市场扩张或者产品项目开发，内部可以产生多得多的硅谷创业模式。大公司模式内部能否孵化出成功的硅谷模式，关键看管理功能是否支持培育或者发掘合格的产品推介人（化整为零）。

· 一旦选出新项目，集中支持的资源比独立的硅谷公司更多（化零为整）。

□ 动态的资源集成机制

管理方面对创新资源灵活多变的调度和配置，能够大大提高企业的创新效率。如果其他企业无法有效仿制和复制出优势企业这种灵活配置创新资源的特殊能力，那么，企业已经存在的异质化竞争优势将一直持续下去。

这部分内容中，我们将会看到，管理和创新活动如何按照时间和市场空间概念，适时进行动态的资源协调和配置，对不断开发出来的新技术和新产品进行商品化活动，不断形成和强化持续的竞争优势。

1. 技术定位和关系

从产品推介人功能来看，企业的技术定位取决于企业在特定技术领域发明创造的专有能力，这种能力一定程度上决定了企业在竞争中能否取得成功。交叉职能团队中多种专业的产品推介人应该进行技术定位和技术关系建设，这样一来，拥有相似技术组合的推介项目就能够彼此靠近；关键是技术定位使各合作企业、机构或者个人能够根据各自在创新能力上的相关程度确定位置并参与合作。参看图1。

例如，白云中药以普通工薪阶层为市场目标，将复方丹参片的制造技术定位在高质量低价位。围绕这个定位，有4方面的技术轨迹形成商品化的技术关系，来产生经济增值：

· 糖衣改为薄膜依，用4年时间对薄膜依料进行跟踪改良，使成本节约近千万元；

· 提高酒提工艺技术，吸收索氏提取原理的技术轨迹，大胆创新，使酒提工艺技术这一中药生产的关键技术达到国内先进水平，取得了显著的质量和成本效益，形成企业核心技术优势；

· 摸索新的干燥技术，摸索出"低温快速干燥技术"，大大减少主成分的损失，使主要成分丹参酮 IIA 的含量高出国家药典标准的两倍；

· 沿用高通量筛选技术，并结合指纹图谱质量控制技术，进行工艺改造，更加突出抗老年痴呆效果，质量稳定，疗效确切。

2. 创新的时间和市场概念

在资源观的范畴内，核心资源竞争优势取决于对核心资源（有形资源、无形资源、人力资源）的有效整合能力。

一些科技项目投资要经历长达十年或更长时间，创新的进展也是不可预测的。公司很可能在新技术开发中途，因为环境的不可预测性而中断研发项目的投入，但保持对该项目的持续投入则可能会导向另类的成功。

这说明，科技创新中的资源有效整合问题是很复杂的问题，直接关系到资源的高效利用还是低效利用，是资源增殖还是资源贬值。此时，管理者担负了重大的责任。

管理团队要运用时间和市场概念，形成两种不同的创新资源集成机制：创新前期资源集成机制和创新后期资源集成机制。创新团队和管理团队在这种创新性组织环境下，形成一种有效默契和互动，使资源的运用达到高效率。加强创新型科技企业有效规避资源配置的风险的能力。

79

3. 创新前期资源集成机制

创新的战略需要，将创新开发项目资源分成三种类型进行管理：

时间导向型（有时间限制的研发项目）。管理者要集中有关资源，组织创新团队进行技术攻关；

成果导向型（产生效益的研发项目）。管理者要集中营销方面的资源，关注市场；

过程导向型（研发时间经历数年的研发项目）。管理者要分阶段考查和激励创新团队。

4. 创新后期资源集成机制

创新后期是指完成产品开发，进入商品化过程。按照产品商品化过程的市场份额、知名度以及市场发展潜力等标准建立资源集成机制，对不同的创新产品实施不同的战略和相应的资源配置。

导入期产品的资源配置。导入期相应的资源配置重点是通过加大科研投入，不断开发出高科技含量的新产品，使之成为企业新的经济增长点。这时候的新产品导入战略重点是迅速形成消费市场的知觉度，关注终端消费市场开拓的时间空间。在市场战略上对终端消费市场进行情感诉求和物质诉求。在情感诉求方面，通过运用权威性媒介尽快产生市场知觉，建立市场信任。作为助推力，在物质诉求方面，可考虑用"互惠交易"的方式，比如回收旧产品，低价换取新产品。促进原有消费者市场进行"吐故纳新"，让消费者敢于和乐于尝试采用公司导入的新产品。

白云山和黄导入期的产品中有治疗脑动脉硬化症等心脑缺血性疾病的脑心清片，以及治疗视网膜中央静脉阻塞症的丹红化淤口服液，这类独家产品因为其独占性有可能会成为企业新的市场增长点。例如，白云山和黄中药于 2008 年北京两会期间在全国各地举行了"倾情民生，安全用药"高峰论坛，密切联系民生，得到各地政府部门、媒体的支持以及广大市民的积极参与；另外，自 2004 年下半年至今，白云山和黄中药已在全国设立 3000 余家"永不过期"药店，为百姓免费更换过期药品。

在"普药精制"的指导方针下，对产品进行二次开发的很大挑战是如何控制成本。针对上游成本压力和气候造成的 GAP 基地的生产量和质量问题，白云山和黄一方面通过技术来控制成本，如，建立了市场气候监测一体化平台，做好了复方丹参片在"普药精制"的质量和数量上的准备。依靠分子技术，缩短丹参育种时间。定向改变作物的特性：如，高产、优质和抗病，保证产品的"纯正血统"和绿色安全。另一方面，公司通过管理来控制成本，实施全面预算管理。

成长期产品的资源配置。处于成长期的产品，技术改进空间和市场成长空间都大。但是这两个空间的竞争也越来越激烈。对于这类成长期的产品，公司的战略重点应该是品牌培育，盯着研发和市场之间的时间空间。一方面可考虑跟科研院校合作进行二次开发，另一方面不失时机进行快速的市场穿透战略，壮大品牌的知名度。

白云山和黄消炎利胆片和大神口炎清这类产品是处于成长期的产品。销量一直不大的普药"大神口炎清"，通过二次开发以后，被列为公司重点产品，销路扶摇直上。在荔枝上市之前，针对广东市场开展一场大神口炎清颗粒的快速推广活动。以"一个荔枝三把火，大神口炎清显效果"为主题，在全省多家新闻媒体做广告，收到了意想不到的效果。1999年在荔枝上市期间，大神口炎清颗粒一共售出7421箱，并以其显著的治疗、保健功能，获得"荔枝伴侣"的美誉。再经多方努力，该产品先后被定为国家中药保护品种和国家基本药物，不久又通过了美国FDA认证，打开了出口欧美市场的通道。另外，白云和黄看好中药抗菌消炎的市场潜力，与广州中医药大学成立全国第一家"抗菌消炎中药联合实验室"，并由广州市中药现代化首席科学家、暨南大学中药及天然药物研究所所长姚新生院士，亲自主持抗菌消炎中药—白云山消炎利胆片作用靶点的研究项目。该项目研究成功后将能够使消炎利胆片在原基础上进一步提高药物准确率，疗效达到原来的3 - 5倍，直接针对病灶，解决肝胆问题。在营销方面，白云山和黄不失时机地对"抗生素限售令"的国家政策作出快速反应，抢占抗菌消炎中药市场。成功地扩大了消炎利胆片的销售。

成熟期产品的资源配置。成熟期产品名气较大，市场认知度高，但是市场竞争也很激烈。对于这个时期的产品，重点放在二次开发，通过科技创新来对产品进行改良。提高质量和科技含量，来增加营销的卖点。实现销量的持续增长。

对于这类成熟品牌，公司的战略效果是品牌提升。

坚持高质低价的政策，在有机会提价的时候却保持价格稳定，看上去是"亏了"，但是销量增加了，同时无形资产 - 公司品牌声誉，得到较大提升。目前白云山和黄的品牌资产在￥16亿以上。

白云山和黄启动"精品板蓝根颗粒"系统工程——投资3亿元建设板蓝根GAP产业化基地，板蓝根GMP生产技术改造，板蓝根系列固体制剂指纹图谱质量控制，来进行板蓝根颗粒二次开发；聘请中华医学会会长钟南山院士亲自担纲进行板蓝根抗病毒机理研究。白云山和黄开展了复方丹参片防治老年痴呆症的进一步研究；与李连达院士合作，开展复方丹参片药效学的系统评价工作；与广东药学院合作对复方丹参进行二次开发，希望应用缓释技术，使药效时间从普通片剂的4个小时延长至12个小时，从而帮助心血管病患者安度凌晨的"魔鬼时间"，减少猝死现象。

白云山和黄关注营销的两个"极端"：数目只占20%的一级渠道大客户（KA）；终端消费者。白云山和黄通过技术专利和专利标准的实力培育起来的一级渠道大客户占了80%的销售额。压缩一级经销渠道的数目有利于顾客对自己公司的渠道和品牌进行集中识别，防止伪劣品牌鱼目混珠。通过减少多渠道管理造成的成本，让渠道大客户得到更多折扣，更好地贯彻公司的价格和服务政策，更好地培育和控制终端消费市场。另一方面，成熟产品市场覆盖面广，品牌声誉直接跟每位终端消费者的利益有关。这样，保持价格具有普遍消费力就很重要。在非典暴发，板蓝根需求量激增的情况下，白云山和黄板蓝根产品信守"保质量、不涨价、续爱心"三大承诺。板蓝根颗粒和白云山和黄复方丹参片由于二次开发，实现了"普药精制"，但是公司仍然按照￥0.60/每天的用量来设定价格。

由此我们也可以看出，对创新资源灵活多变的管理方面的动态调度和配置，能够大大提高企

81

业的创新效率。如果其他企业无法有效仿制和复制出优势企业这种灵活配置创新资源的特殊能力，那么，企业已经存在的异质化竞争优势将一直持续下去。参看图4。

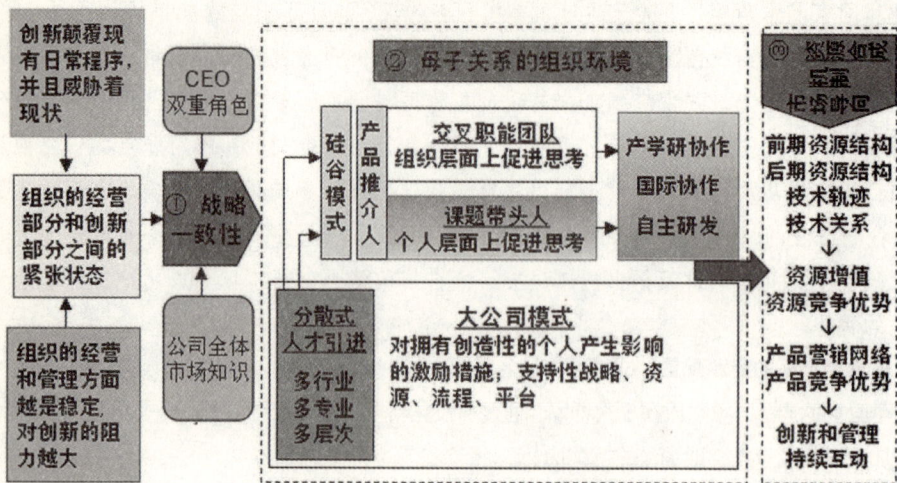

图 4. 白云和黄的创新管理模式

5. 启示

经济增值。已经为企业所控制的资源比起那些从外部获得的资源来，给企业创造经济增值的可能性更大。例如白云山和黄现有的板蓝根和穿心莲标准化种植基地（GAP）等内部资源。除了自用成本低的优势外，还可以在制药原料市场上按照市场价格进行交易。

资源增值与创造。以白云山和黄为例，从竞争环境下的创新前期和后期的资源结构中，由于资源配置所获取的初始经济增值可能没有反映出适正的预期价值水平，这样，制定和实施企业战略的资源的价值预期会不断进行调整，以此来获取持续的经济增值。比如停止一些没有前景的项目的资源投入，加大一些意想不到的市场反应良好的项目的资源投入。此外，如果企业能够不断发明新方法，以及利用其所控制的资源去创造价值，基于先前的绩效标准，企业就能够连续地创造经济增值。比如，白云制药的最关键的生产技术指标被国家或者国际指定为中药行业的公开标准后，实质上获得了"可靠性"的声誉优势，使白云制药成为相关领域的潜在市场领先者，来吸引大多数的同行和新顾客，包括医院和经销商。通过这种外部联盟的网络效应来使市场渗透最大化。但是，白云中药只有迅速形成技术标准的外部网络的规模效应，才能产生对技术标准的大范围的客户高度适应性。随着白云中药开发不同层次的技术标准系列，这些客户内部经营体系对白云中药的标准系列适应性就具有持续学习、集体同步以及长期投资的特点，使标准（系列）很难被替换。进而，学习效应使板蓝根这种主导技术得到持续改善和提高。白云制药的包括中药指纹图谱质量控制标准的标准化战略能够成功，体现在能够聚集起市场数目只占 20% 的经销商客户，创造出 80% 销售量，20% 主导产品创造出占总量 80% 的销售额。

如何识别市场是否存在外部网络效应，以及如何使标准系列在市场中获取外部网络效应的好处？重要的是创造初期市场领导地位以及得到市场（客户、竞争者、供应商和附加品供应商）的最热烈的反馈。要做到这样，技术标准需要具有他们能够共享的价值。那么，作为制药企业，白云制药可能会搭建起跟外部建立起关联的基础性技术标准平台，而且通过外部联盟享用自家企业的系列标准的过程中，白云制药能够保持部分自己的专有权益（而不是全部权益）。比如以标准化技术/产品作为核心，其他组织体（制药厂、经销商或者医院等）能够产生大量的适合各自需要的补充性产品的情形。外部网络效应的有效性依赖于该网络联盟的客户数量。

由此可见，管理功能与创新功能之间存在动态的结构关系。因应新的技术产品持续开发，新的管理资源会被不断地创造出来，构造成新的创新管理系统。但是，当一个创新管理系统被建立起来（比如硅谷模式），管理程序成为惯例以后，闲置的管理资源就又会出现。管理者在内部压力下就必须寻找利用这种管理资源的新的创新领域，从而促进了企业的成长。如果其他企业无法有效仿制和复制出优势企业（比如白云中药厂）产生特殊能力的资源（比如管理层战略资源、产品推介人资源、技术专利和标准资源），那么，企业间已经存在的效率差异状态将永远持续下去。

短期竞争优势。控制着诸如国家技术标准和专利这些短期内不可替代的重要资源的企业通过利用这些资源去制定和实施战略，至少可以获得短期竞争优势。

持续竞争优势。控制着稀缺、不可替代的重要资源及其衍生资源（比如白云山和黄的专利、国内和国际标准，以及不断从技术关系中衍生出来的新标准或者新的研发力量），加上资源和产品的两方面的供需关系具有需求刚性和供给刚性（比如自己企业或者其他中药企业生产复方丹参片时为达到国家质量标准而必须采用白云山和黄的原材料或者技术标准，如薄膜依，酒提工艺技术，低温快速干燥技术，高通量筛选技术，指纹图谱质量控制技术，等等。）企业通过利用这些资源去制定和实施产品开发战略，能够获得持续竞争优势。竞争者不能模仿企业所产生的绩效优势。这是因为如果竞争者没有这些必要资源，而要想获取或培育出来，就需要付出较高的代价。

83

第七章 核心竞争力①：
层面与层次的延展
Chapter 7

每个企业，都是通过整合、运用各种资源来形成某些
能力的。

84

　　每个企业，都是通过整合各种资源来形成某些能力的。当然，各种能力的重要程度不同，重要的能力就是企业的核心能力。不同的企业要实现的核心能力不同，或者能力相同而环境不同，需要整合的资源结构也就不同。

　　从找出"最优秀"的企业模式作为比较标杆开始，企业为实现最优秀的模式而利用不同途径来引进和吸收培育核心能力所需要的资源。在这过程中企业需要因应外部竞争环境变化不断对核心能力进行改善和延展，使之形成核心竞争力。如此循环，形成独特的竞争优势。我们分别在与价值链关联的管理、技术、市场三个层面上探讨提高核心竞争力的方法和程序：

　　· 吸收能力；

　　· 改善能力；

　　· 延展能力。

三个层面的能力结构综合形成了核心竞争力的三个特点：

　　· 管理层面聚焦于吸收、改善和延展的能力结构的独特性；

　　· 技术层面聚焦于吸收、改善和延展的能力结构的延展性；

　　· 市场层面聚焦于吸收、改善和延展的能力结构的市场价值。

这样我们会理解企业如何从"纵横"两个方向来达到培育独特的核心竞争力的目的。

■ 管理层面

企业在管理层面、技术层面和市场层面三个形成价值链的层面上各自进行吸收、改善和延展核心资源，来形成核心竞争能力。

贯穿这三个层面，我们还希望看到企业形成这样的能力结构的优势：独特性、延展性、市场价值。参看下图1。

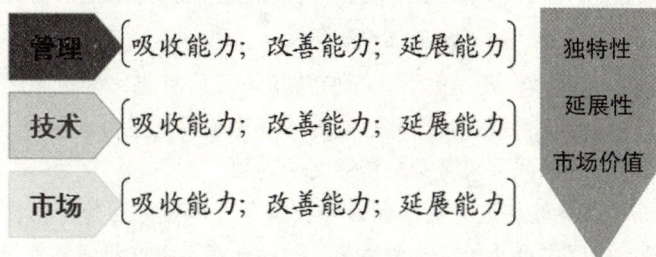

图 1. 培育核心竞争力的系统示意图

管理层面上强调核心能力结构的独特性。支持功能是思考力、综合度和创新速度。

企业在制定与资源、能力和核心竞争力相关的决策时，可能遭遇的困难主要包括：不确定性、复杂性以及组织内部的冲突。

具体地说，企业面对的外部环境不确定性主要涉及政治和经济形势、社会价值观的转变、顾客需求的转移以及相关产业中新的替代性专利技术，等等。而外部环境的不确定性会使企业内部环境变得更为复杂，也会给企业带来更多的矛盾和冲突。

企业对外部和内部环境变化的适应性首先体现在能够认识新问题所在，以及明确跟先进同行的差距。通过知识载体来吸收外部和内部有用资源；形成适应产业结构变化的价值链关系和资源组合，使核心管理能力得以改善。在此基础上逐步进行资源整合，使某些价值链环节产生异质性来推动创新速度，形成独特而持续延展的核心竞争优势。如图2。

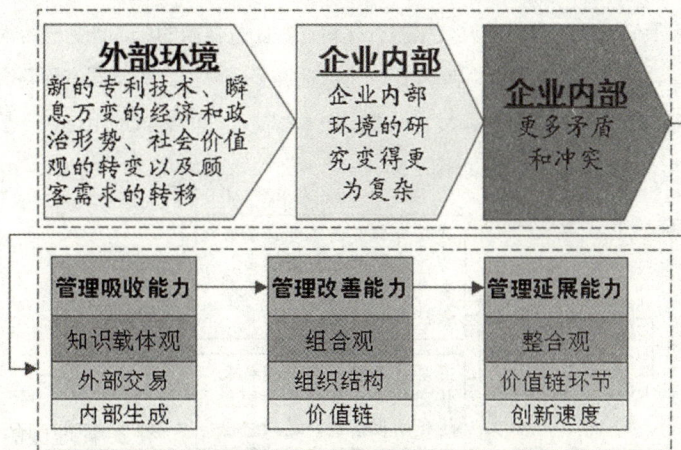

图 2. 管理层面的培育核心竞争力结构

□ 管理者吸收能力

在外部不确定而复杂的环境因素引起内部矛盾和冲突的情况下，管理者的知识运用和决策制定往往承担智力上的风险。

1. 知识载体与思考力

要根据新环境和新问题来吸收新的或附加的优势资源，管理层需要从外部要素市场上购买；如果资源是不可转让的，那么管理层就必须在内部创造这些资源。开发这样的资源也许非常困难并且需要很长时间，但是至少要思考这些难度有多大。

国内市场的巨大潜力，几乎吸引了所有跨国公司的目光，其中不乏国际知名的轨道交通装备制造企业。他们通过技术转让或资本合作加快对国内市场的渗透，使株洲电力机车厂在国内市场也必须面对复杂的国际竞争局面。

株洲电力机车厂虽然在电力机车制造的技术和管理等方面处于国内领先地位，但电力机车技术是引进前苏联技术发展起来的，制造体系由蒸汽机车修理过渡而来，制造理念和制造手段都相对落后，而且这种旧有技术会成为今后新技术引进的障碍。

国外企业大都形成了严谨的制造工艺规范、一丝不苟的工作状态和追求精湛的制造境界。2000 年，株洲电力机车厂组织观摩 X2000 机车，明显地感受到自身制造工艺、制造境界等与国际水平的差距。

86 这意味着企业的国内领先地位和优势很快会失去。

引进。在管理层面上，为了培育新的核心能力来应对未来的竞争，高层的战略思考力体现在引进吸收先进知识或者技术方面：通过外部交易或者合资合作，来部分或者全盘引进，进而对新知识或技术进行消化和吸收。

2. 启示

在新知识和技术吸收过程中，如果这些能力是企业的各个开发团队通过自主实践和学习来获得，久而久之形成他们之间专业化的工作默契，而整个过程高层管理者只是进行了有限的参与和指导的话，那么他们如何能够采取有效措施，来将这些团队各自的局部能力进行消化吸收，进而整合和发展为指导公司的整体能力呢？整体能力包括许多一起工作的不同资源整合，然而即使用描绘业务流程图的工具，管理层对人员、机器、技术和文化如何有机地组合在一起，并获得一定水平的绩效仍然可能知之甚少。参见下图 3。

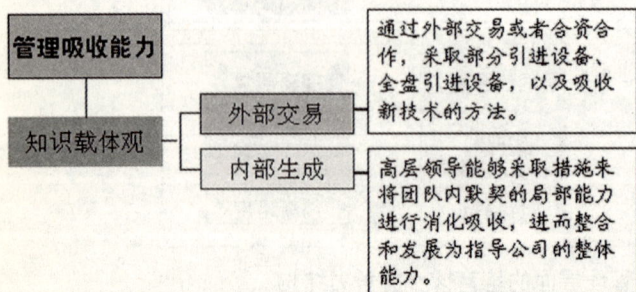

图 3. 管理层的外部和内部知识吸收途径

□ 管理者改善能力

管理者能够综合产业结构和价值链两个模式来对核心能力改善的可能结果进行预测，他们首先应该测算与所在行业有关的价值链的盈利模式，来降低能力改善决策和实施失效的可能性。

进而将开发、引进和吸收新资源（比如人才和技术）转化为改善目前组织状况的能力，会遭遇更大的挑战。

管理者对公司核心能力的改善是以吸收新资源的能力为基础的。改善能力让管理者不仅懂得求助于什么，比如通过特定目标模仿，还懂得为什么这样做。这样，处理实际竞争力问题时会有更多独特性思路和更灵活。

1. 组合观与综合能力

在管理层，组合观主要关注点是各种能力组合：企业战略管理能力、企业核心制造能力、核心技术能力、核心营销能力、企业组织界面能力。

管理者能够综合产业结构和价值链两个模式来对决策实现的可能结果进行预测，他们首先应该盘算与所在行业有关的价值链的盈利模式，来降低战略制定和实施失效的可能性。管理层要定义行业的边界，如全球市场及其规模；并且能够评估价值链上每个环节的盈利能力。参看图4。

这里的关注点是：因应行业结构的特点，高层管理应参与到员工队伍建设、产品战略、经营系统的多层次活动中来。参看图5。

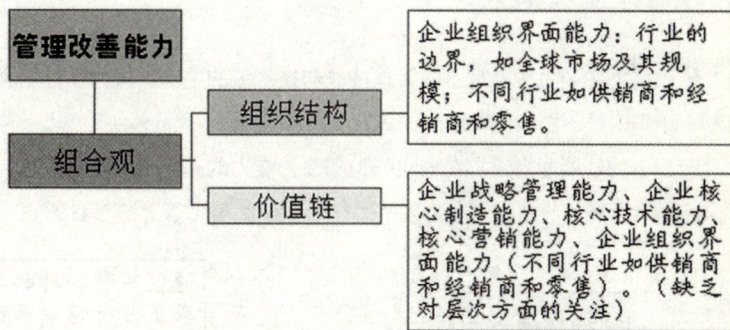

87

图 4. 基于组合观的管理层改善能力

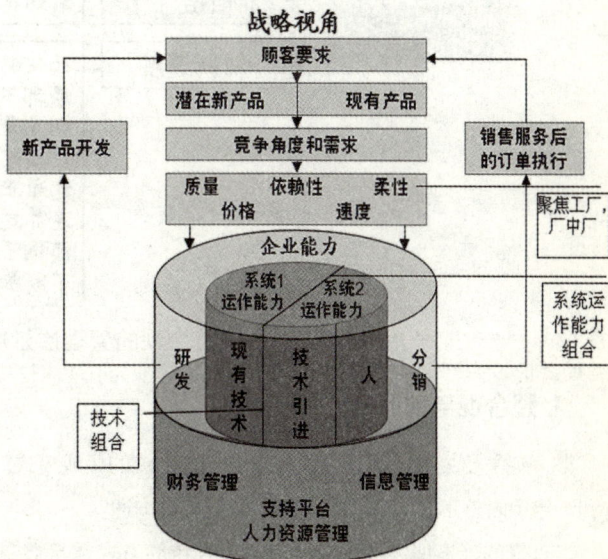

图 5. 基于组合观的管理层改善能力

2. 启示

从株洲机车厂管理层来看独特、稀有而缜密的综合改善能力。首先，从培育"三精一认真"的精湛制造文化和高素质员工队伍，到实施"两高一低"的产品战略，一直到改善和提升整个系统的集成能力这三个层次的细致工作中，体现出在核心竞争力培育方面管理层的参与度很高，涉及面很广；第二，各个专业化模块不是像其他大型公司那样成为纯粹的独立子公司的模式，而是通过"等级"制度的组织结构进行资源组合，这样能够很有效地增强系统的集成度。

□ 管理者延展能力

任何的核心竞争能力和优势都不可能持久，竞争者在一定时间内就会超越。因此，管理者要重视灵活、创新、综合、速度。与组合观不同，整合观强调新旧资源的快速"融合"，这样会局部性地改变原来的秩序，这对于任何一家公司都代表着最大的挑战。

延展能力主要关注点是不同管理技能与技术流的整合。能力指标用文字描述。文字描述方式有利于组织内外不同知识和职能的良好交流和沟通。

管理者的延展能力建立在吸收能力和改善能力的基础上。管理者学会通过局部有效地整合资源来超越竞争者，将核心竞争力发展为核心竞争优势，等等。参看图 6。

88

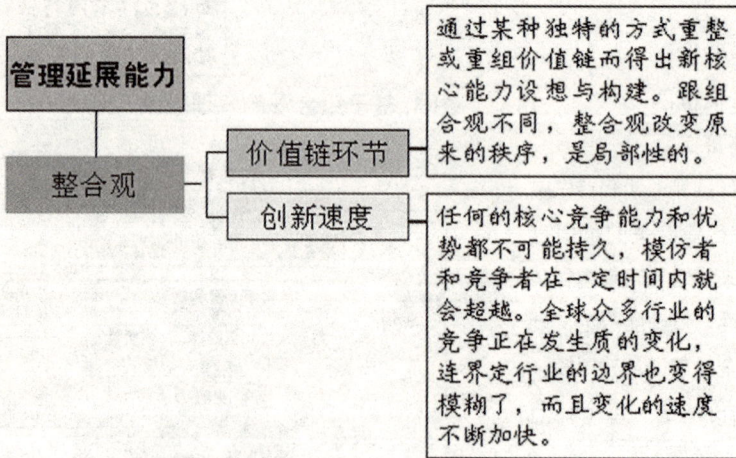

图 6. 基于整合观的管理层延展能力

1. 整合观与创造力

整合观主要关注点是不同管理技能与技术流的集成模式。能力指标是用文字描述。描述方式有利于组织内外不同知识和职能的良好交流与沟通。

管理者的延展能力体现在通过某种独特的方式重新整合价值链而产生新核心能力设想与构建。在知识生产的时代，有可能区分内部建立知识（知识创造）以及从组织外部寻求识别和吸收知识（知识引进）。从组织外部购买知识的机理众所周知：雇用技术熟练者；收购公司或它们的知识资源；将在某项实践方面将公认的"最优秀"公司作为衡量竞争优势基准，以及通过联盟和合资公司来学习合作方的知识。在价值链上把这些外部资源跟内部现有资源进行"融合"，这种体现延展能力方面的"知识整合"能力与创造力对任何一家公司都代表着最大的挑战。从管理层面来看，整合观阶段性地从管理逻辑上来看核心竞争力集成的不同因果关系（核心竞争力集成的中间过程要在技术/业务层面进行分解操作）。

2. 创新速度

任何的核心竞争能力和优势都不可能持久，模仿者和竞争者在一定时间内就会超越。全球众多行业的竞争正在发生质的变化，连界定行业的边界也变得模糊了，而且变化的速度不断加快。因此，管理者要有一种全新的思维模式，就是重视灵活、速度、创新、综合性。要因时、因地、因物。

株洲电力机车厂的管理层当时预计到 "十五"期间，铁路电气化进程进一步加快，新建和改造总里程将达到 8000 公里。在国外，南亚、中亚、中东、非洲等区域的广大发展中国家和次发达国家铁路市场潜力巨大，在未来 5 年内这些地区约需电力机车 400 台，电动车组 50 列。株洲电力机车厂因应地规划 5 年时间之内，通过全盘消化吸收包括德国西门子城轨车辆等的先进技术，培育以"强大的轨道交通装备产品系统集成能力、产品在全球市场上优异的性价比优势、'精工细作、精益求精、精打细算、认真负责'的精湛制造文化"为内涵的企业核心竞争力，使企业跻身国际知名的轨道交通装备制造企业行列。

89

3. 启示

经过前述能力改善的组合阶段，管理层由于对重点和非重点资源进行了整体分类组合的经验积累，在现在的整合阶段，能够以调整的方式进行部分引进，而不用全部引进；能够运用一体化的柔性混合生产系统，而不用新旧两个独立系统分别操作的那种"厂中厂"的组合式。这样有效的整合使价值链增值。

基于整合观的管理层延展能力示意图参看图 7.

电力机车的管理层从知识整合过程中推导出：在企业数目不多的电力机车行业，为了卖出设备产品，培育和创造产品设计和产品功能方面的核心竞争力看来比营销活动方面的核心竞争力更重要。作为轨道交通装备产业链终端产品（合成）的制造企业，应该以锤炼电力机车和城轨车辆系统集成能力作为培育核心竞争力的重要方向。

一方面是通过改善电力机车系统集成能力来保护与发展现有核心能力。株洲电力机车厂主要是要通过改善来巩固和发展电力机车在国内的领先地位，另一方面是通过部分或全盘引进、消化吸收来延展/提高作为核心竞争力的集成能力，进一步取得竞争优势。在具有整合能力的情况下，企业往往采用局部引进，而不需要全盘引进国外先进技术。例如，通过部分引进、消化吸收法国、西欧和日本技术来延展/提高电力机车系统集成能力；另一方面，在整合能力不足的情况下，通过全盘消化吸收德国西门子城轨车辆的先进技术来延展/提高城轨车辆系统集成能力。

相对于西方先进技术，电力机车厂难以被模仿的竞争优势体现在同质低价。

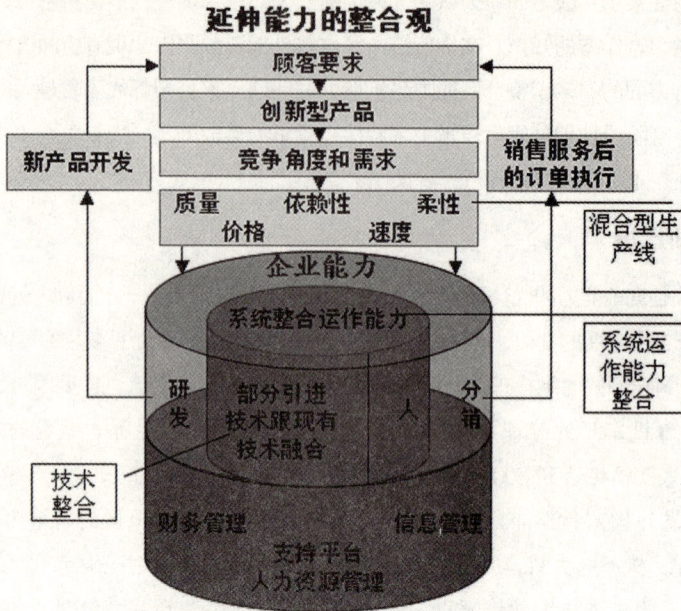

图 7. 基于整合观的管理层延展能力

■ 技术层面

技术层面上强调核心能力结构的延展性。支持功能是技术领先度、保密度、产品家族数目和多元化产业数目。

我们已经从管理层面的因果逻辑关系的思考能力来看核心竞争力的培育问题。这里我们从技术／业务层面的过程来看公司如何开发资源和能力的问题。这不仅对于扭转存在的劣势非常重要，而且对于适应外部变化以及获得持续的竞争优势所必需的新资源和能力也至关重要。在技术层面开发核心资源和能力的工作进程参看下图 8。

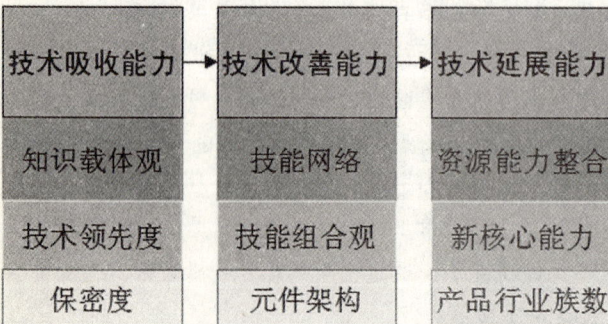

图 8. 技术层面的培育
核心竞争力结构

□ 技术吸收能力

如电力机车企业，获得资源的传统方法集中在差距分析上。一方面，公司已经评估出其在资源和能力上的相对优势，它会将期望的竞争优势定位与实际的竞争相对优势位置进行对比，然后根据差距决定采取什么措施来获取相应的资源和能力。

参看下图 9. 基于技术的知识载体观。

1. 知识载体

从电力机车企业案例中我们归纳出，关于提高核心竞争力的资源体系中，知识载体的功能是提升设计理念和手段，确保资源总体有效集成。有 4 个设计"规则"。

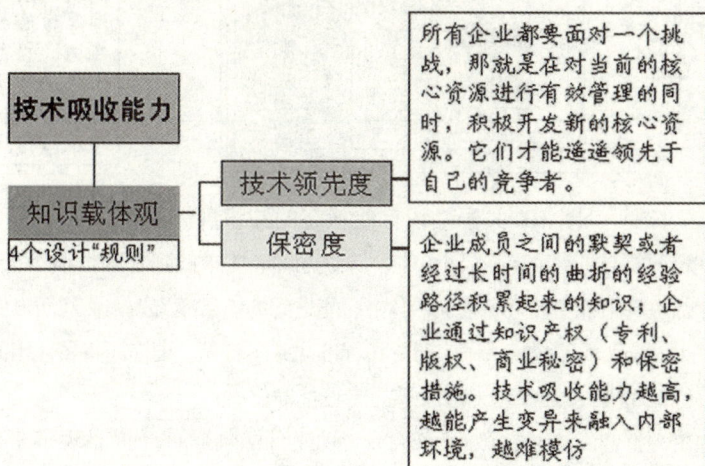

图 9. 技术吸收能力结构图

知识载体观的代表者是 Leonard-barton 和魏江，主要的关注点是知识载体。要在组织内有效地利用知识，"知识的储存和组织"是关键。信息技术对知识管理主要的贡献在于创建储存信息、组织信息以及访问和传达信息的数据库，从而有利于知识的转移和获得。运用该观点能够解释电力机车企业案例这部分的特质：强调经营能力的知识特性，可以明确能力载体，具有（一定的）可操作性，可以深入到项目和企业来进行研究。

问题点。 从知识载体观点出发，我们更多地强调与经营能力有关的知识的储存量的特征，而对知识存量的动态性结构还没有给予关注。例如：

· 用什么高效率的专业化方式（层次、程序）来整合知识？

· 此外，很多"默契式的"不言自明的知识在信息技术系统内部并不易于编撰成文。

为了更好发挥知识载体的功能，在所提出信息的过程中应存在"规则"。这样，专家能将他们的知识转变成规则和价值评估来指导员工技能、技术系统以及管理系统。这里我们给出知识载体观的 4 个设计规则和它们之间的关系和作用。这些规则的设计根据关于业务技能的市场信息反馈，以及保持核心竞争力优势所需的资源特征：技术先进度和保密度，来构造知识载体。如图

91

10。

关于提高核心竞争力的知识资源吸收体系中，知识载体的功能首先是提升载体的设计理念和手段，确保知识资源总体有效集成。有以下 4 个设计"规则"。

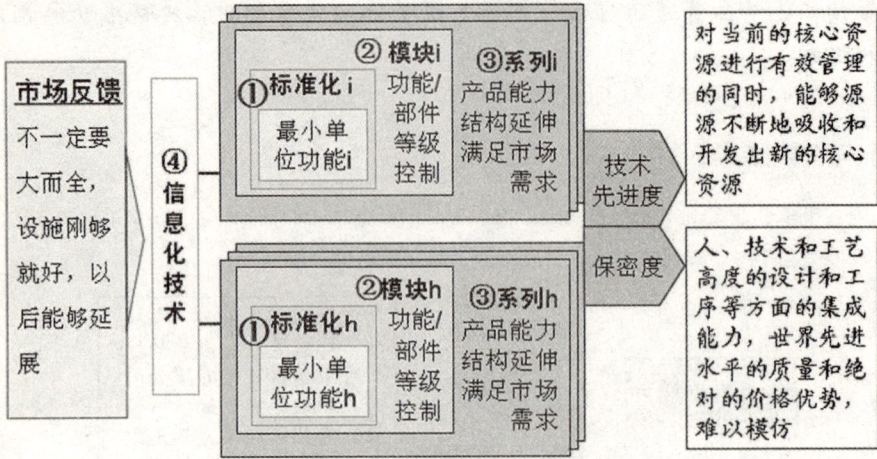

图 10. 关于知识存储状态的知识载体观

标准化。在资源整合过程中，从最小单位到系统总体，力求做到有标准可循。比如说采用国际标准。这样大幅提高系统中各个子系统和各个职能之间的信息交流效率，从而形成有效互动和协调。然而在"大而全"的系统模式下实行总体标准化并不容易。要考虑将属性相似的功能、职能、系列或者单位组成模块，在每个模块中实行专业标准化。

模块化。在资源整合设计中按照各大部件或者功能而成的模块化程度体现了部件系统或者功能系统总集成性能高 / 低的程度，如同案例的情形，以制造功能为主导的企业，制造功能是其核心资源，在设计中会从部件的功能特征进行集成入手，力求做到组成系统的各级部件具有相对独立的功能单元的特征。

使各级分散式独立的功能单元形成模块化，从中得到专业化程度提升的好处，不过这也会增加功能单元之间协调的工作负担。但是模块内的部件形成的等级（控制）系统能够节省协调工作。

系列化。系列化的关键在于构建系列产品设计技术平台，既能满足市场需求，又能使各部件的设计做到最大程度的简统。在系列化过程中，尽管产品开发处于主导地位，但是重要的是我们尽可能要充分理解系列化中组织能力的结构，并且了解它们运作的机理或者合并的过程，否则很难对它们的创造性和发展进行有效管理（整合技术轨迹和技术关系）。不过，即使我们不能充分理解组织能力结构，我们也能识别培养其发展的环境。例如，我们也许观察到在公司致力于开发新产品的竞争力时，尤其注重发展这些新产品所需的能力。

因此，通过管理新产品开发战略，我们能有效地建立新能力发展的延展系统（轨迹）。就是说，基于发展延展能力来实现产品开发目标需要系统的方法，这种情况下系列产品需要不断增加对能力方面的开发。因此，可以将"产品系列"作为公司产品能力发展的方法来看待，以及作为产品和能力共同演变所采用的方法来看待。要注意的是，新产品和新能力开发是以市场需求为导向的。

信息化。以使用产品的群体的实际需求为设计的输入端，充分利用信息技术，提高系统控制能力和智能化程度。

遵循以上"四化"的设计原则，株洲电力机车厂在出口乌兹别克斯坦和哈萨克斯坦机车研制中进行了大量富有成效的实践，使机车设计系统集成能力得到了大幅提升。

2. 技术领先度

所有企业都要面对一个挑战，那就是在对当前的核心资源进行有效管理的同时，积极开发新的核心资源。只有当企业能够源源不断地吸收和开发出自己的核心资源时，它们才能够具备足够的竞争力优势，获得超额利润，并遥遥领先于自己的竞争者。为了更快地从其他公司学到新知识，企业用联合和外购等类似方式获得它们的资源和能力。

例如，在技术、工艺设计、工艺文件编制、工装设备等方面，株洲机车厂一直致力于通过引进、消化、吸收国外先进技术来提高电力机车的系统集成能力。

3. 保密度

有的知识尽管可以运用，但是不明所以，也就是不可交流分享的，比如企业成员之间的默契或者经过长时间的曲折的经验路径积累起来的知识；有的知识是容易被转移的，所以企业通过知识产权（专利、版权、商业秘密）和保密措施来防止自己的知识被转移。

93

株洲电力机车厂早期开始从不同的外国公司引进、吸收、消化、改善和整合不同的整体和部件技术工艺、自主研发，直到能够承包国内外工程和出售自己的技术，体现了人、技术和工艺方面高度的设计能力和工序等方面的集成能力，世界先进水平的质量和绝对的价格优势体现了能力与价值的高度融合，这种集成的核心竞争力是很难在短期内被模仿和超越的。

4. 启示

除了对能力的动态性还没有给予关注外，知识载体观跟"技术改善能力"中的技能网络观类似，没有解决重点能力和非重点能力的结构问题。

还有，知识载体的模块化问题中能力与部件的交互作用在后面的"技术改善能力"中的"元件－架构"部分得到进一步分析。

□ 技术改善能力

差距分析，不一定要全面模仿，可以根据资金收入来简约。

技术改善能力有三部分：技能网络、技能组合、原件架构。

技能网络原理说明，资源整合能力强弱与否，改善设计手段是重中之重。技能网络的思想用来进一步分析和理解知识载体的动态化：知识转移和传播以及能力的动态化问题。

在技术改善能力的范畴中，技能组合的思想是要进一步对技能网络进行划分，来解决技能网络观没有解决的重点能力和非重点能力的结构问题。技能组合观与管理手段有关。

元件－架构观对前述技能组合观中欠缺考虑的层次性问题进一步从工序的元件集成的角度来进行考察。企业的系统集成能力不仅体现在技能网络（观）的设计和技能组合的管理方面，制造工序的元件系统集成能力也是一个重要的方面。这与上述"技能吸收能力"中的"模块化"部分的能力与部件的交互作用是一致的。技术改善能力的结构参看图11。

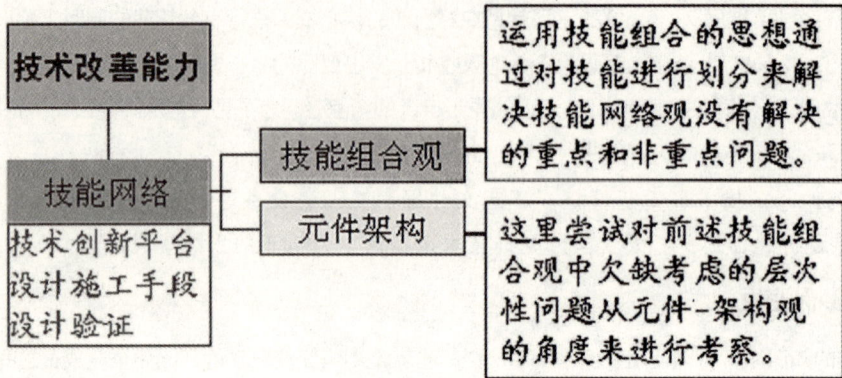

图 11. 技术改善能力结构图

94　1. 技能网络－设计手段

技能网络的思想用来进一步分析和实现知识载体动态化：知识转移和传播以及能力的动态化。

网络观的代表者是 klein，主要关注点是业务技能网络，各种业务技能及其根据相互关系所构成的网络。从这种观点来看株洲电力机车的情形能够看到技能网络的可分解性强；直接深入到技能层，直观。

问题点。但是技能网络观有待解决的问题是，如何突出重点，即系统集成中哪些是实践的重点，哪些不是。另一方面，技能网络观还没有考虑文化因素，包括诸如知识传播过程中支持交流的共同语言以及支持协调行为和认知过程的共同文化等因素。通过识别不同文化过程的具体特征，有可能辨别出支持每种知识过程所需的组织结构和系统的类型。在包括不同的设计、管理控制、工序、工艺、职位和人这样的复杂系统中，只有良好的企业文化（比如：自上而下还是自下而上；公平性；员工建议；等等）才能够真正解决冲突问题，以及适应动态的知识和技能的互动关系。参看图12。

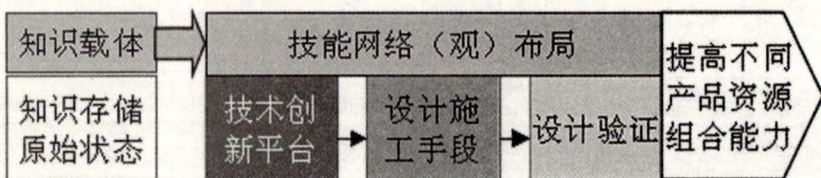

图 12. 技能网络布局

电力机车厂案例中，我们了解到技能网络的布局如下：

技术创新平台：产品资源集成的研发位于高起点；配套 CAD/CAE/CAM/CAPP 网络系统

设计施工手段：工艺性；通过模型同步展开技术为设计人员在设计阶段的沟通提供平台； Ideas ,ANSYS、ADAMS、ALIAS 等国际一流软件和广泛应用 PDIV 系统。

设计验证：按照一流标准建成综合性检测试验站，试验验证平台能够对完成加工之后的产品或部件进行有效的模拟验证。

技能资源整合能力强弱与否，改善技能网络的设计手段是重中之重。有三个方面。

技术创新平台。以提升产品资源系统组合能力为导向，使不同产品资源系统集成研发位于一个高起点，因此构建这样的平台要立足高标准。

例如，株洲电力机车厂建成建筑面积达 8000 平方米、配套 CAD/CAE/CAM/CAPP 网络系统的轨道电力牵引技术中心，使产品的系统集成研发位于一个高起点。

施工设计手段。通过诸如软件和系统的广泛应用，来增强和丰富设计的工艺性，为设计人员在设计阶段通过模型展开技术沟通提供平台，真正实现部件与系统总成之间、设计与工艺之间同步工作的局面，通过这种软件载体，使设计、工艺能实现广泛的信息交流，这样能够大幅缩短产品设计周期，提高系统集成性能。

株洲电力机车厂使用了 Ideas、ANSYS、ADAMS、ALIAS 等国际一流软件和广泛应用 PDIV 系统，收到上述效果。

设计验证。按照一流标准建成综合性检测试验站，试验验证平台能够对完成加工之后的产品或部件进行有效的模拟验证，这样不仅能够强有力地改进产品系统集成性能，而且能够提升产品系统集成研发能力，有较高的输出终端。

例如，株洲电力机车厂按照欧洲一流标准建成的国内唯一、国际一流的综合性检测试验站，大大弥补了以往机车竣工下线之后缺乏有效的试验验证平台进行模拟验证的缺陷。

但是这种事后控制的方法难以预先防范产品和部件的质量问题。

2. 技能组合－管理手段

这里运用技能组合的思想，通过对技能进行划分来解决技能网络观没有解决的重点和非重点问题。技能组合是关于创新机制，以及运用管理手段来改善系统集成的操作能力。

以 Prahalad、Coombs 和郭斌为代表的组合观主要关注点是各种能力组合：企业战略管理能力、企业核心制造能力、核心技术能力、核心营销能力、企业组织界面能力。能够解释这里模块的特点：强调能力的组合、以组合创新过程为基础，可分解性强，具有一定的可操作性。

问题点。但是该学说还没有解决技能网络的层次性问题，如组织的技能网络中出现的设计权限的层次关系问题。

设计的系统技能组合能力。传统设计"大而全"的模式往往与企业有限的设计能力发生矛盾，

95

这样顾此失彼和人员交叉使用会严重制约产品整体性能的稳定与提高。解决方法是对设计职能进行明确分工。另外充分调动可用的设计资源。

对设计职能进行明确分工。按照重点工序的分工不同，对产品开发以原建制的职能科室划分进行细分化。在该重点工序的职能科室中，分别建立不同分工的专业化部件设计组（参看图13）。这不同于独立分散的专业模块子系统（参看图14），而是分级结构（参看图15）。从这种（部件）子系统的广泛细分化和组成部件专业设计单位的范围来看，等级制度有两个关键优势：

· 第一个优势是适应性。等级制度形式比起原职能科室系统单一化（如图1中整个重点工序B职能科室）能更快地发展，系统单一化无法组建（部件）子系统（如图13中各部件职能）。等级制度系统的适应性是某种程度的可分解性：其（部件）子系统能以某种独立的方式与其他子系统独立地进行合作。

· 第二个优势是节省一些协调工作。例如图15的情形，这种等级结构只有4种相互协调关系。而完全各自独立的模块化的情形（图14）有10种相互关系。可见强调独立的专业化模块的好处是以牺牲协调为代价的。

因此，在电力机车企业中，它的模块化等级结构允许不同的局部装配（总体、电气、转向架、车体、制动等专业系统）的开发在无须与每一种其他部件设计人员经常通信和协调的情况下完成。同样，等级结构（图15）中产生的缺陷可以通过更换单一子部件总体、电气、转向架、车体、制动等得到校正，而不会像多种协调关系的独立分散的专业模块子系统（图14），一发牵动全身；也不像原建制的单一化科室系统，因某种缺陷而报废整个机车。

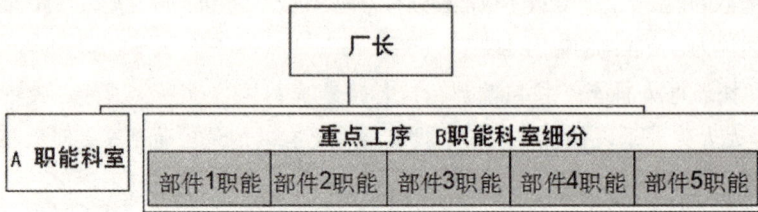

图 13. 产品职能部门细分

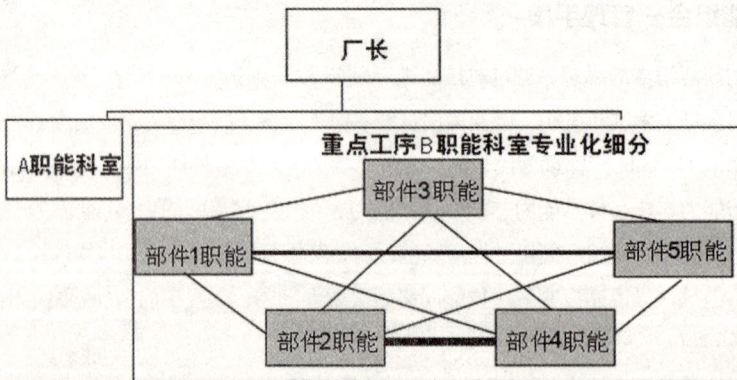

图 14. 产品职能部门细分后十种独立专业化模块协调关系网

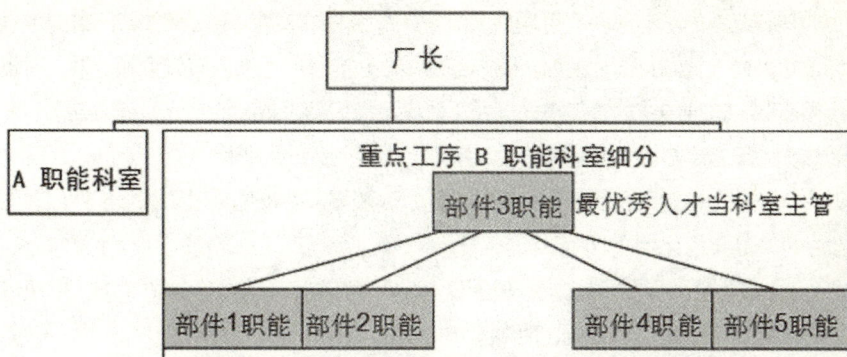

图 15. 产品职能部门按等级细分后的专业化模块协调关系网

株洲电力机车厂类似于图 15 的模式。

充分调动可用的设计资源。创新设计管理模式是要逐步下放部分零部件设计权限。形成新的设计等级制度。这两条措施（两个关键优势）不仅使企业设计部门有限的人力资源能集中精力研究各大部件和系统总成性能，而且充分调动配件企业开发新产品、产品技术水平的积极性和主动性，有效促进了零部件和系统总成质量的提高。

引入外部资源提高系统技能组合能力。在知识生产的时代，有可能区分内部建立知识（知识创造）以及从组织外部寻求识别和吸收现有知识（知识引进）。从组织外部引进知识的机理众所周知：雇用技术熟练的职员，收购其他公司或它们的知识资源，将在某项实践方面被公认为"最佳的"公司作为基准衡量，或者通过联盟和合资公司进行学习。

株洲电力机车厂合理利用高等院校、科研机构、国际专业公司在机车系统集成研究方面的优势资源，推动设计系统集成能力的有效提高。通过这种与国际知名公司联合设计的模式，不仅改善部件的性能，而且保证了系统总成性能的提高，有力促进了设计员工队伍的成长。

创造力对于多数公司一直是主要的挑战。多数有关创造力的研究强调个体以及有利于个体创造力形成的各种环境的作用，但是往往忽视在企业文化激励下团队和系统技能组合的作用。

3. 元件－架构

这里要对前述技能组合观中尚待考虑的层次性问题从元件－架构观的角度来进行补足。元件－架构观在职能层面来进行业务技能构建。

该观点以 Leonard-barton 和魏江为代表，主要关注能力构成：元件能力与架构能力。

问题点。该观点解释了该实践模块的可分解性和可操作性，具有系统观。但是也未能很好地解释上述 1. 和 2. 的层次性与动态性问题，比如核心和非核心业务如何实现一体化，而不是单纯进行业务剥离。

制造工序的系统集成能力。企业的系统集成能力不仅体现在设计方面，制造工序的元件系统集成能力也是一个重要的方面。在传统企业体制下，要求零部件自我配套，即自给自足。这里的

97

问题是，非核心业务的配套部件不可缺少，但是在企业内部这类配套零部件部门的业务量不多，且没有标准化，成本就高；而且因为企业内部的核心和非核心业务内容较大和分散，对提高核心业务的水平不利，这种传统的管理模式已经不能满足市场越来越高的专业化能力要求。企业就有必要把非核心的配套零部件业务剥离出去，集中于主要业务的专业化。

为此，株洲电力机车厂企业的运行机制是通过一般零部件市场化采购，大部件内部专业化生产，达到主机产品集约化生产。

在外部采购的情况下，会失去成本和质量的一致性控制，现在株洲电力机车厂解决成本和质量问题的方法是 30 万元以上采购通过招标，质优价低者得。

4. 启示

无论如何，孤立的工序、产品委托制造或者外部采购业务都是着眼于产品，而不是从承包商的核心技术资源层面去考虑外包，这样无法解决交易成本效率问题。掌握核心资源的承包商能够以该核心资源承包多种不同产品业务，来获得规模经济性。

□ 技术延展能力

企业能够具有独特生产模式（或流程），而且随着时间的推移会出现持续的异质性。如果其他企业无法有效仿制和复制出优势企业产生特殊能力的资源，那么，企业间已经存在的效率差异状态将永远持续下去。

98

这里运用整合观的思想对组织体能力和效果进行整体描述。
参看图 16。

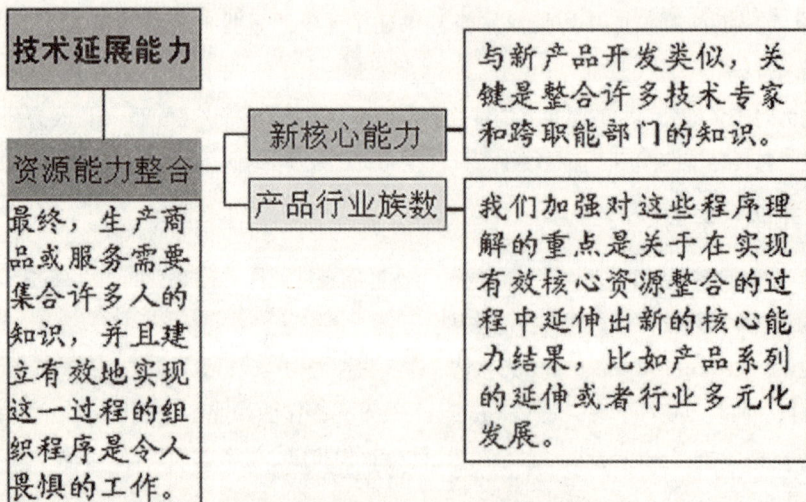

图 16. 基于整合观的技术延展能力

1. 整合

以 Prahalad 和 Hamel 为代表的整合观主要关注点是不同技能与技术流集成。能力指标成为公司整体的能力标志（如 UPS 准时送达的营销能力），用文字描述。该观点解释技术延展性时强调能力集成，而且文字描述方式有利于组织内外良好交流与沟通。

由于跟组合观的结构不同，体现"融合"的整合观的分解性差，层次性不强，只能对技术延展性作出整体描述。

"资源和能力整合"对任何一家公司都代表着最大的挑战。最终，生产商品或服务需要集合许多人的知识，并且建立有效地实现这一过程的组织程序是令人畏惧的工作。

2. 新核心能力

组织的能力包括许多在一起工作的不同的资源，然而即使使用描绘业务流程图的设计工具，管理层对人员、机器、技术和组织文化如何有机地组合在一起，并获得一定水平的绩效仍然可能知之甚少。与新产品开发类似，关键是整合许多技术专家和跨职能部门的知识。

3. 相关产品和行业族数

我们加强对这些程序理解的重点是关于在实现有效核心资源整合的过程中延伸出新的核心能力结果，比如产品系列的延伸或者行业多元化发展。

相关最终产品族数。由于株洲电力机车厂在提高系统集成能力和制造工艺水平方面所作出的积极努力，研制生产了国内除 SS7 系列以外的各型干线交直电力机车，如 SS9 机车成为第五次铁路大提速主型机车，为国内机车制造行业赶上世界先进水平树立了信心。

相关行业族数。在保持电力机车主业良好发展的同时，株洲电力机车厂加快培育和发展城轨车辆主业。株洲电力机车厂城轨车辆制造基地第一条生产线全面投产，动调试验线和存车线竣工，已达到年产 150 辆国际先进城轨车辆能力；待正在调试的第二条生产线全面投产，将达到年产 300 辆，能够满足国家对城轨车辆国产化制造的需要，质量档次与欧洲产品接轨，并具有明显价格优势。

4. 启示

从技术领域的吸收、改善和整合这样的"横向"来看核心能力培育，既然在知识载体观部分我们已经对知识以保持专业化效率的整合方式设计了模型，我们仍然从这个设计模型中已经了解的核心能力的知识存量特征 – 标准、模块、系列、信息技术 – 出发，来洞察或者寻觅核心能力的动态延展轨迹；或者，我们仍然可以在获取信息的过程中打破已存在的"规则"。例如，我们能重新找回指导员工技能、技术系统、管理系统、价值与规范的有关专家的知识载体，重新分析模块属性和它们之间的关系，重新考察技能网络中的重点和非重点问题，技术先进度和保密度；我们还能够从"纵向"的管理层开始，到技术层面和市场层面为止，来重新考察不同层面的整合能力之间的关系，以此来发现新核心能力的机会。如图 17。

管理吸收能力	管理改善能力	管理延展能力	
知识载体观	组合观	整合观	
外部交易	组织结构	价值链环节	
内部生成	价值链	创新速度	
技术吸收能力	技术改善能力	技术延展能力	延展力的纵向考察
知识载体观	技能网络	资源能力整合	
技术领先度	技能组合观	新核心能力	
保密度	元件架构	产品与行业族数	
成本吸收能力	质量改善能力	市场延展能力	
综合平台观	价值工程系统	价值链整合观	
合作水平	产品市场结构	市场适应性	
企业文化	企业文化	利润率与市场份额	

延展力的横向考察

图 17. 从纵横方向重新考察核心竞争力的整合能力

■ 市场层面

市场层面上强调核心能力结构的市场价值。支持功能是相关最终产品利润贡献率和相关产品的市场占有率。

以上的技术层面都是围绕企业的产品和系列开发进行资源和能力集成进行分析，但是质量上乘的产品并不保证有好的销路。企业在销售方面出现的问题意味着，这家企业面对的是一个充满不确定性而又错综复杂的未来。市场层面的核心竞争力培育框架参看图18。

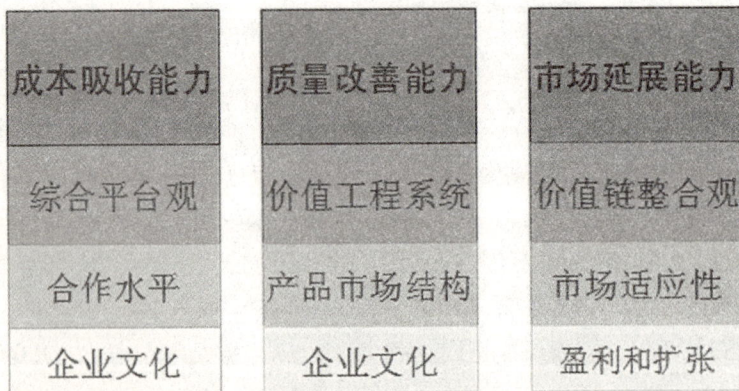

成本吸收能力	质量改善能力	市场延展能力
综合平台观	价值工程系统	价值链整合观
合作水平	产品市场结构	市场适应性
企业文化	企业文化	盈利和扩张

图 18. 市场层面的培育核心竞争结构

□ 成本吸收能力

运用平台观来分析内部管理能力和技术资源能力如何跟外部市场连接。

成本吸收能力分析框架参看图19。

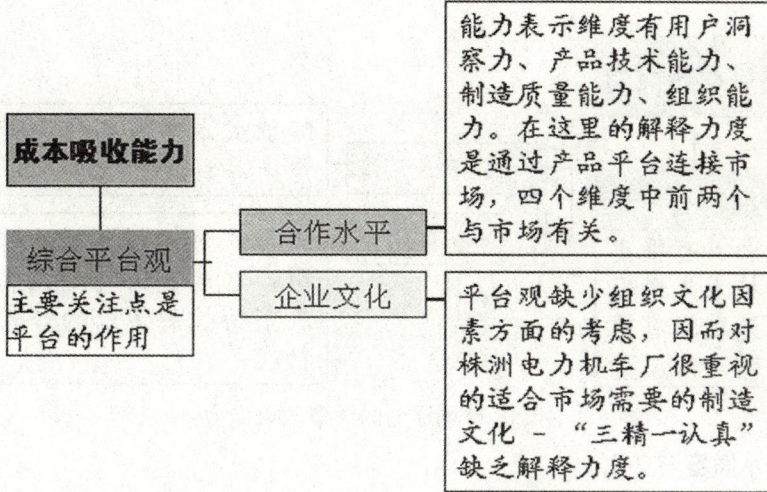

图 19. 基于市场能力的成本吸收能力

1. 综合平台

合作水平。Meyer 和 Utter Back，以及 Meyer 和 Lehnerd 为代表的平台观主要关注点是平台的作用。能力表示维度有用户洞察力、产品技术能力、制造工艺能力、组织能力。在这里的解释力度是通过产品平台连接市场，四个维度中有两个与市场有关。

企业文化。该平台观缺少组织文化因素方面的考虑，因而对株洲电力机车厂很重视的适合市场需要的制造文化 - "三精一认真"缺乏解释力度。

2. 启示

降低成本与提高相关最终产品利润贡献率。一些组织能够实现高水平合作和低水平的目标冲突，而无须广泛的控制机制，也无须与绩效相关的刺激。文化作为控制机制的作用，它是官僚制度控制或市场控制体系的替代物。

株洲电力机车厂在培育"三精一认真"的精湛制造文化提出在一线员工中大力倡导精工细作，反对偷工减料、粗制滥造，操作者必须严格贯彻执行设计思想和工艺要求；在设计和工艺人员中大力倡导精益求精，反对得过且过、不思进取，激励他们以极大的创新热情和深入细致的工作，促进技术和工艺设计的不断优化，保证产品性能、制造工艺水平和实物质量的持续提高；在各级管理人员中大力倡导精打细算，反对大手大脚、铺张浪费，把每一分钱用在关系企业发展、关系制造工艺能力提升的刀刃上。这种企业文化的成功意味着能够达到高质量的同时取得低成本的效果。

101

□ **质量改善能力**

企业具有很高的技术先进度却不能确保有很高的产品质量，往往跟管理者和员工队伍的素质有关。

参看图20。

质量改善能力

价值工程系统
企业具有很高的技术先进度不能确保有很高的产品质量

产品市场结构 —— 降低成本与提高相关最终产品利润贡献率。

企业文化 —— 文化作为控制机制的作用，它是官僚制度控制或市场控制体系的替代物。

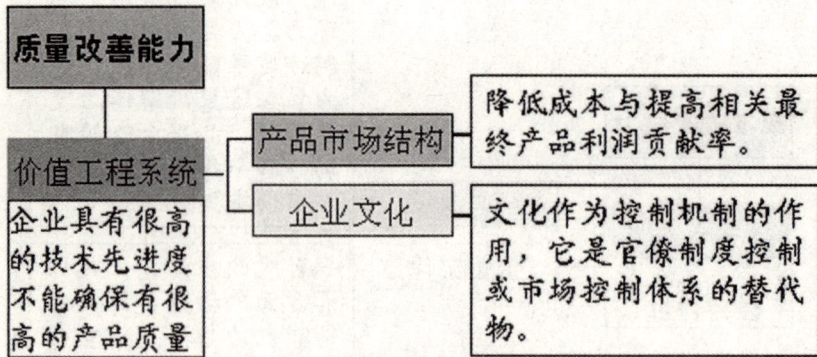

图 20. 市场层面的质量改善能力

1. 技术质量与文化

企业具有很高的技术先进度却不能确保有很高的产品质量，往往跟管理者和员工队伍的素质有关。企业文化是形成企业不可模仿的竞争优势的核心。在提高产品性能和可靠性的同时降低综合成本，是一项复杂的系统工程。质量管理涉及面很广，工作的层次很深，环节很多，全面质量管理并不能保证零缺陷。最重要的以用户要求为关注焦点，及时传递市场压力，采取各种形式引导员工转变观念，来提高适应市场竞争需要的高质量意识，在每个岗位和环节上不断提升每个作业者的质量控制能力。

株洲电力机车厂认识到培育企业核心竞争力，人是决定性的因素。株洲电力机车厂着重建设适应国际化、现代化运作的高素质的"五支队伍"：一支精通现代经营管理的中高层管理者队伍；一支反应敏捷、能征善战的市场营销和服务队伍；一支系统掌握轨道电力牵引核心技术的科技开发队伍；一支熟练运用现代制造技术、具有较强工艺质量控制能力的制造工程师队伍；一支爱厂如家、技术精良、普遍具有中等以上职业教育水平的操作工人队伍。

2. 启示

往往，人员思想素质低下的情况下，低质量意味着高成本；团队素质高的情形，低成本不一定意味着会降低质量。

□ **市场延展能力**

长期处于优势地位的企业与众不同，就像株洲电力机车厂，它的市场占有率能够随着管理和技术能力延展而相应平稳地延展。

市场延展能力参看图21。

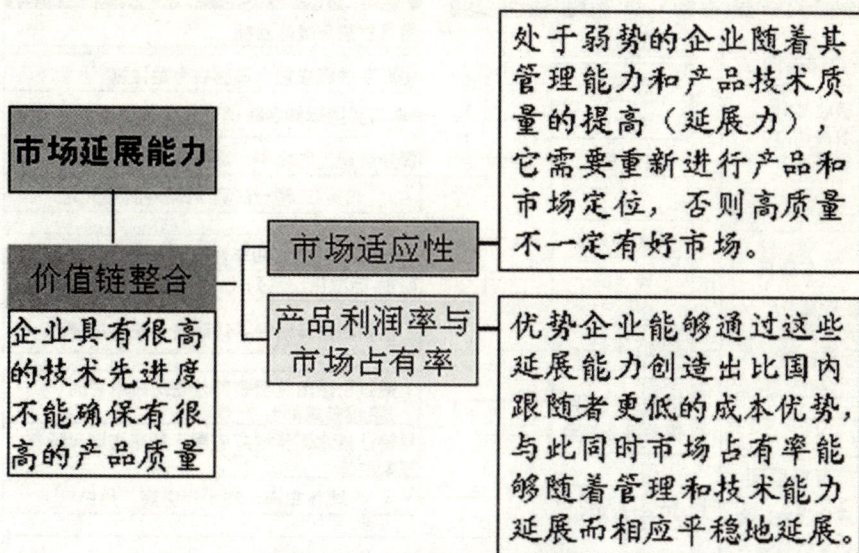

图 21. 基于市场层面的延展能力

1. 相关最终产品利润贡献率

处于弱势的企业随着其管理能力和产品技术质量的提高，需要重新进行产品和市场定位，否则顾客市场对产品原有的心智不会改变，高质量就不一定有好市场。

2. 相关产品的市场占有率

长期处于优势地位的企业不同，像株洲电力机车厂，它的市场占有率能够随着管理和技术能力延展而相应平稳地延展。如果优势企业能够通过这些延展能力创造出比国内跟随者更低的成本优势，与此同时接近或者达到国际顶级的管理和技术水平，那么企业这种国内竞争优势以及国际市场竞争力会加速延展。

通过实施"两高一低"（高性能、高可靠性、低成本）产品战略，株洲电力机车厂产品的市场竞争力有了很大提高，特别是在国际市场上的性价比优势非常明显。如参与国际招标的 SS4B 型机车售价折合人民币约每台 1050 万元，国际上同类机车 8K 车售价折合人民币高达 2324 万元，是 SS4B 的 2.2 倍；"蓝箭"动车组售价为 5500 万元，国际上同类动车组 X2000 售价折合人民币高达 1.8 亿元，是"蓝箭"的 3.3 倍。在乌兹别克斯坦机车招标中，株洲电力机车厂之所以能够力克国际强手，性价比优势起到了决定性作用。

在激烈的国内市场竞争中，株洲电力机车厂保持了铁道部招议标市场 50 % 以上的份额，铁道部以外的国内电力机车市场基本处于控制地位。

核心竞争力综合体系参看图22。

103

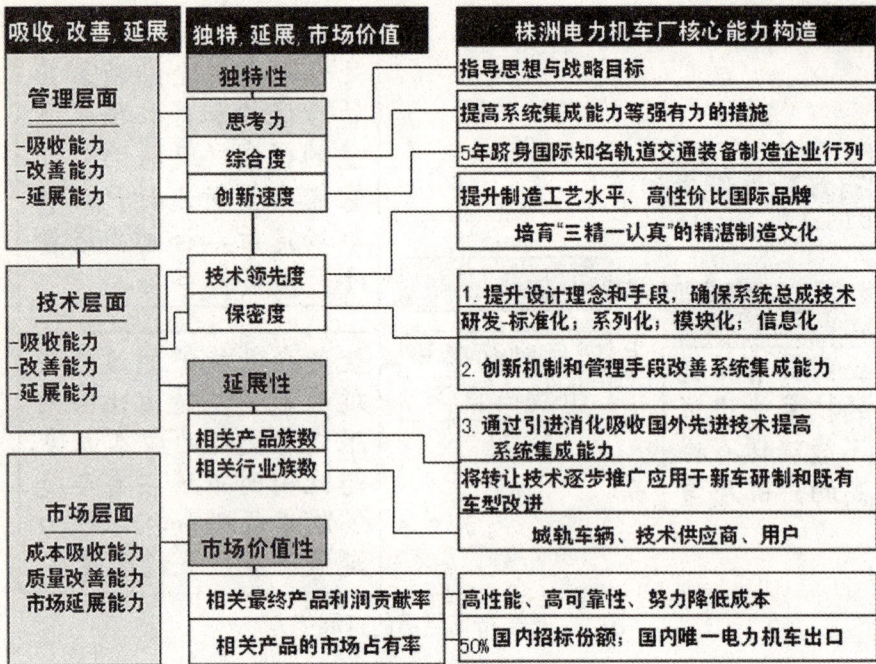

图 22. 核心竞争力培育综合体系

104

3. 启示

企业培育和发展核心竞争力的过程是在管理层面、技术（业务）层面，以及市场层面上实行引进吸收－改善－延展这样一个循环过程。参考株洲电力机车厂的培育和管理系统集成的核心竞争力的历史展示了这一过程。

1958 年引进前苏联技术研制成功我国第一台干线电力机车，在此基础上自主研制成功 SS3、SS4 等型电力机车；

1989 年与法国阿尔斯通公司牵头的西欧 50 赫兹集团合作生产 8K 机车；1994 年与日本日立公司合作制造 ZD114 型牵引电机。通过这些项目，株洲机车厂提高了直流传动电力机车相关核心、关键子系统的技术水平。通过消化和吸收引进技术，结合自主研发，又先后研制成功一批电力机车，使直流传动电力机车的总体设计和系统集成设计的技术逐步走向成熟，其中 SS9 改型电力机车基本达到国际先进水平，成为我国铁路大提速的主型客运机车。

交流传动技术的研究方面，在引进 Adtranz 公司关键部件和技术研制成功交流传动电力机车 DJ 和电动车组动力车"蓝箭"的基础上，经过消化吸收创新，先后在 2001 年和 2002 年研制成功"奥星"、"中华之星"交流传动电力机车和电动车组动力车。其中"奥星"是我国首台拥有自主知识产权、达到国际先进水平的通用型大功率交传电力机车，"中华之星"创造了 321.5 公里／小时的中国铁路最高试验速度。

株洲电力机车厂和西门子公司等合资成立株洲西门子牵引设备有限公司，为充分利用这一机会提升研发水平，株洲电力机车厂选派了部分技术人员进入合资公司，参与DJ1机车项目全过程的控制和管理。经过几年的锻炼，这些人员逐步掌握了交流传动机车的总体设计和系统集成设计技术。

对于城轨车辆，全套引进西门子公司的先进制造技术，迅速占领市场制高点。2001年与西门子公司签订联合体协议，共同开发中国城轨车辆市场。在西门子公司的支持下，株洲电力机车厂城轨车辆制造能力、技术档次均达到西门子公司现有水平，在国内处于领先地位。

培育核心竞争力的体系参见图23。

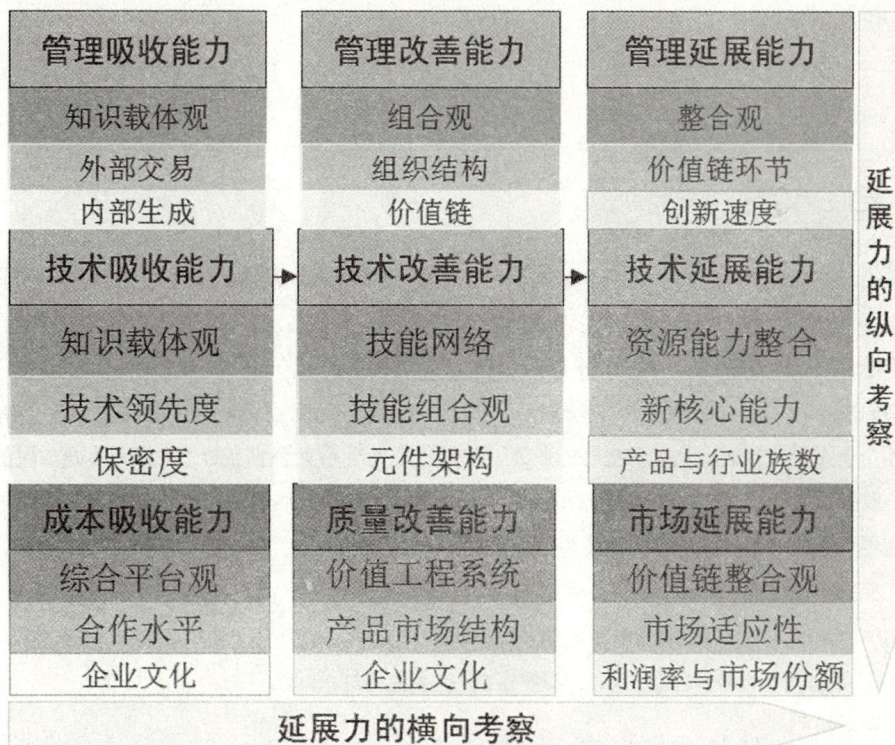

管理吸收能力	管理改善能力	管理延展能力
知识载体观	组合观	整合观
外部交易	组织结构	价值链环节
内部生成	价值链	创新速度
技术吸收能力	技术改善能力	技术延展能力
知识载体观	技能网络	资源能力整合
技术领先度	技能组合观	新核心能力
保密度	元件架构	产品与行业族数
成本吸收能力	质量改善能力	市场延展能力
综合平台观	价值工程系统	价值链整合观
合作水平	产品市场结构	市场适应性
企业文化	企业文化	利润率与市场份额

延展力的纵向考察

延展力的横向考察

图23. 培育核心竞争力的结构

第八章　不竞争战略[①]：
时间与空间
Chapter 8

在产业转型的时期这类弱势企业并没有争先恐后地进行转型，寻找新机会，这种做法实际上采取了不竞争战略。

Thought Frontiers in Strategic Management of Instantiation−Based Knowledge Structure

围绕着在某个产业里大企业还是小企业有更高盈利性时，人们常常运用两个比较标准：产品系列和市场增长率。前者与盈利性有关，后者与盈利增长率有关。我们可以看到，在某些特定产品市场范围，小企业能够同时取得盈利性和更高的市场增长率。

有研究支持了这个思想：在许多场合下，行动侵略性和业绩之间存在着积极的关系。具有侵略性的企业比侵略性弱的企业有更好的业绩。然而这里关于不竞争战略的思想却有不同。可曾会想到，曾经反复在生存边缘上挣扎的弱势企业，竟然同时取得产品盈利和市场盈利增长的效果。企业在不竞争战略中发挥了空间错位和信息机制两个主要功能。

1. 空间错位

· 时间空间：把握滞后的时机。

· 战略空间：理解战略群的市场交叠程度、产品差异性、战略差距。

2. 信息机制

· 根据价值链环节的关系来构造信息样本，并指导财务控制方向。

· 从竞争和市场依赖性中形成信息机制和战略视角。

· 从高层管理的虚拟结构来放大信息量和经验。

■ 时间空间

□ 盈利和增长的滞后时机

在产业转型的时期这类弱势企业并没有争先恐后地进行转型，寻找新机会，而是把握滞后的时机。这种做法实际上采取了不竞争战略。

1. 盈利和盈利增长

在特定产业中，作为市场领先者的大企业，其盈利性不一定比中小企业的要高。另外，市场占有率高的大企业和占有率低的中小企业间的利润关系取决于不同产业的有关因素。对于进入壁垒低（容易进入）的行业，行业集中度很低（行业内公司数目很多），竞争激烈，增长缓慢。中小企业最好能够取得先动优势，在某种生态性市场环境中找到自己独特的、别人替代不了的市场位置 [小生境（NICHE）]。在这种情形下，中小企业可在生态性市场环境中抢先占据独特的产品市场来获得盈利。当然，因为小生境市场规模很有限，就很难同时通过市场扩张来提高盈利增长率。

像水钢这类企业连小生境市场（NICHE）都没有，属于典型的波士顿模型中的"瘦狗型"企业，在竞争激烈的市场中占有率低，规模小、效益低，技术经济指标及工艺装备水平落后，曾一度站在破产边缘，扭亏后又差点返亏，到了要钱没钱，"搞技改找死，不搞技改等死"的绝望境地。该如何能够绝处逢生？

水钢后来的做法是把握滞后的时机，进入到大型钢铁企业在产业转型过程中放弃的传统产品市场。依靠低成本来提高产品技术和质量来获取盈利的同时，还达到市场扩张和盈利增长的目的。

2. 启示

在产业转型的时期这类弱势企业并没有争先恐后地进行转型，寻找新机会，这种做法实际上采取了不竞争战略。

□ 产业转型中的人弃我取

在行业内部竞争越来越激烈的环境下，弱势企业一般强调灵活性，来取得先动优势，特别是国家政策刺激产业转型的情形。在这种情况下，弱势企业是否应该因势利导，通过新生业态来取得成长？答案可能是否定的。

关于竞争问题的研究一直依赖于行业结构中传统的方法（波特竞争理论），包括行业增长率、集中度，还有进入壁垒。通常认为，当行业增长率以及集中度很高时（行业内企业数目很少），竞争性反应或者说行业的竞争程度会低。往往这类行业的进入壁垒很高。另一方面，如果行业的

107

集中度很低，例如国内的钢铁行业有 7000 多家企业，加上国外竞争企业争相进入国内市场的情况下，各方的市场竞争意识就会很强。

1. 弱势但敏锐

在行业内部竞争越来越激烈的环境下，弱势企业一般强调自己的灵活性来取得先动优势，特别是国家政策刺激产业转型的情形。在这种情况下，弱势企业是否应该因势利导，通过新生业态来取得成长？答案可能是否定的。的确，弱势企业应当对市场环境变化保持敏感，但不是把焦点对准新业务，特别是不要去对准不相关的新业务，而是要对准现有业务和业态出现的变化，在现有市场上寻找新的机会。

例如，在钢铁行业，新业态机会的确发生了，当时国家政策指引是"淘汰落后"。这的确给弱势企业创造了机会，赶快转型。当时水钢也曾经有过这方面的转型预案，但是最终水钢放弃了这样的"机会"。水钢看到国内大型钢铁企业纷纷放弃长线产品，转向管材、板材和优质钢的生产。水钢看到了另一种机会，是留在原市场的机会，这机会是国内大型钢铁企业因转型而放弃的长线产品市场。

弱势企业利用产业转型的机会尽快进入多元化业务的同时，比机会更大的是风险。弱势企业抗风险能力特别差。因为自己是"瘦狗型"。

但是留在原市场又如何？那么多"瘦狗型"企业，对别人放弃的，也会一拥而上的。

第一弱势企业要迅速弄清楚大型企业放弃的产品市场对自己来说有多大的市场潜力？如果这种遗弃的市场潜力足够大，那么再看以下问题。

第二，进入这种被大企业遗弃的市场后，自己企业的现有设备是否可替用，也就是是否具有相当的可替代性，尽管不是百分之一百替代？这样可大大减少新一轮的资金投入。

第三，为了能长久占有这个大企业留空的市场，如何能够针对同类的弱势的"瘦狗型"企业，快速建立起进入壁垒？如果一切如愿，那么，它不但能够通过移入这块"新的"市场中来获取盈利，从而变身为"问题"（市场潜力高，但自身盈利能力仍然低），得到休养生息的机会，而且在这块具有相当垄断性的长线产品"新"市场上快速提高盈利增长率。

战略群。以上关于弱势企业的描述体现了行业内战略群的思想，每个战略群内的企业，大型的或者是中小型的企业，只要运用的战略类型类似，我们就把它们看成一类群体。不过实际上，大型企业跟中小企业的战略往往不同。这类似于研究 Porter 的不同产业间的 5 力模型，即不同产业间的组织结构关系，如本企业、卖方、买方、替代品、参入者这 5 种力量的相互关系。不过战略群关系是指同一产业内不同战略群之间的关系。按照竞争战略类型对行业内的不同企业进行分类可以更好地从战略视角上看清企业间的关系情况。由此形成基于战略关系的战略群概念，并确定自己企业属于行业内部的哪一个战略群。跟行业间组织结构类似，行业内战略群结构关系有："战略群之间的关系、替代品威胁、参入者威胁以及战略群内企业间关系"等 4 种结构力。参看下面关于行业内部的战略群示意图 1。

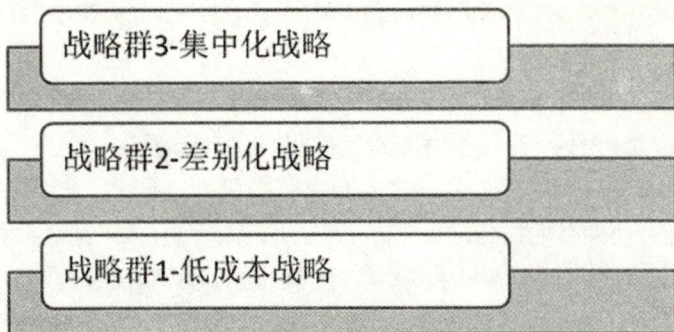

图 1. 行业内部战略群示意图

市场洞察力。战略群的思想如何解释处于弱势的企业能够逆转的原理？首先，在行业内以强大企业为中心的局面下，弱势企业很需要具有跳出弱势圈子的动力。往哪里走？这需要"强势的"市场洞察力。这就需要比别的企业更清楚行业内部的竞争关系（结构）。

像水钢这样的产业内部的弱势企业，能够避开跟产业外、产业内以及战略群内的强大企业的正面竞争，并且能够克服战略群间的进入壁垒，进入到产业内某些市场位置，该位置的特点是：

· 实行规模经济的大型企业看不起眼或者已经放弃的；

· 一些实行差别化的高端技术企业又轻视的；

· 以及其他企业"瘦狗们"因为信息机制不敏感等因素还没看到的。

继而自己针对这些特定市场来创造（而不是寻找现成的）小生境（NICHD），尽快模仿高端技术企业来进行技术提升，针对大型企业市场的规模优势，来对企业资源进行低成本整合，使其他"瘦狗型"弱势企业无法赶上和参入。这就是从三个群领域－大型企业群、高端技术企业群、自己所在的"瘦狗"群－的交界处形成新的产品市场位置和进入壁垒，从不竞争中获利。

外部关系。对于不同弱势企业来说，要强大自身的力量，还要从战略的视角来时时关注自身与母公司的关系、与政府关系，关注和了解属于不同战略群的企业在诸如产品系列范围、垂直一体化程度等方面到底采取了什么迥然不同的竞争战略，以及获得了怎样不同的市场占有率和利润（率）。我们还要了解这些公司在营销、削减成本、管理、组织等方面能力上的区别是如何与其战略姿态及其最终的经营表现相关联的。

正如水钢的战略视点：跳出水钢看水钢，跳出行业看水钢，寻求科学的（产品与市场）定位。

2. 产业内部结构变化

通常，处于不同战略群内的企业的盈利潜力也不同。这种差别往往不是由于企业贯彻既定战略的能力不同所造成的，而是受到外部环境的影响不同。行业间五大竞争作用力的结构和战略群间四大竞争作用力对于不同的战略群施加的影响并不相同。

各战略群在产品开发或营销方式上也往往有差别，但并不是总有这种差别。有时，各战略群产品完全相同，但它们在生产、物流、垂直一体化（关于某种产品的产业链的一体化）的体系等

109

方面互不相同。或者企业可能也采取相同的战略类型，但是在与母公司或政府的关系上有差别从而影响着它们各自的目标。

战略群的划分并不等于市场细分，也不等于产品细分战略，而是以企业战略所表现的姿态（类型）的广义概念为基础确立的。行业内的战略群越多，竞争关系就越复杂。

为了简化竞争力分析，我们按照基本的竞争战略类型分成3个战略群。其中一个战略群（战略群1）的企业特征一方面表现在产品的多元化；另一方面实行垂直一体化战略，有效控制供应、分销和服务渠道。这个战略群具有规模经济和范围经济的优势；营销活动量大。另一战略群（战略群2）由专业性生产厂家组成，针对高质、高技术和高价的差别化产品进行有选择的销售。还有一个战略群（战略群3），就是生产自营品牌的非广告型产品，一般都是中小型企业组成，各自在特定的地理市场维持生存。

以上对产业内的战略群基本划分为三类：战略群1、2、3。图2展示了不竞争战略与产业结构变化和战略群的关系。

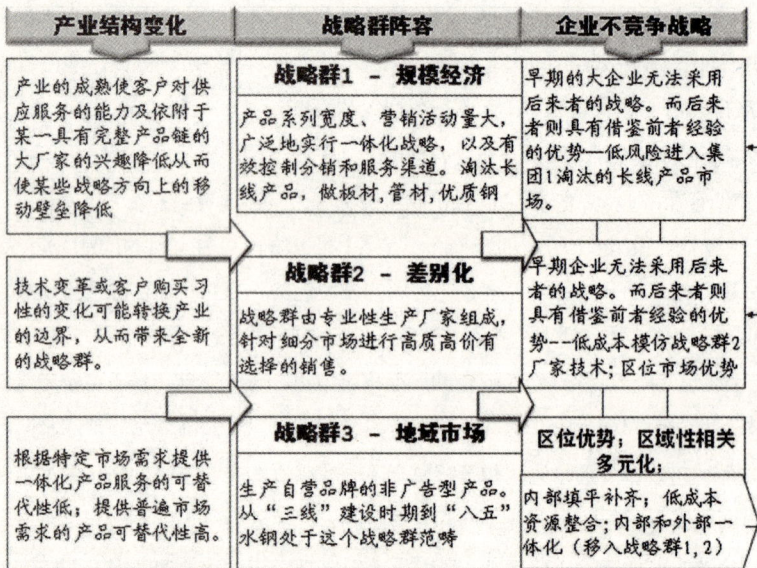

图2. 跟产业结构和战略群对应的企业不竞争战略

3. 战略群及企业间竞争

一个产业内出现战略群间的竞争不只是价格、广告、服务及其他变量上的竞争。某些决定竞争强度的战略群结构特征可以影响产业内所有公司，就这部分特征来看，战略群间是相互作用着的。一般说来，多战略群结构意味着产业中公司进行竞争的实力并不相等。

当然，并非所有战略上的差异都同样重要地影响着产业的竞争。我们能够发现有三个因素决定着战略群为赢得顾客进行相互争斗的激烈程度：

· 战略群间的市场相互交叠的程度，或者说它们的相同目标客户群体的大小，反映出它们相互克服对方的进入壁垒的能力；

· 同一战略群内企业间的产品差异性，反映出竞争遭遇战的可能性大小；

· 战略群间的战略差距，或者说战略离散程度。

不竞争的应对策略。 要应对以上竞争环境的三方面因素，弱势企业的战略思维应该是：

· 战略群间的市场的交叠程度越低对弱势企业越有利。例如，弱势企业可以在地理位置上是分散的，运输能力是钢铁企业进入新地域的一大妨碍；另外，不要试图跟大型企业一样，捕捉相同的市场机会，否则只会遭到"屠杀"。相反，大型企业放弃的市场机会对于弱势企业来说可能是真正的机会。

· 同一战略群内弱势企业要设法提高产品的技术优势或者多样化。

· 为了创造战略差距，弱势企业要设法运用信息机制，在方法、计划、营销方式、资源整合和时间空间方面制造有利于自己的差别和错位，避免引起竞争者的过度敏感和过当竞争。

根据以上三点战略思维，水钢对应的战略决策是：

· 把目标盯住战略群1内的大型企业放弃的产品市场；

· 为了符合甚至高于战略群1中大企业的放弃产品的有关指标，低成本模仿战略群2中专业化企业的有关技术；

· 通过低成本投入来盘活和整合闲置设备资源，借此提高产能，来满足战略群1中大企业放弃的产品市场空间和需求量；对战略群2中专业化企业不重视的现成技术进行模仿提炼。这样，通过吸收和提炼战略群2"轻视"的有关产品技术以及对战略群1放弃的市场进行"接管"，战略群3中的水钢跟战略群1和2以及自己所在的战略群3建立起边界关系，形成跨界形态，使自己在产业内或者所在的弱势战略群3内变得强大起来，因为市场和技术的跨界而使自己在三个战略群之间找到了市场和技术的小生境（NICHE）。参看下图3。图中有关技术、投入、市场和顾客需求是价值链的基本环节。

4. 启示

这种认识主要体现在弱势企业的战略决策和规划阶段。

在决策和规划阶段，信息机制发挥重大作用。

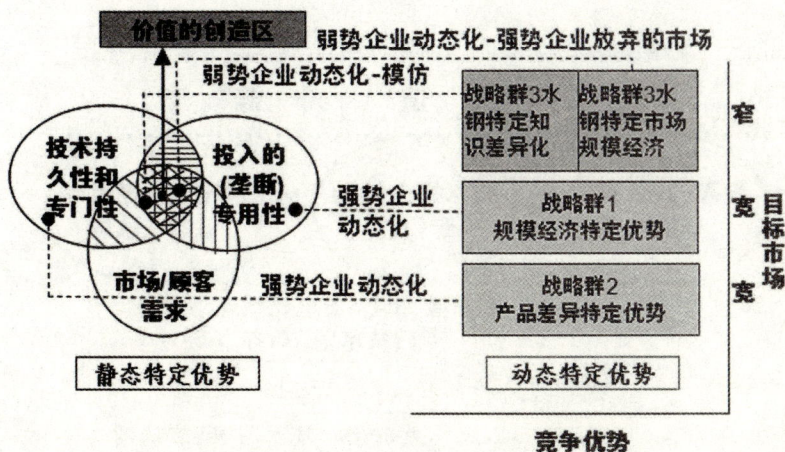

图3. 战略群3中的弱势企业获取竞争价值资源

■ **信息机制**

□ **价值链激活**

技术开发、生产投入、市场认知、以及顾客认同构成了基本的生成公司价值的价值链。弱势企业不应只是孤立和静态地对这4个特定价值链环节的优（劣）势进行评估。价值链上四个关键节点的某一个能否成为企业的核心能力，不能由它本身决定。

1. 基于价值链的信息构造

在力量悬殊的情况下，弱者一方如果要生存和发展，应将注意力更多地放在强者们的动向及其造成的市场格局变动，从中找出当前机会。公司如何认知这种竞争关系，取决于企业在竞争环境中如何与其他企业互动，以及如何构造和解释关联的信息样本。在实力处于弱势的情况下，公司应迅速形成信息机制的强势。

我们可以根据价值链上有关环节来设计信息样本。

技术开发、生产投入、市场认知以及顾客认同构成了基本的生成公司价值的价值链环节。然而，弱势企业不应只是孤立和静态地对价值链环节的4个特定优（劣）势问题进行评估，对于弱势企业来说，价值链上四个关键节点的某一个能否成为企业的核心能力，不能由它本身决定。我们必须寻找这些关键环节的某些具有战略意义和能够创造公司价值的相互关系。

2. 启示

就弱势企业而言：

· 技术模仿 + 顾客认同 => 低成本的产品差别化（盈利性）
· 盘活资产投入 + 市场认知 => 低成本的市场扩张（盈利增值）

技术开发、生产投入、市场认知以及顾客认同四个环节都涉及信息收集能力和分析能力问题。参看图4。

在价值链上研究价值创造的思想方面，直接涉及不同行业的财务结构和特点。

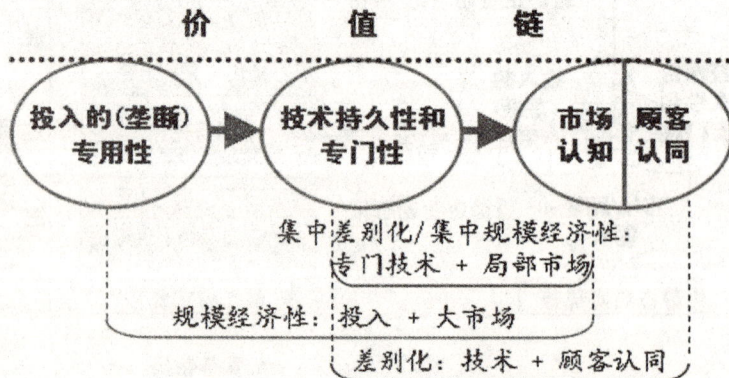

图4.价值链上的竞争优势整合

□ 财务部分

对于弱势企业来说，公司价值完全取决于公司的盈利性和盈利增长率。即同时取得差别化（产品技术优势＋顾客认同优势）和规模经济性（投入优势＋市场扩张优势）。

1. 盈利性

对于有一定规模的企业，比如钢铁企业来说，固定资产部分相对比较高，因而相对的长期债务也会比较高，另外库存周转率比较低的原因，短期债务也会较高。

这样财务杠杆度(债股比例)就会较高。负债利息也就较高，对特定市场的盈利性有不利影响。

2. 盈利增长率

高固定成本也决定了钢铁这类企业的经营杠杆度较高。像这样的高经营杠杆度的钢铁企业，在销售出现波动时要遭受大幅度的利润波动。因此，比起销售额对经济水平波动不太敏感的行业以及具有较低经营杠杆度的企业来，钢铁行业的企业的销售量对于增加盈利（或者减少）特别敏感。而在采取积极的价格政策能够刺激销售量提高的情况下，较之经营杠杆度较低的行业的企业来，高杠杆度的钢铁企业也会增加利润的幅度。这也说明，通过价格政策来获得较大市场份额，来获得规模经济性的重要意义。与此同时，恰当的财务杠杆度（债股比例）应该是低一些。这意味着因应市场扩张来扩大生产规模的同时又要减少债务融资比例。

3. 启示

于是，弱势企业能够成功逆转，取决于能否同时取得利润和利润增长。即同时取得差别化（产品技术优势＋顾客认同优势）和规模经济性（投入优势＋市场扩张优势）。

□ 信息机制

在价值链中，技术开发、生产投入、市场认知和顾客认同都与信息收集能力和分析能力有关。

1. 竞争依赖性

动态性竞争环境中，要高度关注竞争者之间的相互依赖关系。在力量均衡的情况下，两强不轻易对抗。强弱悬殊就不然，弱者一方如果要生存和发展，应将注意力更多地放在关注强者们的动向及其造成的市场格局变动，从中找出"躲避"的空间或者发现当前机会。

直接反应。在遵照行业特性基础上进入到业态或者战略群的层面上来分析，就会发觉在相对成熟的行业中，由于竞争激烈而对竞争的重视程度和敏感度提高，导致直接反应的概率增加，进而各方调动可用资源进行正面对抗。除此以外，在资源整合过程中企业可能发掘出某种新的成长业态，比如因应建筑、汽车、造船等行业的新发展需求，钢铁行业中的大型企业纷纷放弃长线产

113

品业务，投入巨资进入板材、管材以及高质钢等领域；弱小企业重要的是对所发生的情况有预先了解的能力，提早准备。但是弱势企业这种行动仍属于反应型，而不是主动进攻型，因为人家在撤离旧市场之前你不能进入。这样在时间上是滞后的。

例如，水钢基于自己是一个弱势企业这一基本认识的前提，将水钢的发展定位为"追赶型、跨越式"发展。这种"跟从"对手战略的行为实质上是战术性的。进入别人放弃的市场，存在时间上的滞后性以及大量弱势企业"争吃"的可能性。反应速度就要很高，要及时进行资源整合，尽快开展长线产品这个可持续发展的业务，并尽快形成该领域的规模经济性。由此可见，信息机制和分析能力能产生市场认知优势，对于如何做出快速反应和何时做出快速反应都起了决定性作用。

2. 信息形成视角

信息处理的方法形成分析竞争者的视角，提供了一个了解对方公司的非常切实的分析框架。每一个竞争行动是一条信息，是一种行动动机或者战略意图有关的信号。

为增强决策的针对性和避免盲目性，弱势企业要把广泛搜集和分析情报信息作为决策的依据，以制度来规范信息活动。

水钢长期坚持和形成了"不调查，不立项；不研究，不决策"的制度。

3. 信息机制

114

公司的信息处理和分析的机制对于公司来说，是理解对手技术创新行动，学习和掌握特定技术优势的一个手段。根据水钢的案例，可以归纳推演出以下的弱小企业的信息机制模式。

内部科层适应。弱势企业在构建信息机制方面要充分发挥职能部门的调研功能，强化部门调研工作。要求相关单位、职能部门针对生产、技改等方面的重大问题、专业技术问题和市场情况等，在决策前进行认真仔细的调查研究，形成书面报告。

企业间适应。注重考察学习。有意识、有目的地派员考察、了解同行企业的改革、发展进度和成功经验、工艺更新情况、技术创新情况、经济技术指标的水平等，以便对照先行找差距，制定措施追赶和对标挖潜，并加以创新和发展。利用外部智慧结合自己企业的实际情况，创造新的智慧和文化。

行业外适应。主动"借脑""引智"，使决策缜密和科学。一方面，重大事项的决策，广泛征求有关政府部门和专家的意见，广泛借助"外脑"，反复论证；重要工程项目在实施或立项前，也委托多家专业部门进行设计，优选方案。

加强信息的整理和分析。利用市场销售机构、信息载体及各种渠道，广泛搜集政策信息、市场信息，加强信息整理、分析，把握国家政策和市场的微细变化，为规避市场风险、应对市场竞争，提供决策依据。

4. 市场依赖性

高度依赖于某个特定市场（或者顾客细分）的企业，更有可能全力去捍卫它们的市场地位，所以弱势企业尽量不要挑动这类竞争者的神经。反之，如果弱势企业高度依赖于某个特定市场，就要全力进行捍卫。

事实上，弱势企业对某一特定市场变得越来越依赖，说明该企业已经在该市场上了一个台阶。弱势企业必须学会珍惜每一个机会，不要轻言放弃。

从水钢的案例可以明白，弱小企业没有在竞争者高度依赖的市场发起竞争性行动。相反，水钢的做法是不盲从，不躁进，走自己该走的路，进入大型竞争者不再依赖的市场。

在产品定位上，水钢认为，无论做板做管，动辄需要投入几十、上百亿元，水钢没有这样的能力；而有能力的钢厂致力于产品结构调整，纷纷淘汰长线工艺，必然会给长线产品腾出一定市场空间，加上水钢具有区域相对优势，做长线产品仍有一定发展空间。

一旦弱势企业的产品技术经过提炼已经上了一个台阶，而原来放弃该产品市场的大型企业往新业态投入了实质性的资金，就不可能杀回马枪，回到原来的产品市场。与此同时，弱势企业对该市场的依赖性变得很高。这时候，很重要的是要尽快打开市场局面，提高顾客认同优势，将其他替代品拒之门外。为此，如果原有产品声誉不高，不能利用它们来有力带动新产品销售的情形下，弱势企业可运用产品服务配套关系来实现市场内部化，以此控制分销渠道。

例如，水钢专门服务于建筑商客户并在销售中备有耐火材料、机械加工、建筑安装、运输、水泥等配套服务。这样，水钢受到长线钢材替代品入侵的风险必然低于其他仅销售工业钢材的企业。

光环效应。这种对特定顾客（比如建筑商）的"特定配套销售"，如果包含了某个供应商的有竞争优势的产品、市场或者资源，那么对所有参与配套销售的企业成员都有"光环效应"，有利于提高各方在各自产业内的竞争力、利润和利润增加值。这样，虽然其他相关产业的竞争企业都在模仿参与配套销售的企业成员能带来利润的行动，但要进入弱势企业构造的这个配套产品和服务的产业链市场范围，就不容易。

115

5. 启示

不竞争假象。从上面的分析条件看，由于水钢的未吸收闲散（流动）资源很低，资金短缺，处于一种"搞技改找死，不搞技改等死"的"绝境"。竞争者不可能高估弱小企业的竞争能力。但是水钢并没有借助增加债务融资，而是用"四两拨千斤"的资本运作能力和对未来时机的准确判断，以少量流动资源和"短平快"的战术手段，通过解决关键环节和瓶颈来盘活大量闲置固定资产，以及通过对信息的搜集、分析，果断地提前处措，创造条件，抢抓发展机遇，来取得投入优势。水钢对规划中的一些重点技改项目，注重充分准备、采取优化施工组织、不影响生产的情况下提前施工的策略。这些内部提前完成的工程再造蓄势待发，本身就具有竞争能力的隐蔽性。这种创新思路运用未吸收的低水平闲散资源来盘活固定资产，来使公司资产增值的进取性行为、竞争反应行为以及反应性模仿明显加速了扩张的步伐。

□ 管理层特点

弱势企业如果能以一种虚拟的方式，而不是传统的组织形式，来构造TMT的经验和知识规模的话，那么，弱小公司就有可能提升到大公司TMT具备的认知水平和经验水平上来。而我们看到这偏偏是习惯于自上而下指令型的中小企业所欠缺的。

高层管理团队（TMT）的组成部分能够影响团队的集体知识资源和团队成员的社会关系。TMT的总规模对战略决策常常有相互抵消性或互补的作用。

就水钢的TMT而言，作出战略决策是根据各部门和公司外部的信息分析来作出判断，从而建立企业内各部门和外部工作的适应性关系，也形成一种虚拟的大规模的TMT，来占有更好的认知资源和经验资源，这些都能在决策活动中起到作用。关键是如何有效运用所有的这些无形资源。规模大的TMT对问题更趋向于采取协调和沟通的态度。

1. 虚拟结构

弱势企业如果能以一种虚拟的方式，而不是传统的组织形式，来构造TMT的经验和知识规模的话，那么，弱小公司就有可能提升到大公司TMT具备的认知水平和经验水平上来。而我们看到这偏偏是习惯于自上而下指令型的中小企业所欠缺的。

TMT职能下延。我们看到水钢采用集散思维方式，充分发挥职能部门调研作用，强化部门调研工作。要求相关单位、职能部门要针对生产、技改等方面的重大问题、专业技术问题及市场情况等，在决策前进行认真仔细的调查研究，形成书面报告。公司决策层以各部门决策为基础，进行协调和沟通。

TMT职能上延。另一方面水钢不会因为企业高层的人事变化而变化，保持决策的一贯性、延续性，这种结合历史的做法实质上积累起很大的TMT团队智慧。

TMT职能外延。跳出水钢看水钢；寻求科学的定位；按市场规律处理各种关系、利益和问题；主动"借脑"、"引智"，使决策缜密、科学。

这种虚拟的规模扩大的方式使水钢TMT更具备竞争性行动的隐蔽性和战术性（而非战略性）。进一步来说，这种形式的TMT规模扩大比起原来小的TMT来，对于竞争性挑战的反应要少一些。这些发现说明了大规模的TMT更有可能只是在战略中增加一些变化，而在行动中比小规模的TMT速度更慢。

2. 经验与认知

TMT成员的经验水平和受教育的水平与公司总体的知识和技术能力紧密联系。

经验惯性。对于弱势企业的TMT来说，自身丰富的经验或者借助于别人的经验两方面都很重要。经验能够弥补战略决策程序中常常发生的信息不详尽和遗漏。水钢"以少量投入盘活存量资产"的技改方法，本着"少投资、工期短、见效快、效益佳"的原则，瞄准制约生产经营的瓶颈和关键环节，实施了大量"短、平、快"改造，使生产经营迅速上水平。这种平衡配置，调整项目顺序是基于经验所产生的空间概念和行动惯性。

经验丰富的 TMT 不大可能对对手的竞争性挑战有所反应，也不会在同一行业中的其他同行产生反应后也附和反应（反应顺序）。他们更容易采取复杂的竞争性技能。比如水钢的"不跟风，不攀比，做能做的事"，这种决策路线体现了对竞争不反应的思想，以及对重大事项动态处理的复杂的决策技能。水钢上述 TMT 职能上延所具有的一贯性有助于经验的长期积累。

认知惯性。正规的教育与 TMT 的认知能力相关联，其正规教育水平除了 TMT 中较高学历成员以外，还有来自外部的科研机构和高等院校的专家，以此形成行外、行内、企业内的信息机制，为正确的决策提供依据。例如，水钢在方案的不断比较论证中，决策始终以效益为中心，一次比一次更合理，一次比一次更科学、有效率。该公司运用"集散思维"，多角度、多层次地进行缜密思考，制定不同预案，并根据新的情况不断完善或优选，最后实施最好的方案，形成了"不调查，不立项；不研究，不决策"的决策机制。利用外部智慧结合水钢实际又创造了新的智慧和文化。

3. TMT 的异质性

作为弱势企业在其持续发展过程中是实施阶段化推进，异质和同质性前后并用，是有"节奏"的。我们已经看到，在重大事项方面，TMT 的异质性决策战略因为多方参与，过程较长的原因，表面上对竞争的行为反应较慢，例如要理清发展阶段思路，理顺先后顺序，来分期分批治理发展的重大因素和环节；又比如通过"集散思维"，多角度、多层次反复论证，最后根据企业实际，让"淘汰落后"的国家产业政策实施"暂时搁浅"。

4. 启示

117

这种异质性决策也会在一次比一次更合理和科学以及更有效率的过程中产生信息惯性。在实施反应行动时，因为对竞争攻击采取不跟从政策，TMT 采取的反应行动更加不明显。但其同质性和具有惯性的实施战术和却令对手措手不及。例如，一旦阶段性决策制定，实施程序已经设计好，只要瞄准制约生产经营的瓶颈和关键环节，进行填平补齐，新的生产经营模式和技术优势就会以"短平快"的形态出现。用 4000 万元一下子盘活了 8000 多万元的 650 开坯设备，重新投资的话要 2 亿 –3 亿元。

水钢的弱势企业持续发展的战略动力构造如下图 5。

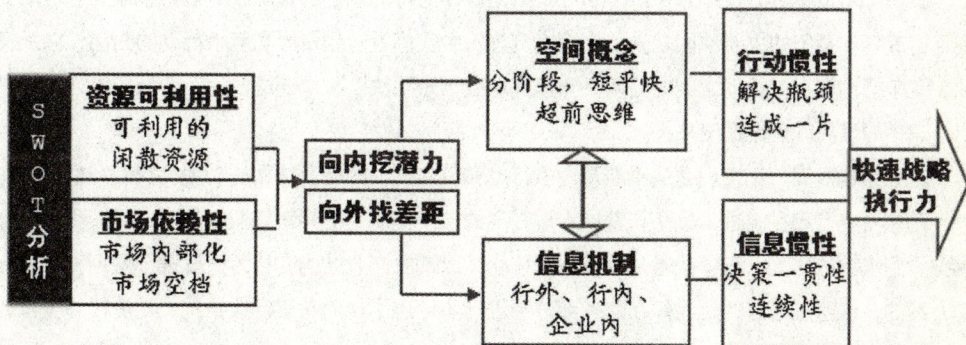

图 5. 水钢内部产品资源整合和外部市场认知的动力结构

□　竞争动态问题

情报理论为竞争行动提供了一个完全合理的解释：那些拥有信息的竞争者会是最有意识、动机和能力去反应的。博弈论基本上也是以决策者的合理处理信息的能力为基础的。分析水钢案例，我们看到水钢（不）竞争行为两个主导功能：信息主导和时机空间利用。

1. 竞争关系和业绩

以上，我们将注意力集中到竞争者行为的相互依赖、对重要的案例事实的解释以及（不）竞争行动的后果这三个方面。这些成果提高了我们对竞争行为以及这些行为和业绩之间关系的理解。

2. 启示

研究水钢案例的模式能够广泛地使用于各种各样的行业，这些行业内的竞争者执行着成百上千的竞争行动和反行动。经得住考验的发现包括以下几项：

公司规模和技术水平。首先，根据公司规模或者技术水平的特点而作出相应行动的假设找到有力的支持。举例来说，我们知道，大公司以及拥有相当数量闲散资源的公司的行动和反行动与弱势公司或是资源匮乏的公司是不一样的。这些发现提高了资源对于行动的重要性。重要的是，通过水钢案例分析，我们能够考察"为什么"大公司跟小公司的行为如此不同。但是我们有待进一步研究的是，有必要将大公司和小公司的行动与组织的业绩比较联系起来，就是盈利性和盈利增长率。

竞争和反应。其次，在竞争行动与反应行动之间有着明显的关系。比如说，在一个多元化的行业中，我们能看到弱势企业的"不形于外"的战术性行动和非激进性行动，这两种行动比起战略性行动或者本质上激进的行动来说，实质上能更快激发反应。相对而言，一方面，弱势公司这种战术性行动和非激进性行动能通过采取隐秘性的持续而长的行动序列来延迟强大对手的反应行动；另一方面，弱势公司上述的在延缓的异质性重大决策后很快转变为更具同质性的一连串的快速惯性实施。

资源。从该案例分析中还可以得到一个结论，作为行动基础的资源就是弱势企业反应行动受到延迟或者不竞争的主要原因之一。水钢案例分析中我们就看到资源和竞争行动的角色，以及资源、竞争行动和反应行动之间的关系。一旦资源以"短平快"和"连成一片"的低成本方式被激活，竞争的反应就会显露出来。

行业结构。另一个发现是关于涉及竞争行动和反应行动的行业结构的功能。我们观察到，竞争行动和反应行动在高进入壁垒和发展水平较高的市场里发生的频率较低。然而，尽管我们在分析中看到水钢的（不）竞争战略是以效益为核心，以钢铁产业结构变化为根据进行规划和制定行动方案的，这还是不够的。我们在财务部分更进一步论述了如何考察行业结构、竞争行为（行动和反行动）以及业绩三者之间整个的联系。

最后，案例中在竞争行动、反行动以及业绩之间发现了许多支持性的证据。举个例子，在行动／反行动的适时性和业绩之间，就存在着稳定的联系。不管公司在开始阶段如何"不竞争"，一旦采取重大的决策，公司的行动就要快。行动越快，延迟对方的反行动越多，业绩表现也就越好。

另外，有研究支持了这个思想：在许多场合下，行动侵略性和业绩之间存在着积极的关系。具有侵略性的公司比侵略性弱的公司的业绩表现更好。我们这里关于水钢案例的不竞争战略的分析跟这个结论不符。

水钢的产品盈利和市场利润增长率原理见下图6。

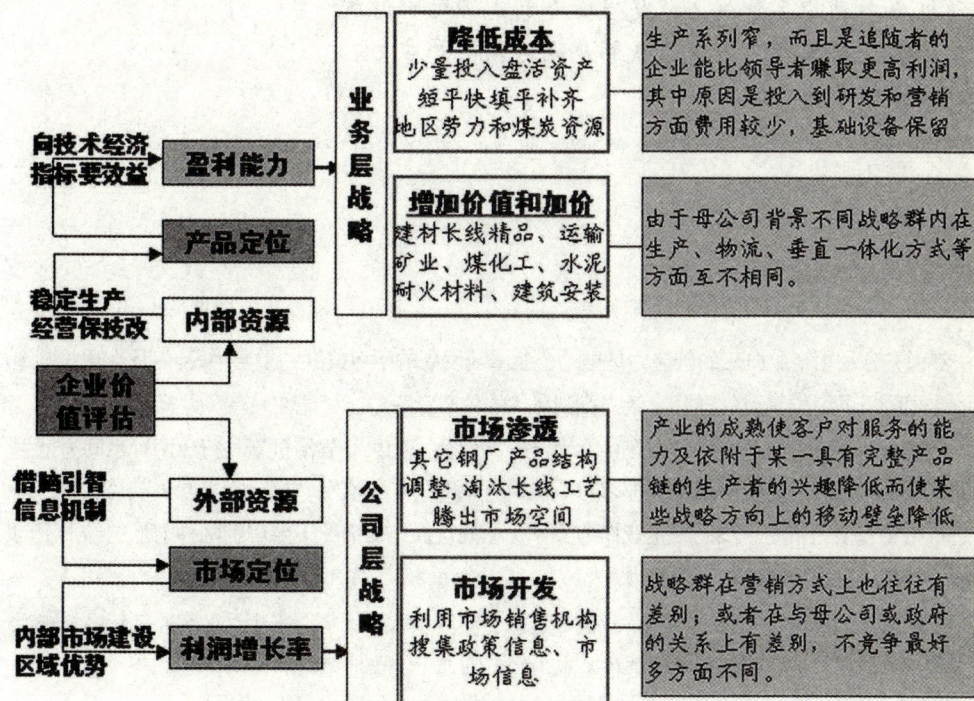

图 6. 水钢的产品盈利和市场利润增长率结构

119

第九章 公司治理[①]：
把苹果切开两瓣看看

Chapter 9

都说充分利用企业员工的创造力是推动企业重新发展
的不可或缺的重要手段。但是当这些创造力的水源流
干的时候又会怎样？又说去找到替代的核心竞争力。
可能性又有多大？

都说充分利用企业员工的创造力是推动企业重新发展的不可或缺的重要手段。但是当这些创造力的水源流干的时候又会怎样？又说去找到替代的核心竞争力。可能性又有多大?

120　　　在变化快速而复杂的高科技市场中，发展导向的公司如果能弄清创新与行政两种不同力量主导能否走着殊途同归的发展路径，那么对于认识有效的公司价值观、核心能力开拓以及能力开拓的整合将会有很大帮助。然而，企业作为整体，在混合操作的情况下要辨别两种力量主导下不同功能的效用，会产生度量方面的困难。

以苹果公司（简称苹果）为例，我们通过两个时间段大体上将原来相互冲突的创新力量跟行政力量分离，来分析经营过程中这两种基本力量分别处于主导地位时的公司状况。

· 其中一个时间段是作为创业者的乔布斯离开苹果的时期（简称：去乔布斯时代）；
· 另一个时间段是乔布斯任职于苹果的时期（简称：乔布斯时代）。

对这两个时期各自进行过的业务内容及其效果进行替代性比较，我们发现：发展性和非发展性是两个时期公司经营的基本区别。

1976年4月1日斯蒂夫·乔布斯和斯蒂夫·沃兹尼克创立苹果公司，并开发出Apple 1 电脑。1983年乔布斯力邀百事可乐的总裁约翰·司克雷担任苹果的CEO，为苹果开发市场，自己则退居幕后从事研发。一年后两人就闹翻。董事会站在司克雷一边，把乔布斯边缘化。早在这之前，沃兹尼克已经离开了公司。

人才流失的严重性体现在什么方面？在美国的新经济社会中，知识人才方面的智力资产占了整个 GDP 的 50%。

■ 替代性

□ 从战略原型看替代性

一战略模式的缺失不一定对其他战略模式造成长期不良影响。

我们最关心的情况是，在乔布斯这类创新型人才流失的情况下，高科技公司管理层能否用自己的科层组织方式进行替代，继续引导公司成长。

公司或许可以重新整合内部资源，或者通过外部技术市场交易的方式来替代失去的内部创新资源，以达到公司持续发展的目的。核心部分放在如何利用外部和内部的信息机制进行竞争分析和战略调整。这是公司战略原型的第一个层面——行政功能的层面，强调战略决策在整个战略过程中的角色与作用。

公司战略原型的第二个层面强调战略决策在引发战略的特定环节变化中的角色与作用。它关注公司在创新等个别环节变化中所扮演的战略角色，表现在"新生力量"的出现或者失去、管理变化以及组织发展。

我们实质上是研究公司战略原型两个层面上的组织行为能否相互替代问题。

这就是说，公司各种创新战略模式是可能在某种条件下独立变化的，某一模式（比如内部创新）的缺失可由其他模式（比如外部技术市场交易）替代，而不会对公司造成长期不良影响。

在分析战略原型的行政功能和创新功能这两个层面的相互可替代性时，为了在"绩效度量"方面进行有效的比较，我们给出三个替代性标准：公司价值效果的替代性、功能开拓的替代性以及拓展整合的替代性，来对乔布斯时代以及去乔布斯时代这两个时代中有代表性的经营活动进行"配对"比较，来观察它们的相互替代性效果如何。

1. 价值效果的替代性

去乔布斯时代。1985 年底乔布斯离开苹果。苹果能够找到替代乔布斯这种创新资源流失的方法是，于 1986-1987 年稀释股票及派息，实质上是为 1988 年开始密集收购进行资金筹措。1987 年 6 月 16 日，苹果第一次拆股为 2：1。1988-1989 年苹果陆续收购了 5 家科技公司。对不熟悉的多元化公司的收购要付出较高的价格。

乔布斯时代。从人才流失造成的公司价值损失，来看乔布斯这类创新人才的价值。其中乔布斯每一次因病或其他原因而暂时离开苹果之际，苹果的股价都会应声下跌。2008 年 6 月一次会议上当乔布斯以疲弱的体态出现在公众视野里头的时候，苹果的股票马上下跌了 23%。2011 年 8 月

121

20 日前后又传出乔布斯因健康退隐的消息，苹果的股价再次受挫。这类创新型人才急流勇退的难度在于市场对他的个人品牌崇拜凌驾于公司品牌价值之上。

2. 功能开拓的替代性

2.1 核心资源获取

去乔布斯时代。以司克雷为首的苹果于 1988 年 3 月至 1989 年 1 月进行 5 次密集收购的公司有软件公司 Network Innovation, Styleware, Nashoba System 和 Coral Software, 还有卫星通讯公司 Orion Network System，与网络、卫星通信、软件开发、网页制作工具和插件、视频、新闻事件编辑、娱乐、音乐、运动、科技等业务有关。

乔布斯时代。1986 年乔布斯创立 Pixar 和 NeXTstep 两家公司。多年来它们"潜伏"在苹果外部。乔布斯的战略意图中应该一直是把 Pixar 和 NeXTstep 当作苹果整体的一部分来看待，这两家公司跟苹果公司有很强的关联性，这是为什么 Pixar 和 NeXTstep 于 1996 年与乔布斯一道归入苹果后能很快成功整合并做出具有历史性意义的成果的原因。

Pixar 专门研究视觉效果。而具有未来派风格的 NeXT 公司的操作系统 NeXTstep 的技术源于 UNIX，最终用来开发出苹果的 Mac OS X 操作系统，并且为个人电脑引进了具有历史意义的网络概念：World Wide Web。这两家公司具有苹果的"子公司特定所有权优势"，为苹果将来发展带来了更宽广的跨行业视野和附加先动优势。

2.2 营销网络

去乔布斯时代。1987 年，苹果第一次的网上域名 Apple.com，是第一个 100 家公司在初生的互联网注册 .com 公司之一。

但是在实体店零售方面，像希尔斯 Sears 和 CompUSA 这样的苹果的经销商常常销售不佳，甚至连 Mac 电脑的展示都做不好，问题混乱成堆。虽然比起只有个"骨架"的其他 PC 来，苹果 PC 配置的性价比好得多。然而差劲的销售员没有理解这一点，反而给顾客印象是苹果 PC 较贵。对受欢迎的型号的需求估计不足，而过高估计了其他不受欢迎的型号的需求，结果造成库存积压。

乔布斯时代。1999 年 11 月 10 日，苹果公司导入了网上零售商店 Apple Store，其技术基础是 WebObjects 应用伺服器。该技术就是从收购乔布斯的 NeXT 公司中得到的。这个新的直销渠道也跟定制战略联系起来。2001 年 5 月开始，先在美国各地开设直销店，之后苹果宣告一系列的苹果零售店开张，通过在全世界重要城市的高档购物街区开设自己的零售店，苹果已经扩大和改善了它的流通能力和加强了顾客体验。

2.3 移动性

去乔布斯时代。 1991 年苹果的 PowerBook，是里程碑式的产品，确立了手提电脑的现代形态和人体工学的版面设计。广受欢迎的产品和不断增加的收益曾给了苹果一段好时光。MacAddict 杂志称 1989 年到 1991 年是 Macintosh 的"第一个黄金岁月"。然而没有在 PowerBook 方面进行拓展，而是将战略重点放在了跟 IBM 的竞争方面，不断开发出 Mac 系列。这个时代的苹果没有跳出 PC 的疆界。

乔布斯时代。1999 年，苹果把 iBook 公布于众，它是苹果的第一台消费者导向的手提电脑，也是苹果第一台通过任选的 AirPort 卡来使用无线局域网的 Macintosh 机。苹果还跨出了电脑领域，电子数码产品家族系列不仅仅包括 iPod 和 iTunes，还有 iMac、iLife、iPhone、iPad 和现在的 iCloud。这些电子产品就像把个人电脑切割成一小块一小块，更便于携带。

3. 功能整合的替代性

去乔布斯时代。1985-1997，司克雷，Spindler 和 Amelio 主导期间。原来乔布斯创造的模型 Mac 延伸成为产品家族。在 1986 年至 1990 年间演进为 Mac Plus，Mac SE、Mac II 以及 Mac Classic 和 Mac LC。1991 年的 PowerBook 是里程碑式的产品。

20 世纪 90 年代初期对于来自 IBM 个人电脑的威胁，苹果的反应是制定差异化战略，开发出丰富多样的 Mac 系列，包括：Quadra, Centris 以及 Performa。不幸的是，这些新系列销售情况很糟糕，当时业内人士认为"足以证明（苹果）是行业内管理最糟糕的公司之一"。证据之一是大多型号，在它们的技术规范里头等级差别非常微小。过多随意的型号把很多消费者搞得头晕脑胀，也伤害了苹果公司的简易化方面的品牌声誉。

这样，产品品牌成了名字。所有产品用途组合和品牌形象没有形成明显的协同效应。

乔布斯时代。苹果现在的产品家族 i 系列中，尽管围绕着 iPod 进行了实质性的营销投入，然而苹果依然不去建立独立于"苹果"之外的"i"品牌。"i"前缀仅用于消费者产品，而且还不是大部分，还有：Mac Mini、MacBook、Apple TV、Airport Extreme、Safari、QuickTime 以及 Mighty Mouse。

4. 启示

自从 1997 年乔布斯回归苹果后，自主创新驱动跨行业发展，是发展性的。而处于奄奄一息的去乔布斯时代的苹果业务因应电脑行业内的竞争作出被动反应，是非发展性的。

■ 替代差别

□ 非发展性企业丛生群

非发展性决策往往出自两种动因，实用主义的误导和时间上的压力。

非发展性决策着重在战略原型的第一个层面，关注所在行业中的竞争关系以及运用信息机制。这是去乔布斯时代苹果具有的战略特征。

去乔布斯时代的苹果在战略原型第二个层面上的内生创新力较弱，因而转向关注同行怎样做。

1. 公司价值

资金筹措和连续收购的结果是稀释了股东价值。频繁开发产品导致市场失败。这些都积累起大量的"隐形"冗余资产，而又缺乏处理它们的有效程序。这是 1996 年苹果很快接近"死亡"边缘的原因。这也是 1996 年乔布斯回归苹果后实行收缩重组的原因。

2. 功能开拓

信息开拓。在行内急速变化的技术竞争环境中，对竞争市场作出最快捷的反应方法是互相仿冒或者"借用"，比如通过收购。如此反复，形成地域性（比如北美或者硅谷）"企业丛生群"。同质性信息在企业丛生群内形成反复循环传播和利用。久而久之，企业逐渐习惯于丛生群内的"行规"。但是对于丛生群外部的社会、人、产业环境就缺乏认识。

核心竞争力。在"企业丛生群"内频繁的相互作用中，企业产生一种错觉，以为行业的市场正处于急速成长期。时间和空间的压迫使苹果 1988-1989 年连续收购五家多元化企业，1990-1991 年密集推出 Mac 系列。这些举措存在核心竞争力资源整合的困难，导致用产品开发来代替产品创新。

3. 功能整合

协同性。90 年代初期苹果开发出里程碑式的创新产品 PowerBook，却又推出密集而糟糕的 Mac 系列。从公司层面看，业务间的协同性低，即业务（PowerBook 业务和 Mac 业务）间的核心竞争力的传递性低；从业务层面看，Mac 系列相关性过高而产生较高的相互依赖性，公司的创新性就受到这种依赖性的限制。创新性业务和依赖性业务之间失去协同，经营风险也就增加。公司为规避风险而减少技术革新，以求得在一个信息更加明确而相互依赖性更强的企业丛生群（竞争）环境内进行运营。这样就限制了公司协同效应所带来的潜在利益。协同能力弱的企业，变化适应能力低，创新范围也窄。

适应性关系。去乔布斯时代的苹果由于长期对类似业务熟悉而对行业内、企业间和企业内各职能层面间的关系具有适应性，如收购、竞争和产品开发。但是围绕人与人之间和群体之间社会化的适应性关系建立不起来；对于行业之间关系等外部环境缺乏认识。比如，频繁的系列开发局限于行业内，分销渠道也没有产生有效的顾客体验和认知，反而造成了顾客心智混乱，产品品牌之间也因此起不到相互支持的杠杆作用。

品牌结构。苹果的商标目录反映出过去的混乱，这不利于苹果品牌的强化。自从 1984 年 1 月以来，主导的次级品牌一直是 Apple Mac。而让微软用户更容易接受的中立性品牌是 MobileMe, QuickTime, Bonjour 和 Safari。还有其他的品牌更多地用于专业人士市场，例如：Aperture，Final Cut 家族和 Xserve。

4. 启示

尽管产品创新能驱动技术型公司增长，但建立在各个产品基础上的子品牌（资产）有时对公司大品牌（资产）是一种损害。产品开发和品牌开发是两件不同的事。当公司将不同的品名用于快速增加的新产品时，品牌组合就会混乱起来，消费者将不知所措。

能够为未来提供多层面"结构图"的品牌战略比起一流技术产品还来得重要。一流技术产品优势不可能长久维持，于是要不断开发新产品。但是成功的品牌随着时间推移会变得越来越强大，它能提供一种稳定性，在股票市场上增加公司价值。

□ 发展性产业丛生群

发展性决策要求寻找那些缺乏先例的新行业或是新的行业实践活动，强调战略决策在战略原型第二个层面上的作用，关注"新生力量"的出现、管理变化以及组织发展。

价值观和文化是"新生力量"的催化剂，给创新以"想象的空间"，体现了战略处于不断思考的状态。

乔布斯离开苹果公司时，他象征性地留下苹果公司一股份；他继续从事受到苹果限制的创新性业务；他没有投靠苹果的竞争者，而选择了自立门户。这些举动实质上蕴含着三个观念：

首先，对亲手创立的苹果的愿景没有泯灭，是值得付出一切的"注定的价值观"。

其次，表现一种与时俱进，不断开拓新领域的"开拓性功能"。

最后，进行独特而不受制于他人的业务拓展功能的整合，来确定长期性发展的竞争优势。它传达的是一种"指导性拓展整合"。

125

1. 注定的价值观

乔布斯时代的智力资源是关于人和观念。公司价值很大部分体现在以他为代表的公司内生的智力资产。乔布斯这类企业家的价值观和经营业绩对市场有着非常强大的影响力。

乔布斯无惧行内定下的规则和标准，对"遵循"行为有一种强烈的抗拒。这种精神贯穿于苹果的 1984、1985、1994 年和 1999 年苹果的广告思想里面。

广告大胆运用品牌原型模型：美与丑、善与恶、光明与黑暗、快乐与忧伤，等等，对"阴暗面"进行批判，在跨文化的集体无意识（共识）中激起消费者对"服从"的不满，鼓励消费者个性解放，重新认识自己的归属。这种宣传是要打破消费市场追随微软和 IBM 的局面。

在品牌原型基础上，不同的顾客心智产生各自的苹果品牌个性和个人品牌，来形成品牌价值。参看图 3。

2. 开拓性功能

信息开拓。苹果的直销店扩展到全球；跨行业的移动设备跟终端顾客贴身距离接触。这样，信息内容和流通能力大大加强，跟终端顾客的综合生活方式更接近。

核心竞争力。苹果获取的核心资源（如收购乔布斯的子公司）跟市场竞争优势直接关联。历史意义的 www.com 网络概念、网上零售店 Apple Store 以及跨行业多平台共享系统的核心技术均来自乔布斯的 NeXT 公司的 Mac OS X 操作系统。

3. 指导性拓展整合

协同性。运用 Mac OS X 系统中的 OPENSTEP 多平台的指导性作用，把苹果的电脑与移动电子产品有机地整合起来。这些移动装置包括 Apple iPod、个人数码助理、手机、数码录像和照相机，以及其他电子装置。其他跨行业的子品牌也有机地联结了起来。

系统整合源自 Apple 和 Macintosh 电脑市场，然后进入到电子数码的消费者市场。而 iPhone 和 iPad 这类电子产品的巨大成功反过来吸引更多的专业用户和普通消费者光顾 Mac 电脑产品（微软电脑销售因此而大幅下降）。封闭式循环的 OPENSTEP 多平台系统给 Mac 带来触屏手势控制，而这都是 iPad 和 iPod 用户已经掌握了的。使跨行业品牌协同效应进一步延伸。

适应性关系。创新能力更多的是依靠创新者预先发现日常性小玩意 (如 iPod) 的能力，这些发现来自创新者在人与人、人与群体，包括企业内外的灵感提示者和消费先见者之间的适应性关系。只有在这种个别人之间进行有效互动，才会使决策的制定富于创造性和指导性。

企业要变成众望所归的科技行业领袖，除了其强势品牌外，预先发现的能力是关键。这种能力靠的不是用脑而是用心。然而，如果创新点子在酝酿期不能有所进展的话，这种"预先发现"的想法往往将决策制定者引入歧路，可能因此而不断修改当初的主张，离开原来的意图越来越远。要避免以上情况出现，在研发的过程中，创新者的实施指导力至关重要，这是对继续还是停止实施作出指导。

指导性系统拓展的整合。但是对于公司日常性小玩意创新而言，一方面其有关内容的学习难度往往成了研发的绊脚石；另一方面，在克服了学习难度，研发取得了进展的情况下，随着公司的不断发展，所谓的日常性小玩意已经升级而具有形成体系的可能性的情况下，公司必须在体系的层面上，而不能停留在原来的个别而凌乱的小玩意阶段进行整合。

也就是说，公司不仅仅需要建立人与人之间以及群体之间的适应性关系，来捕获创造小玩意的灵感，还要建立企业内各个战略层面间、企业间以及行业间的适应性关系，来对不断扩大的创新体系进行主导性整合。只有这样公司才能明确，原来的（苹果）大品牌随着创新系统的扩展如何能够一直起着主导作用，即如何能够在企业和行业层面发挥主导作用，以及对最终结果会产生何种影响。参考图 1。

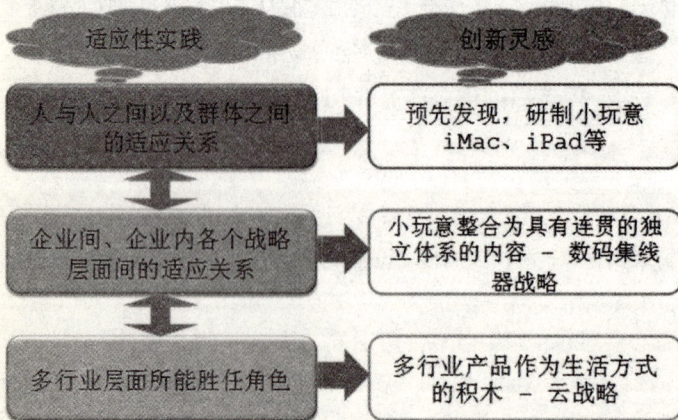

图 1. 企业在不同层面适应中的创新和整合

从下面两个例子能看到乔布斯时代苹果是如何孕育"预先发现"的创新力量以及形成以苹果为核心的跨业界"产业丛生群"的。

第一个例子是，流行的民间传说描述"Lisa"是乔布斯的"第一个女儿"；1983年苹果能够克隆出 Xerox 公司的具有 GUI 界面的电脑，是用一百万美元初上市股票换取三天观摩 PARC 设施的条件下开发出来的。

Lisa 机由独立的跨行业团队进行研发，但是 LISA 的开发不是一天就能搞好那么容易。有关内容的学习难度将研发"引入了歧路"。"Lisa"在概念上还是成功的，于是就加大投入，结果太贵了，打不开市场。

第二个例子是，iPod 的最初创意点子来自独立承包商托尼·费德尔。乔布斯请费德尔成立一个开发小组，由苹果、飞利浦、IDEO、General Magic 和 Connecttixand 网络电视等不同行业的多家公司组成。费德尔用 8 个星期完成产品开发方案后，苹果组织了一个更大而隐秘的产品开发落地联盟。整个设计流程的管理由苹果公司执掌，其中关键的软件与用户界面也由苹果公司主导。整个流程仅用了 6 个月，新产品就问世了。[①]

从上述例子中我们看到，往往具有这种预先发现的能力的"内生创新力量"担负着"推介人"（如乔布斯）的角色，它首先从人与人相互适应性关系中产生创意点子。这种适应性关系一方面是由外部专家力量提供"灵感"，另一方面由内部创新力量对"灵感"进行识别和推介。然后进一步推动企业间和行业间建立起相互适应性关系，这种适应性关系按照主导单位（如苹果）的体系规划有序地拉动创新项目"旋转"。

127

这样，当初来自不同行业的零碎的点子、人和分散的合作企业和部门单位由苹果来进行整合，成为一个越来越大的创新独立体系。

新产品的灵感和点子实质上来自顾客和外部专家，而不是苹果公司自己。技术型公司必须保持与外部专家或专业使用者之间的关系。以他们为媒介来介绍产品和吸引不熟悉技术产品的一般顾客。对于像苹果这样的 B2B 和 B2C 科技公司来说，只有在适应性互动中才会察觉客户的心理轨迹，才会知道客户在哪里，并且有利于与企业顾客建立长久的关系，来带动消费者市场。重要的是，所有这些关系互动都是依靠作为平台的"苹果"这个强势品牌主导，而不是依靠重新推出新产品品牌。

以创新为动力的发展性决策指导作用下，不同层面的适应性互动能够产生以（苹果）品牌为中心的跨业界"产业丛生群"的"惯性涡流"。

品牌结构整合。乔布斯回归苹果后，产品品牌混乱的状况得到了改善。苹果在 2006 年对 iMac G5 电脑进行促销的时候就用了一句口号："从 iPod 的创造者开始。"这表明，苹果是要理清"i"品牌系列的电脑和电子产品的来龙去脉和归属，苹果品牌要进入品牌交叉强化的建设程序。

OPENSTEP 多平台共享技术使很难整合的跨行业非相关多元化的产品概念能够转换为跨行业同心多元化的品牌概念，圆心是"生活概念"，使苹果从 PC 业务进入到电子数码的消费者市场，而然后又回到 PC 市场。这样，不同业务间的核心竞争力通过多平台共享产生协同效应，带动了市场的交叉拓展，使产品交叉传播整合为基于生活概念的品牌拓展。

---

① 摘自：任浩，战略管理－现代的观点，P296

iPod、iTunes、iPhone 还有现在的 iPad 等子品牌延伸和强化了"苹果"大品牌个性。与此同时，这些品牌系列在消费者生活概念中形成了以前还没有过的高度关联性和吸引力。

苹果市场战略的下一步骤是建造和完善 Apple iCloud 云系统，它为顾客提供的分享内容超越他们手头的硬件设备，使苹果能够将品牌体验远远延伸到个人原来使用的产品范围之外，形成"外部一体化"的封闭形式。参看图 2。

4. 启示

乔布斯时代的发展性战略是跨行业外部一体化，而非单纯的外部交易与竞争关系。公司把重点放在了价值链关系补强方面。结果是每个苹果的核心产品（比如 iPod）周边衍生拥有苹果特许商标使用权的跨行业"产业丛生群"，配套产品多达数百种。这种相互带动销售的外围"产业丛生"业态形成扩大的以苹果品牌为中心的循环封闭系统，加速苹果品牌影响力的扩散和强化。

一方面，大品牌和各次级品牌系统的层次适应性具有特定顾客心智内涵，形成企业客户和消费者个体特定的品牌凝聚力；另一方面，"苹果"大品牌和各次级品牌本身具有苹果品牌原型的共同顾客心智。

128

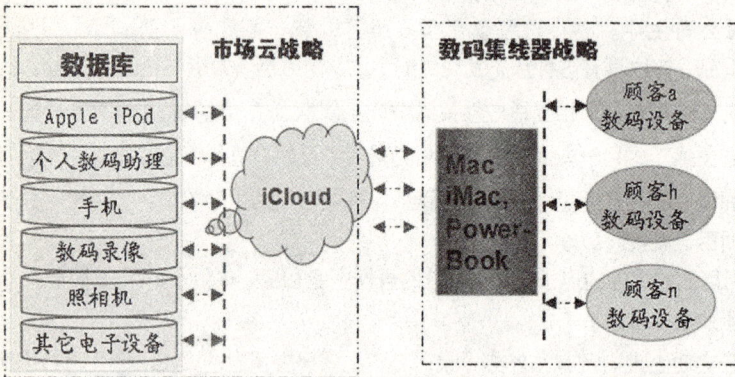

图 2. 产业丛生群概念 – 封闭性原则

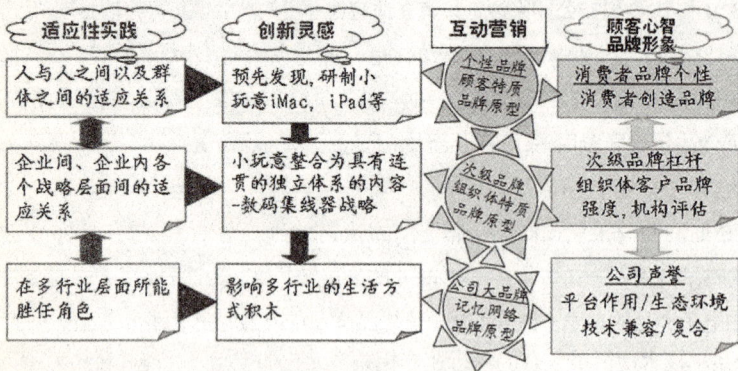

图 3. 基于顾客心智的品牌价值强化图式

比如，苹果的运营商客户是音乐、娱乐、旅游、酒店、饮食网站、新闻网站的运营商、俱乐部等。它们本身作为苹果次级品牌的人气聚集着特定的顾客心智，而它们同时起到强化"苹果"大品牌的杠杆作用，对于提高苹果大品牌的价值至关重要。参看图 3。

第十章　公司治理[①]：
代理关系和文化
Chapter 10

从每种主张中得到好处，而又使每种主张的负面效果最小化。那么这两种主张模式的融合将是解决公司治理的有效路径。

在公司治理问题上，如果能够理解股东价值至上的所有权控制与文化转变的管理控制之间如何能够取长补短，对于改善公司价值将很有帮助。

从金融经济学角度看公司治理，提供资本的股东是承担多数风险的"剩余索取者"，应获得最大的回报。股东价值至上是资本市场对经理人的基本约束条件。经理人的最终绩效记分根据当期股价。企业绩效理论则更关注股东价值以外的内部管理问题。公司战略家应能在股价剧烈下跌和财务结果的整个问题暴露很早之前就能辨别那些将导致不良财务结果的转化因素：战略劣势和代理成本。通过有效的文化改变，来解决组织行为中经理人的效率问题。这两种治理主张都从合理的观点来解释股东所有权跟经理人内部控制权分离所造成的管理效率低下和败德行为。每一种主张都推动着管理层要取得某些目标，但是每种主张都有成本，而且常常是意识不到的。为了从每种主张中得到好处，而又使每种主张的负面效果最小化，我们尝试把它们放到战略管理的主要框架中进行比较分析：

- ·治理领导力
- ·治理重点
- ·治理计划
- ·治理执行力

■ 案例部分

□ 股东价值模式

股东价值模式的目的是创造公司价值。它的重点是结构和系统的有效性。它受到来自上层的驱动力，包括财政刺激的帮助。改变是有计划和安排的。

案例1[1]

Phillip整个任期内都在拼命地改善Scott公司在工厂层面的作业效率，并且努力去跟工会合作。20世纪80年代，公司也以减低成本为目标进行了裁员。与此同时，公司投资了新的造纸机器。另外，通过收购几个国外子公司，形成全球性组织体的模样，试图以此来稳固其全球的地位。尽管这些努力产生偶然的财政上的突发情况，也尽管Phillip知道经营需要产生经济增值（EVA），向股东提供的回报要超出资本成本才行，但是无济于事。公司给股东的回报率依然很低，而且低于资本成本。通过更长一段时间，Scott已经毁掉了自己大量的财富。

案例的下半部是：

Dunlap接替Phillip，担任Scott的CEO后，处理业务的手段跟Phillip有很大不同。他马上在管理和作业层面裁员11000人。他裁掉了公司上层管理团队的很多成员。这些步骤开始不久，Dunlap卖掉了几项业务，暂时保留了消费产品的核心业务。他把Scott总部从以往悠久的公司大楼搬进了靠近他家乡佛罗里达州一栋小得多的大楼里。

他保留的干部以及新招收的干部，都传播着他的管理哲学：股东价值是公司致力于达成的唯一目标。为了使干部们能真诚地把焦点聚集在股东利益上，他运用了财政激励，主要是认股权。Dunlap自己的整套报酬计划也紧紧地跟股东利益挂钩。

Dunlap的行动恢复了Scott的收益性。但是作为产能过剩的行业中的独立企业，它的长期生存能力仍然是不确定的。最后，Dunlap戏剧性地将Scott卖给了Kimberly-Clark，一直以来的竞争对手。虽然不再作为一家独立企业而存在，但从股东的观点来看结果是极好的。仅仅13个月Dunlap已经设法为全体股东增加了200%的回报，不但使股东，还使众多员工（包括他自己本人和很多被他解雇的高层管理）都富了起来，他们从股权得到的股票价值急剧增加了。财界为这些做法拍手称好，把Scott的故事看作是改善股东回报的成功例子。

□ 文化转变模式

研究文化转变模式是关于企业如何做出组织行为方面有效的转变，如何开发组织体中人力资源的战略实施能力和实施后的学习能力。

---

[1] 部分内容摘自哈佛教授Michael Beer和Nitin Nohria（2001）给出的案例

案例 2[①]

为了应付不良业绩、10 年来跟工会的敌对关系以及漫长而耗费的工厂罢工，Champion 公司的 CEO Andrew Sigler 在 1981 年开始了组织改变的工作。其方案是从根本上修正企业文化和管理层、工会以及工人的行为。Andrew 召集了上层的干部去开发新的 Champion 公司愿景，称作 "Champion 路线"。"Champion 路线" 阐述了公司的愿景和价值观，以及公司跟股东建立关系的方式。关键的价值观包括全员参与公司改进活动，平等对待工人，支持工厂周边的社区，以及公司内事务开诚布公。

跟其他公司的愿景阐述不相像，"Champion 路线" 没有保持对管理层的惰性进行提醒，并要求他们做到言行一致。

接下来的数年，Champion 在几位非常出色的组织开发技术顾问的帮助下，运用一种称为社会技术再造的高度参与方法，这些有效计划我们已经见识了几十年了。为了支持这些改变，Champion 通过协作机制来改善跟工会的关系，对所有公司职能的组织和管理进行再改造，其中包括研发。到 1990 年初期，公司以顾客为焦点，构造出功能矩阵。薪酬体系跟文化改变的目标一致：在所有生产单位建立起以技能为基础的薪酬体系，来鼓励员工学习多种技能。公司全方位导入了分享成果的计划，把工会工人和管理层结合成模式化的目标共同体。

通过了 10 年的改变，没有发生解雇现象，充其量是在工厂和公司的很多管理者不符合新的理念情况下，把他们的岗位调换而已。

至 1997 年为止，员工调查和生产型数据显示，Champion 已经取得了文化的转换，跟 "Champion 路线" 接上了轨。尽管如此，新任 CEO Richard Olson 面对一种令人不安的现实。虽然，公司在困难时期生存下来，而且若干关键指标显示，业绩也改善了 (如生产量和质量等)。然而股东们并没有看到公司价值有很大的增长。Champion 的股价不仅没有跟得上标准普尔 500 强的指数，而且跟不上行业内的公司的增长。

确实，Champion 公司在 2000 年初就被收购了。

以下从领导力、重点、计划和执行力方面的战略观点来考察股东价值方法和文化转变方法有关的公司治理问题。参看表 1。

表 1. 股东价值方法和文化转变方法要素对比

目的和方法	股东价值方法	文化转变方法
领导力	自上而下	参与型的
重点	系统	文化
计划	设定方案	偶发性应变
执行力	薪酬引导	薪酬滞后

---

① 部分内容摘自哈佛教授 Michael Beer 和 Nitin Nohria（2001）的案例

■ 分析部分

□ 公司治理中的领导力

公司应该是适合股东价值的载体；公司也是人力资本的平台。基于股东价值的适当有效的权力下放、绩效评估和薪酬激励构成公司治理权控制的三大支柱。

从长期来看，资本和人对公司的成功都是至关重要的，没必要互相排斥。但投资者和代理人各自的要求往往找不到同时符合双方利益的共同点。

1. 自上而下的关系治理

案例1中 Phillip 和 Dunlap 都强调履行股东价值至上这种自上而下的治理思想。两人在经营不善的情况下采取不同的做法：收购扩张或者收缩。但 Phillip 不具备逆转劣势的能力，收购扩张导致经营状况恶化而不可收拾。Dunlap 卖掉 Scott 来使股东价值最大化，但他终止了公司的持续发展。

股东价值模式下，公司治理多数聚焦于股东、董事会和高层管理者之间的关系，但常常认识不到股东和管理者的关系质量，以及上层跟下层管理者的关系质量。

股价和每股收益（EPS）升跌，而不是产品销售，成为股东判断公司输赢，以及评估经理人绩效好坏的标准。

于是经理人致力于增加"制造"收益报告的能力。比如,购买那些具有市盈率(P/E) 较低的公司，运用换股的会计技巧来自动放大报告中的 EPS。这种做法很少能为公司带来增值，但是收益报告能忽悠外部股东。

经理人习惯于把股东资本看作是"免费"的。经理人运用折现现金流分析来设定资本预算目标，通过获得利润数据来与投资者谈判，以便获取更高的资本和薪酬。这种由薪酬引导的做法导致了一种公开对资本的内部竞争，是政治性的竞争。

经理人不会授权给部门经理，部门经理没有权利去了解实现利润所需的全面投资信息，感到自己的角色只是为上级打工。

2. 自下而上的参与

实际上，高层管理能够交出显示平稳上升的年度收益报告数据，也"归功"于各下属部门经理。部门经理对本部门的业务前景比总部人员了解更多。他们能通过交叉补贴来转移收益或者亏损。盈利部门的剩余现金转向没有前景的部门或收购业务，对优良业务则投资不足。经理人失去创造更多利润的积极性。因为他们的年度奖金设有上限，是基本工资的一个小比例。较好的业绩只会招来更高的任务指标。另外，在滋生"政治化"的环境中，善于钻营的部门经理能够得到的资本太多，不谙此道的同事则得到的资本太少。

多元化集团企业正被那些专业化的"部门级"中小型竞争者从容地分割并取而代之。"部门级"竞争成为管理扁平化的驱动力。为提高公司绩效，激发各部门的竞争力，决策权下放到那些与公司经营和市场竞争更接近的部门管理者和员工手上。公司最终会发现，放权后各部门经济价值相加大于原来公司总体经济价值。

案例 2 中，Champion 的文化变革要求每一个参与者都要服从于 CEO 所设定的愿景和价值标准。实际上不是自下而上。如果触及 CEO 自身利益，他有可能成为自己提倡的文化变革的抵制者，那么是否应撤换？但是，整个过程公司没有对管理层施加一点压力。

Champion 的绩效评估指标是依据功能矩阵模式下各部门的"产品质量回报率"和"生产能力"。绩效薪酬单纯跟技能培训和技能数量挂钩。工会工人和管理层结成模式化分享成果的计划，以及由经理人来确定公司跟股东的关系方式。这些措施只能有助于企业生存，而无助于公司经济增值（EVA）和持续发展。因为忽视了股东价值，也就忽视了每个职位与股东资本成本的联系，经济增值也就无从谈起。隐性资本成本累积在不知不觉间能让公司突然垮掉。

3. 启示

结合上述自上而下和自下而上实践中各自存在的问题，可以认为：基于股东价值的适当有效的权力下放、绩效评估和薪酬激励构成公司治理权控制的三个支柱。

□　公司治理重点

跟股东价值最大化的公司治理观点不同，股东价值适当化的观点是融入了公司文化元素，认为公司上下应该对更广泛的社会利益负责任。这种观点产生了公司业绩的新的测度规则。

这部分实际上是进一步分析上述"启示"中关于权力下放、绩效评估和（薪酬）激励问题。

1. 系统

在股东价值方法中，公司治理重点是系统。案例 1 的 Phillip 运用扩张的系统模式；Dunlap 运用收缩的系统模式。

J/M 管理模式。该代理理论指出：作为所有者的企业管理者会制定财富最大化战略，其相应的手段是和其他经理人缔约，并将资源分配给后者。

案例 1 中 Dunlap 拥有大量的股权，是所有者；又是经理人，有处置资源的控制权。Dunlap 戏剧性地卖掉公司资产来取得股东价值最大化，自己也获得很大的收益。这反映出一般股东对企业的短期性态度。他们重视股票表现，喜欢投机但注意分散投资，不像重大股东那样还会关心企业的长期性机会。

Amihud-Lev 的代理理论。根据广为应用的 Amihud-Lev 的理论：在没有受到大股东制约的情况下，经理人会通过（非相关）多元化的并购措施来分散自己的风险。Phillip 长期以来明知 EVA 处于低迷状况，仍然进行设备投资和收购，很难说他的管理控制动机是股东价值导向，而不是薪酬引导。不管收购产生经济增值还是贬值，收购能使公司的规模变大，能分散股东所有权，

133

增加控制难度；经理人的控制权就相对增强，职位就越稳固，从收购中获得当年的红利和股权也增加很多。

这里围绕股东价值最大化叙述了产权结构、代理人关系等问题，然而未涉及代理人的道德风险问题。

2. 公司文化

案例2中，利益各方长期以来在不断的罢工和调解的博弈中，形成阶段性均衡，以及受制于无法控制的公司外部的社会制度变迁。公司治理的重点是组织文化变革，来改善历史性敌对的劳资关系造成的长期耗费以及不良业绩。但是，因为股东价值观念缺失，尽管产量和质量都上去了，这种文化变革没能使股东价值增长。

3. 系统与文化

公司治理中，股东价值适当化的观点是除资本外，还考虑人。

绩效评估要超越单纯股东价值EPS和净资产收益率（ROE）的传统会计标准，引入"经济增值"（EVA）的概念。当然，会计指标仍具有很高的信息价值。

资本成本。EVA是指经过调整的税后经营利润减去权益资本的机会成本后的余额。由于这种机会成本通常被传统会计和经营者忽视，而大大低估了企业的经营成本，似乎权益资本是可以无偿使用的。结果无法保障股东权益，获取合理回报。

激励机制。人力资源投资并不能在传统的财务报表上得到充分与合理的反映。而EVA能够如实、准确地记录用于招聘、培训、保留关键成员和劳资关系等方面的开支，至少从内部管理角度来看这些开支是一种资产投资，它们不再是用于充抵现期的费用，而是在预期员工发挥生产效率期间予以摊销。成功的关键在于建立成员业绩与EVA改善挂钩的管理模式和激励机制，能激发成员的创造性，克服败德行为，培养优秀的团队精神。

4. 启示

EVA的应用仍存在难以解决的问题。

· 经理人可以通过推延确认资本成本等人为手段来夸大经营业绩。

· 在实践中权益资本及其成本难以确定，因而也会影响EVA的有效性。

内部监管。认知能力和经验存在于生产线上有经验的管理者和员工头脑中。公司的决策权下放使他们受到高度激励，目标更明确。他们能够发现并报告那些由于慵懒和败德行为造成的内部程序混乱、忽视权益资本成本和资本操作成本等有关问题。在确定资产组合和风险控制的经济资本总量后，他们能够将其分配到各业务部门中去，引导和优化资源配置，使EVA不断改善。

外部监管。引入外部社会人组成咨询董事会，就业务范围和广泛的社会经济问题向公司高层提建议。外部人具有多渠道信息，更容易监督企业活动。只有这样，管理者、董事会和大股东之间就不完善或有问题的内部程序、人员，或外部事件所造成的法律、战略环境等风险管理流程方面，取得更开放和更合拍的沟通，来提高对EVA的社会价值的重视。

□　公司治理的计划性

所有权控制导向的战略计划制定很大程度上是一种虚构，实施过程中环境的变化使组织系统性的程度越来越低，越来越分散。如果组织体对环境突变没有高度适应能力，那么任何改进绩效的努力都是徒劳的。

1. 计划性方案

股东价值至上的公司治理理念强调股东、董事会和高层管理者之间三个层次的关系。它认为公司高层能够客观评估企业及其不确定的未来环境，运用折现现金流预算来设计出一种成功机会最大化的治理计划。治理计划具有结构性和系统性；财务结果出自一种因果关系的逻辑，与过程很少联系。

案例 1 中 Phillip 为提高生产效率和减低成本而裁员，却又同时进行购置设备和收购几家子公司；而 Dunlap 通过收缩公司规模来使公司恢复了盈利，却又停止经营，戏剧性般地把公司卖掉。这些做法显示，公司治理计划很大程度上是一种虚构：实际过程中组织系统性的程度越来越低而分散，计划制定和实施的区分也就越来越不明显，像是见一步走一步。

聚焦于设定治理计划方案的公司往往看不到其他更好的方法和机会。

2. 偶发性变化

产业结构变化（公司的核心资源和经营活动受到威胁）是偶然发生，难以掌握的。如产业规制解除、保护主义消退、断裂性技术革新、顾客需求和期望变化，等等。

135

3. 偶发性应变中的计划性

公司可能对结构性变化具有一种适应性潜力，就是一方面通过员工持续学习形成适应产业结构变化的整体理解能力，另一方面采取一系列逻辑渐进而又不（能）连续的计划性变革来适应这类偶发性突变。

通过顾及相关各方的利益来克服变革阻力，而又不会对企业的核心价值观和长远的商业规则造成扭曲。

但是渐进的、适应性的组织变革跟外部环境变化的步伐相比显得太慢了。在这个过程中，组织惰性阻碍了对外部变化的适应，直到组织和它的环境之间不断增加的失调导致公司发生根本性的全面危机。

案例 2 中 Champion 运用各种自上而下的社会技术策略来引导员工实现企业的预定文化变革目标。在此阶段，公司全员就要对劳资间重新制定的妥协性制度进行适应，以前做过类似的努力则成了"沉没成本"。如果将来再次发生环境和文化的新变化，除非是自下而上自愿和自发的改变，否则公司成员会再次出现抗拒和适应的过程。Champion 用了整整 10 年时间跟计划中的"和谐"文化建设进行接轨，尽管公司的业绩改善了（如生产量和质量等等），然而公司（股东）价值没有很大增长。公司跟不上行业的平均增长，股价跟不上 500 强的标准普尔指数。这意味着这

10 年行业内和行业外很可能发生过结构性（主营业务或者资产）变化，但公司跟不上变化。

组织变革需要建立新型的生产能力，它威胁到现有的文化和权力结构，而且可能需要更换最高管理层。变革是非常困难的。员工对现有文化强烈而深刻的认同会对新的战略实施构成一种严重的障碍。公司文化转变需要 2—5 年时间。公司文化对核心价值观和长远的商业规则是守持的，所以对于外部环境变化的反应是迟钝的，对新战略的适应是缓慢的。

4. 启示

自下而上的参与。如果没有一种能适应结构性变化的学习型组织文化，无论多大程度的绩效改进都将无济于事。

自上而下的领导力。文化变革需要巨大的驱动力，来克服现有文化的反弹。而这种驱动力一般来自高层领导。

战略重点。战略方案和系统不是一成不变的，公司文化也不应静止不动。特别是追求变化和革新地位的战略，需要一种焦点文化，它支持创造、支持变化和挑战现状。

战略性计划。为了有效应对结构性变化，经理人要理解：

· 经营行为的变化不总是妥协于核心价值观和长期的商业规则；

· 为了让公司全体成员感知到适应性文化新的核心价值观和商业规则形成了合法性；开始的变化必须要满足相关各方的利益－顾客、雇员、股东、供应商和公司运营所处的社区。

· 公司要作出应变的配对备选战略模型：比如，实行跨产业多元化或者通过某个业务单元潜力来成长；扩张或者收缩；等等。

□　治理执行力

要解决股东所有权跟经理人内部控制权分离所造成的管理效率低下和败德行为，人们很自然产生所有权和控制权结合的思路。经理人和员工不但取得当年的报酬，还应当像所有权者那样能够通过长期投资的努力来获得资本积累。

1. 薪酬引导

案例 1 中述及两位 CEO 的薪酬引导的个人动机；这里是公司作出薪酬引导，做法是每年维持"竞争力"薪酬水平，将经理人的薪酬水平与公司利润预算目标紧密联系。管理者当年薪酬看起来大部分是有风险的，但是当股票价格下跌时，赠与经理人的股票期权份额按照当年利润目标会相应提高，来确保经理人持有期权总价值不减。

经理人获得的期权薪酬越高，股东蒙受的损失往往更大。大量的期权会不公平地稀释当前股东价值。所持期权比例较高的经理人趋向于大规模投资。

2. 薪酬滞后

案例 2 中 Champion 的绩效薪酬单纯跟技能培训以及分享成果计划挂钩，体现一种薪酬滞后

136

的思想；但是，跟股东价值和资本成本意识分离，导致隐性亏损扩大。隐性亏损的扩大能在不知不觉间让公司突然垮掉。

要解决股东所有权跟经理人内部控制权分离所造成的管理效率低下和败德行为，以及如何对经理人进行有效激励等问题，人们很自然产生控制权模仿所有权的想法。经理人和员工不但取得当年的报酬，还应当像重大股东那样能够通过长期投资的努力来获得滞后的薪酬，进行资本积累。

3. 薪酬引导结合薪酬滞后

经理人行为应像公司的重大股东。重大股东不但追求现金股票引导的短期利益，而且更追求滞后的长期利益。与单纯根据 EPS 的现金绩效来决定经理人去留的短期视点不同，公司不因股票价值一时的下落而使经理人放弃努力或者选择（被）离职。让他们经历公司的成功与失败，有更多回旋余地，以便作出适应性反应。

管理层薪酬激励机制应当具有一种财富杠杆作用，使经理人财富增加与股东价值增加相辅相成。这种协同关系可设计成现金股票和股票期权两方面的所有权方式：

· 现金股票所有权方式
· 杠杆期权所有权方式

现金股票所有权方式。 通过奖金分红来体现一定时期内经理人的 EVA 改善程度。奖金不以各人不同的基本工资作为奖金尺度。它是独立的。这样，那些 EVA 业务不良的部门管理者能够产生一种强烈的激励去改变自己的处境；而那些 EVA 业务良好的管理者也不能仅仅因为吃老本就坐收渔利。

一部分奖金给予支付，其余部分再存入下一年。以此来限制奖金制度的短期"博弈"。年景好时，管理者得到现金分红，同时从公司的奖金银行结转中得到资本金积累加上利息。但是，年景不好时，现金分红减少且银行收支表上出现资本损失。像股东一样。

为什么只具有一种尺度的独立奖励是如此重要？如果奖金分红不是独立的，而是按照不同职能的基本工资设定奖金比例，管理过程就会相当的混乱，通常是利益冲突。经理人会因此而失去自己以及公司的财务目标。

杠杆期权所有权方式。 鼓励（或者要求）经理人以专门的期权形式购买（不是赠与）普通股。把购买的执行价格比例刚好能够抵消股东接受的最低回报。一次性大量购买会不公平地稀释当前股东，且给自己带来过多的风险。现在规定经理人用自己 EVA 奖金的一部分来购买。比如，按照经理人未来任职 10 年期的期望总体薪酬（现金工资、奖金、期权）相当于某位股东投资 10 年总体财富的 70%，来计算未来 10 年奖金中有多少用来购买这种杠杆期权，来达到企业家式的高度激励。从奖金中购买决定了那些增加了公司（股东）价值的经理人才能分享基于 EVA 的整个企业的成功。

这种薪酬激励的特点是：(1) 期权是购买，不是普遍的赠予方式，一开始就跟当期股票业绩进行协同，使激励的前期比例增大；将年度期权奖励的比例由执行价格固定，而不是普遍赠予的那种因应年度股价变化而变动期权份额的奖励；(2) 分红计划公式化，而不是靠谈判议定。

137

在经理人初期资金能力有限的情况下，通过这种杠杆期权才能产生跟重大股东相同的激励。

4. 启示

上述分析与经济学简单化的代理理论抱有不同的世界观。在其中，代理人的行为动机还可以从其有关的社会、组织、文化等背景以及国家制度那里得到解释。

当股东价值方法和公司文化方法结合起来解释公司治理问题时，我们会得出与经济学的代理理论不同的结论：

当经理人在没有陷入困境的情况下，不一定为分散个人风险而进行收购扩张；

那些致力于改变业绩的公司，不管是处于成熟行业或者不完全竞争（垄断性）行业，在提供有效激励的情况下，经理人没有理由进行过度投资，因为这样做会使成功的公司和经理人积累起来的资本盈余——现金、股票和股权——承受着很大的风险。

我们还会认为，经理人与股东都关心企业的所有风险；除非对经理人的利益构成明显和直接的威胁，否则他们不会采取个人利益最大化的行动；同样，股东监管下的企业不一定追求股东利益最大化。

138

第十一章 战略重组[①]：
收缩与扩张结合
Chapter 11

传统的公司重组有三种基本形态：精简、收缩或者杠杆收购。而另一种重组是收缩与扩张结合。

传统的公司重组基于三种基本形态：精简、收缩或者杠杆收购。公司经常运用重组战略来补救收购或兼并导致的失败。这过程中 1/3 到 2/3 的兼并重新削减了规模或者所有权。而另一种重组是收缩与扩张结合。

139

在日益混乱的经营环境中，一方面多元化公司显示出应对复杂的公司规划和资本预算系统方面的惰性，资源价值和分配机制的效率不如专业化公司。结果是，多元化公司的绩效出现恶化。

于是一种情形是，公司通过精简或者收缩来对多元化业务进行抽资剥离。这种趋势受到一种信念的影响：公司应集中于作为主要利润来源的业务，培育专用性资源和能力的优势。

另一种情形是，如果公司为开拓核心资源和生产能力而需要在新产品市场中涉及多元化业务，那么更有可能与其他公司进行合作或者交易，而不再通过多元化或完全收购这些内部化模式来实现。

对于汽车行业这样的大规模制造业，全球性的直接投资，以及贸易都很重要。前者利用了自己内部的专用性资源优势，后者利用了外部市场的关系。

东风汽车公司的重组是上述的收缩与扩张模式的结合。有如下分析要点：

· 体制造成的过度多元化导致重组的必要性

· 重组出现内部战略的断裂

· 私有化作为重组的时机和路径

· 重组的方法和思想

■ 重组的背景

□ 传统的重组类型

通常而言，重组的主要目的是达到或重建有效的公司战略控制体系。在三种重组战略中，收缩战略与建立和使用战略控制手段联系最紧密。

1. 精简战略

精简战略从长期效果来看主要是通过裁员来降低劳动成本；短期效果是人才流失和经营业绩滑坡。通过精简这种重组战略，公司削减了员工数量和管理层次。虽然这样做可能短期内缩减了成本，但这往往是以长期成功为代价的。原因是一旦精简开始，公司无法阻止大部分公司战略性成功所需要的员工的出走。这些员工可能会为了在其他较少不确定因素的公司谋得职位而离开原来公司。

2. 收缩战略

为达到减少公司多元化程度的目标，收缩是第二种重组战略。通常通过剥离一部分非核心业务以使公司及其高层经理们可以专注于核心业务。收缩战略的长期效果主要是降低债务成本，从而减少受到外部金融控制的压力；通过战略控制和刺激研发，以求逆转。短期效果是经营业绩得到改善。公司有时同时进行收缩和精简，这种综合的方式常常比单纯精简的效果好。

140

3. 杠杆收购

（被）杠杆收购是第三种重组战略。通过（被）杠杆收购，一家公司被收购以使其成为私人财产。杠杆收购的长期效应是产生高昂债务成本，对财务机构的依赖使金融控制加强；短期效果是经营业绩改善，但因为经常大量融资而伴随很大的财务风险。

杠杆收购有三种形式：管理层收购、职工收购和公司整体收购。

由于有明显的管理激励作用，管理层收购在三者之中最为成功。

虽然职工收购可能使整个公司改善合作关系，但当为了改善经营状况而需要重大变革时，由于权利的分散导致权力斗争经常会发生。

一般而言，整体收购具有复杂性。通常提高公司的效益和表现是为了能在 5-8 年内将其成功拆分售出。然而在整体收购中产生的债务成本使公司很难表现良好以吸引购买者。

4. 启示

通常而言，重组的主要目的是达到或重建有效的公司战略控制体系。在三种重组战略中，收缩战略与建立和使用战略控制手段联系最紧密。

□ 重组的独特背景

中国很多公司开始实行多元化时就走非相关多元化的路线，主要是根据外部产业政策产生的机会。但以后重组的路更复杂而艰难。

1. 体制下的多元化

从公司重组的过程发现，公司并不一定遵循以上的重组路径。我们能够观察到，有的公司在收缩的同时，结合多部门合资扩张，来实现重组。单纯基于传统的企业重组的西方学说不能够完全解释像这类公司的重组问题。基本原因是作为解释重组原理的背景不同。比如重组前的中国企业多元化经营背景跟西方关于多元化的背景不同，往往是遵循国家产业政策所产生的机会。这样很多多元化的机会是不相关的，新的业务不是根据企业内部的资源相关性延伸出来的。

2. 体制改革与重组

在体制改革这种背景下，东风汽车公司这类国有企业进行重组的路径就变得复杂，即如何上无效率的非核心经营业务从公司中剥离，与此同时通过跟外资合作来解决冗员问题以及稳定有价值的人力资源。

3. 启示

上世纪70-90年代很多成功的兼并案例里，事实上大多数都没有能够提升公司的价值。无论兼并在什么地方发生，1/3 到 2/3 的兼并要么重新被拆分，要么被剥夺了财产。所以公司经常运用重组战略来补救收购或兼并导致的失败。

141

■ 重组的路径

□ 重组的机理

现有理论可能忽视了不同国家不同发展阶段的体制问题。当然，许多国家的体制环境正在发生变化，在这样的环境下，重组是合适的选择。

1. 概念化重组

在世界范围内；尤其是在美国和英国，在过去的30年里，重组频繁发生。并且重组成了概念化的方式，主宰着美英的商业领域。通过多元化或者合作来进行扩张的大企业主宰了许多国家的竞争市场。这种现象看起来与现有概念化的重组理论的观点不同，现有的理论观点认为多元化和合作所产生的生产规模对于公司的绩效来说是有害的（Montgomery，1994；Rumelt，1974）。

然而研究显示，在欧洲相关性合作或其他非相关多元化产业战略其实还在进行，数量有增无

stantiation-Based Knowledge StructurE

减。尽管如此，发达国家中的合作或者多元化企业的失败率较高。因为成熟的金融体制操作已形成概念化。不同企业可以很快通过同质性融资手段来对同类的合作或者多元化模式进行模仿或者替代。但是终究，发达国家的企业合作和多元化失败后的重组还是要遵循精简、收缩，或者被杠杆收购的途径。

2. 非概念化重组

这些概念化的重组理论忽视了不同国家不同发展阶段的体制问题。在新兴市场的国家，就不存在这类基于完善法规而形成的概念化合作或者多元化问题。那里的非相关多元化不是市场经济驱动，而是体制和政策指引来进行。在国家产业政策指引下，大企业（特别是国企）获利的机会越来越多，包括融资。规模也迅速增长。当然，许多国家的体制环境正在发生变化，在这样的环境下，重组是必要的选择。

但是因体制而形成多元化的非相关程度越高，也为今后更大的风险埋下了伏笔。中国加入WTO后，在经济体制转轨、市场转型和需求结构迅速变化的背景下，企业，特别是国企，原有体制和非相关多元化的产品结构矛盾凸显，加之地域局限和社会负担沉重，很容易陷入困境。

例如，东风汽车公司经营在 1993 年达到顶峰后一路下滑，到 1998 年新一届领导班子上任时，累计亏损超过 5.4 亿元，连续 3 个月发不出职工工资。当时"美国之音"曾预言东风公司 5 年后将消亡。

在这样的情况下，重组是必须的，因为公司必须要适应环境，在环境中找到适合的位置，以便生存下来并创造更多的价值。

3. 战略中断

一旦公司完成了重组，它们就会中断与原来经营范围内多元化业务有联系的战略，进而受制于重组后的战略：经营范围内的战略或者是经营范围外的战略。

经营范围外的战略。 在受制于经营范围外的战略的情形，特别是采取杠杆收购进行重组的情形，风险来自大量举债，因此变得受制于经营范围外金融机构的经济控制战略。在债务的压力下，公司会强调短期性收益，而忽视了长期的机会。

经营范围内的战略。 在受制于经营范围内的战略的情形，大多数公司都选择了缩小规模的策略，精简或者收缩战略能够甩掉很多负担，其中可以把大量非核心业务人员这个包袱甩掉，将非核心业务资产卖掉。并将力量集中于经营范围内的业务。缩小经营范围有利于集中资源进行研发R&D；

这里的问题是：

· 业务收缩后如何能够重新启动研发？

· 能否跟上同行的技术和市场扩张步伐？

要看几方面的问题：

· 产品结构。如果当前的产品结构在较长一段时间能够跟市场需求一致，那么产品开发的投入就不会太大。

· 产品技术。如果产品开技术能够跟得上市场先进技术水平，那么收缩后企业有较大能量投入到创新项目里。

· 生产设备的折旧。如果设备使用年限不多，精确度仍很高，在若干年内，比如 5-10 年，那么，设备更新的压力不会太大。

如果以上的条件都符合，那么在市场环境还比较宽松的情况下，公司采取收缩战略后会有有利的开端。

4. 启示

如果关于产品结构、技术、设备等条件都不理想，那么采取收缩或者精简战略可能会一直萎缩下去。

当时的东风公司如果采取精简或者收缩战略，那么能够甩掉很多负担，其中可以把 2 万非核心业务人员这个包袱甩掉，将 40 亿非核心业务资产卖掉。但是业务收缩后能够跟上世界汽车同行的技术和市场扩张步伐吗？当时的东风公司的产品结构不合理，产品以中型卡车为主，重卡、轻卡发展滞后，轿车品种单一。尤其是轿车技术开发能力严重不足，难以快速应变市场。商用车技术、装备老化主要生产设备役龄在 20 年以上的占 50.6 %，在 15 年以上的占 63.6 %。设备的新度系数很低，精度下降，故障频率增加，能耗和维修费用增大，一些关键设备已经成为制约公司生产经营的"瓶颈"，急需更新改造。由于资金矛盾，设备更新、技术进步投入不足，单一商用车维系着约 10 万职工工作和生活的十堰基地，前景十分暗淡。加上汽车行业已经演进为无国界行业，在国际市场中我中有你和你中有我的合资合作的现象越来越普遍。外资企业不断通过跟国内同行合作或者出售技术进行市场渗透。国内竞争对手越来越强大。

143

□ 重组的路径

采取多部门合资扩张来进行重组。这样能够扩大经营规模，保持所有权份额的同时，还保住了自己的员工的饭碗。另一方面，利用外资来减少负债。当然，这是以丧失公司的"主权"为代价的，合资伙伴越多，"主权"丧失也就越多。

1. 收缩与合资扩张

东风的汽车公司的重组跟杠杆收购的重组情形类似，是通过重组进行核心业务扩张。不同的是公司不举债。公司采取收缩跟合资扩张结合，收缩是对非核心业务进行一体化剥离。但是对剥离后的业务和人员不是完全放弃，而是善始善终，进行分流安排，负责到底，这对减少重组阻力，保护良好的企业文化和公司声誉，以及稳定士气很有帮助；再且，外资合作企业也需要有经验的劳动力。这种合资扩张具有互补性，外资提供技术和管理知识，等于是 R&D 一步到位；而中方具有本土市场知识和经验。

杠杆收购的重组主要通过举债进行，财务风险很大。一般认为，在债务的压力下，公司所有权控制者会强调短期收益，而忽视长期的机会。

中国汽车公司采取多部门跟多个外方合资重组的方式，通过 50%–50% 股权对等分配，来树立多方长期合作共赢的信心。另外，能够有足够的外方资金和业务规模来吸收国内公司的存量资产和就业安排。不同方式重组的情形参看图 1。

2. 启示

在传统的精简、收缩或者杠杆收购的重组概念下，公司保留原来经营范围内的核心业务；但是原来经营业务内的关联战略产生断裂，重组后要么实行战略控制（负债减少的情形），要么受制于金融控制（负债增加的情形）。另外，公司难以顾及被剥离业务的生存。

公司通过收缩结合多方合资扩的重组情形，公司保留了原来的核心业务，但是难以形成整体的核心能力。原来经营业务内的关联战略没有断裂，因为没有受制于外部的金融控制，反而因为加入合资同盟者而得到补强。利益各方股权平等，管理权分配对等，有利于建立共同的文化。虽然这时候人员随非核心业务剥离出去了，但是因为原来的工作经验也会得到合资各方的优先安排。以此合资重组为契机，完成国企私有化的过程。参看图 2。

144

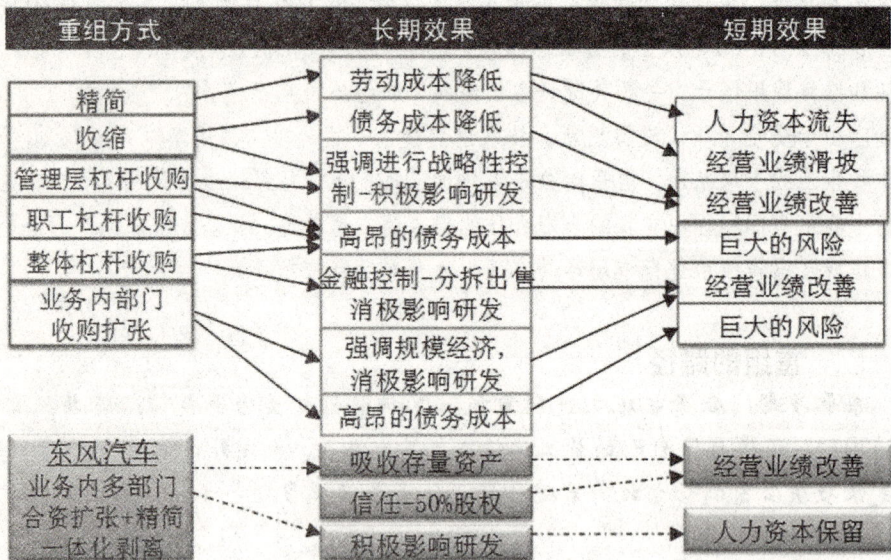

图 1. 不同重组方式的长期和短期效果

发达国家的重组战略并不是一成不变地适合于发展中国家的。在发展中国家的经济情况下，由于体制的发展还很不完善，公司利用国家政策的好处会出现更多的非相关多元化业务，这样就会导致过度多元化和管理失败的问题出现，重组的需要也就会变得迫切。当然，如果诸如政府和股东之类的外部所有者不提出要求，由管理层或者工会之类内部成员操纵的管理系统习惯于得过且过，那么重组也可能不会发生。

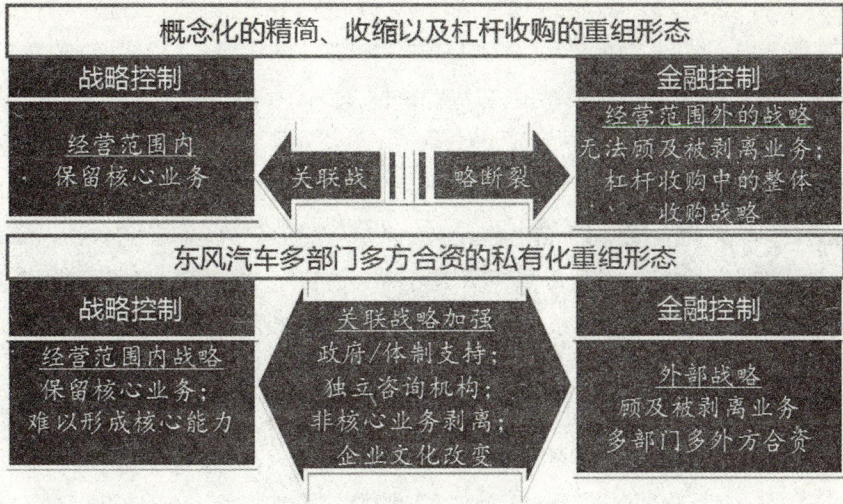

图 2. 重组方式比较

但是，在外部环境产生大的变化的情形，比如金融风暴，或者因为加入 WTO 而要进行整个国家的体制改革，就会从外部对公司产生巨大的压力，这类压力往往来自政府，要求企业内部进行变革。按照东风汽车公司（简称东风公司）的说法，加入 WTO，中国汽车工业"闭门造车"的条件已不复存在。

对于发展中国家过度和分散的多元化企业来说，重组比发达国家的大企业更难，更复杂，而不能完全照搬英美等国的概念性的重组方式。

□　私有化重组问题

私有化是发展中国家的一个重组手段。大多数发展中国家都有过国有资产占统治地位的历史，所以，推动经济转型的许多方法都要通过私有化来完成。

前苏联、拉丁美洲和亚洲的许多发展中国家都曾经是国有资产公司占主导地位，所以这些国家的企业集团的重组基本上都包含了私有化的项目。国内产业转型的情形也不例外。

1. 重组方式与问题

私有化过程中，企业有可能被跨国公司兼并重组，但是东风公司没有接受这种方式。

无论如何，在这个十字路口是企业处于最大危机的时候。可能的重组方法有几种。

管理层杠杆收购。 如果实施管理层杠杆收购，那么资金筹措的渠道如何取得？如何保证国有资产不流失？数目众多的员工得到妥善安置？这些难题足以让管理层收购难以实行。

职工杠杆收购。 那么实行职工杠杆收购的情形怎么样？私有化项目是将内部成员逐渐变成重要的股权持有者，这样一来，他们自身如何扮演好股东的角色在重组中就显得特别重要。因为这种重组的股权项目没有激起资本的输入，而职工本身的资本有限，这样就很难完成有实质性的杠

145

杆收购式重组。这种情形下，成了股东的管理者和员工有了话语权，他们的意见和态度很重要。如果在短时间内，收购的目标是为了保住饭碗和保持安定状态，那么重组是很难成功的。人的因素在交易成本理论中扮演很重要角色。在私有化过程的交易存在机会主义还是企业家精神，直接影响到重组的成败。

重组的内部化问题。 东风汽车 1993-1998 这段时间经营急剧下滑，遭遇前所未有的困境，其中原因是公司改制调整过程中把国有企业大锅饭的传统遗留了下来。私有化重组把内部的平衡的权力有效地转向公司内部的管理人员，而不是外部的投资者，这样可能会对公司的重组产生潜在的负面影响。这种人和环境要素结合的不同形式成为内部（科层）交易或者外部交易成本的关键因素。在现实中，可以看到企业内部的管理者占主导地位时，重组往往是草率地完成的，而当公司外部的所有者占据主导位置时，他们更愿意去推动企业的改变。一般来说，内部人员成了重组后的企业的主导力量，外部的股票持有者就无法有效地抗衡管理上的机会主义。也就无法把重组做彻底。然而，在很长的一段时间内，企业很需要"深层次的重组"。这样的重组要适合公司的长期发展，要求提升管理技术、扩大资本投资和发展新的产品。

2. 重组两步走

实施收缩和引资扩张这两个步骤的进展速度不同，两个步骤基本上是分离的。

在经济危机发生的情况下，发展中国家的资本市场不能完全发展，私有化也未能将资本注入公司中，这时缩小规模和对公司进行重组就应当是最适合的选择。

然而对于东风公司来说，精简或者收缩意味着什么？大幅裁员，这是他们不愿意看到的，因为这是国企的文化。是好的文化。

东风公司的重组不只是看到第一步，还看到第二步。分两步走：第一步是收缩。只有塑造一个的健康的组织体，才会吸引投资者，特别是战略合作伙伴。这些合作伙伴不同于股市上的股票购买者，他们除了入股，还带了具有国际竞争力的技术、设备、管理方法和理念。第二部是吸引外资合作者和相应地借助他们的力量和模式来增加私有化元素，构建去国企化的高水平的管理机制。最后东风公司采取了合资扩张的重组路径。

收缩。 重组过程中，收缩这一步骤需要政府的支持和介入，来把国有企业转变成一家公－私合资企业，使重组得以顺利进行；为此，公司先要作出一个收缩整合规划，来征得政府的赞同和支持，通过具有吸引力的书面规划和获得官方支持的背景，来吸引外资。

东风公司的情形是聘请中介机构和各方面专家对战略重组的可行性、可操作性和预期的效益性等进行多方论证。同时积极寻求国家有关部委和各级政府的支持。

规划工作完成后，政府可派遣对重组过程具备监管实力的经理人。东风公司的情形是换上新的领导班子。对组织业务重新进行构建，缩小公司规模，对人力资源和运营结构重新进行设计安排。在确保国有资产不流失的前提下，东风公司妥善进行辅业的资产处置，是主辅业分离和辅业改制中的一个重要环节。东风公司对辅业中的国有资产处置坚持把好"两关"，一是审计关，进行资产核资和财务审计；二是评估关，通过清产核资后，请评估机构进行评估。

通过上述操作，东风公司将非汽车主营业务的资产约 40 多亿元，职工 2.1 万人，离退休人员 8120 人，妥善剥离出来，有效精干了主业，为战略重组奠定了基础。东风公司对分离的辅业，不是采取甩包袱式的简单办法，"一分了之"或"放任自流"，而是分类指导，以发展作为解决问题的根本。下一步将通过辅业改革改制，对辅业的人员和业务优化重组，完成体制和机制的转变，使辅业单位面向市场，各自实现"自主经营、自负盈亏、自我约束、自主发展"。

引资扩张。与此同时，就是开始合作扩张的工作，寻找和调查潜在的合作者。东风公司组织了战略重组的庞大领导和工作力量。领导班子主要成员挂帅，组建若干个项目组，展开大规模的尽职调查，深入考察有意与东风合作的跨国公司的经营规模、资金实力、技术、管理的特点和经济、文化背景等。

重组过程中为了把国有企业大锅饭的遗留传统消除掉，就要结合外部进行，来有效地将平衡的权力转向外部的投资者。上文说过，在现实中，可以看到企业内部的管理者占主导地位时，重组往往是草率地完成的，而当公司外部的所有者占据主导位置时，他们更愿意去推动企业的改变。

在新的合作组织中，必须对原国企体制下管理层过度膨胀的程度和能力重新进行系统的估量，改变员工能进不能出、干部能上不能下、分配平均主义等状况，否则无法进行有效的重组。合作双方和他们聘请的外部顾问小组可以考虑取消所有管理者的职务，然后通过提名的方式重新开始建立组织的框架。

因为东风汽车公司曾经是一个国有企业，管理人员和员工的工资较低，提供的挑战也很少。采取先下岗在竞聘上岗的方法，当新的组织对管理职能提出高的要求时，可以想象那些被选择去担任一个崭新的和高要求的工作环境中的原管理者或者员工会感到吃不消，对此会持有异议。这时候解决人员调动的计划应当变得容易和透明：要么从高处往下调，要么选择要离开公司，并且都可以得到明确的经济补偿。为了填补关键人员的位置，比如 CEO，就要进行认真的选拔，不只是看重教育和工作经验，重要的是领导人的价值观和能力，这种价值观和能力是重组变革所需要的，就是自我利益牺牲精神、坚韧性和贤明。

设计新的组织结构。在进行这种组织规模合理化的同时，公司还需要重新设计适合现代行业竞争的新的结构，这可能需要专业化的咨询公司，来重新设计新结构的任务。新的结构必须要符合最现代的二次工程的概念。这种管理结构应当简洁而又具有协同力：自治性的各个战略经营单位共同分享服务和人力资源。

新的机构成型需要新的信息技术注入。可以请有关咨询公司将新信息网络同最现代化的技术系统连接起来，来协助制定新的工作进程和计划，并且。减少了旧系统中过多的决策层级，公司此时已经是轻装上阵，只要现代的通信设施构建起来，就很容易取得成就。

公司重组和形式转变，公司此时的价值会大大提高。

3. 重组两步走的变革思想

重组在形式上的意义是指公司通过改变其商业系统和金融结构来实施的战略。

两次主要变革。 东风公司实际上在重组上进行了两次主要变革。也就是上述的重组两步走。

先看看东风公司第一次变革。组织和业务系统的重组，将非汽车主营业务的资产约 40 多亿元，职工 2.1 万人，离退休人员 8120 人，妥善剥离出来，有效精干了主业，为战略重组奠定了基础。从而大大缩小了公司的业务范围。

第二次变革是，通过跟外企合资明显地改变了公司的资本结构和它的资产所有者结构。

为什么要作出这些变革？作出这些变革是实现同一目标的两种不同方法。它们都是关于业务重点方面的，而且它们都与 21 世纪竞争更加激烈的环境有关。

东风公司卖掉了无关的业务，事后看来，他们在销售时机方面做得非常好。举个例子，技术、装备老化主要生产设备役龄太长，急需更新改造。而由于资金矛盾，设备更新、技术提升的投入不足，要维系约 10 万员工生计几乎不可能。加上汽车行业已经演进为无国界行业，竞争形势极其险峻。尽管东风公司选择了重组的正确决策，但也需要有合资者在时机方面的帮助。

当采取资产剥离和业务集中的策略时，资产脱离本身不会在公司经营的汽车制造主要业务上发生大的变化。它确实在公司内部和外部发出了信号，但它自己不会带来公司行为上的任何根本性变化。

两次主要变革的作用因素。 能够产生公司行为根本性变化的有三个因素。

第一个公司行为变化因素是公司决定改革产业关系惯例，并减少员工。这个进程起码两年前就要开始进行，学会以更少的员工来完成生产指标，大幅提高生产效率。

148

管理者作出缩小组织规模的决定相当于重新声明它在管理业务方面的权利——管理者随着时间的推移会逐渐失去对被剥离业务的这种权利。这个决定改变了组织中每个人的行为和态度。对于员工来说，它定是一件谨慎、合理的事情，并且得到了很充分的讨论。起初，它是可以争辩的，但到了最后，它就被接受并贯彻下来。对于那些提前退休或多余的员工，这个决定可以以慷慨的方式来实行。如果先确定了组织规模，它会做得好。

因此，第一次变革改变了人们的态度。管理层确立了经营这项业务的权利。曾经在很长一段时间损害了这项业务的大多数老的惯例，也逐渐弃之不用了。

第二个公司行为变化因素是业务的资本结构调整这样的变革。公司无须像杠杆收购那样进行资产的债务置换，也就是说公司没有必须偿还新的债务负担，而且具有双方签订的契约，具有对管理层的股权激励。这些综合的事情使得公司的行为在控制成本和经营业务方面更具主动性。面对这些综合的驱动力，高层管理者如今作为股东的一员来经营业务，而不再是国企时代作为被雇用的角色。这个进程已经在继续并得到强化。

第三个公司行为变化因素是委任新的经理人。如上所述，它就是资本结构调整的一部分，他已经领导了这场变革。

4. 启示

资本成本增加。 但是，增强管理者的积极性不是首要目标，它只是一个第二位的目标。首要目标是业务的资本结构调整，合资过程增加了资本总成本。这样即使在杠杆收购的债务利息很高的情况下，合资的权益资本成本仍比债务要高。这一点与杠杆收购相比是合资的不利点。从历史的观点看，资产所有者往往把未分配收益作为免费资本回报率，而没有把权益资本成本考虑在内。实际上，大多数公司运作的是很保守的资本结构。但是，当合资对方每一美元的股权来自于对每年投资的收益预期要求是 40%–50% 左右的某个股东时，你就要考虑来自合资的太多的股权并不是件好事。从这种意义上来说，合资时考虑资金结构的确很重要。

第十二章　战略组织结构[①]:
先加后减的合并模式

Chapter 12

当两个合并的公司在"管理程序、系统、结构、和文化上存在共同点的时候"，合适的组织就出现了。

当两个合并的公司在"管理程序、系统、结构和文化上存在共同点的时候"，合适的组织就出现了。

我们强调联盟的稳定性和解决冲突对绩效的决定性作用，实质上分析停留在对组织结构和战略控制力方面。然而分析重点忽视了信任对于形成组织结构与战略的适配性的重要性。在实施战略进程中，合并各方和科层组织之间通过控制来消除机会主义不等于就能建立起信任。而经营风险的存在不能没有信任。可以说风险是信任存在的一个前提，没有或者没有意识到风险，也就没有信任可言。这样，在增加信任这个因素的基础上，我们就不再强调稳定性对绩效的决定性作用，联盟的不稳定或者风险不一定导致失败。

基于此，联盟公司的绩效"维系"在两条紧密并行的轨道上：基于稳定性的组织结构和战略控制的轨道；基于信任关系的组织价值观认同的轨道。我们运用进化的思想来看这两条轨道的演进关系：

- · 联盟思想的进化
- · 组织结构进化
- · 经营战略进化
- · 战略与组织互动进程
- · 信任关系的进化

■ 进化思想

□ 联盟的进化

在联盟中，如何进行取长补短也是复杂的难题，有效的互补性关系是建立在双方关系相对独立而平等的基础之上。

平等关系与控制力

然而控制力却是要越过独立性和平等的界限，对联盟管理层施加影响力。实际上也在对其他合作方施加影响力。如果合作者预测未来可能会有冲突发生，那么他们关心的重要问题通常就是如何拥有控制力。结果是，行使控制权的公司数量不止一个。围绕管理制度问题，控制力常常成了各方的矛盾中心。各方通常考虑的问题是应该生成什么样的组织结构，组织结构能够形成什么有利于自己的战略，实施战略过程中组织结构与战略的互动是否有效，能否有效抑制冲突和机会主义，能否创造价值，等等。

进化论的思想或许能够对联盟进程中各方关心的以上问题给出有说服力的解释和启发。例如，一家弱－弱联盟的公司，为何以及如何能够从落伍者成为领先者，从弱小的竞争者变成了超强者。

攀无缝和成钢厂都是国内大型钢铁生产企业，重组前两家企业都存在着装备落后、设备老化、消耗高、成材率低、负债重等问题，企业缺乏资金进行技改，竞争力每况愈下。

攀无缝与成钢厂的联合重组完全不同于一般意义上的重组。这两家弱势大企业的联合是弱－弱联合。实现联合重组既定目标下要做到各方利益最大化，管理整合难度大。因为管理整合涉及各方利益问题，包括所有者利益、职工利益、企业利益。管理整合不好，各方利益无法保证，无异于联合重组失败。因此，两家企业形式上重组后，必须快速、有效地实现管理整合。2002 年 6 月开始进行管理整合工作。重组后的攀成钢公司生产经营涵盖无缝钢管、棒线材等冶金产品及冶金设备的设计、制造和房地产开发等产业。企业发展到今天，目前也是国内品种规格最齐、生产规模最大的无缝钢管生产企业和西部地区建筑用钢材骨干生产企业之一。

成功的联盟表现出一种进化的轨迹：如何从基于竞争战略和利己的经济视角更多地移向组织伦理、社会责任、人文关怀等方面来。在合作过程中，逐渐培育出人与人之间的信任，增强合作的凝聚力和抗风险能力。

□ 联盟思想的进化

合作学说主要从认知方面来理解联盟的原理和不同方式的工作关系。根据实践的具体环境来分析和平衡各方的关系，以求达到成功地进行合作的目的。

151

1. 交易成本论

图 1 中，交易成本学说跟谈判力有关。交易成本学说是关于投入规则 – 交易成本最优化。如果交易的资源专用性① 强和嵌入性② 高，或者外部市场机制操作成本过高的话，将会出现一个将交易内部化的过程，即将交易置于一个科层组织内部，比如合资。交易成本包括谈判、监控和实施交易等过程的投入成本。提高交易效率是交易各方通过比较各种科层治理模式能够给交易带来什么便益来决定的。实质上交易一方利益的增加必须要靠削弱另一方的利益才能实现，交易的得失是根据投入量来衡量，而不是通过投入 – 产出比来衡量。这是因为缺乏相关要素来对投入 – 产出比率进行综合性分析，这些要素应该与资源 (资产) 专用性 (比如知识不易传播) 和资源整合能力 (比如学习能力) 有关。这样，这个一方得益以另一方失去为代价的观点不足以解释攀成钢一开始就采取"先加法"，即合资双方先进行整体合并，以及"一个企业、一支队伍、一个中心"的情形。

2. 控制力学说

双方母公司和合资子公司这 3 个实体之间的关系，决定了各方对合作公司的控制力的形成和强弱。这种控制力关系进行 5 方面的力量对比：(1) 融资能力 (控制力的关键来源；与各方股权比例联系最为密切)；(2) 技术 (关键资源、专用性程度和复杂性、可能的第三方隐藏技术)；(3) 管理专长；(4) 市场知识和营销技能；(5) 政府政策 (市场准入控制权；政策优惠；政府补贴以取得更多控股权)。在合作初期，基本上谁投入的产权占有率高，谁就据有对合作公司较高的控制权。参看图 1 的"交易成本学说"、"控制力学说"部分。

重组前的攀无缝和成钢厂都是国有企业，但产权主体不一。攀无缝的产权系攀钢集团，属国资委管理；成钢厂的产权系成都市工业投资公司，属成都市管理。为确保出资者利益，重组前，分别由双方确认的会计事务所对两个企业的资产进行评估和审计，确认双方出资比例和双方的权利、权益，清晰产权关系，为重组后的攀成钢实施公司规范化运作及产权制度改革创造了条件。

投入因素和产出因素。股权是控制力过程的投入因素，而不是产出因素。交易成本学说和谈判力学说的重点是关于投入的能力。

然而，影响股权和合资各方关系变化的是各方的资源整合能力，比如各方的知识学习能力。这样，资源和资源整合能力，而不是诸如股权之类，才是实质性的产出能力。参看图 1"交易成本学说"、"控制力学说"和"知识学习学说"部分。

---

① 企业掌握资源并从中获取利润价值的份额。资源创造的价值要经过跟利益相关各方讨价还价后才能确定。包括顾客、供应商、分销商和雇员等。比如掌握有关资源的雇员流失，企业的资源专用性就很低。

② 这里的嵌入性是关于将经济行动视为形成社会性关系或者结构的一种理性行为，能构成信任并对经济活动中的稳定具有帮助的程度。

3. 知识观

企业知识的传播原理说明很多知识难以在公司体系之外进行交易和传递；公司是通过合作，利用其子公司向别的合作方学习知识。

产出效果。 知识观是关于合作过程中如何将组织和个人的学习能力转化成产出结果。如果合作双方的战略意图不同，那么在这个学习过程中反映出的机会主义的程度就不同。机会主义倾向会使学习的产出结果成为公司主导权博弈的新的筹码。

出自知识学习的合作各方的竞争力和能力不等同于交易成本理论中关于在市场上以某种交易条件而获得的能力。这些习得的能力可以解释为专有性资产，成为企业特有的专业化组织能力和竞争力。

相应的例子是在攀成钢的先加后减的方式中，类似职能和岗位合并，能够很快在业务上融合和交流；攀成钢成立后，双方人员到强势主流文化的攀钢集团挂职锻炼，对口交流来实现"辩证融通"和创造性转换。

4. 战略行为观

该学说是关于从母公司立场出发进行合作，来发展自身的竞争力。合资子公司的目标是执行母公司的战略决策，提升公司总体的竞争地位，最终实现公司利润最大化。

战略行为学说中各种合作的战略意图是：绕过进入障碍；削弱竞争对手的地位来提升自身的竞争地位和增加资产价值；执行公司总体的战略布局。

案例中，围绕攀钢集团的总体发展战略，在分析攀无缝和成钢各自优势和劣势的基础上，对两方的战略进行整合，重新定位。这种战略整合体现了攀钢集团作为一方母公司的强力的战略意图。

5. 相互依存观

该学说认为出自彼此依存的需要，两个以上的企业组建（国际）合作公司。

双方以合作建立的某种依存关系，主要有两种形式：

· 竞争性依存关系：同一产业中处于竞争关系的类似企业，为降低竞争强度而实行自我制约，双方采取合作的方式。

· 共生性依存关系：是指基于同一目标和意图，两个具有互补性资产的企业组建合作公司，共同经营某个新业务。这种互补关系使各自的投入和风险都较少。

攀钢和成钢双方现有的产品市场没有产生直接的竞争关系。前者以高质管材为主，后者以建材为主；但双方在战略资源要素市场却是相互竞争的。如钒钛磁铁矿和大宗原燃材料等不可再生资源。

6. 全球竞争观

该学说认为，随着全球化的发展和国际竞争的日益加剧，跨国公司在满足全球对产品的需求迅速增长的同时，需要应对不断增加的不确定性。

153

从战略的角度来看，不确定性越大，就越要求灵活的投入和高效地使用资源，究其原因：

· 各方的战略互补性低，战略意图冲突；

· 行业跨度太大，如非相关多元化程度高，地域分散，等等。

从组织结构的角度来看，采取联盟方式来取代单个企业，可以有效地帮助企业更好地应对全球不确定性和全球需求。联盟内各企业各自实行专业化的同时，实现了跨国经营。

在跨国经营的过程中，即便是最大的跨国公司也需要借助额外的资源，比如通过合作方式获取对方市场的准入资格、当地关系或者最新技术等等。好的合作联盟是这样的一个联合体：参入各方的战略及其资源应该有较强的互补性，战略意图没有太大冲突；另一方面，有助于解决行业跨度大的问题。比如地域市场扩张；电子跟数码技术结合、食品跟游戏业务结合的跨业态扩张，等等。

加入 WTO 后，国外大型钢铁企业集团凭借其产品成本低、质量好、市场竞争力强等优势大举进入中国市场，对国内钢铁企业构成了巨大压力。为此，国家冶金工业"十五"规划要求，西南地区要以攀钢集团为核心组建"钢铁航母"，提升产业集中度，提高资源配置效率，降低产品成本，实现攀西地区资源优势向经济优势转化，增强企业市场竞争力。

以下图 1 根据以上的六个合作学说联结成价值链的四个关键环节。

154

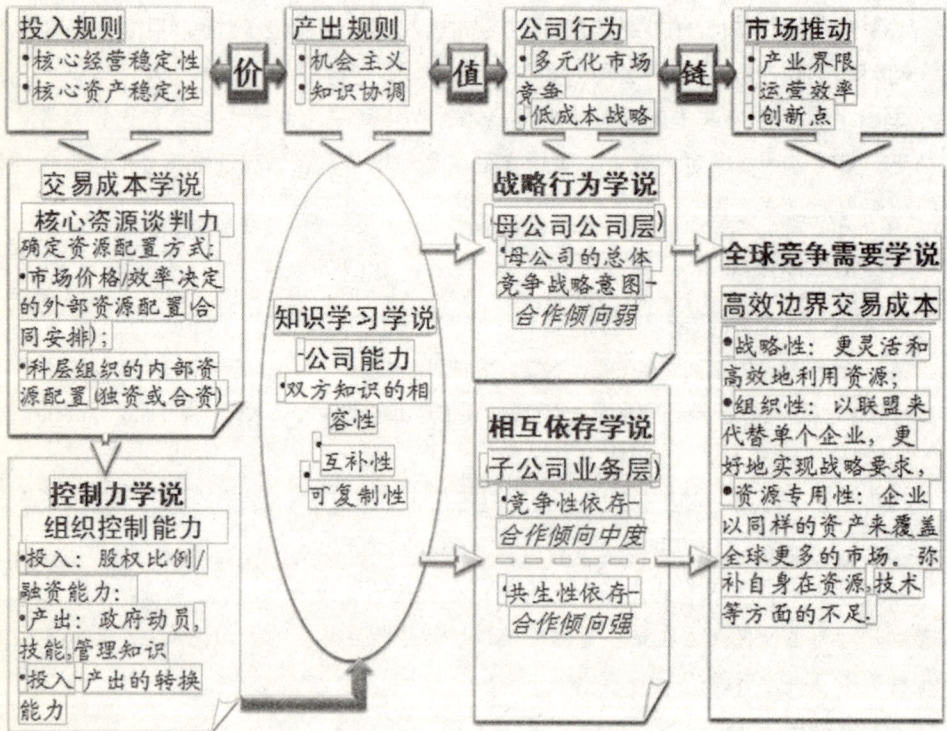

图 1. 基于价值链的联盟的关系图式

7. 启示

当按照图 1 中诸合作理论的战略思维逻辑来构成价值链模式时，我们能够明白从合并一开始案例企业就要意识到合并经营的目标是培育全球竞争力。在这个过程中，合并联盟经历资源交易谈判，所有权控制博弈、知识获取，相互战略关系演进，直至生成全球竞争力优势等阶段。对于案例中弱－弱联合的攀无缝和成钢来说，需要"珍惜"和谨慎地处理好这每一个阶段的双方关系。在合并前就应明确合并过程中联盟成败的关键因素：

· 组织的合适性。基于重要资源的谈判力平衡，提高资源共享效率；基于产权的控制力平衡，增强合作的有效性；基于能力的知识专用性平衡，加强双方知识的兼容性和互补性，减低知识学习的机会主义。

· 战略的合适性。基于母公司的公司层面的战略行为平衡，降低竞争意图；基于子公司业务层面的相互依存度平衡，减低竞争性相互依存度，增加共生性相互依存度。合适的战略应能有效地把战略的整合能力结合起来。

■ 组织与战略

□ 组织结构进化

155

从战略管理领域来演绎社会学的进化思想，组织合适性减轻了合并程序（嵌入）的复杂性，并且帮助公司能够更快更有效地达到理想的结果。

社会学的新社会进化论有两个基本原理：
· 社会进化的必然性。受固定法则支配，或者受偶然性和人的创造性影响。
· 社会进化的动力。通过竞争机制的作用，或者通过文化积累，来产生进化的驱动力。
我们借鉴上述有关社会进化论两方面基本问题来衡量联盟的进化、生存和发展的合适性。联盟进化的合适性包括：
· 联盟的组织结构进化的合适性。主要涉及组织结构进化的必然性。
· 经营战略进化的合适性。主要涉及战略进化的驱动力。
这部分关于组织结构进化跟下一部分关于经营战略进化的内容，我们把上述新社会进化论述中"或者"这样前后"对立"的选择进化为更具包容性的"以及"。我们还把"竞争机制"进化为"竞合机制"。

1. 组织进化的必然性

我们在联盟的组织进化的必然性中，既要探索其是否遵循支配进化的特定法则，也要探索其是否具有对偶然性和创造性影响的适应性和转化能力。

在对立与统一的进化过程中，组织结构的合适性能够减少利己主义的谈判行为，提高资源共享效率；减少控制力冲突，增强合作的有效性；并且提高了公司学习和传播知识的能力。而在不适合的组织结构的情形，公司的收购与合并不可能成功。

具体而言，联盟的组织结构进化存在着众多可选择途径，而且新的方式也在不断产生。攀成钢的联合重组基本上有两个方面。

第一方面是集中于某一特定的规则和形式，攀成钢实质上遵循合资经营的组织结构模式。在这个过程中，通过第三方权威机构来确定产权比例，来决定各方对合并公司的控制力的分配。

第二方面是对合并式重组的创造性适应。顾及了联盟方式中各个方面的变量，跟传统重组的"先减后加"（先下岗再竞聘上岗）不同，攀成钢发展了一种"先加法和后减法"以及"稳中求变"的组织结构变化模式，以便理解各方关系究竟是如何建立和演进的。

2. 先加后减的组织效应

先加法这种决策思想明显有别于合资重组典型的模式："先减法再加法"，即原在职人员要先下岗再竞聘上岗。"先减法再加法"有利于建立新的经营模式以及排除旧势力的障碍。先减法体现了公司价值和股东利益优先的原则。"先加法"是首先让合并双方全员职位保留，一方面以稳定大局来表达对合并重组未来的信心和信任；另一方面向所有利益相关者表明合并重组重视企业文化以及经理人和员工的利益。先加法能够加快重组的速度，但是也增加了后期整合的难度。

攀成钢在整合决策指挥系统过程中，让原攀无缝和成钢的经营班子成员分别进入公司董事会、党委班子、监事会和经营班子，确保对管理整合工作有一个统一的认识和明确的目标。

在机构整合过程中，为了稳定大局，攀成钢对两个企业的管理部室按职能、职责相近原则，生产单位按生产工艺性质相近原则，先做"加法"整合。将原攀无缝30多个管理部门和15个生产单位、原成钢厂20个管理部门和15个生产单位，整合为22个部室和12个生产单位。对机构整合所涉及的人员按"职数不减"和"原职、原薪、原制度"原则，随整合后的部室或单位进行相应安置或调配安置，保证职工不因企业重组失去岗位、降低收入。

然后，在做减法的时候，结合企业发展的实际需要，确立了"精干、高效"、"逐步推进"、"合理分流、妥善安置"的改革原则并予以有效实施。对富余人员也主要通过企业发展予以安置，主要渠道有：充实到公司新建的技改项目；经培训中心组织再培训，"充电加油"后重新上岗；本人自愿，内部退养；自谋职业，走向社会。已撤并机构46个，1500人经培训后分别到新建技改项目和其他新调剂岗位实现重新上岗，500余人自谋职业。参看图2。

3. 重组程序的合适性

总的重组治理思想是，遵循主要的规则，作为重组的框架。应该有一个团队来负责我们到底应该作出什么样的谈判努力和所有权控制这个问题，他们可以包括会计师、投资银行家、律师、内部专家和顾问。另一方面是关注重组程序中的价值创造，能够起码抵消制定和实施主要规则产生的成本。重组应该考虑无形资产创造的部分：如何能够激发组织的凝聚力和创造力。

在先加后减的整合程序下，案例中双方提出了以制度化为基础、以人为本，通过建立管理制度评审体系，统一组织结构和营销体系，规范法人治理结构，整合企业发展战略和企业文化等，实现资源共享、要素优化配置、优势互补，形成"一个企业、一支队伍、一个中心"，再造一个全新的、具有核心竞争力的钢铁联合企业的整合思想。作为创造合作的基础，合适的组织显示了公司具有很高水平的竞争力。

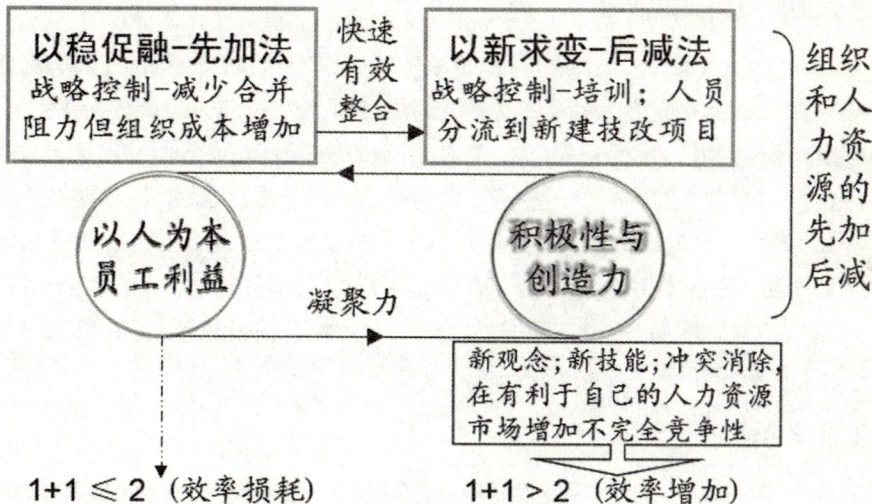

图2. 合并后组织整合程序的效应

157

组织合适性能够减轻合并程序的复杂性，减少利己主义的谈判行为，提高资源共享效率；减少权力欲望，增强合作的有效性；并且提高公司学习和传播知识的能力，帮助公司更快更有效地达到理想整合的目标。

4. 启示

有的时候，不适合的新组织结构模式会让公司的收购与合并成为不可能。如果单纯把组织结构置于由所有权决定的控制力的规则框架内的话，这种组织结构可能进化成自上而下的模式，而又不能给新联盟带来好的绩效。

进化必然性。在"先加后减"的新组织结构的进化必然性问题中，我们考虑基于绩效的组织稳定性这种固定规则的同时，也考虑到变化和创新的问题，而不是二中择一。这样来自战略管理范畴的进化必然性就是"稳中求变"。这也是案例中联盟的整合思想。

□ 经营战略进化

合适的战略应具有有效的资源整合能力。一般情况下，当两个公司有相同的优势或者劣势的时候，它们的合并很少能有机会带来巨大的经济价值。

在组织结构以先加后减的方式演进的过程中，相应的产品系列和战略资源也在变。这种产品和战略资源的变化决定了它们不同的新的相互关系，也决定了占有不同产品系列与战略资源的各方的战略主导权。

1. 战略进化的驱动力

战略进化的驱动力。在产生经营战略进化的驱动力方面，我们既关注如何构建有效的竞合机制，也关注如何对公司文化的支持性因素进行积累和整合。

2. 先加后减的战略效应

这类弱—弱合并重组如何能产生 1+1>2 的战略效应？在这种重组的背景里，双方现有的产品系列市场没有产生直接的竞争关系，攀无缝以高质管材系列为主，成钢以建材系列为主。但是双方在战略资源要素市场却是相互竞争的，都需要钒钛磁铁矿和大宗原燃材料等不可再生资源。合并企业在新文化"黏合剂"、"一个企业、一支队伍、一个中心"的支持下，前端的产品市场出现"先加法"效应，攀成钢增加了产品系列和多元化机会；而在后端的战略资源要素市场出现另类的"后减法"效应，合并重组后消除了合并前双方在资源市场的不当竞争。这种合并后的整合产生产品市场优势互补，资源市场劣势互消的效果。它遵循经济进化原理：更多产品市场机会→更具协调性的资源配置→更有效率的资源开拓。参看图 3。

3. 战略合适性

合适的战略指的是有效地把战略的整合能力结合起来。一般情况下，当两个公司有相同的优势或者劣势的时候，它们的合并很少能有机会带来巨大的经济价值。在这样的情况下，新成立的联盟公司与原先各自的公司相比，充其量具有相同的能力（或者说欠缺相同的能力），尽管合并之后综合能力看起来是变大了。

正确的战略可以帮助两个或者说更多的公司或者单位结合起来，建立起合作，创造出更多的价值。

围绕攀钢集团的总体发展战略，在分析攀无缝和成钢各自优势和劣势的基础上，对两方的战略进行整合，重新定位。这种战略整合体现了一方母公司（攀钢集团）强力的战略意图。（比较图 1 关于"战略行为学说"的结论）

战略的整合能力具体表现在以下三个方面：

运营合作。在企业不拥有低成本所需的规模经济和差别化所需的科学技术这些竞争优势的情况下，就会寻求运营上的合作。

158

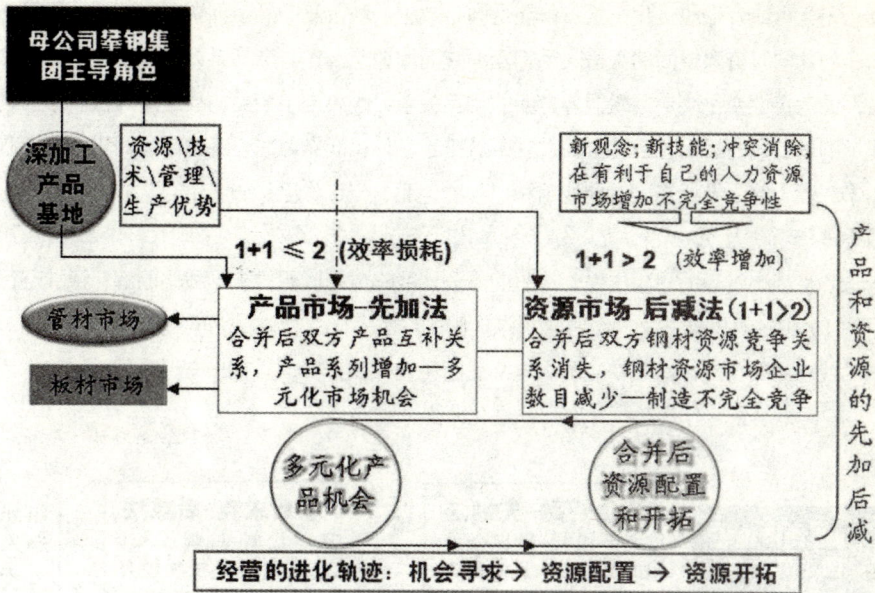

图 3. 合并后经营战略整合程序的效应

合并重组后的攀成钢利用原攀无缝和成钢的专业化生产优势分别实施无缝钢管的差别化和建材的低成本战略，来打造世界一流水平的无缝钢管精品基地和国内一流的建材精品基地，扩大市场占有率。母公司攀钢集团能够建立起产品生产深加工基地，发挥出自己在资源、技术、管理以及产品生产方面的特定所有权优势，完全是因为得益于合并后的攀成钢提供的两合作方的市场地理优势，以及三者的内部整合的优势，来吸收攀钢集团的规模产能。

市场合作。 当公司成功地联结了和市场相关的活动，市场方面的协作也就成为可能。

联合重组后的攀成钢统一双方的营销理念，为了消除"以销定产"与"以产促销"、产能最大化与合同有效性之间的分歧，首先将生产经营活动统一到以市场为导向、客户为中心、为客户创造价值的理念上来，统一研发和市场信息收集与分析，统一供应链和营销网络的管理、资源配置和开发，将产品销售整合到一起。

管理合作。 当两个公司的管理人员以前所掌握的相关技能能够在新成立的公司之间传播的时候，管理方面的合作也就存在了。

攀成钢成立后，双方人员到强势主流文化的攀钢集团挂职锻炼，对口交流来实现"辩证融通"和创造性转换。

组织结构与经营战略的系统参看图 4。

4. 启示

社会学的新社会进化论的必然性和驱动力原理在战略管理范畴内得以运用，并且得到更具包容性的演绎，使非此即彼的选择变成同时选择。

进化驱动力。 关于进化驱动力中的竞争与团结（通过文化积累）的原理，我们考虑的也不是

159

二中择一（竞合或者企业文化积累），而是同时效应。联盟使产品系列得以互补性扩展而增加了竞争力；与此同时资源层面的竞争关系相互消减而增加了合作。产品系列和战略资源的这种"先加后减"的竞合性变化决定了联盟各方新的相互关系，也决定了相关的战略主导权。作为弱势一方，成钢的母公司的战略意图在合并过程中被排除在外；而作为攀无缝的母公司攀钢的战略成了联盟（攀成钢）的主导战略。主导战略和"一个企业、一支队伍、一个中心"的支持性组织文化形成战略进化驱动力。

悖论。从战略管理的思想出发，这里的母公司战略成为联盟的主导战略的解释跟战略行为学说（见图1）中针对机会主义的经济学观点作出的论断不同。战略行为学说指出，母公司对合作子公司的战略意图会使合作倾向减弱。本文后面还进一步分析，只有一方母公司的战略作为主导战略，弱—弱联合的合作子公司才有可能进化为强—强联合。

160

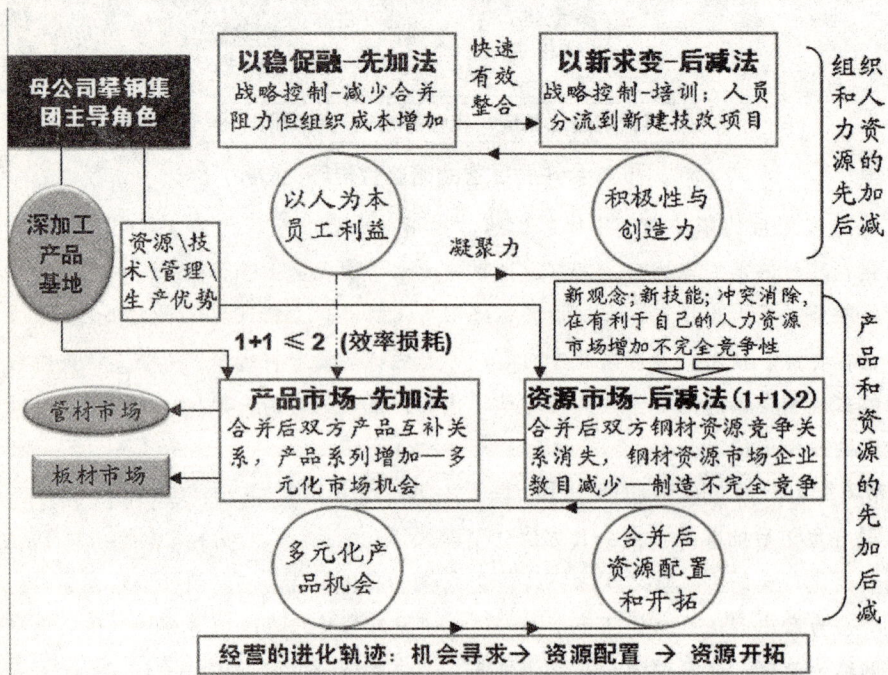

图4. 合并后组织结构和经营战略整合程序的效应

□ 战略与组织的稳定性

因为合作各方之间的协调需要很大一笔开支，这笔开支往往置联盟于不稳定和易变迁的境地。而当只有一个公司在控制着联盟的活动时，联盟各方的冲突和潜在的关联风险减少了。

从上述关于组织结构和经营战略进化的分析，可以领会到，虽然我们有了合适的组织结构和能够产生相应的竞争优势的战略，协作也不会立即产生，除非我们能够对组织合并程序和战略控制之间如何互动，如何能够发挥作用有正确的理解。

1. 谈判力—稳定性

基于资源主导权的稳定性。多数：少数比例的管理。合适的战略应具有有效的资源整合能力。在交易成本学说中，我们论述了谈判力这一核心观点。基于重要资源的谈判力的观点非常适合考察联盟的稳定性，联盟的稳定性与绩效直接有关。所有的联盟都会卷入合作者之间谈判式的交涉。该模式的内涵是，如果合作者一方掌控或占有了主要的资源，那么其他合作方就会依赖于它，它可以选择给出或者拒绝给出重要的资源，也可以运用这一选择作为与其他合作方谈判的一个筹码（Preffer，1981）。

从基于重要资源的谈判力－稳定性的观点来看案例企业各方的主导权的问题。较之成钢，在联合重组中有母公司攀钢集团支撑的攀无缝明显地处于联盟的主导位置。以攀钢集团总体发展的战略为主导，攀无缝和成钢厂双方对战略资源进行整合，重新定位，使战略控制比较容易实施。

2. 控制力—绩效

基于所有权的稳定性。50：50比例的共同管理。与谈判力－稳定性类似的研究课题是控制力－绩效，然而前提不同，控制力是基于所有权而不是资源，结论也就不同。Beamish(1988)回顾了关于控制力－绩效关联的著作，最后的总结是，当研究重点从发达国家转向发展中国家时，就会发现占优势的基于所有权的控制力不一定有良好绩效。Blodgett(1992)也运用了所有权来衡量控制力，用稳定性来衡量绩效，最后发现按50：50的比例共同管理的方法设立的联盟，比起多数：少数比例的联盟来，具有更多的机会延长联盟存续时间。Blodgett认为，当合作双方的所有权是平等的时候，双方都承受着保障自己投资的压力，去为联盟准备必要的设施。这样双方都致力于联盟的成功。

基于所有权的不稳定性。多数：少数比例的管理。而在多数：少数的联盟里，一方也许有能力来设置联盟，但其方式却不能被其他合作方认同的情况下，联盟会遇到很大的阻力。Blecke和Ernst(1993)也发现了按50：50比例管理的联盟的绩效是最好的。从这里我们看到，决定绩效的是稳定性，而不是控制力。所以谈判力－稳定性的观点能够更合理地评价绩效的问题。

如果单纯把组织结构置于由所有权决定的控制力的规则框架内的话，这种组织结构可能进化成自上而下的模式，而又不能给新联盟带来好的绩效。

战略管理观点。多数：少数比例的管理。但是从战略管理的领域来看绩效问题，我们会在谈判力和控制力学说基础上增加更多包容性的维度，来考虑绩效的问题，会得到不同的观点。如果双方在管理程序、系统、结构、和文化上存在共同点的话，多数：少数比例的管理这种控制力结构是否可行呢？我们持肯定的态度。母公司攀钢的战略主导下，"一个企业、一支队伍、一个中心"的攀成钢联盟方针就体现了以上的共同点。并且攀钢的绩效已经证明了无论是基于战略资源的多数：少数比例的谈判力结构或者是基于所有权的多数：少数比例的控制力结构，都是可行的。

但是如果掌握主导权的一方设置联盟的方式不被另一方认同，那么在多数：少数比例的控制力结构的情形，联盟不可能持久。

50：50比例的管理反映出联盟各方在不同的体系、结构和企业文化的情况下的应对方法；合作各方一方面通过忍耐和自律来避免各自机会主义，另一方面抗衡来自对方母公司的战略意图。

tantiation-Based Knowledge StructurE

在较为持续合作的过程中，当绩效可以通过自制和忍耐来调节时，能对信任关系产生间接的积极的影响。

基于资源的经营战略与基于所有权的组织结构的互动关系，也是谈判力－稳定性观点与控制力－绩效观点交互的视角关系。参看图5。

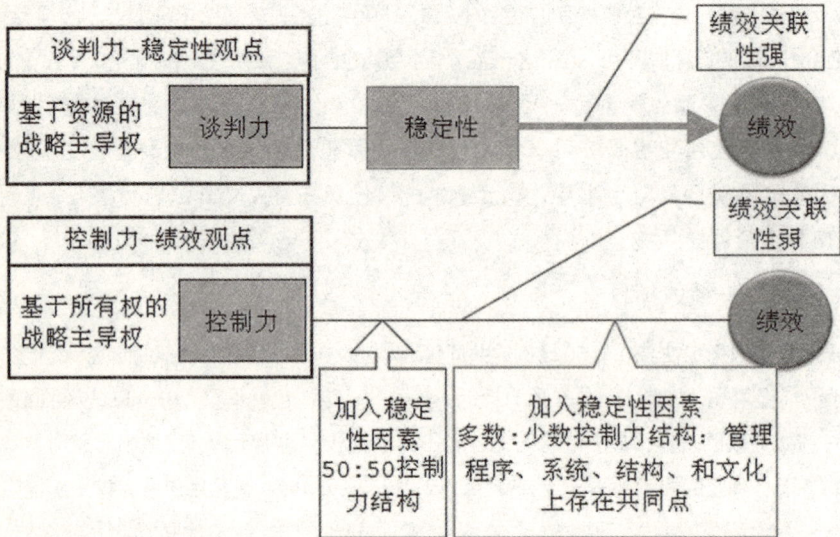

图 5. 组织结构与经营战略的互动－对战略主导权与绩效不同的解释

3. 所有权和主导权取向

从以上谈判力－稳定性观点和控制力－绩效观点的讨论，我们已经知道了稳定性在公司绩效方面所扮演的直接角色。这里我们在更深层次来讨论谈判力与控制力学说涉及的绩效问题。

不同的所有权取向。跟基于 50：50 所有权来分享控制力的（控制－绩效观点的）情形不同，在不少实践中我们都可以看到，拥有不同国际背景的公司在所有权上有不同的取向。由此也反映出他们对联盟绩效的看法。实际上，不同特定环境下的公司对所有权的要求也不同，取决于当地政策、预期合作时间、机会、信任和风险。也存在逐步增加投资以增大所有权的情形，但这也是首先以重要资源的谈判力－稳定性的观点为基础来开始合作关系的。到了追加投资阶段，其动机可能是因为增加了合作的信心和信任；也可能是基于控制力－绩效的观点，因为羽毛丰满了，跟对方合作的诚意下降；或者兼而有之。

攀成钢首先从所有权问题开始合并程序（控制力－绩效的原理），为确保出资者利益，重组前，分别由双方确认的会计事务所对两个企业的资产进行评估和审计，确认双方出资比例和双方的权利、权益，清晰产权关系，为重组后的攀成钢实施公司化规范运作及产权制度改革创造了条件。第二步就是通过战略资源整合来决定战略主导权的问题（谈判力－稳定性观点）。

结局很明确：作为控制力的产权方面攀无缝占了优势；作为谈判力的战略资源方面攀无缝的母公司攀钢的战略占了支配地位。值得注意的是，如果新合并而成的攀成钢同时体现了两方母公司（攀钢集团和成都市）的非互补性战略意图的话，合作的倾向会减弱（参看图1中的战略学说部分）。

然而，根据以上关于所有权不同取向的分析，在合并开始首先考虑重要资源的战略问题，然后再考虑产权问题，是合适的选择。如果事先缺乏考虑与重要资源有关的战略主导权问题，而仅仅通过产权来决定公司的控制权的话，在重要资源的决策上会有重大失误的风险。特别是在一方掌握控制权，而该方对重要资源发展和实施并不熟悉的情况下，更是如此。

但是如果以谈判力－稳定性的观点进行合并整合，可能出现"先减后加"的组织合并程序。所有权较弱而技术等资源较强的一方可能为了增加自己的控制力而要求对方在谈判前首先进行精简重组。

董事会成员的所有权取向。 重组后的攀成钢董事会会在一种管理机制的控制下进行他们的协作，这样就可以监督管理层的工作，并且保证股东们可以获得最大的利益。

这里我们可以进一步拓宽以上基于控制力的所有权不同取向问题的理解。往往我们看到这样的情形，一些高层管理者出现问题时，董事会成员们并不在乎。这是因为董事会成员与高层管理个人关系密切，或者董事会成员没有足够的时间，或者缺乏对管理方面足够的兴趣，在这类情况下，董事会往往会把过多的权力赋予公司的高层管理。在有问题的高层管理也介入董事会活动的情形，公司的管理机制出现的问题就可能更多更严重。如果将这类高层管理安排到董事会，监事会等决策部门，不排除给重组改革设置障碍的可能，特别是该高层管理来自掌握控制权的合并一方的情形。因为高层管理这类内部人员在合并后的企业中成了主导力量，外部股东就无法有效地抗衡管理上的机会主义。从内部进行的合并就有效地将平衡的控制力转向公司内部的人员，而不是外部的投资者，这样可能会对公司的重组产生潜在的负面影响。

163

母公司战略控制意图。 如果我们能理解并购是企业发展最快的方式之一的话，那么我们可以将互补性强的两家企业的合并看作"各自兼并对方"，合并就作为"共赢的局面"，让合作双方收益。

攀无缝和成钢厂都是国内大型钢铁生产企业，重组前两家企业都存在着装备落后、设备老化、消耗高、成材率低、负债重等问题，企业缺乏资金进行技改，竞争力每况愈下。通过联合重组，可以实现优势互补、资源共享、多方共赢的目标。

基于"共赢"这种观点超越谈判力的交易成本学说或者控制力学说的思想，因为这两种学说的基本原理是合作一方占有主导权，其获得必须以另一方的失去为代价，而且是以合作开始的投入作为筹码的。而共赢的思想把更多的注意力放在合作双方的产出效果方面，这可以用知识学习学说和战略行为学说中的相互依存学说的观点来解释。

但是知识学习学说和相互依存学说的观点仍然难以解释弱－弱联合如何能够开创共赢的局面。那么借助于战略行为学说的思想，引入母公司的支持力量又怎样？但是，战略行为学说指出，双方母公司的战略意图会最终削弱子公司双方的合作倾向，母公司存在的机会主义使子公司双方合作关系难以持续发展。参看图1。这样，我们再将目光转向攀无缝和成钢两家子公司，看看在合并过程中他们如何解决战略主导权和所有权控制方面的机会主义问题。如果他们能够把"取得控制力"的意图看成是"各有所得"，而不是"一方所得以另一方失去为代价"，那么"取得合并控制权"的观点就会变为"各自兼并对方"的观点，"共赢"的动机就越来越强烈。于是，攀成钢的合并双方许下"共赢"的承诺：一个企业、一支队伍、一个中心；这样就会把战略焦点集中在如何取得"共赢"的协同战略上，形成双方共同支持的以一方母公司（攀钢集团）的战略为主导战略的局面。

4. 启示

至此，我们对稳定性和绩效有关的谈判力和控制力的分析所得出的结论实质上是停留在定量分析方面，而没有涉及信任对于形成组织结构和战略的适配性的重要性，合并各方和科层组织之间消除机会主义不等于就能建立信任。在组织和个人行为中，信任度为何如此低？这是因为我们一直都在用各种方式与信任为敌。我们教授竞争战略，不是协作战略；我们定义我们的事业是关于公司，而不是关于人；在激发人类行为方面，我们聚焦在激励，而不是责任义务；我们给人类行为进行定位的模式是经济和战略模式，而不是更广泛的社会和组织伦理模式；我们崇拜定量分析和客观，而不是常识和感受。

□ 信任关系的演进

与大多数经济用品不同，信任使用得越多越容易增长，而不是被消耗掉。

战略与组织的稳定性这一部分内容中，我们根据谈判力–稳定性和控制力–绩效两个模式进行了分析并明确了稳定性与绩效有直接关系。在组织结构进化和经营战略进化这两部分内容中，与企业生存和发展相关的组织结构进化的必然性和经营战略进化的驱动力实质上蕴含了这样的进化论思想：组织文化和个人价值观的进化对维持联盟的稳定性的作用不容忽视。

1. 信任与稳定性

在组织结构进化部分，"先加后减，稳中求变"的重组方式的出发点是首先要保证企业的生存和发展，保证组织成员基本生活保障；进而有了安全感和对公司的归属感，并逐步培育起组织体成员之间的凝聚力和信任。有了信任的基础，才会对核心业务整合、非核心业务有序剥离等组织变化表示体谅和理解，并能发挥个人的适应能力和创造力。反之，各方之间缺乏信任，将是合资企业结构性不稳定的一个主要原因。

先加后减的合并程序跟先下岗再竞聘上岗的"先减后加"思路是逆向的。"先加后减"是以人为本；"先减后加"是以股东价值为核心。

对信任的理解容易概念化，而且很难进行度量，但是无论如何实践证明信任依然是联盟战略的核心。现实生活中我们已经看到不少合作企业的失败是由于缺乏信任，致使联盟无法应付破坏稳定的偶发性危机。

在联盟中，信任是脆弱的，特别是因为联盟各方想方设法谋求所有权控制和战略主导权的情形。

2. 信任与绩效

信任能够增强联盟的稳定性，所以也对绩效提高有积极影响。反之，良好业绩也会使信任加强。而绩效不佳有可能导致合作双方之间的不信任程度增加，继而给联盟的绩效带来长期负面的影响。公司会对联盟过去的业绩进行回顾，并跟自身的期望加以对比，对合作方能否坚持原来的承诺做出一个预计。如果联盟的绩效比期望要差，联盟各方就很可能质疑对方的能力和机会主义，联盟各方的信任关系也就不可避免地受到考验。

在联盟的绩效承受很大压力的情况下，联盟各方会卷入冲突的旋涡。

这样就导致了冲突和业绩恶化的恶性循环：联盟业绩的衰落导致了信任的流失，接着信任的流失又使绩效进一步恶化。

攀成钢的管理者们清楚地认识到："管理整合涉及利益问题包括所有者利益、员工利益、企业利益。管理整合不好，各方利益无法保证，无异于联合重组失败。因此，两个企业形式上重组后，必须快速有效地实现管理整合。"结果，攀成钢在较短时间内成为年产钢 300 万吨、年收入 100 亿元以上、具有国际国内竞争力的现代化钢铁企业。

3. 信任与价值观认同

共同价值观是建立信任的基石。好的共同价值观的意义在于组织成员树立起明确的目标和观念，这样在合作过程中经得起各种困难、挫折和误解。这种共同价值观不是那么容易确立起来的，特别是在合并的情形，需要各方员工在日常工作生活中 不断进行交流、相互帮助、相互接受，并且从实践中不断学习和总结。

攀成钢在整合文化和培育共同价值观方面的做法是：

- 用共同的愿景目标引导员工行为。
- 统一价值观，凝聚员工思想。
- 通过行为文化、情感文化渗透，让职工获得价值认同。
- 以"艰苦奋斗、永攀高峰"为核心的攀钢精神提升攀成钢文化。

165

尽管重组后的攀成钢规模和效益都有了较大和较快的增长，但对攀成钢的发展前景，有人怀疑、有人担忧、有人抱怨，还有人怕既得利益受到损害。对此，攀成钢把保证企业生存、盈利、增长、可持续发展作为统一企业远景目标的出发点，根据过去攀无缝和成钢的各自战略定位，对合并的攀成钢的企业发展重新进行战略定位。攀成钢从共同价值观着手，来进行整合。

4. 信任与认知自主性

本质上信任在整个联盟进程中都扮演非常重要的角色。随着联盟的进化，成员间的信任与价值观认同也应当是不断进化的，而不是静止的。随着时间的流逝，合作者及其管理者都从对方身上不断地学习，这时合作者之间的信任程度就会有所改变。领导者不应把联盟仅仅当成是一个新的组织结构和经营作业的系统，也应成为一个可操作的新文化平台。

攀成钢通过行为文化、感情文化渗透，使员工不断加深价值观认同的主动性。攀成钢成立后，坚持以制度化为基础，以人为本的原则，全面推行民主管理、厂务公开；让员工讨论决定企业重大改革问题和涉及员工切身利益的重大问题；让员工的权益得到维护，利益得到保障，情感受到尊重；丰富职工的业余文化生活；等等。

信任需要时间空间和彼此联系，甚至需要跨越本职岗位和专业的范畴，使组织体内的各人有更广的视野和适应能力。当联盟各方之间的关系逐渐成熟时，彼此熟悉和理解能够较好地解释先前合作的成功、失败以及各方之间的相互作用方式，从而能够增强彼此间的信任，而不至于因为业绩不佳或者误解而使联盟内部的信任受到影响。

与大多数经济用品不同，信任使用得越多越容易增长，而不是被消耗掉。

5. 启示

风险是信任存在的一个前提，如果没有风险，信任也就变得无关紧要，或者失去。风险越大，采取行动的信心程度也就要求更高，就越需要信任。

攀成钢将员工的文化追求与企业文化战略目标结合起来，从认知方面着手，通过企业发展史，潜在危机因素分析，将被动接受企业共同价值观的态度变为基于理性认知的"辩证融合"。

所有未来的偶然事件和环境变化都不可能在开始阶段就能被预料到。这样的结果就是，联盟演化的管理方式和发展模式最后成了维持信任的重要核心能力。

信任的持续性。不管联盟如何求稳，如案例在整合过程中采用的"先加后减"方式，在其存在的期间内，都会经过一系列的变迁。联盟演化的方向在初始阶段是很难预料到的。然而，联盟想要存活下来，就必须要使信任经历适应性演化过程。联盟总是处于一种暂时的阶段，并且朝着变异的方向发展。这是因为联盟之间的契约常常是在高度不确定的情况下缔结的，所以，未来的偶发事件和环境变化都不可能在初始阶段就能被预料到。这样，分析和归纳具有路径依赖的联盟进化的管理方式和发展模式成了维持信任的至关重要的工作。分析和归纳使我们进一步认识到，成功的联盟所经历的进化过程是一个连续适应的循环式过程，包括学习、再次度量以及再次调整、在新的基础上再次相互理解。因此具有积极反馈的循环是至关重要的；与其相反，失败的事业具有很大的惯性，缺乏认知，并且缺乏延展性。

培育信任的程序。弱－弱联合的双方都具有很强的求生存的愿望，加上互补性的特征，使双方处于持续的相互依存状态，这些对于克服机会主义很有利。但是消除机会主义对建立信任不会有很大的帮助。对于培育积极牢固的氛围、彼此信任和良好合作关系来说，程序上的问题非常重要。当合作方从一个阶段发展到另一个阶段时，只有遵循合理的程序（比如"先加后减"），信任才会形成稳步发展的趋势。

对新机会的不同偏好。当合作过程中出现新的机会时，先前的协议并没有就这些共同劳动成果的分配问题达成一致。因此，即便是怀着最大的善意，人们协商来选择最佳合作方案的过程中，仍然可能会遭遇到很大的困难，而这仅仅是因为每个人都有不同的绩效偏好的观念造成的。比如对获利的再投资还是分享的偏好差异；在解决这些问题的过程中不可避免地发生的预期交易或度量成本可能会非常高，从而使得交易无法进行；信任本身并不足以使一系列的交易顺利实现。因为信任不能替代不同的观点。

166

第十三章　外包管理[①]：
专业一体化
Chapter 13

基于产业和工序的外包跟基于知识资源的一体化外包管理不同。

基于产业和工序的外包跟基于知识资源的一体化外包管理不同。

基于产品和服务或工序外包的原理是外部交易成本理论，发包方对不同承包业务进行管理。其中，一方的得益往往意味着以另一方的损失为代价，因而各方合作难以产生增值效应。另一种外包业务是一体化外包管理，承包方根据社会化分工的原理，利用自己拥有业务领域的专门知识来进行管理。它的原理是内部化的知识资源整合，从各方合作中希望产生资源整合的增值效应。不管以上哪种外包情形，各方业绩度量将是外包业务的核心问题。度量失效会导致漫天要价或者消极，导致基于交易的成本效率和基于各方协同的增值都成了泡影。为解决度量问题，本文分析了上汽集团一体化外包管理实施成功的关键因素：

· 组织结构创造性演进规则：内部化关系与内部化交易；外部化关系与半内部化半外部交易；专业一体化；度量与专业模块化。

· 驱动战略的学习模式：一致性与社会化；精尖性与互惠；信任与吸引力。如果能够对这三种配对关系赋予理性和感性的意义，使它们形成一种典型的认知、行动、感受的学习模式，将能成为一体化外包业务增值的驱动齿轮。

上海汽车工业（集团）总公司（简称上汽集团）主要生产经营轿车、客车、拖拉机、摩托车、载重车、微型车等整车及其配套零部件，并进行资产经营，是国家重点发展的三大汽车集团之一，拥有6万多名员工。2003年进入世界500强，列461位。上汽集

167

团先后与德国、美国、日本、英国、法国、意大利等国的汽车集团公司合资合作，建立了 63 家合资企业，并拥有销售总公司、进出口公司、财务公司、开发公司、信息公司、资产经营公 6 家专业性公司和汽车工程研究院、培训中心。

■ 背景与问题

□ 一体化外包管理
非核心业务外包是发达国家大企业普遍采用的有效方式。上海通用从创建之初就运用了这一模式，取得了很好的效果。

一体化外包管理是企业把非核心业务管理职能剥离，实行外包社会化的模式。与传统的按照工序或产品进行外包不同，它是针对社会化分工中的各业务领域的专门知识资源，来进行管理，在信息化和知识经济时代。与传统外包方式相比较，一体化外包管理最显著的特征是：以承包方对承包项目的全面管理为核心（包括系统设计、资源管理、运行管理、成本管理、采购以及二级供应商的开发和组织），向发包企业提供全方位的服务；发包方和承包方分享成本节约的部分，以形成"双赢"的利益分配。参看图 1。

168

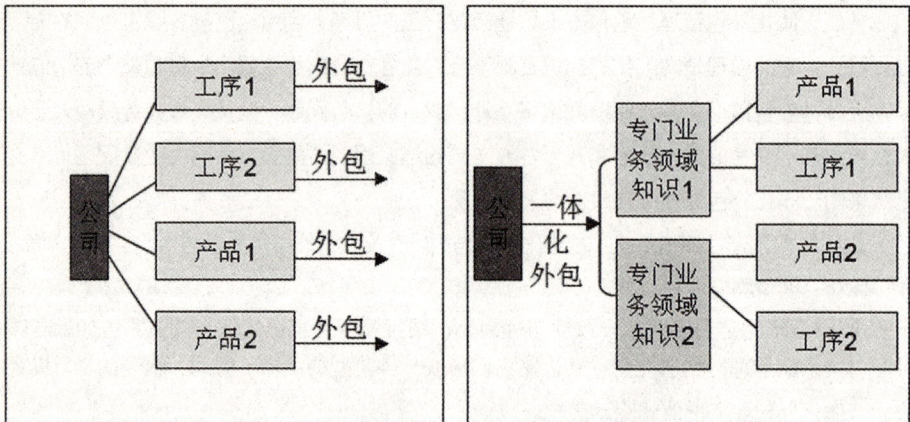

图 1. 传统外包跟一体化外包管理对比

□ 内部化关系
过去非常流行的观点是"企业是节约交易费用而取代市场的体制性工具"。但是，现在这种内部化交易的观点和做法越来越受到质疑。

上汽集团的各子公司是跟外资企业合资而成，子公司具有特定所有权优势。这样集团总部失去完全控制权，就无权对各子公司进行直接干预，这也是集团在外包管理中没有集中控制外包业务的原因。各子公司可以根据外包的内容自己决定承包的投标方式。由于要解决各子公司外包业务的协同，集团内每个子公司成立一体化管理领导机构，同时，在集团层面组建一体化管理委员会，通过采购、物流、计量检测、后勤服务等职能部门的共享平台，对子公司现有业务流程和供应链管理进行分析，选择合适的切入点，寻求非核心业务领域一体化外包的可能性，制定切实可行的推进一体化外包管理的统一规划。参看图 2。

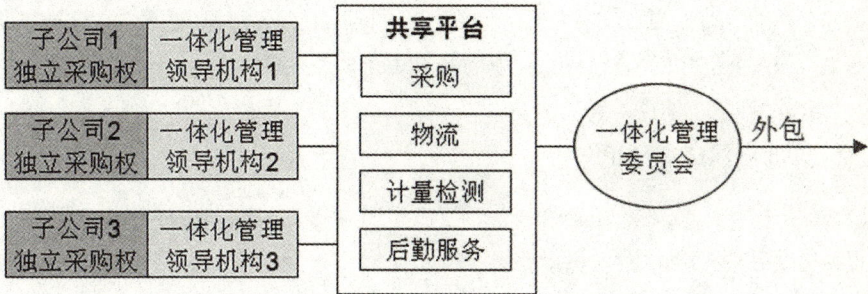

图 2. 子公司和集团母公司的外包管理协同关系

1. 内部化交易

过去非常流行的观点是"企业是节约交易费用而取代市场的体制性工具"，企业可以通过纵向一体化和混合一体化的运作模式来加强内部化优势，从而实现资源的有效配置和利润最大化。但是，现在这种内部化交易的观点和做法越来越受到质疑。

在 2002 年集团对内部非核心业务情况的调查分析看到，集团内部非核心业务活动主要包括入厂和销售物流，仓储，运输，通用物资和劳防办公用品采购管理，设备、工具、工位器具维修和管理，电梯、叉车、行车、锅炉、空压、水处理、空调等辅助设施的运行和维护，保安、消防、职工食堂、清洁、绿化等等后勤业务，以及接待、会务、文印、人员招聘等等行政业务。从事这些业务的人员平均占到企业员工总数的 20% 左右，同时耗费了各级管理人员大量的精力。

2. 利益相关者

这些支持性的业务对于满足顾客的需求、保证各子公司正常的业务运作是很必要的，然而按传统模式由子公司自己管理和完成这些业务，普遍效率低下、业务水平低下。其原因：跟核心业务的专业知识截然不同；这些本身更具有独立能力的业务变成了围绕各单个制造子公司的非核心业务，"吃不饱"，失去了规模经济性；这些非核心业务量小，但管理成本往往跟规模大的业务没多大差别。

3. 启示

尽管集团企业有一些非核心业务按照传统方式承包出去，但是承包商规模小，而且分散，管理工作仍需由各子公司自己承担。在这种情况下，企业的管理资源也不能集中于核心业务，管理成本反而会高，同样会影响集团和利益相关各方的竞争能力。

169

□ 外部化关系

孤立的工序或者产品的委托制造的外包业务着眼于产品，而不是技术资源，因而无法解决交易成本效率问题。

显然，运用企业的内部化交易来解决市场不完全性问题已经无法解释资源外包这种实践创新。

于是，通过企业内部整合核心竞争力资源，非核心资源采取外包的方案，来解释这种外包的经济行为就成为可行的途径。

1. 外部交易成本理论

上汽原来许多业务承包给了企业的"三产"或特殊客户。但要求他们承担业务管理、降低成本、提高质量均难以实现。

由于发展中国家的信用机制还很薄弱，公共信息还很缺乏，在潜在的信息拥有者、集团成员和管理者之间可能会存在信息不对称。因为外部生产力市场没有得到完全的发展的情况下，作为利益相关者的承包企业也缺乏良好的教育体制和专业技术培训系统，造成外包市场的不完善也很正常。这种外部利益相关者中很难雇用到具有信息化程度和专业化程度都较高的承包企业。

上汽在内部多个子公司跟多个外资进行合资的情形下，面对分权（50%50）独立的生产和管理局面，这种以各自特定产品为核心的外部承包者的业务难以应对集团内各发包子公司的差别化要求；另外，对于集团内每个合资子公司的每宗外包业务需求，都要分别跟分散的外包公司建立起一一对应关系。

2. 资源观与成本最优化

孤立的工序或者产品的委托制造外包业务着眼于产品，而不是核心技术资源，无法解决交易成本效率问题。在缺乏效率的情况下，交易一方收益的增加必须要靠削弱另一方的收益才能实现。

而一体化外包管理服务在国内还没有形成有规模的市场环境下，发包方难以找到既合资格又具有全面的一体化外包管理规模的承包供应商，要降低供应成本就有困难。

在这样的外包环境下，集团重点考虑不同核心技术资源如何在内部和外部进行配置，来提高外包的成本效率。与这些技术资源配置相关的集团核心与非核心业务的重组和优化就成了解决外包业务的成本效率的关键。这是运用了资源基础观的思想，

在充满不确定性和风险的外包环境下，核心与非核心业务重组和优化的最佳路径是专业化。专业化不是关于产品、工序或者具体业务，而是关于技术知识资源的模块管理。

3. 专业化

专业化可以降低不确定性，并且可以从中获得很多由工作效率创造的增值利益（如果不是大部分的话）。为了降低工作的不确定性，增加质量控制能力和把握时间效率，交易各方都专注于培训专业化任务所必需的技能和能力，这样才能给他们各自带来相对优势。

然而，如果缺乏一些特定条件，专业化的进程走不了太远。具体而言，专业化的形成取决于：

发包和承包等利益相关各方愿意承受与专业化进程相关的不确定性；度量方法令各方信任，具有互惠性。这就是说各方能够信任对方。在各方同意实施专业一体化以后，不会因一方中途改变而使另一方因为已经投入了实质性专业化设备和技术资源而被置于困境。如果各方真正实施了专业化，这种可信的度量方法可以指望承包方加入到一个互惠的交易关系中来（比如说，接收从上汽集团剥离的非核心业务的冗余人员，给予岗位安排、重新定向、利益调整等等）。如果这些前提成立，那么专业化就将出现。

4. 启示

半内部化半外部交易。 在企业对一体化外包委托操作尚不熟悉、各方也缺乏经验和足够信任的情况下，单靠市场运作必定会有较高的风险和交易成本。集团通过自己内部培育服务供应商来进行承包，承包方由原来剥离的业务成员组成。这样双方有较高信任度，容易通过集团取得足够的信息，减低机会主义和外部交易的成本。培育这些独立的剥离业务实际上成了"变相的"属于集团自己的独立子公司，具有特定所有权优势。其他重要的外资承包项目，上汽集团都采取了合资的方式。

以上这两种内部培育和合资的专业化外包方式，能够减低潜在的机会主义和外部交易成本。

■ 方法与思路

171

□ 利益相关一体化

专业一体化产生的收益有多种形式且不能分割，包括发包和承包的专业一体化管理产生的收益，它们是利益相关个人或组织共同合作的结晶，是多方而不是一方的成果。

1. 专业一体化

利益相关方常常认为，如果他们开展合作，实施专业化联合，那么他们就能从交换中创造更多的价值。专业一体化在这里的意思是，专业化的两个或更多的个人或组织为了从专业／产品中获取经济利益而进行的协同性资产投资。专业一体化的关键在于，要创造价值，不同的利益相关个人或组织需要调整他们的行为和活动，以便在连续性的合作中也满足其他个人或组织的要求，这也应是上汽集团非核心业务重组与一体化外包的内涵。事实上，专业一体化产生了协同性团队关系，当个人或组织在生产过程中展开合作时，包括企业内部和外部，这种关系便出现了。专业一体化产生的收益有多种形式且不能分割，包括发包和承包的专业一体化管理产生的收益，它们是利益相关个人或组织共同合作的结晶，是多方而不是一方的成果。这样看来，专业一体化是一种关于相互知识学习或者知识借用的观点。问题是，当专业一体化所涉及的某个人或组织的智力资源等专业资产不可能转移给其他组织（比如合作另一方）或者转移的费用（要价）过分高昂时，这些资产便成为专用性资产。上汽集团的一体化外包战略从内部培育非核心业务承包方，减少了这种专用性资产引起的外包交易成本问题，以及机会主义，增加了外包交易的合理性和信任度。

通过非核心业务专业一体化外包所形成的社会化的特点是，利益相关各方具有各自的高度专业化（差别化）和各自的规模经济优势（低成本）。因为每个作为利益相关者的专业外包公司已有固定的专业模式和广泛通用的标准，可以同时承包括上汽集团在内的多个不同发包公司的业务，从中获得的规模经济性好处也能回馈给上汽集团，促进集团整体发展。

2. 启示

以上关于上汽集团一体化外包管理形成的背景和进化过程，是根据相关理论的演进和逻辑关系来进行的。这也是在外包管理职能的社会化过程中，利益相关各方的利益关系演进和逐步平衡的过程。参看图3。

172

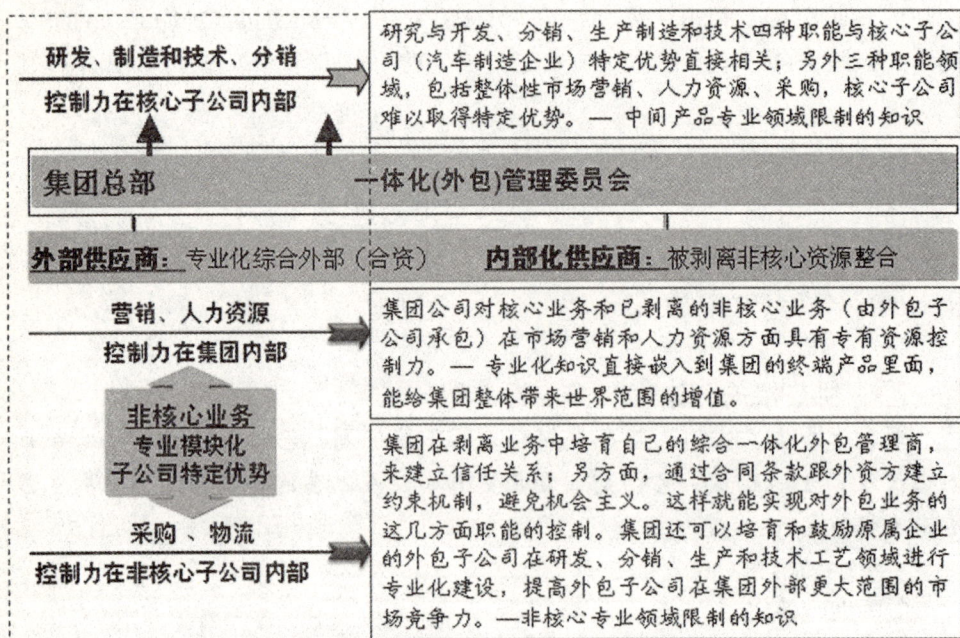

图 3. 管理职能社会化下各利益相关方的专业控制领域

维持持久的专业一体化关系还要解决一个重要的问题，就是在专业一体化外包管理过程中能力和价值的匹配问题。能够做到能者多报酬吗？很难。这其中与度量问题有关。

□ 度量问题

在专业一体化外包协同关系下解决度量合理性问题就是要找出方法，来识别不同资源的价值创造和潜力。目的不只是为了平衡，而是要鼓励创新力量以及发现被闲置和被忽视的分散性专用性资源的价值创造。

1. 效率和成本度量问题

如前所述，专业一体化依赖于集团、集团内各发包企业、各承包商、部门、岗位乃至个人之间嵌入式的交错关系，各利益相关方要想通过专有资源（资产）投资从专业一体化外包管理过程中获得增值机会，会遇到复杂的度量问题。要想评估个人或组织单位当前的和未来的具体贡献大小就不大可能，试图这样做会产生极高的交易成本，就不要指望会带来预期的收益。于是，没有哪个人或单位愿意承受这种不明确性和风险，在一体化外包过程中去投资革新性增值业务。于是利益各方就会变得保守和消极。

根据案例介绍，上汽集团解决这种复杂的度量问题的办法是：集团选择的外包业务领域，其业务质量比较容易得到核实和控制。其中的方法是根据一体化外包后集团和子公司能够比原来外包前节约的成本来核定外包业务的费用，其业务成本和业务风险也容易得到控制。但是，这仍然无法离开交易成本原理中关于相关各方利益评估的框框，可能是一方（上汽集团）所得以另一方（承包方）所失为代价，而无法产生增值效应。

2. 增值度量问题

专业一体化外包管理还会产生另外一个更大的度量问题，就是增值问题。事实上，在各方就共同项目展开合作时，可以采用新的方法更有效地完成任务。但由于新方法存在不确定性和风险，比如其他利益方是否认知和认可；或者技术方法公开以后就被其他利益方模仿和抢先利用。这样的话创造新方法的一方就不能确保从这样持续的合作活动中得到利益增值。结果，有益于自己，也有益于整体的新方法的推广也许实现不了。

往往人们以为从市场交易成本的原理出发可以解释增值度量的问题，从其实不然。市场交易中的机会主义使增值成为不可能。对增值的度量是出自资源基础原理，通过内部资源整合来产生增值，也因而产生基于信任的内部化交易。这里不能够说上汽集团没能有效解决度量问题。偏偏这里给出的启示是：究竟上汽集团如何能够较好地解决度量问题？不要忘了，所看到的内部核心业务和外包是自己独自经营、或者自己培育的承包商和合资业务，也就是具有"半"外部交易和"半"内部化交易的性质。利用外包的内部化关系能较有效地进行绩效度量。

动态的价值。随着专业一体化程度的加深，利益相关各方的专有资产或独特竞争力所蕴含的价值也随之增加。而随着企业技能和能力的发展和成熟，新的增长机会也会出现。

但是如果这方面动态的价值因为上文述及两方面的度量问题——成本效率和增值度量——而没有投入使用的话，公司的价值增长就打了折扣。

另一方面，尽管利益相关各方的动态价值投入了使用，相关的资源专用性除了具有竞争壁垒的作用以外，要价可以很高。

从上汽集团对这方面的控制来看，在内部培育承包商和合资承包的高度协同的框架下，专用性资源总体价值可以在"基于信任的交易成本原理"范畴内进行量化，各方意图利用各自的资源专用性漫天要价也是不可能的。比如说，一体化外包后的成本费用比非一体化外包的时候还要高，是不可行的。

173

3. 启示

在一体化外包协同关系下解决度量合理性问题就是要找出方法，来识别不同资源整合的价值创造和潜力。目的不只是为了合理性和平衡盈亏问题，而是要鼓励创新力量以及发现被闲置和被忽视的分散性专用性资源的价值创造。在旧式管理体制下，非核心的辅助性业务的价值被低估了，分散于各个制造部门，甚至被看成是"成本"。只有认知这些创新性力量，才能调动一体化外包体系内的各方的积极性。然而这种认知要建立在可量化的度量基础上才行。怎么量化呢？

企业知识学说。注意此处的论点接受了企业知识学说的思想，即企业的独特竞争力和能力是企业价值增值的重要源泉。

但是，这些竞争力和能力之所以不能作为替代科层组织形成的原因，因为它是不同于交易成本理论的另一种方法，是难以度量的，所以这些能力不能在市场中形成交易，比如：协同能力（相对于上述非核心业务的"辅助性"能力）。

专业化领导者。而相比之下更有效率的方式是，集团内部和外部，核心和非核心业务的企业家或者企业家团队通过组建不同于一般综合性公司的科层治理结构，并负责创造和管理投资的专有资产，来实现长期增值效应最大化。这种科层治理结构需要这样的领导者：他们是企业家，他们本身具有某个专业方面的知识，还具有识别、组织、创造以及管理该专业中出现的创新力量所需要的知识和经验。这种科层组织就像模块，是有相当的独立性的，能够置于企业或集团的内部或者外部。

174

□ 模块化

在专业一体化外包管理的框架下，非核心业务实质上不再是某些核心业务的辅助性活动，而是会成为独立的专业化的核心业务。

1. 非核心业务专业化

外包前非核心业务自身角色是被动的，松散的，不成体系的，是缺乏增值动力的。同样，这种被动角色没有为核心业务的研发、制造、技术和经销渠道等带来成本效益。一体化外包管理的形成以及将非核心业务变身为专业化的思想是要重新用新观念来看待非核心业务，既然它们是完成核心业务必不可少的嵌入部分，那么就有必要将以前分散地依附于每种核心业务职能中的非核心业务职能整合成体系，从中找出每种非核心业务职能的领域和活动轨迹，来形成某种超越汽车业务范围的具有资源专用性的核心专业化业务，而不只是围绕原来核心业务进行的局限性业务。

现在的情形是，在集团总规模不变的情况下，将非核心业务从所有制造子公司系统中剥离，然后重新整合后，实质上将原来集团内各制造子公司的规模给"缩小"了，留下的是研发、技术、生产以及直接分销渠道等制造专业化职能。被剥离的非核心业务作为组成半独立的另类专业化公司来看待，而不是"泼出去的水"，各顾各的零散业务。我们就看到集团整个新的专业一体化组织格局，它所有的制造企业和其他各个不同的非核心业务子公司都变身为专业模块化。参看图4。

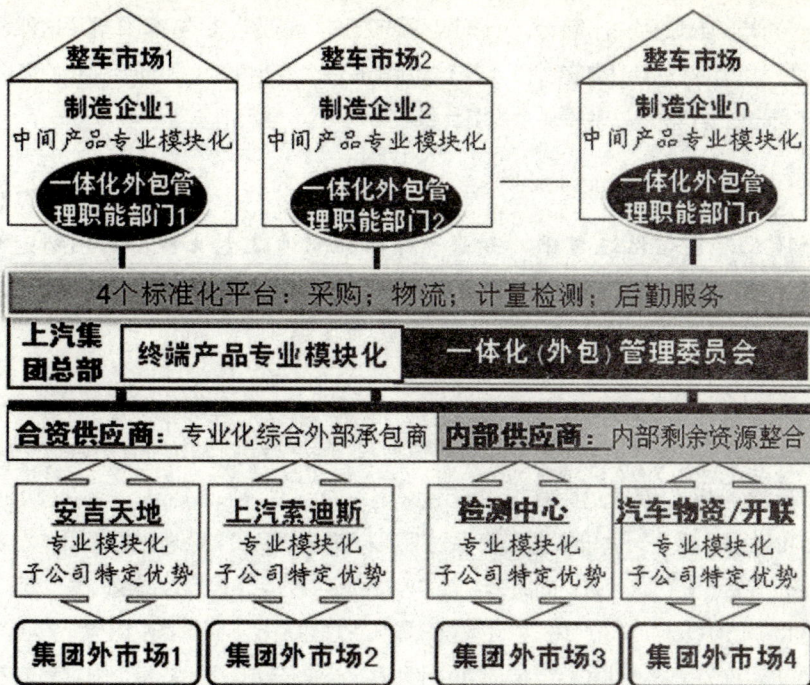

图 4. 一体化外包后各子公司的专业模块化

2. 启示

在专业一体化外包管理的规划过程中，如果将非核心业务剥离看作单纯的"剥离"，或者看作是"切掉赘肉"，或者作为"淘汰落后产能"来看待，那么，集团不会因这种非核心业务外包而得到增值。上汽集团实质上并没有将非核心业务看作真正意义上的"非核心能力"。而是相反，将其看作培育多元化专业模块的机会。因为这些剥离出去的模块化业务实质上并没有真正被剥离，而是进行多元化"体外孵化"，从而使跟随剥离业务离开集团内部的利益相关方有更大的独立性、有更可获得度量的价值、和更多的市场机会。

通过专业一体化外包的模块化管理的优势在于，第一，有利于企业降低成本。通过将部件生产外部化和市场化，可以降低内部生产与协调成本，并从外部获得资源整合的规模效应。例如原来在内部分散的非核心业务资源在外部进行整合，可得到更广的专业市场空间。第二，有利于产品组合创新，外包并不是简单的代工生产，而是涉及生产与改进的综合性过程，制造者可以在规则允许的范围内，大胆进行创新。第三，有利于作为模块化设计师的上汽集团进行战略控制。模块化设计师主要进行设计规则的制定和完善，能够获得对设计知识的一定垄断力，可提高模块化设计水平。但加工外包可能影响产品制造过程中的质量安全，因而可利用其较强的知识垄断能力和较高的设计水平对加工制造过程实施控制。第四，有利于强化制造企业的专业化模块优势。通过大规模专业化生产，模块化的制造企业可以获得深化分工后的专业化优势，能够取得大量生产中的规模效应。

从生产关系的角度看，经济全球化已经不可逆转，国家之间的经济依存度空前增强，很多国家都在对生产关系进行调整，如减少政府干预、实行产业重组、扩大对外开放。在上述历史条件下，企业也在调整自己的战略和行为。上汽集团跟多国外资企业合资的背景体现了这种思想；由案例内容和上述模块化的论述知道，因为各个程序都是高度专业化的，不同专业化的模块跟不同外资企业进行合资合作不会产生操作上的混乱和冲突。

□ 驱动力

在一体化外包管理过程中，专业一体化能够通过专业模块共同创造价值。关键在于，要共同创造价值，不同的个人或组织需要调整他们的行为和活动，以便在连续性的合作中满足其他个人或组织的要求。

外包利益各方行为的调整和改变需要从认知、行动以及信心三个步骤来循环进行。在每个步骤中，作为发包方的利益相关者（集团以及各制造企业）和作为承包方的利益相关者（各非核心业务供应商）都在专业一体化的框架下进行互动。

就如何成功驱动专业一体化外包管理体系的问题，首先把负责外包管理的集团作为施加影响力的一方，而包括专业化承包方在内的另一方作为接受影响力而作出行为调整的另一方。

在认知、行动以及信心三个步骤中，专业一体化管理体系在不同步骤中依次受到的"理性和感性配对"的影响力是一致性和社会化、精尖性和互惠、信任和吸引力。每个配对都是运用理性和感性两种影响力。如图5。

1. 认知：一致性与社会化

上汽集团一体化外包总体原则中的"统一规划"体现了这种一致性。而"分步实施"原则反映了逐步扩大社会化力量范围的步骤和措施。

一致性。在一体化外包管理中，我们首先强调各方对外包安排认识上的一致性。这种认识上的一致性是基于利益双关各方专业认识或者以前经验的延伸。如果发包方和承包方认同外包项目及其条件，那么双方认识就很一致。

社会化。如果认识上存在分歧或者存在认识上的不足，利益双方的认知一致性就较弱，那么"社会化"的影响力体现在：利益相关各方通过观察其他承包商的行为和态度，或者过去的经验来加强利益相关各方合作的意愿和作出行为的调整。以求达到认识上的一致。

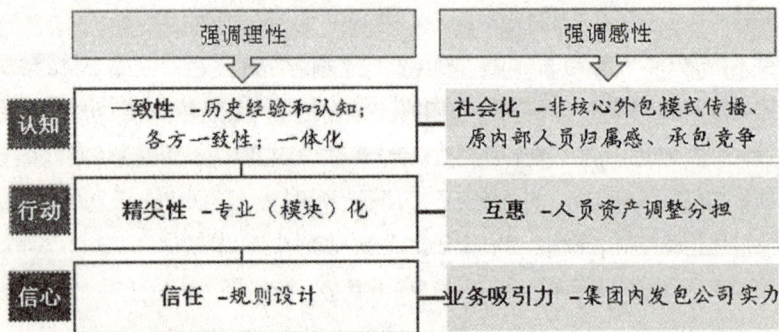

图5. 一体化外包管理对于利益相关者调整行为的影响力

汽车行业竞争的压力使集团上下对于通过非核心业务专业一体化外包所进行的业务流程变革的必要性和迫切性，有了一致的认识。

一体化外包管理这一模式在国际汽车行业已经有了较为普遍的运用；集团下属的上海通用汽车有限公司和其他合资企业在这方面已经有了成功的实践。通过对上海通用实践的研究，集团管理层以及部分子公司领导已经取得了操作的实际经验。另外原内部非核心业务部门剥离成为独立承包供应商将为集团专业一体化外包管理模式的推行创造条件。随着外包业务逐渐扩大，"社会化"范围也不断扩大。在整个外包业务推进过程中，集团对各企业条件成熟的项目，立即着手实施，以期取得第一手经验，加以推广。

一致性是利益相关各方对专业一体化的构建工作产生直接性认知；在一致性认知较弱的情形，社会化效应是利益相关各方通过信息逐渐传播来对专业一体化构建工作产生间接性认知，来逐渐减少推进业务的阻力。

2. 行动：精尖性与互惠

上汽集团一体化外包总体原则中的"精干主业"和"构筑平台"反映出资源专用性和互惠的战略思想。

精尖性。为了降低不确定性，交易双方都专注于培养执行专业化任务所必需的技能和能力，这样才能给他们各自带来相对优势。如果利益相关各方或者个人都有自己的专业化方向，这就意味着他们每个人都能从事一个单独的或与众不同的工作；如果，拥有的专业化资源很精尖，那么该利益相关方能够据有很高的资源专用性。

随着外包一体化的共同专业化程度的加深，某一方的专业化模块中的专有资产或独特竞争力所蕴含的价值也随之增加，这无形中带动有意于合作的其他利益相关各方的利益也在增加。而随着专有技能和能力的发展和成熟，新的增长机会也会出现。所以，利益相关一方专业化程度的加深会加速推进集团内部利益相关各方专业化模块开展提升业务质量的活动，以求取得外包系统专业一体化新的平衡。

互惠。为了在专业化合作中让落后的承包方承认并愿意追求"精尖"的标准，运用"互惠"的方式来提高发包和承包各方行为的信任和激励。这种互惠的专业一体化的可能性表现在两方面：

· 一方面取决于人们是否愿意承受与专业化进程相关的不确定性。公司决定实行专业化时，被剥离业务的人员如何愿意承受这种变化，取决于公司如何处理的方式。

· 另一方面取决于对信任进行度量的方法。专业化合作各方中如果有一方真的实施了专业化，它能否信任其他方信守承诺，加入到一个补偿性的交易关系中来，展开互惠活动，而不会因为自己投入了实质性专业化资产而被推入险境。

一方以自己的资源专用性优势带动其他利益相关方实现专业模块化；当专业模块化实施存在消极因素妨碍的情况下，通过互惠方式增加推进业务专业化的动力。

上汽集团核心业务方面的精益生产管理模式已经普及，率先采取精干主业的行动是将自己变得"精尖"，专业一体化合作的标准提高。

177

上汽集团一方面将非核心业务从内部剥离，来增强内部各模块的专业化，与此同时，作为互惠的方式，将被剥离的非核心业务资源进行整合与培育，使之成为具有核心竞争力的专业化服务供应商，获得更大的市场空间。

上汽集团在采购、物流、计量检测、后勤服务等业务领域"构筑平台"，实际上为各子公司外包业务和承包商业务建立起可信的度量和信息共享平台，推动外包业务专业一体化的互惠关系。

3. 感受：信任与吸引力

上汽集团一体化外包总体原则中的"市场运作"和"做大规模"反映出运用权威性和业务吸引力的战略思想。

信任。"市场运作"反映发包集团作为规则设计者和制定者的公平性。

吸引力。"做大规模"反映出大量的外包业务的吸引力。

上汽集团旗下有 63 家中外合资汽车企业；在非核心业务方面，上汽集团具备一定的运作管理实力；加上已经存在内部培育的承包商。上汽集团的威信让外包利益相关各方建立起对专业一体化的信心。

根据案例介绍，上汽集团在汽车相关行业中已经具备了相当的实力和大量业务，与上汽集团紧密合作、共同发展的前景，对于国内外的供应商具有相当的吸引力。

在缺乏信心的情形下，通过业务量吸引力能够提高各利益相关方对专业一体化的兴趣。

4. 认知 – 行动 – 信心

从图 5 中可以看到，三个步骤中，左列的一致性、精尖性、信任代表了对专业一体化的理性的主动认知，然后采取行动、再由行动结果产生信任；另外，右列的舆论、互惠以及业务量吸引力分别代表了对专业一体化的感性的被动认知，然后逐步跟从以及受到可能结果的吸引。这种分三个步骤，每个步骤形成理性和感性因素配对进行的专业一体化外包学习模式，不断循环进行，每次循环都使利益各方的专业一体化外包管理的协同力不断强化。

5. 启示

本案例关于外包专业一体化管理过程分析是从利益相关者管理的每阶段实践活动出发，把实际商业世界中利益相关者的伦理和哲学理念跟相关的管理理论结合起来进行思考。实践跟理论结合有双重作用。也就是说一方面，实践先于理论。我们在追踪利益相关者在阶段性企业活动的进程中，看到作为行为坐标的相应理论的演进路径，这种理论演进的路径并不一定跟传统既有理论完全一致；那么我们就会检讨究竟是对理论进行修正运用，还是对企业活动进行修正。结果发现，比如，既有的内部化交易理论不能有效解释上汽集团的内部资源整合问题。这也让我们理解为什么非核心业务要从集团内部剥离出去的原因。进而外包的实践活动给出了交易成本理论的根据。然而交易成本理论并不完全能够作为上汽集团外包业务最有效的理论基础，因为不能解释如何实

178

现共赢，也不能解释如何减少各利益相关方的机会主义行为。然后我们从案例企业内部培育外部供应商以及合资组成外部供应商的做法中，概括出"半内部交易理论与半外部交易成本理论"这样一种来自有效实践的观点。参看图6。

由此我们更体会到理论的生命力以及可塑性，尽管它们是"陈旧"的。

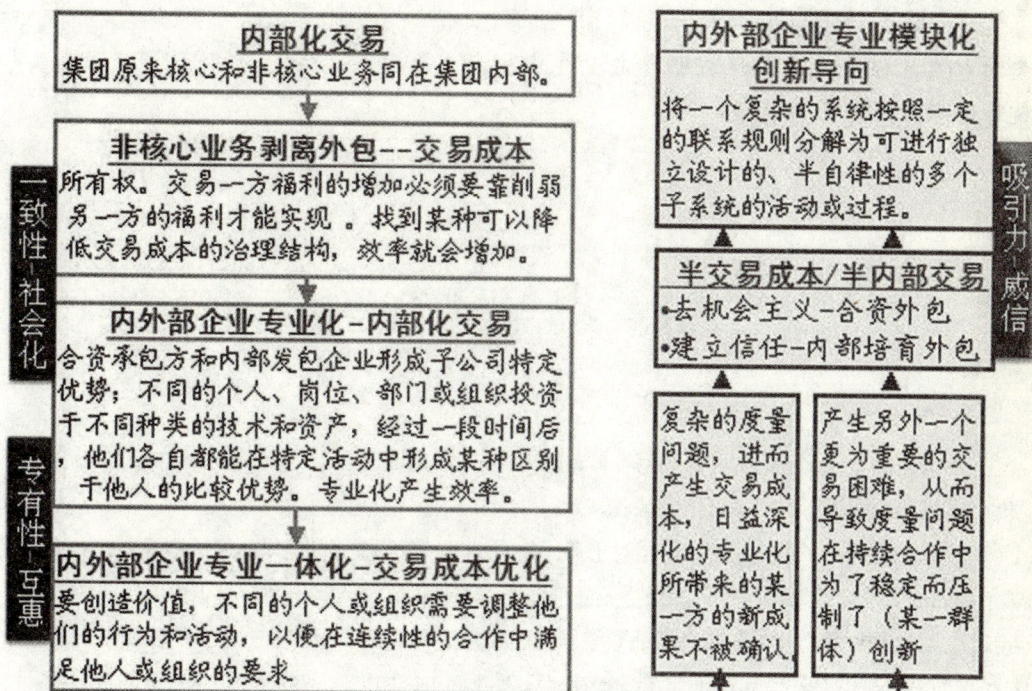

内部化交易
集团原来核心和非核心业务同在集团内部。

非核心业务剥离外包--交易成本
所有权。交易一方福利的增加必须要靠削弱另一方的福利才能实现。找到某种可以降低交易成本的治理结构，效率就会增加。

内外部企业专业化-内部化交易
合资承包方和内部发包企业形成子公司特定优势；不同的个人、岗位、部门或组织投资于不同种类的技术和资产，经过一段时间后，他们各自都能在特定活动中形成某种区别于他人的比较优势。专业化产生效率。

内外部企业专业一体化-交易成本优化
要创造价值，不同的个人或组织需要调整他们的行为和活动，以便在连续性的合作中满足他人或组织的要求

一致性-社会化

专有性-互惠

内外部企业专业模块化创新导向
将一个复杂的系统按照一定的联系规则分解为可进行独立设计的、半自律性的多个子系统的活动或过程。

吸引力-威信

半交易成本/半内部交易
•去机会主义-合资外包
•建立信任-内部培育外包

复杂的度量问题，进而产生交易成本，日益深化的专业化所带来的某一方的新成果不被确认。

产生另外一个更为重要的交易困难，从而导致度量问题在持续合作中为了稳定而压制了（某一群体）创新

179

图6. 企业实践跟理论专业化一体化体系

第十四章 一业为主的多元化战略[①]：
资源与产品的进化逻辑
Chapter 14

竞争动态原理告诫我们，企业要在竞争中生存发展，
就要遵循经济进化的轨迹。

一业为主的多元化理论引导我们朝着具有越来越丰富内涵的多元化方向发展。我们可以从资源的相关性思想引出不同的多元化战略来。

我们认识公司的多元化经营，但是对于多元化的战略、竞争应用和结果如何所知很少。引用波特（Porter）的产业结构论，"如果企业某种能力能够帮助它进入到一个有吸引力的行业的产品市场，那么这种能力能够影响企业绩效差异的形成。"然而 Barney(1986a) 等人的资源基础观认为："尽管公司取得产品市场的不完全竞争性（垄断性），如果从战略资源市场获取的资源要素是完全竞争的话，公司也不可能创造出经济增值。"综合两种观点，我们认为，单纯资源基础观不能完全解释企业多元化的问题，因为多元化还涉及交易成本和产业结构的思想。但是如果无法从资源基础观来解释多元化问题，那么多元化的竞争战略将无从谈起。分析思路如下：

- 从三个多元化方案来看不同资源类型。
- 从资源类型和产品的相互交替概念，来看不同产业嫁接程序。
- 多元化方案对应的内部治理结构：战略控制；经济控制；混合控制。以及相应的竞争战略。
- 统一的竞争战略的形成。

■ 资源观

□ 多元化的重新思考

自上世纪中期通过合并来进行的多元活动正处于发展阶段，从事多元化活动的行业每年都会出现高收益和高利润。如今企业人面临的局面是市场多元化的竞争和增长限制将会变得越来越严峻。

案例中的山东黄金集团也曾经历过多元化的失败。

作为全省黄金行业的"龙头"企业，山东黄金集团同时行使"山东省黄金工业局"的职责，充分挖掘"山东是全国第一产金大省，黄金产量已连续 32 年居全国之首，占全国总产量的四分之一强，经济效益占全国同行业的一半以上"，这一得天独厚的区位优势，集团不断完善黄金地质勘探、采选、冶炼、科研、工程设计与施工、设备制造与安装、电力物资供应，以及黄金精炼与深加工等一体化产业链条，于 2006 年提出"用两年半时间实现黄金矿山脱胎换骨的转变，打造环境美化、本质安全的矿山企业"，"争做全国第一"的战略目标。

在此大好的经营局面下，摆在山东黄金集团面前的是两难局面：如果再次进行多元化的尝试，那么可能由此产生的急转直下的经营状况会再度重演，令决策层"心有余悸"；或者遵从资源观的思想回归核心业务，培育公司的核心资源和竞争力，但是黄金产业是资源不可再生的产业。

181

企业要在竞争中生存和获利，就要遵循进化的轨迹，那就是：寻求机会→配置资源→开发资源。企业在主业这一块，的确遵循这种进化轨迹。

然而对主业进行配置和开拓资源的同时，按照主业和辅业的优先顺序，公司整个业务流程的逻辑关系变成了（为主业）资源配置→（为主业）开发资源→寻求其他多元化新机会→（为其他新机会）配置（剩余）资源→（为其他新机会）开发资源。结果往往是，剩余资源的瓶颈严重限制实质性的新机会的寻求和发掘。也就是说，要从资源基础观来解释企业产品层面的多元化机会问题，参看图1。

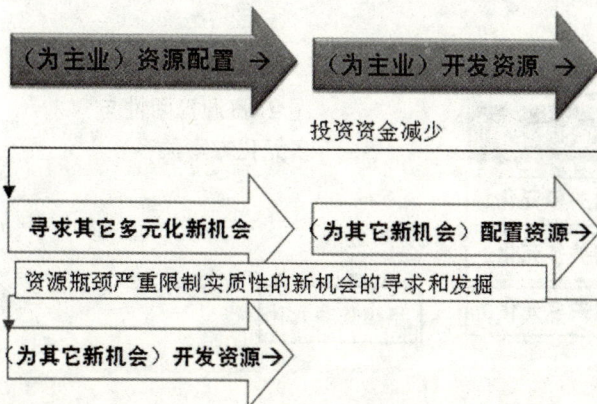

图 1. 一业为主的经济进化轨迹

□ 战略类型与资源类型

从资源基础观的立场来看问题。无论一个公司是追寻相关还是非相关多元化，其资源来源和类型都会因此被披露出来。

资源基础观是关于解释了多元化战略和资源之间的关系，即公司良好的经济表现不是由于特定的战略类型，而是跟战略有关联的资源，由资源的主从关系来决定战略类型。

资源间的主从关系。 例如，矿业生产前期的基础设施投资巨大，原因来自高度的资源专用性：设备和人力资源。矿山生产所需要的机械设备造价高昂，固定资产投入很大。一旦矿山开采完毕以后，绝大部分建筑设施以及井巷工程和部分矿山设备随即报废。同时，矿山开采的技术人才专用性很强，一旦矿山开采完毕，公司技术人员转行或者内退不仅会造成人才浪费，而且极大地提高了人力资源成本。因此，限于黄金开采业务的公司的经济状况对金矿资源的依赖性很大。金矿资源是主导性资源。

□ 多元化方案选择

具体而又稳固的资源，比如矿山设备和技术以及金矿等专用性资源，可以使公司有比较好的经济表现。公司不会轻易进入不相关的多元化业务。这样，单纯资源基础观不能完全解释企业多元化的问题。但是如果无法从资源基础观来解释企业多元化问题，就无法解释多元化竞争战略问题。

182

但是类似黄金集团这样的企业的情形是核心资源并不稳固，面对由此引起不确定的外部的产业市场（结构）因素（例如，产品价格一路走低），企业可能的选择是：

多元化方案1： 利用主业的专用性资源（例如，金矿资源、设备和人力资源）继续经营主业或者同心多元化。关键是开拓资源（例如，金矿）。

多元化方案2： 利用主业的从属专用性资源（例如，技术、设备和人力资源）进入到其他行业，进行相关多元化的新产品市场开发。

多元化方案3： 公司利用方案1和2获取的金钱收益进入非相关多元化的产业，例如杂志出版业、药业、房地产、篮球俱乐部等等；参看图2。

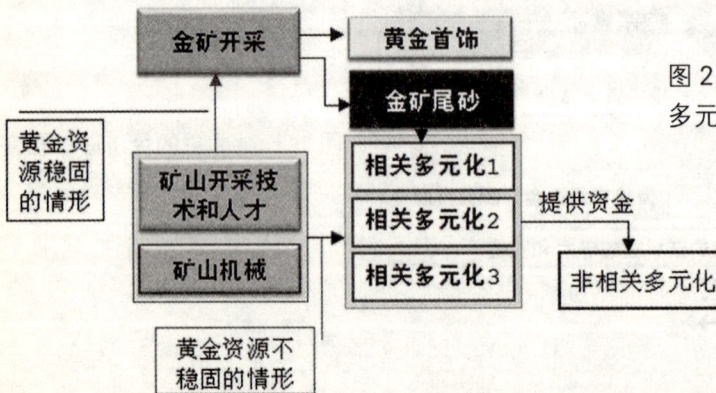

图 2. 资源稳固性与多元化方案关系

山东黄金集团按照不同阶段作出了所有这三种投资战略方案。

关于三个投资方案，单纯资源基础观不能完全解释企业多元化的问题。但是如果无法从资源基础观来解释企业的多元化问题，就无法解释多元化竞争战略。

1. 方案1——资源地域多元化

对于方案1，留在原来业务继续经营，或者开展同心多元化业务，例如在金矿开采主业基础上，开展黄金首饰业务。强调核心资源的继续开发。

在黄金这种资源不可再生的产业，黄金集团的做法是立足省内，进行低成本扩张，对不同隶属关系的黄金企业进行购并；走出山东，跟南非金田公司签订合作意向，在全国范围内寻求、开发优质资源；走出国门，在委内瑞拉等国家开发低价高质的金矿，积极抢占国际市场先机。

多元化的新定义。为了能够运用资源基础观来解释多元化问题，需要对多元化进行新的定义，我们这里把跨地域资源开拓看作地域多元化。但是，尽管如此，在跨地域（比如，跨省、国境）获取资源的情形，公司是通过供应商、竞争者或者能够使他们进入新市场的组织体（比如政府机构）来取得新的发展。这种地域多元化定义开始超出了资源基础观的范围，而涉及交易成本理论的范畴。

与地域多元化有关的资源基础观的思想是，企业通过不同地区的专用性资源交易或者专用性资源投资，比如低价并购或者合作，来获取或者培育资源，来形成资源的不完全竞争市场和获得经济租金（经济增值）。在黄金产业的情形，一方面并购使采矿企业数目减少；另一方面黄金开采公司低价进入战略资源市场，给产品市场带来增值。

与地域多元化有关的交易成本论的思想是，专用性资源交易会引发机会主义（讨价还价、贸易壁垒等）问题。解决机会主义问题要通过适当的科层治理结构（有关当地法规、公司合同，以及企业内部成员决策和制度监督等等）来解决。

2. 方案2——从属性资源多元化

对于方案二，继续利用主业的专用性从属资源（例如，技术、设备和人力资源），进入其他行业进行新产品市场开发。很明显资源基础观不能完全解释多元化问题，它也涉及产品市场机会，以及关于不同产业的产业结构理论的内涵。

3. 方案3——资金资源多元化

对于方案三，似乎非相关多元化跟资源基础观毫无关系，更多的是关于产业结构理论和交易成本理论方面的观点。我们可以这样理解，金钱本身就是战略性资源，它跨越任何产业领域。但是金融这种资源在实践中更多地与交易成本论中的经济控制学说有关联。

以上关于多元化的基本思想结合了资源基础观、交易成本理论和产业结构理论。

Teece（1980）的观点是把资源基础观和交易成本理论合在一起构成企业多元化理论。

183

4. 启示

上述内容谈及单纯资源基础观不能完全解释企业多元化的问题。但是如果无法从资源基础观来解释企业多元化问题，就无法解释多元化竞争战略问题。一家集团公司完全可能同时从事以上述及的一业为主，多种经营业务，就像黄金集团的情形一样。我们看到，案例 1 中地域性多元化的情形，使用的资源是主导性资源金矿；案例 2 中的同心多元化的资源主要是从属性资源、开采技术、设备和人力资源；而案例 3 中的非相关多元化的相关资源是资金。从资源基础观的思想来看，如果这三种资源的相关性（或者是互补性）建立不起来，甚至还产生相互抵消的副作用的话，那么这种多元化战略的优势很难建立起来。实际上，从多元化经营中清楚地认识如何制定多元化战略的公司极少。

■ 程序与控制

□ 新产业的嫁接程序

公司的多元化项目决策程序体现的不应仅仅是其主业，而且还应体现出其他多元化业务的进化论的思想。

184

1. 经济进化轨迹

以下我们可以发现，黄金集团的多元化战略如何做到以资源基础论为主线，来创造不同多元化业务的资源要素不完全竞争优势，能够遵循经济进化轨迹（寻求机会→配置资源→开发资源）来成功实施多元化。

机会寻求。黄金集团的决策层认为多元化经营能否成功的第一个关键因素就是项目的搜寻与选定。黄金集团的视点是高起点进入朝阳产业和高科技产业。首先进入石膏产业这一个相关多元化产业。

资源配置。相关部门根据项目的要求结合公司的现有资源，组织专家组进行经济和技术论证。黄金集团充分发挥采矿、选矿方面的技术、人才等资源优势。

资源开拓。由部门进行可行性论证。提出公司应该追加的资源计划。黄金集团通过债务转换收购了平阴石膏厂，进而自主开发了 α-高强石膏粉生产工艺，直接进入到石膏生产的高端市场。

2. 资源的多元化定义

废料也是原料。陶瓷产业的优质原料来自原来金矿主业废弃的尾砂。不相关一体化——产出（金矿开采后的尾砂废料）和投入（陶瓷产业的尾砂新资源）具有直接相关性。

产品也是资源。首饰加工业是金矿主业的有效延伸，后者的产品成了前者的原料相关一体化——年产 10 余吨的金矿产品产出成了年产 10 余吨的黄金首饰加工业的资源投入。具有直接的资源相关性。

资源也是产品。矿山机械制造业的外延一体化——矿山机械制造业产出（机械设备）跟黄金采矿投入资源（机械设备）具有直接相关性。由于造价大大低于进口同类设备价格，也更适应国内采矿业的需要。采矿机械作为自己企业的采矿业资源以及作为机械设备市场的产品两方面都具有成本优势。

资源的多元化链接。外延一体化——黄金采矿的矿山设备技术和人才也是石膏产业的资源要素；石膏是陶瓷模具的资源，供给包括自己企业在内的建筑卫生陶瓷产业。

非相关产业。黄金集团充分利用和发挥现有优势，为后续发展储备资源。黄金集团还进入了生物、信息产业、房地产、旅游资源开发等朝阳产业。同时，注重品牌的建设与宣传，注重"软"资源的建设，成功运作了《财富时报》和《黄金科学技术》杂志，成立山东"金斯顿"男子篮球俱乐部，取得了经济效益及无形资产的双丰收。

从前述投资方案 3 已经知道这种非相关多元化是基于交易成本理论的财务控制框架内，其相关资源是资金。也就是在前面谈到的相关多元化获得资金之后进行的非相关业务。

3. 启示

我们看到，山东黄金集团如何在资源不可再生情形下通过重新思考资源相关性的意义，把人们的注意力引向了对多元化战略（而不仅仅是多元化业务）这个概念的分析上来；使这种多元化经营沿着前面说到跨行业的资源和产品良性循环的经济进化轨迹发展。参看图 3。

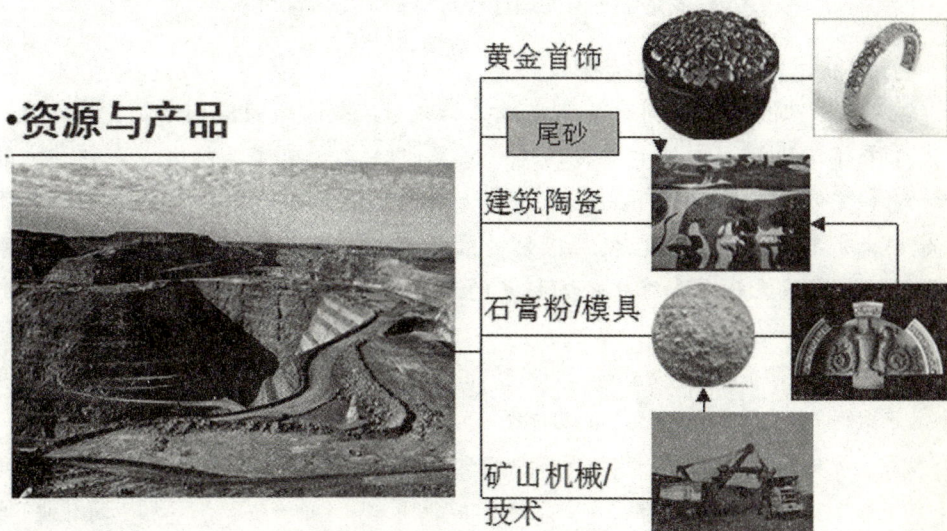

图 3. 多元化的资源和产品的相关性

在这种遵循主业的进化轨迹的情形下，新机会会遇到资源要素的瓶颈。从这里我们领略了黄金集团的领导层在多元化战略开发方面的"头接尾，尾接头"的"废料变成原料，产品也是资源"

这种巧妙构思。他们不但能够继续遵循进化论的原则，克服资源瓶颈，而且不断地同时创造出战略资源要素市场和产品市场的（具有一定垄断成分的）不完全竞争局面。黄金集团案例的分析框架图见下图4。

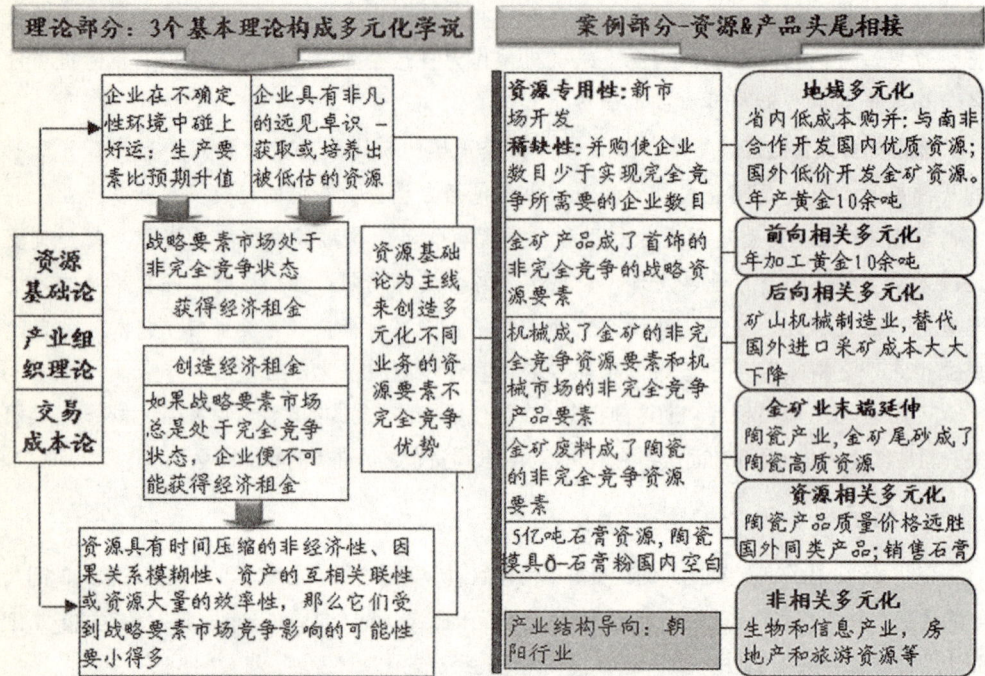

理论部分：3个基本理论构成多元化学说

企业在不确定性环境中碰上好运：生产要素比预期升值	企业具有非凡的远见卓识——获取或培养出被低估的资源

| 资源基础论 产业组织理论 交易成本论 | 战略要素市场处于非完全竞争状态 **获得经济租金** | 资源基础论为主线来创造多元化不同业务的资源要素不完全竞争优势 |
| | 创造经济租金 如果战略要素市场总是处于完全竞争状态，企业便不可能获得经济租金 | |

资源具有时间压缩的非经济性、因果关系模糊性、资产的互相关联性或资源大量的效率性，那么它们受到战略要素市场竞争影响的可能性要小得多

案例部分-资源&产品头尾相接

资源专用性：新市场开发
稀缺性：并购使企业数目少于实现完全竞争所需要的企业数目

金矿产品成了首饰的非完全竞争的战略资源要素

机械成了金矿的非完全竞争资源要素和机械市场的非完全竞争产品要素

金矿废料成了陶瓷的非完全竞争资源要素

5亿吨石膏资源，陶瓷模具β-石膏粉国内空白

产业结构导向：朝阳行业

地域多元化 省内低成本购并；与南非合作开发国内优质资源；国外低价开发金矿资源。年产黄金10余吨
前向相关多元化 年加工黄金10余吨
后向相关多元化 矿山机械制造业，替代国外进口采矿成本大大下降
金矿业末端延伸 陶瓷产业，金矿尾砂成了陶瓷高质资源
资源相关多元化 陶瓷产品质量价格远胜国外同类产品；销售石膏
非相关多元化 生物和信息产业，房地产和旅游资源等

图4. 多元化的相关理论和对应的黄金集团的实践

□ 多元化内部治理结构

适用差异化战略的公司和业务单位强调战略控制；战略控制方式关注过程，集中于合作、协调、团结和紧密的工作关系；主要利用主观标准，来评价在外部环境和竞争优势的条件下，战略运用是否得当。适用成本领先战略的多元化公司和业务单位强调经济控制；控制的经济形式关注结果，主要集中于竞争来实现效率；用客观标准来对比之前制定的量化标准，ROI、ROA和市场份额等。

我们得益于资源基础观和交易成本理论的思想，来分析多元化的内部治理结构问题。这两种学说告诉我们如何分析多元化业务之间的有效交互作用。首先，战略和结构需要紧密地结合在一起，如此一来，多元化的结构才具有明确的战略性，多元化的公司才能够有效率地进行运营。第二，如果想要让多元化的公司存活下来，结构方面需要采取以下的一些措施：减少多元化业务全部的整合成本直到比其他任何一种业务的经营成本都要低；结构一般来说通过三个基本的控制方式来实现其运营的效率：（1）战略控制（2）经济控制（3）两者混合。我们看看以下案例的战略和结构的情形。参看图5。

186

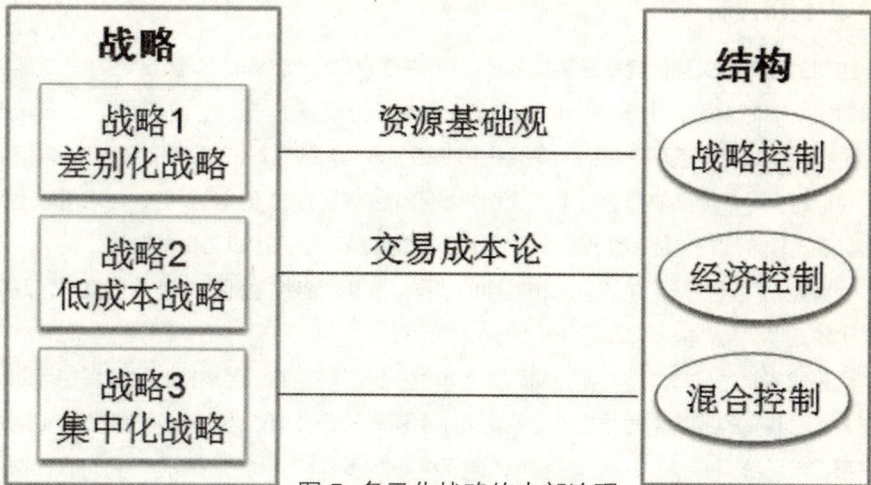

图 5. 多元化战略的内部治理

1. 战略控制

战略控制方式强调合作、协调、团结和紧密的工作关系。运用了资源基础观的思想。主要利用主观标准，来评价在外部环境和竞争的条件下，战略运用是否得当。战略控制一般在直属的相关企业中发挥效用，而很少在具有多元化产品的公司中运用。类似情形是上述多元化方案 1。

战略控制注重过程。战略控制涉及制度框架，可以用来调整经营业务路向。

运用差异化战略的公司和业务单位强调战略控制。涉及设计团队效率的主观衡量和关注业务单位之间的资源共享（如相关多元化战略）。其有效性体现在投入资源的成本不增或者较少增加的情况下能产生更高的产出价格／价值。

注意：差异化是关于同一行业内同一产品服务范畴内不同企业的产品服务差异特性；而非相关多元化是关于同一企业内经营不同行业的业务。

公司层面 – 优化经营机制。负责利用信息来评估绩效的上层管理跟负责实施企业战略的中层和一线经理的正式和非正式的交流。与公司层战略相关的战略控制用于检验，如贯穿业务的知识、市场及技术这样的战略资源是否被恰当分配。为了有效运用战略控制，CEO 必须对每一个业务层战略单位都有深入的了解。

例如，黄金集团切实完善法人治理结构，健全股东大会、董事会、监事会和经营层的运营机构，既保证出资人到位，又保证公司高效运转，实现有效制衡和良性互动。

业务层面 – 动态激励管理。就多元化的业务层来说，战略控制用于研究主要业务和辅助业务，以确保成功实施业务层战略。

例如，黄金集团通过跟踪考评、改革定期考核机制，积极搭建可以让员工充分施展才能的舞台。以业绩和利益为核心，能者上，平者下，长期与短期相结合、多重要素参与分配的机制，建立科学、全面的薪资分配体系，使资本、技术、管理与劳动一样，共同参与分配。

187

2. 经济控制

控制的经济形式强调竞争来实现效率。经济控制体现出交易成本理论的思想。主要用客观标准来对比之前制定的量化标准，ROI、ROA 和市场份额等。与战略控制不同，公司用经济控制来评价企业绩效时更适用于广泛的多元化和非相关多元化战略。试图运用战略控制来解决不相关多元化问题会导致很高的整合成本。非相关多元化战略关注的重点是财务，要求用标准的财务控制指标来比较各战略单位和经理人的业绩表现。类似情形是上述多元化方案3。

经济控制注重结果，包括前期和后期的结果。利用财务控制评价当前的业绩时，既要与前期成果比较，也要与竞争者以及行业平均业绩相比较。

运用成本领先战略的多元化公司和业务单位强调经济控制。经济控制强调那些行动和能力无须或者无法共享的战略（如非相关多元化战略）所有的分公司要为自己的业绩负责（例如固定资产回报，市场份额等等）。这些利益中心要为它们的多样化公司的总部提供它们的总收入，然后总部根据它们各自的业绩将资源重新分配给它们。因为各个部门对这类评估工作都比较熟悉，并且可以用来比较不相关的业务（固定资产回报，市场份额等等）。

这样的系统在多元化级别比较高的公司更容易得到应用。

黄金集团采取了类似的经济控制方式：

· 做好人力资源准备；

· 实施目标任务责任制；

· 经营管理充分授权；

· 实施"楼上楼下"式资金管理；

· 定期组织经验交流与产业分析。

3. 混合控制

战略跟结构紧密结合的方式是基于资源基础观和交易成本理论的治理原理（回顾图5）。

任何结构的有效性取决于战略控制和经济控制的结合方式。然而随着战略类型的变化（成本领先还是差异化），就要偏重不同的结构方式，即以战略控制为主导还是经济控制为主导。从战略控制的内容可知，在直属的相关企业中这样的控制系统相对难度不太高，但是具有产品多元化特征（多行业特征）的战略控制很少，这些系统实行起来成本昂贵。因此战略控制要借助经济控制的原理。类似情形是前述多元化方案2。

例如，黄金集团为新业务实行健全规章制度的目的是战略控制的，促使集团管理逐渐走向规范化、法制化轨道，其中有关的规章制度有《经济责任制定考核办法》、《集团节能管理办法》、《集团审核承诺及责任追究规定》。这些规章制度看来融入了经济控制的元素。可见，随着多元化程度越来越高，这种成本控制的性质会由战略控制逐渐向经济控制偏移。

图6给出集团公司内部战略控制和经济控制的不同层次。

188

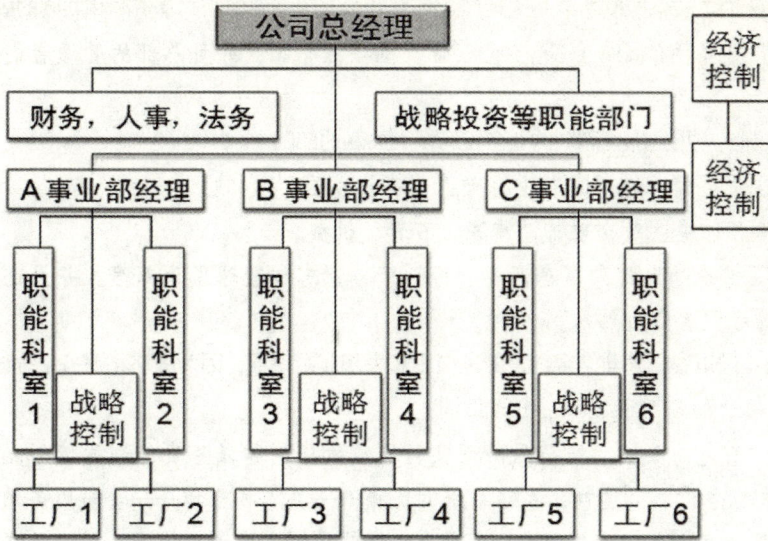

图 6. 集团公司内不同层面的经济控制和战略控制

图 7 是关于跨国公司的战略控制和经济控制的示意图。战略控制强调公司内跨部门的协同；经济控制强调跨行业的财务竞争。

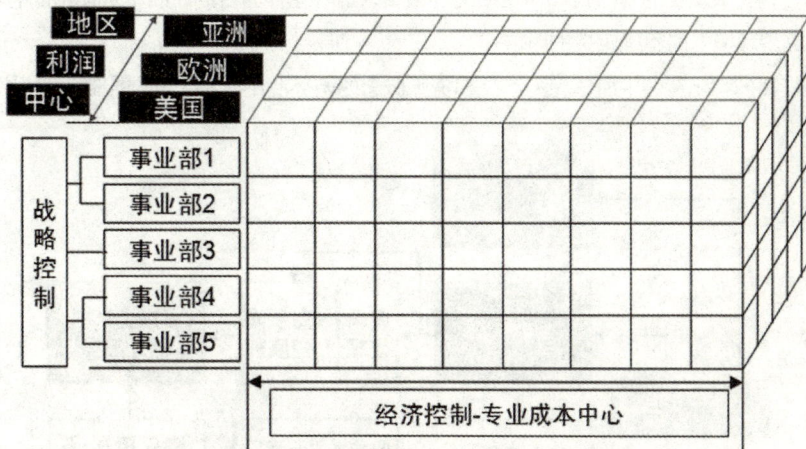

图 7. 跨国公司的战略控制和经济控制的示意图

混合控制的适用性。在公司范围内，关注资源在业务单位之间的共享（如相关多元化战略）导致了对战略控制的强调；而经济控制则强调那些行动和能力无须或者无法资源共享的战略（如非相关多元化战略）。

多元化程度处于中间状态的公司更加适合采用这些混合组成的系统（战略控制结合经济控制）。

例如，黄金集团的"头接尾"和"尾接头"的多元化业务群适合于混合控制的情形。战略控制关注过程，而经济控制关注开始和结果。

原则上来说，战略控制可以用来运作业务系列，这些系列相互共享资源和共同的固定资产。

例如黄金集团的金矿、尾砂、石膏、机械，等等，并且总部的管理者们对这些都非常了解。

经济控制会应用到那些和别的业务没有多大关联的部门上。

例如在黄金集团的不同产业的产品（概念）层面：

非完全不相关：黄金首饰、陶瓷、石膏、机械。

完全不相关：生物和信息产业、房地产、杂志和篮球俱乐部等。并且这些部门并不为总部的管理者们所熟知。

虽然这些逻辑看起来非常合理，但是应用起来却非常艰难，因为战略和财务系统彼此并不能和谐相处。每个系统的利益彼此会相互抵消。

例如，前述的集团为防范风险而实行岗位责任制和任务责任制的情形，自然造成本位主义和竞争意识；这样，战略系统的优势——共享和合作——会被财务系统在竞争上带来的压力所抵消。反之亦然，事实上，战略控制力度加大或者失效会造成管理成本增加，效率下降，财务状况恶化。而多元化战略是因为公司现行业务的财务业绩不佳而"被迫"进行的情形，又会进一步使战略控制难度加大，形成恶性循环。所以两者很难和谐相处。

于是，企业最重要的考虑是如何运用混合系统来达到互补的目的，而不是互相抵消，尤其是当公司面临着环境上的不确定性的时候。

190

黄金集团多元化案例中所体现的产品和资源概念的循环混用有利于混合控制。参看图8。

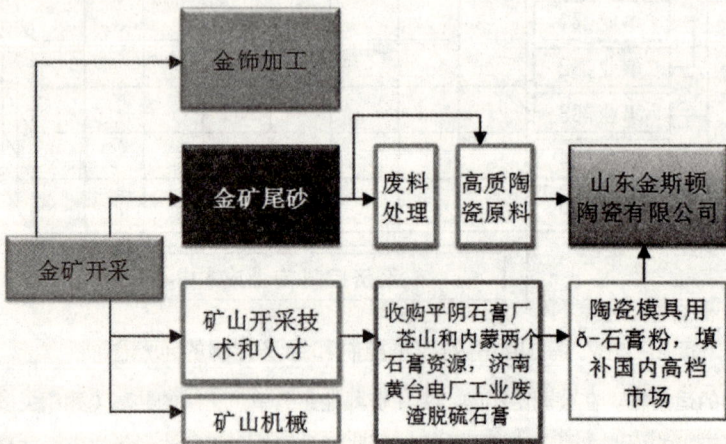

图 8. 经验影响多元化知识观形成的路径

4. 启示

一业为主，多种经营的多元化进入模式、结构以及形成的多元业务战略群，引导我们朝着具有越来越丰富内涵的多元化发展，最终有助于形成统一的多元化战略。

多元化战略。我们对多元化战略的模式、应用和结果如何给多元化市场竞争造成影响所知很少。

我们认识到存在多元化业务之间不同的相关性之后，我们对各个多元业务的战略性关系的构思也可能不同，并且由此导出不同的多元化战略来。这样有些可能会超出传统相关性表述给予我们的笼统而限制的范围。但是，当这些多元化战略正在成为越来越重要的发展趋势的同时，我们也要看到，没有多元化统一的战略，公司不可能是真正意义上的多元化企业。

一业为主，多种经营的多元化的进入模式、结构以及形成的多元业务战略群，引导我们朝着具有越来越丰富内涵的多元化发展，最终有助于形成多元化统一的战略。这种多元化的统一战略的基础是公司的价值链具有互补性，不同业务具有相关性含义：产品跟资源相关；资源跟产品相关；资产跟产品相关；废料跟资源相关；资源跟资源相关；还有不相关，等等。

多元化竞争战略。随着公司收益的增长，许多处于相同程度的多元化公司会发现他们正面临着同时来自同行的多条生产线上的竞争。现在的这种竞争比以前更剧烈，战略性竞争水平正在提高，从单一业务层次发展到了多种业务的层次上。越来越广的竞争范围正在成为多元化战略考虑中非常重要的一个方面，因为在多种市场上的竞争者们正在影响多元化战略的优势与收益。

以提升主业竞争力为基础的多元化战略，形成了以主业主导的多元化公司的统一战略。其多元化竞争战略的思想基础是资源基础论、产业结构理论和交易成本理论的结合，形成跨行业的资源要素、资产和产品等等的相关多元化战略。多元化是否具有战略特质要看以下几个方面：

经济租金。与那些从外部获得的资源相比，现有的已经为公司所控制的资源。这些内部资源为公司创造经济租金的可能性更大。

短期竞争优势。公司控制着稀缺、不可替代的重要资源及其衍生物质。通过利用这些资源去制定和实施战略，至少可以获得短期竞争优势。

持续竞争优势。控制着稀缺、不可替代的重要资源及其衍生资源。另外，如果跨行业的资源和产品能够形成头尾衔接的关系（即资源是另一行业的产品；或者产品是另一行业的资源），使供需关系内部化，具有需求刚性和供给刚性，那么公司通过利用这些资源－产品的关系去制定和实施多元化战略，能够获得持续竞争优势。

它们所产生的绩效优势不能引起竞争者的模仿。这是因为如果竞争者没有这些必要资源，而要想获取或培育出来，就需要在交易市场上付出高昂的代价。

资源增值与租金创造。企业从竞争环境下的资源要素市场中所获取的初始经济租金往往没有反映出适正的预期价值水平，这样，制定和实施企业战略的资源的价值预期会不断进行调整，以此来获取持续的经济租金。另一方面，如果企业能够不断发明新方法，利用其所控制的资源来创造价值，企业就能够连续地创造经济租金。

例如，国内陶瓷模具行业使用的石膏粉生产工艺技术指标、质量及价格远远低于国外同类产品。而国内外市场应用潜力非常巨大，作为陶铸模具 α－石膏粉，当时在国内还是空白。黄金集团自主开发了 α－高强石膏粉生产工艺，直接进入石膏生产的高端市场。

191

多元化变革的战略思考。 从公司当时的主营业务来看，经营状况可能不错。但是在该主营业务资源逐渐衰竭的未来，该主业上升空间将很有限，从而也影响了公司其他相关多元化的业务。为了谋求公司业务稳定而长远的发展，公司就会考虑进行业务剥离，包括该主营业务和在资源方面跟该业务关联性最大的业务。同时公司应关注其他产业领域有无机会，不仅仅关注市场份额，同时要希望新业务能成为行业标杆。

战略定位。 主要看现有市场定位是否确固，有无价值提升潜力。如果市场定位不稳固，就要对其进行优化。

价值创造潜力。 主要看业务能否做大；如果不能，再看看能否提高利润率。

两个误区。 一是公司往往从内部来看业务/产品的业绩表现。跟公司其他多元业务/产品相比，该业务/产品的财务业绩可能是最好的，但是跟行业的最佳水平相比，就并不出色。相比之下，公司其他多元业务/产品虽然在公司内部表现相对不很出色，但是在行业中的相对表现反而更好。这时候公司很可能重视前者而忽视后者，甚至从产品组合中把后者淘汰掉。二是经济控制跟战略控制如何协同的问题，这与间接成本分配有关。有些业务的产品市场竞争激烈，因而价格的压力很大，如果经济控制是使用广泛平均的间接成本分配方法，就有可能多计了该产品的间接成本，结果显示该产品无利可图。公司有可能放弃该产品。在强调协同和共享的战略控制中，诸如生产计划、产品与流程设计、工程技术等导致间接成本增加，而直接成本和人工成本减少。由于直接人工等直接成本不是这些间接成本的成本动因，在进行经济控制时，如果以直接人工成本为基础来分摊间接成本，就不能准确计量资源如何被不同的业务和产品所使用。因此，改进成本系统最好的方法是实行混合控制（战略控制和经济控制两个方面结合）。比如说，将工时和设备运转小时这类直接成本为基础，进行的间接成本分配这种单纯的经济控制方法，转变为一种作业成本系统的混合控制方式，比如，与战略控制关联的特定产品设计、装机、产品生产和分销作为一个作业成本体系，在其中对有关成本进行分配。

192

第十五章　中小企业多元化[①]：
认识方法论
Chapter 15

至今企业世界中，仍然存在有待认识的战略问题：如何解释民营企业在动态环境下持续成长的路径方面存在一定的局限性。

Thought Frontiers in Strategic Management of Instantiation-Based Knowledge Structure

　　至今企业世界中，仍然存在有待认识的战略问题：有关民营企业持续发展的研究多数倾向于关注企业功能，例如：企业战略、人力资源管理、管理制度、技术创新、企业文化等。至于如何解释民营企业在动态环境下持续成长的路径方面存在一定的局限性。

193

　　整个经济体都感受到产业转型政策的压力。有经常性国家政策指导的市场，渐进性的产业会变成激进性的产业。一般而言，渐进性演变和创新性演变反映出熟悉的"生命周期"模式。它常常被视为是理解产业演变的准绳。然而用生命周期的"自然法则"来解释产业的轨迹会对急激出现的威胁和机会丧失敏感性，将会导致危险的错误结论。成功的中小企业发展过程应是适应性成长过程，它重视跟环境的交互作用和快速反应。这需要在认识方法论上进行更新。与持续成长有关的认识方法论的关键思考因素是：

- 政策和规制变化带来的多元化的机会与风险。
- 在特定行业生命周期或者阶段应遵循的演变规律。
- 多元化应具备的前提条件。
- 不同阶段构建适应性组织经营结构。
- 建立适应性发展的程序。

■ 认识

□ 对环境演变的认识

浙江基业集团的实践给予我们的启发是：我们需要在认识方法上进行更新。

公司认识到，无论是激烈的市场竞争环境，或者是行业处于演变阶段，单一的经营方向会使企业欠缺应变能力，不易分散风险。尤其是作为国民经济支柱的房地产和建筑行业，与外部因素密切关联。一旦外部因素变化，比如政策和规制，就不仅会威胁到整个行业，同时也会影响到关联行业的生存与发展。在这种形势下，企业必须开拓新的发展空间，从事有竞争力的、有长远发展前景的多元化经营。从基业集团多元化发展过程看，成功民企的发展过程应是适应性成长过程，它重视跟环境的交互作用和快速反应。

1. 体制的机会与动态性

在应对国家体制给中小企业转型带来多元化的机会与风险问题上，企业强调对变化的认知能力和适应能力。

动态性。基业集团认识到，市场瞬息万变，中小型民营企业在动态的环境中求发展、谋成长。强调对环境变化的适应性。

2. 演变规律与创新性

首先，我们关注行业所处的特定生命周期或者阶段，以及中小企业应遵循的演变规律。为此，基业集团解释了创新的意义和途径。

创新性。基业集团认为，中小型民营企业的可持续发展是一个新课题，没有陈规可循，也没有老路可走。必须有创新的思路，改革的精神，敢于进取求索的胆识，以及务实的作风，才能开拓新局面。

本质上这是强调通过行动和经验总结来开发预先了解的能力。

3. 前提条件与现实性

中小民企多元化应具备什么前提条件，多元化下如何选择战略，以及多元化战略如何辨识和解决核心业务中出现的问题。基业集团提出基于现实状况的看法。

现实性。中小型民营企业的现实是"技术落后、管理更落后"，要持续成长，不能好高骛远提出过高的发展目标。

这里强调务实和与时俱进。

4. 组织结构与持续性

在实施多元化战略中，如何根据不同阶段有效构建适应市场变化的动态性组织结构，突破规划性的局限。基业集团提出对持续性的认知。

194

持续性。企求"持续成长"，"百尺竿头，更进一步"。

这里强调多元化中各部门在全过程的协同性和延伸性。

5. 程序的延伸与发展性

中小企业适应性多元化整合管理的原则是：任何一种多元化，无论是相关还是不相关，适应性发展需要建立程序，对各个不同部门和子公司的资源配置和文化影响实行流程型的延伸和扩展。基业集团提出对发展性的认知。

发展性。从寻求企业成长发展的目标出发，整合管理理念和企业文化，整合企业人、财、物等生产经营资源和管理手段，达到企业持续成长的目的。

这里强调多元化进程中公司全体能够共享经营活动。但是，只有当文化背景、组织程序和各部门的体系是共通的时候，共享才可以持续。

6. 启示

认识方法论是针对外部环境变化——行业外部变化所引起的行业"非常规性"演变——对中小企业造成的"非常规性"影响以及危机问题；针对这种激变性影响，中小企业需要构造一种将"非常规性"转化为常规性的适应性思维和工作程序，来快速适应产业的演变。

□ 产业演变和多元化

不管企业是力图取得演变的先动地位还是留在原来的位置，较早认识到变化的企业比起那些较晚认识到的企业而言，往往会有更多选择。通过创新来利用演变的特征，企业可以显著地提高获得长期投资回报的机会。

195

1. 产业演变中的中小企业

中小型民营企业作为社会主义经济重要组成部分，近些年来越来越显示出蓬勃的生机和活力。特别是各地区中小型民营企业的发展壮大，已成为国家经济的主要力量。

浙江基业集团（简称基业）的前身是成立于1995年的金华市基业建筑工程有限公司，是金华市第一家民营建筑企业。经过9年的努力，已发展成为以建筑业、房地产业为主导，集贸易、软件开发、设备租赁、物业管理为一体的多元化经营集团公司。现有资产3亿元，各类建筑施工设备500余台，年施工能力10亿元，年开发房地产能力为20万平方米，员工1000余人。集团拥有7家子公司，并跨省收购重组了具有总承包国家一级资质的山东一家建工集团。

2. 转型与演变规则

无论产业发生的演变是渐进性的还是创新性的，其原来的产业主流模式中都蕴含着变化的压力。结果，企业原有的价值创造的方法可能会遭到被淘汰的威胁，主流模式发生动摇。随之而来的可能是核心经营活动产生变化，或者核心资产受到淘汰的威胁，或者两者兼之。产业会被迫进入不同的经营轨道中。

然而，核心经营活动的演变都会在一个较长时期内进行，最终将对现有主流模式的龙头企业的竞争地位和赢利能力造成威胁。这种轨道之间的转变并不是经常发生的。产业可能会在数十年里，完全按照某种单一的经营模式进行演进。事实上，很少听说过一个产业在十年内就发生核心经营转轨的现象。但是，体制性的力量的确能够对行业演变的轨道造成极大的动摇。

通常战略的有效性是受到所遵循的产业演变中的规则所限制的。每种演变轨道——核心经营模式或者核心资产的改变——都意味着产业会以不同的创新方式来保持其出色的业绩表现。要想利用产业演变中涌现出的机会来制定战略，首先必须要对每种演变轨道的阶段性变化特征有所了解。不管企业是力图取得演变的先动地位还是留在原来的位置，能够较早认识到变化的企业比起那些较晚认识的企业而言，往往会有更多选择。通过创新来利用演变的特征，企业可以显著地提高获得长期投资回报的机会。

由于中小型民营企业创办时间都不长，但规模扩张较快，在企业具备一定的规模寻求再发展时，原来的管理制度、管理方式、管理思想等均难以适应企业持续成长。要打造"百年基业"，应该制定什么样的战略目标，用什么样的理念带领员工进行二次创业成为紧要问题。经过调查研究、缜密分析、反复论证和慎重抉择之后，基业于2000年提出"中小型民营企业持续成长的整合管理"，并于当年开始实施。旨在既能适应中小型民营企业的实际，又可谋求突破中小型企业原有管理和经营机制的局限。

196

3. 产业政策对演变的作用

在核心经营活动没受到威胁的情况下，"生命周期"模型被认为是适用的。它常常被视为是理解产业演变的标准。由于生命周期模型非常直观，为适应转型，很多经营者习惯于利用该模型来作决策。但问题在于，生命周期模型并非对一切演变都适用，尤其是当产业的核心经营活动处于激进性演变的时候，这种分析模型将会导致非常危险的错误结论。

有经常性的国家政策指导的市场，渐进性演变的产业往往成了激进性演变的产业，例如处于宏观调控下的房地产业，继而是建筑业。这样用生命周期的"自演变然法则"来解释产业的轨迹变化会对急激出现的对现行核心业务的威胁和多元化转型的机会丧失敏感性。

4. 多元化

演变的急激性。产业的核心经营的转轨虽然很少出现，但还是有可能发生的，特别是国家急激性的政策干预下的情形。对于中小企业，衡量是否发生转轨的方法是，这种淘汰核心经营活动的威胁是刚开始还是已经逐渐消失。当新的威胁出现时，产业会马上出现新的发展形态。这一发展形态取决于威胁的性质，也就是对核心业务构成威胁还是耐久资产基础性威胁。如果是核心经营活动的威胁，那么企业的核心业务就要发生转换；如果是对基础性资产的威胁，那就意味着企业要生存就要进入不相关的产业。威胁的逐渐消失意味着产业内部的多数企业已经因应威胁逐步进行了适应性演变，并遵循新的产业规则。而处于经营途中的中小企业的演变往往是滞后的。

应对的缓冲性。在新阶段开始时，产业演变的特征表现为原有产业开始挑战传统的经营观念和模式，并尝试新的价值创造的方法。这个产业演变的新阶段的焦点主要放在创新方面，来淘汰现有产业的传统主流模式。然而，在这一开始阶段，操作变化的规模相对小。这样，对于所在产业的企业，产业衰退对于该产业经营活动的威胁还不足以迫使公司尽快进行重组。

过渡期管理成本。很多情况下，公司因为建立新系统的同时还要维持过时的系统，所以建立新系统所需要的投资实际上要比理论上多得多。这样，采用新系统的阻力实际上更大。

作为中小民营企业，转型（改变传统经营模式）未必就要转行（更换基础性资产），否则无法承受新一轮投资所带来的巨大压力。特别是通过新业务试行转型的开始阶段，应根据企业的现有核心业务的生命周期或者阶段，实施缓冲性的现有核心业务的同心多元化，逐渐向新业务模式所需的多元化核心（新同心）以及管理和经营机制转移，来实现有利可图的转型。

5. 启示

往往，在很长一段时间内，很多中小企业不愿采用新的经营模式，因为在产业内新主流模式的操作规模的影响力也小。这样现有模式下的中小企业可能只表现出绩效稍微差了一点，而且企业还要靠现有业务来实现还未完成的资本积累。这些企业的管理者可能宁愿业绩稍差，而仍旧保持现状，并希望最终有机会采用新主流模式，继而能够赶上新主流模式产业龙头企业。

这样的希望通常是要落空的，最终它们发现企业实际上是在苟延残喘而已。而那些采用了主流模式的企业可以从最初艰难的经验中获益，并逐渐露头角，提高效率和确立其在产业内的正统性。与此同时，那些陷于追赶模式的中小企业最终发现：退出是唯一选择。面对产业演变，中小企业如何选择自己的路子，是很大的挑战。

197

■ 方法

□ 中小企业多元化路径

公司战略最普遍的原则是：任何一种多元化，无论是相关还是不相关，都要求对影响每个部门的公司文化和资源配置进行流程型的延伸和发展。

像浙江基业集团这类中小型民营企业可持续成长的整合管理战略给出了深刻的启示。至今在企业世界中，仍然存在有待认识的战略问题：民营企业持续发展的问题研究多数倾向于关注企业功能，例如：企业战略、人力资源管理、管理制度、技术创新、企业文化等。至于如何解释民营企业在动态环境下持续成长的路径方面存在一定的局限性。

1. 多元化层次

基业集团作为围绕"同心多元化"开展业务的战略层次是很清晰的。集团第一层次是"建筑与房地产"两个核心业务。作为核心业务的辐射，是有关联的各个行业和业务层次的顺延，如第二层次的建材、软件、贸易，与核心业务形成互动和良性协作关系；第三层次的物业管理和设备租赁，确立为新的业务增长点，以服务集团内部业务为主，兼顾市场，成为集团辅助业务。目前，基业还正在计划涉足高新技术产业和建筑机械业。参看图1。

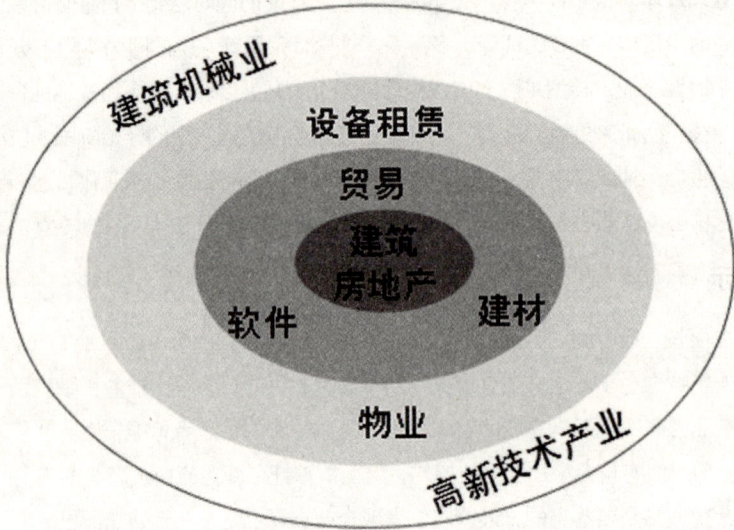

图 1. 基业集团的同心多元化示意图

2. 多元化的流程型

公司战略最普遍的原则是：任何一种多元化，无论是相关还是不相关，要求对影响每个部门的公司文化和资源配置进行流程型的延伸和发展。

基业集团对此的认识是由于中小型民营企业创办时间都不长，但规模扩张较快，在企业具备一定的规模寻求再发展时，原来的管理制度、管理方式、管理思想等均难以适应企业持续成长。基业 2000 年提出二次创业，制定"中小型民营企业持续成长的整合管理"的理念和政策，并于当年开始实施。旨在既能适应中小型民营企业的实际，又可谋求突破中小型企业原有管理和经营机制的局限。

多元化是公司将外部业务进行内部化的过程。可以看出，基业集团的情形是，随着同心多元化往外围层次延伸，多元化相关性程度在不断"稀释"和"离散"。例如处于第三层次的物业管理和设备租赁业务，大部分是内部服务指向，小部分是外部市场指向。正是这种"半多元化"形态，对不同业务、不同阶段的环境变化起到了对企业内部和外部进行协调和适应的作用；在某种对同心多元化产生不利的环境变化的情形下，这第三层的业务也能够从企业的同心多元化体系中剥离出去，在市场中独立生存。这就是基业集团能够对环境变化产生适应的同心多元化的路径。

3. 启示

多元化经营又会面临市场、技术、资金等多重风险，如果超出了经营者能够有效管理、运营自如的能力极限，陷入过度扩张、管理失控，就会导致企业发展的衰败。这说明企业进行多元化

198

前要知道该多元化要具备什么条件。因此，基业制定的同心多元化经营战略是立足现有产业优势，以建筑业、房地产业为圆心，其他业务单元围绕这个圆心，进行多元化的业务选择和业务拓展。

□ 多元化战略具备的条件

转型期许多多元化的公司可能会运用复杂的系统来调节核心经营资源共享和转移。久而久之，这个系统会越来越复杂，公司的主导战略失去了可追踪的轨迹。对每个多元化项目，特别是多向多元化项目，实行各自独立的专业模块化的情形。这样多元项目模块之间的联系就会以复数增长。

基业集团高层对多元化的思考是这样的：基业深切地感受到在集团发展上一定要坚持两个"必须"，即：

· 集团的生存和发展必须大力推进多元化；

· 实施多元化必须以建筑与房地产两个主业为核心。

从产业转型角度来分析以上基业集团对多元化的认识方法。从资金和资源配置的角度出发，这里归纳出一些应当受到高度重视的有效公司战略所应具备的条件：

1. 内部化的合理性

必须考虑到随着多元化这类内部化的发展，可能涉足的不同产业就越多，企业的所有权内部化程度就越高。其中可以从"排他法"（排除其他非内部化制度的合理性）来对（内部化的）多元化项目作出肯定或者否定。

在以下情况中，多元化发展是稳定的：

· 企业在发展过程中，其他的外部化方式如：合作、联盟、长期合同等不能有效地协调企业各分公司和部门之间的关系的情形。例如基业集团开展设备租赁这一多元化业务的情形，一方面设备以自用为主，另一方面将闲置的设备租赁出去。这样，企业在激活设备资源合理流动和增加设备资产价值方面明显优于其他外部化方式。

但是，基业集团在资本运作方面采用合资和联盟的战略奏效。这里的合资是一种"半内部"化的"半多元化战略"。

· 当企业在多元化条件下的赢利能力高于其在各分公司和部门独立运营条件下的赢利能力的情形。

例如，基业集团跨省收购重组了具有总承包国家一级资质的山东一家建工集团。这样的一级资质可以覆盖基业集团所有有关分公司和部门的业务。

只要其中任何一个条件不具备，组织都会面临有部门希望独立出去的压力。如果压力得不到缓解，管理层就会被董事会责令改进公司战略，甚至会面临被替换的危险。

2. 外部化还是内部化

根据新的业务在企业内部还是外部进行来定义内部化还是外部化。公司必须能够决定通过何

199

种方式应对产业转型：剥离（外部化）、收购（内部化）、联盟（半内部化）或契约方式（半外部化）？比如基业集团采取收购一级资质公司的方式来解决公司的资质问题（内部化）；租赁业务处于"半外部化"状态，必要时能够剥离；采取跟银行结成投资联盟（半内部化）的方式来解决资本运营问题。在产业转型过程中，一般而言：

· 产业已进入到演变最后阶段。最后阶段的特征是衰退－产业原经营模式的规模缓慢下降，产业原模式的创造价值的能力下降。可能的经营路径是：业务剥离（外部化）；转轨（内部多元化）－产业新的模式开始支配企业的原有模式，产业必须按照新的模式来创造价值。

· 而在处于演变的震荡阶段（产业组织的主流模式出现，同时无效率的企业逐渐退出）、趋近阶段（比如越来越多的模仿创新）和依存阶段（比如竞争性依存；互补性依存）的产业中，合资联盟（半内部化）对企业更有吸引力。

3. 启示

要能够清晰地看到核心经营活动和核心资产如何在各个转型轨迹不同的部门间共享。

例如，基业集团以建筑和房地产为核心，根据资源的关联性扩大经营范围，将建材、软件和贸易作为第二层次的关联业务，与核心主业形成互动和良性的协同关系。然后多元化的第三个层次是物业管理和租赁业务，以服务集团内部业务为主，兼顾外部市场。继而涉足高新技术产业和建筑机械业。参看图1。根据该公司介绍，集团成立设备租赁公司，实行市场内部化操作，对各子公司、项目部的闲置设备有偿调剂和租赁经营；对外，面向市场、自主经营，避免了各子公司、项目部重复购买设备、闲置设备、拖欠设备和损坏设备等现象发生，提高了使用效率，盘活了资产和资金。

□ 动态性组织经营结构

转型期不少多元化的公司可能会运用复杂的系统来调节核心经营资源共享和转移。久而久之，这个系统会越来越复杂，公司的主导战略失去了可追踪的轨迹。

特别是对每个多元化项目实行各自独立的专业模块化的情形，特别是多向多元化的情形。这样多元项目模块之间的联系就会以复数增长。参看图2和图3的示意图。

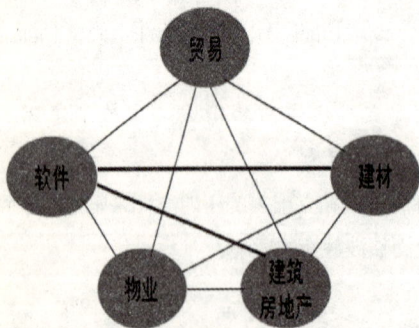

图2.5个多元化业务的
10个关联示意图

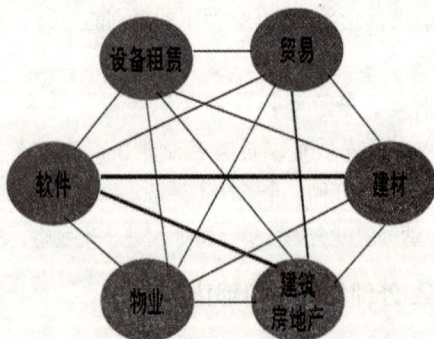

图3.6个多元化业务的
16个关联示意图

基业集团以建筑和房地产为核心业务，根据这两个核心业务的资源共享的原则，来扩大业务，这样，多元化扩张的主导战略有较为清晰的轨迹可循。参看图4。

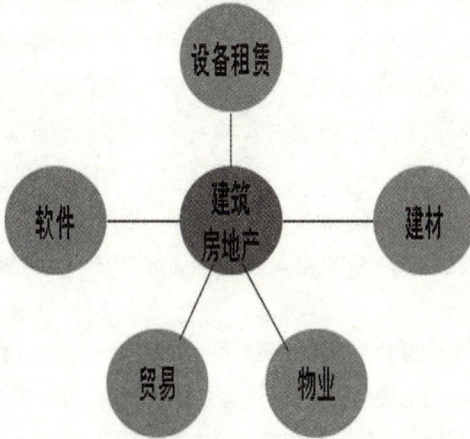

图 4. 同心多元化 6 个业务的关联示意图

1. 部门间冲突

当不同部门的转型轨迹不同时，部门间为转型而争夺核心资源和推卸债务的情况凸显。高层管理必须能够解决这些部门间为争夺资源或者推卸费用承担责任出现的冲突。

其中解决方法之一是为不同的部门的争执问题划清权限。可接受的公司战略的基本原则是：业务部门不负担额外的不必要费用，比如来自多元化的管理费用摊分，等等。公司总部的唯一职能应该是规划所需的资源共享和转移，来支持公司获得优良业绩。基业集团在财务资源共享和转移的规划方面的做法是：建立财务共享平台，优化资金配置。基业集团原来在各子公司都设置了财务部门，管理上各自为政，资金分散闲置和长期拖欠现象时有发生。通过整合管理，把原来各子公司的财务集中到集团财务结算中心，统一财务核算制度，把分散、闲置的资金集中用到重点项目上。同时，明确各子公司审批权限。通过各子公司的资金预算，确保了资金有计划、有重点地使用，提高了资金使用效率。财务结算中心的建立实现了对集团公司投资规模的有效控制，缩短资金周转时间，确保货币资金使用的合理性和有效性，促进了企业的滚动发展。

在制定转型期企业多元化战略的过程中，解决部门间冲突的基本考虑的措施重点是：

· 由谁来解决各部门争夺有价值资产和经营活动的问题，解决的方法；

· 有关开发用于各部门共享的新经营活动和资产，谁有决定权并为其费用埋单；

· 对于开发能够为全公司创造价值的经营活动和资产，是否应该事先加强各部门间的协调和沟通。

2. 顾客和供应商关系

在处于不同转型轨道的各部门共享经营活动的情况下，公司往往会设法加强资源和产品服务的通用性，这时候供应商及其产品结构会发生变动；对象顾客及其产品偏好也会发生变化。公司应能够对不同顾客与不同供应商之间确定一个合理的忠诚度以及产品偏好程度。

事实上，当公司多元化的不同业务的产业转型轨道不同，比如非相关多元化的情形，不同业务之间很难共享经营活动；只有当文化背景、组织程序和各部门的体系是共通的时候，共享才可以持续。如果是计划性长期共享的经营活动，企业就必须确保其经营的业务要处于演变模式完全相同的产业中。基业集团在同心多元化发展过程中，体系的共通性是较高的，资源分配的顺序和关系是较明确的。

但是资源和经营活动的过度共享也有问题，导致经营活动通用性很高，不同顾客价值创造的针对性不强，培养顾客忠诚度就更难；另外容易产生竞争上的模仿，顾客的对公司和产品服务的偏好程度减弱。

所以，每个部门都要在资源和经营的专用性跟通用性之间进行平衡。特定部门的经营活动专用性能够为该部门的特定顾客创造出更多价值；而各业务部门之间经营活动的通用化能让成本得到认识和合理分摊。但是，专用性会使特定业务部门难以适应产业结构和竞争环境的变化，而通用化则会使竞争上的模仿变得很容易。

3. 启示

专用性和通用性平衡。多元化的公司应通过各种方式处理好这种权衡。

基业集团很重要的是建立起多元化的先后顺序和核心业务，首先确定建筑和房地产为核心业务，以此为多元化的圆心。然后根据业务相关性的强弱由圆心业务向外层业务建立起辐射关系。作为圆心的建筑和房地产两个业务在产业转型过程中不断增强其专用性，例如获取国家级总承包商一级资质，从而形成越来越难模仿的核心竞争力。

处于产业转型早期阶段（新兴阶段；趋近模仿阶段）的公司要想在不被模仿的条件下各部门之间共享经营活动，难度则会比较大。这阶段的重点首先是整合核心能力，形成较高的资源专用性和不可模仿性。

相比之下，公司到了产业转型的较高阶段（共存阶段——新旧模式的企业产生联合或者模仿；支配阶段——公司具备的新产业模式和规则在市场占据了主导地位），市场占有率和业务量方面的竞争行为已经对这类公司失去了威胁力的情形下，公司通过增加外层业务的通用性来减低成本和获利的重要性就会增加。因此，公司要掌握好产业转型的轨迹，就应当对经营活动专有化的先后顺序有清楚的认识。

□ 应对产业变化的程序

任何一种多元化，无论是相关还是不相关，适应性发展需要建立程序，对各个不同部门和子公司的资源配置和文化影响实行流程型的延伸和扩展。

从前述知道，多元化的进程应该是围绕着核心业务或者核心竞争力向外部业务进行延伸的。

在这过程中公司围绕着核心经营活动的专用性和非核心经营活动的通用性之间的平衡进行资源的配置和共享。

1. 多元化的圆心转移

但是当核心业务的内涵有了变化，资源的专用性和通用性的内涵也发生了变化，不同业务部门之间的资源分配也会因此而出现混乱。

比如，我们观察到基业集团的核心竞争力的定义可能发生了变化，从原来的建筑和房地产（三级资质）两个主要业务在产业转型过程中变成了以一级资质国家级总承包商的时候，就会发生项目类型的变化、设备和材料的变化、资金量的变化以及人力资源结构的变化。原来以建筑和房地产为圆心的业务多元化转移到以资质为圆心的业务多元化方面。企业的关注点是关于如何围绕一级资质这个圆心进行资源配置和共享。

2. 非相关多元化业务

产业出现转型，而公司有必要进入非相关多元化业务时，公司应该瞄准哪个行业？可能的回答是盯住对自己现行业务构成最大威胁的行业。

基业集团创立了新的非相关多元化业务：高新技术产业和建筑机械业的业务。这里的可能原因是，或者是机会出现；另一方面，这两个业务很可能是来自将来对自己集团业务构成很大威胁的行业。比如产业转型期，与高新科技或者新的建筑机械有关的新的建筑模式会出现。

虽然，渐进性演变产业的业务一般比较容易引起模仿，然而涉足不只一个渐进性演变产业的公司更少因为经营活动的通用化而被模仿，前提是这些多个产业的业务内涵能够形成某种协同关系，而且经营活动的通用化不影响各部门的运营效率。

这样一来，在整个公司内保留通用经营活动与在部门（子公司）内留有专有经营活动之间就存在一个权衡问题。每个部门的产业演变都会影响专有经营活动未来的价值，并相应地影响公司战略。

3. 启示

案例中，基业集团"二次创业"初始阶段实施同心多元化，顾客对原有核心业务（建筑和房地产）的忠诚度没有产生多大的影响，但是对原供应商的忠诚度大大减低了，因为企业提供的产品和服务都有了变化。另外，案例应意识到专业化的先后顺序问题的重要性。基业集团在利用市场机会进行扩张的时候，它的核心业务，建筑和房地产，其实没有进入到演变的高级阶段（共存阶段；支配阶段），也就是还没有竞争优势。正如案例所说："三级资质的施工企业已经很难在竞争激烈的市场中生存，缺乏应变能力，不能对企业战略目标的实施起到有效的促进作用。"企业是在这种指导思想下进行多元化的。这也是企业前述处于产业转型早期阶段（新兴阶段；趋近模仿阶段）的情形。如果围绕只具备三级资质的两个核心业务展开多元化业务（建材、软件、贸易、物业管理和设备租赁，高新技术产业和建筑机械业），则需要各多元化业务在共享经营活动的情

203

况下仍能保持原有各业务效率，来体现出某种不易被模仿的独特的管理整合能力，而不是专业化能力。但这种通过整合不同业务来形成效率方面的独特核心能力很难。因为核心业务本身就具有较低的专业化（三级资质）。直到 2003 年，才完成对具有一级施工资质的山东建工集团的收购。尽管是在同心多元化的情况下也如此。核心业务（建筑和房地产）本身就不具有竞争优势，一旦业务下滑，其他业务（建材，贸易，物业管理，等等）都会起连锁效应。如果在多元化之前先解决专业化（资质）问题，首先培育起核心业务的市场竞争能力，那么作为"配套"的多元化业务所承受的竞争压力就不会太大。也就是，在它们被模仿的情形下，核心业务（建筑和房地产）的核心能力不可模仿。企业整体不会失去竞争力。下一步，我们需要对第二层次的业务（建材、软件和贸易）的多元化进行专业化提升，并且跟第一层次的核心业务进行协同。再下一步，对第三层次的业务（物业管理和设备租赁）进行专业化提升，并且跟第二层次的和第一层次的多元化业务进行协同。如此类推，以此形成多层次多业务的专业化协同。在此基础上，进入新一轮的多元化——涉足高新技术产业和建筑机械业，再次进行部门内专业化和部门间经营活动通用化的平衡。

第十六章 跨国扩张①：
资源为基础的能力模式

Chapter 16

围绕国际化和全球一体化战略问题，这里提出资源为基础的能力进化模式

围绕国际化和全球一体化战略问题，这里提出资源为基础的能力进化模式，作为市场推动模式的跨国战略的进化观点。

跨国扩张战略可以归结为两个主要方面：(1) 国际化，或者说是不同国家的本土化扩张战略；(2) 全球一体化，也就是全球化，是公司将各个本土化市场和业务合并成一个具有协同性的全球战略体系。

205

跨国扩张活动经历了如下进化的阶段：

· 基于国家之间生产要素的相对比较优势形成的出口交易和直接投资（FDI）。跨国扩张的重心大都放在经济活动上，捕捉分散和个别的机会。单个公司的角色被忽视掉。

· 基于产业市场结构的"市场控制模式"。它一直被认为是国际（本土）化战略和全球（一体化）化战略的驱动力量。但是，实质上它看重的不是效率和成本，而是公司最初的资产和动力，因而强调产业规模和形成垄断的公司规模。

· 以资源为基础的结构和能力优势模式。其中包括：国际化竞争战略中能产生现在收益的开发与拓展能力；全球化协同战略中能产生未来收益的领导和创造能力。在这阶段，跨国战略能够成为各类型公司推动力量的意义才得到真正认识。

■ 产业和资源

□ 跨国扩张的经济目的

虽然从许多方面看，公司在本土市场的运作比起在国际市场，也就是较小的全球市场要简单，但是公司一直往海外市场观望，并且变得越来越依赖于国际市场和全球战略。

跨国战略的根本动力是什么？答案来自公司的内部和外部市场。

1. 特定所有权优势

因为公司内存在着未开发的或闲置的资源，在向跨国市场扩张和对这些市场进行合并过程中，就有新的机会出现。比如能够从现有的技术和产能中生产更多的出口产品，以边际成本来获得更多利润。这是公司的特定所有权优势。

2. 区位和内部化优势

在国际化的扩张和全球一体化过程中，公司发现新的市场区位，将它国陌生文化和陌生思想内部化了，从而使国际化公司从民族主义变为多元文化的实体；以此能够接近新的区位资源，进入新的竞争，对这些区位文化的内部化使跨国公司的适应能力得以增强，机会得以创造。

国际化扩张偏重于国际市场商业机会，企业从零散的商业机会开始，适应不同国家市场需要，集中差别化地投入。

全球一体化偏重于全球战略，企业关注国际化活动过程中如何对构成价值链各环节的不同国家业务的资源进行整合。达到全体效率最优化的目的。

将军烟草集团（简称将军集团）是从来牌加工这种"被国际化"开始的。在国内香烟专卖体制的限制下，国内的市场变得很小，产能过剩。

3. 启示

以下分别论述的诸理论学说，是按照跨国经营理论进化的关系来进行论述的，这也是企业界跨国经营的进化逻辑，而企业实践会有更多灵活的应用。比如，我们不会把理论进化看作是后者逐一把前者"替换掉"的逻辑关系。也就是说，跨国经营战略至今为止"最完美"的学说——全球一体化战略，不会简单地作为前面的传统产业结构观点的替换。在经营实践中，我们也会遵循这种理论进化的逻辑。这样，我们会把"有缺陷"而被批判的早期学说全部运用到适用的战略层面上，并且学说的不完善之处偏偏能够成为我们"避免去做什么"或者"适用于何种场合"的提示。

□ 产业市场结构模式

跨国公司对外国直接投资中，可能把国内的行业规模经济以及公司规模构

206

成的寡头垄断这种获利行为模式扩展到国外。跨国公司的这一产业市场结构模式隐藏着它们会过度运用的战略动机。

能否提高效率是跨国经营首先关注的问题。根据产业市场结构理论，如果公司能够在本国市场占有相当的份额，就能看到它仍然具有潜在的效率和竞争力。于是它可以开拓国外新的市场和扩展新的生产线，来获得效率和竞争力。

1. 市场和公司规模

这种情况非常依赖于公司和公司所处行业的规模。国际市场上来自小国家的公司，即使变成了跨国公司，其市场份额仍然很小。国内香烟专卖制度造成分散而又低效率的市场分割格局，使公司形同"小市场"中的"小公司"。产量配额制度让劣势公司占压宝贵的香烟指标资源，该强的公司强不了。对于跨国公司来说，如果国内市场够大，公司在传统行业中就可能成为大型公司，那么公司的海外市场扩张就具备了充分的条件，其中因国内市场具有规模经济而产生效率。这对于传统产业中处于国际化初期阶段的公司来说是很重要的。只有这样，在开始的小规模出口阶段，才能使出口产品的成本类似于过剩产能的边际成本，大大减低来自行业竞争的成本的压力。

这种情况非常依赖于公司和公司所处行业的规模。国际市场上来自小国家的公司，即使变成了跨国企业，其占据的市场份额仍然很小。国内香烟专卖制度造成的市场分割格局是分散而又低效率。由于产量配额制度，劣势公司占压宝贵的香烟指标资源，该强的公司强不了，形同"小市场"中的"小公司"。对于跨国企业来说，如果国内市场够大，公司在传统行业中就可能成为大型公司，那么公司的海外市场扩张就具备了充分的条件，包括因国内市场规模经济而产生效率。这对于传统产业中处于国际化初期阶段的公司来说是很重要的。只有这样，在开始的小规模出口阶段，才能使出口产品的成本类似于过剩产能的边际成本，大大减低来自行业竞争的成本的压力。

将军集团是在专卖体制限制国内市场的情况下为扩大市场空间而走向国际市场的，开始阶段局限于贴牌生产。在没有形成国内市场规模的情况下，这是很稳妥的经营方式。一旦专卖体制取消，集团马上调整产品结构，深化国内市场开拓，打造高端品牌，把国内市场做大。这样做很明智且很合时宜，能够为将来有效地开拓自有品牌的国际市场做必要的准备。

当效率提高对于一个行业来说很合适时，公司就会获得动力去对公司的跨市场业务实行一体化，以追求效率和利益的最大优势。

2. 大鳄的过度战略动机

交易和投资这两种跨国活动事实上揭示了大型跨国公司之间寡头垄断的竞争程度。从产业组织经济学，即从同一产业内的市场结构－企业行为－经济绩效的角度分析，在依靠规模经济和公司规模获利的行业中，跨国公司对外国直接投资可以将其国内的寡头垄断行为模式扩展到国外。这些寡头垄断公司，因为拥有高度发达的技术生产力，或者拥有对市场的操控权，能够使外国竞争市场发生扭曲。

据 2002 年的统计，国际烟草巨头菲莫公司的年销售收入为 804 亿美元，将军集团销售收入仅有 42 亿元人民币；菲莫公司、英美烟草公司、日本烟草公司的卷烟产品外销率分别高达 77 %、99% 和 40 %，将军集团产品外销率只有 4.9 %。

世界第二大烟草企业——英美烟草（BAT）这样的跨国烟草企业，正在通过日趋多元化的宣传策略，进一步"摧毁"公众对于二手烟危害性的认知，并阻碍中国控烟政策进程。该公司善于误导舆论，例如，驻英使馆经商处施建新告知，2004 年 7 月 17 日《金融时报》、《国际先驱论坛报》均报道英美烟草公司经 4 年的谈判最终在华获准设立首宗中外合资烟厂，等等信息。对此国家烟草总局要多次进行辟谣。有数据显示，在 2003 年和 2005 年，英美烟草对中国的实际销售是中国官方全部正规渠道进口数字的 50 倍。英美烟草对该数据的巨大差异一直无法给出合理的解释。英美烟草一直公开说它并没有批准过走私香烟。但英美烟草曾在内部文件中表示："显然，在过去的 20 年中，走私香烟获利巨大，并成为英美烟草在中国业务的一部分。"这最早是用来绕开中国市场的严格限制的一种方式，现在成为滚滚收入的来源。

另一家烟草大鳄菲莫公司，也处心积虑、四处渗透。2005 年 4 月 25 日，国家烟草总局外事司对外合作处一位人士介绍，总局与菲莫的谈判框架"差不多定了"。该人士同时强调："这种合作生产方式在中国实行烟草专卖制度之后还是第一次。""菲莫在华所产万宝路香烟将绕开关税和配额的壁垒，被纳入内烟管理体系，类似于取得国民待遇。"

208

这种由几个大型跨国公司统治国际市场的模式，具有挑战国家主权的能力以及挑战传统商业方式的能力，也促使跨国公司过度地运用战略动机。相应地，它们刺激了东道国政府构造限制性产业结构，比如，企业的市场规模的限制、反垄断法、不同市场的准入制度和规制等等。

3. 劣势企业的出路

从烟草行业可以看到行业具有社会复杂性、组织嵌入性、原因的不确定性和默认的行规。而所有这些关键因素都隐藏在产业市场结构之中。行业的特点是国际化战略和全球战略的驱动力量。一方面，应对各东道国市场的压力，行业的产品要能够满足不同的东道国本土要求；另一方面，行业受到效率的压力，促使跨国公司需要在跨国生产过程中寻求多个市场一体化。

将军集团面临着巩固和扩大国内市场占有率和抢占国际市场的巨大压力。集团认为，市场开拓能力差，特别是国际市场开拓能力的"短腿"阻碍了公司走向国际市场的步伐。

单从跨国公司的产业市场结构模式，或者说是"市场控制模式"的观点来看待"大鳄"的竞争优势和小企业的劣势，很难看到像将军集团这样的弱势企业的出路。

那么有必要重新审察"先进国家的寡头垄断公司拥有对市场的操纵权"这种产业市场结构模式的观点。实质上，这观点是过于看中这些"大鳄"公司最初的资产和能力。这种对市场控制的方式依赖于产业市场结构的缺陷。它是静态的，由特定科技水平决定的。而偏偏是这些被"大鳄"

们玩弄于股掌之中的市场缺陷（社会复杂性、组织嵌入性，原因不明确性和行业惯行等等），刺激了各国政府，去对产业市场作出规制，比如数倍的香烟关税，当地市场生产配额，不同市场的准入规制，等等。结果是，"大鳄"们要达到的规模经济和范围经济的效率所需的全球业务一体化网络建立不起来，反而大规模组织结构形成官僚机构管理成本增加。另一方面，来自各东道国的制度的压力，使大鳄及其子公司针对各东道国来加强本土化。大鳄下属各子公司受制于母公司的同时，要面对各自提高绩效和降低不稳定性的压力和冲突。这样同时来自全球一体化和国际化（本土化）的不确定性导致交易成本增加，香烟价格上升，利润空间下降。大鳄们赖以生存和发展的（每天吸烟消费的）惯性环境中断。在不明朗的市场环境中，国际大鳄们逐渐会依赖于当地的走私、假公济私等非正常销售和消费渠道。与此同时，衍生出伤害大鳄品牌的本土冒牌香烟。这种跨国经营趋势不能保证大鳄们的持续不变的竞争优势和优良绩效。

行业市场结构模式，或者是市场控制的理论，不适合以上的烟草大鳄的情形，是因为该观点只看重大鳄们的市场动力，而不是效率。也就是过于看重公司初始的资产和能力，而忽视了成本。

资源和价值链优势。对于任何公司，持续不变的竞争优势和伴随而来的优良绩效是由公司特有的资源及其价值链推动的。

像将军集团这类劣势企业能够通过阶段式发展来避免同时达到全球化战略的低成本和国际（本土）化战略的差别化的难度。

定位：来牌加工；自主设计品牌；合作筹建海外子公司；合作建设海外营销网络。

产品：开发混合型（中东）和低焦油卷烟（韩国）为突破口；改变中式型卷烟结构，研制混合型和国际烤烟型产品，开展品牌工程（国内市场）。

209

资源：管理和技术创新工程；开拓型人才培养制度；信息平台。

4. 启示

公司的位置优势是自我维持的，它显示公司赖以生存的内部和外部环境的关键因素能够保持稳定。它们或者是依赖于产业市场结构和产业政策措施，或者是依赖于价值链上的资源整合。占据防御固守位置的公司几乎不可能翻身落马，尽管它们的原始技能可能只达到平均水平。虽然不是所有的位置优势都跟规模有关，较大的公司确实趋向于在市场操作和运用程序方面把规模变成一种优势；而较小的公司则在寻求市场定位－产品－资源价值链方面探索其他类型的优势。因此，公司在评估战略时，应检验那些与给定战略有关的位置优势的性质。以下主要从资源为基础的观点来看跨国公司的静态能力开发和动态能力创造。

□ 资源为基础的能力模式

相关能力使跨国公司能够形成生态系统以及战略进化。它们是两个关键阶段的能力：一是静态性国际化能力，是基于现在收益的能力开发和拓展；二是动态性全球领导力和创造力，是关于产生未来收益的能力。公司战略和资源结构的管理逐渐超出了以行业划分为基础的战略视野。

在国际市场上，企业应寻求和发展符合自身的战略。组织的能力代表了两个主要的战略原则：国际化比较优势与全球化创造能力。

■ 国际化和全球化

□ 国际化能力优势

这里与国际化战略进化相关的能力是机会开发与拓展能力，能产生多国本土化适应和收益。虽然这些机会挖掘能力与公司之间的竞争力相关，但它们也出自不同国别的比较优势，体现一种静态而无序的资源和区位安排。

因为公司内存在着未开发的或闲置的资源，在向跨国市场扩张和合并的过程中，就有新机会出现，并且从现有的能力中生成附加的收益，也就是说开发出能力优势。

1. 特定所有权优势

这是企业独自拥有的内在能力，是竞争意义上的特定所有权（内生比较）优势。跨越国际市场时，能够产生利润。这种跨市场共用的能力在跨国市场上带来的利润应当是一样的。主要体现两方面的优势：

·专有知识的价值：当企业的专有知识获取准租金的机会非常大时，企业的新市场进入方式将倾向于选择较高程度的控制。比如技术使用许可协议或者合资经营。专有知识程度高时，以此作为技术参股的叫价会很高。

·专有知识的隐秘性：当专有知识的隐秘性较高时，企业的新市场进入方式将倾向于选择较高程度的控制，比如技术使用许可协议。因为这样，特定知识资源的外部转移会较慢。而当选择独资或者合资经营方式时，专用知识资源的内部转移较快。参看图1。

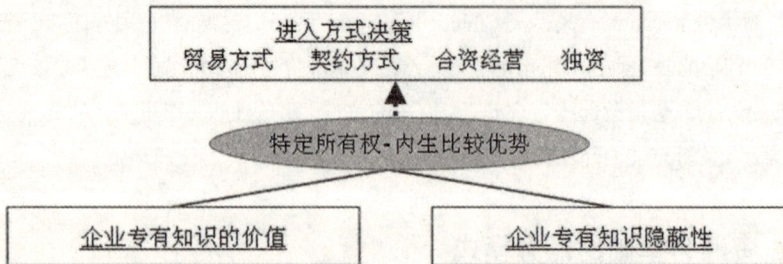

图 1 基于特定所有权内生要素的战略选择

在来牌加工阶段，经过多次技术改造，将军集团技术装备与国外大公司相比已不相上下。在引进制丝线核心设备 HXD 叶丝膨胀机、STS 梗丝膨胀隧道、叶组配方库及卷烟香料厨房的基础上，根据市场需要和产品特点，对设备进行了改进。新技术设备的使用及工艺创新，将传统的结果控制、指标控制、人工控制和经验控制，改为过程控制、参数控制、自动控制，极大地提升了产品质量、企业的技术水平和管理水平、不仅烟草香味损失小、吸味质量得到改善，而且减少了 CO、焦油等有害物质的，平均焦油含量各牌号均优于国家的标准。

2. 区位优势

具有特定所有权优势的公司不断开发利润来源，针对跨国市场的不同区域寻找附加的利润。不论是利用出口手段还是直接投资手段。跨越许多国际市场的这种区位（外生比较）优势是跨国公司在经济上成功的关键。区位（外生比较）优势为价值链活动和资源配置选择最佳区位，使跨地区知识转移最大化。以下的区位外生要素成为相应的国际化战略选择的影响因素：

· 国家风险较高：选择较低程度投入，如贸易或契约。

· 文化差异大：选择完全所有权方式，如绿地投资，但不采用收购方式；或者选择部分所有权方式，如贸易／契约交易。

· 母国背景：母国社会等级森严情况下，公司会对海外子公司实施高度集权控制；反之，与子公司分权控制。

· 东道国市场需求不确定：选择较低程度的资源投入。

· 东道国市场竞争激烈：避免采取收购等内部化的方式，选择较低程度的资源投入。

· 全球市场集中度高：寡占情形不限于国别市场，公司倾向于实行较高程度的控制。参看图2。

211

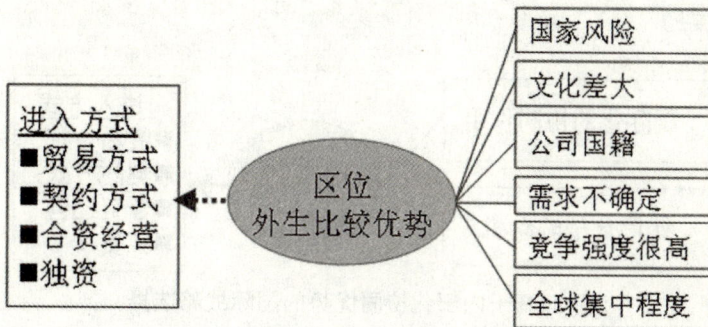

图 2. 基于区位外生要素的战略选择

将军集团在利用区位优势方面的思路很明确，强调因应不同区位特点，在不同价值链环节上整合资源的特定所有权（内生）优势。该公司制定了国际化"四步走战略"：来牌加工、自主设计品牌、与国外公司联合建立海外公司、联合建设营销网络。

· 来牌加工。对东道国的进出口政策、通关程序、外汇结算等不清楚的情况下，借助中间渠道能减少出口贸易风险。

· 自主设计品牌。深化国内外市场开拓。针对国内中高端目标市场，将军集团实施了"品牌工程"，不断塑造品牌形象。通过品牌塑造来提高产品品位和价格，是减低成本压力的途径。针对海外目标市场，公司集中研发力量，根据外商要求，在较短时间内，开发出了 47 个混合型卷烟配方，满足了国际市场和顾客的需要。如开发出适合中东消费者吸食习惯的"DENVER"、"FISHER"、"EMPIRE"等品牌混合型卷烟，获得了成功；针对韩国顾客对"低焦油"卷烟的需求，开发出"GINGKOC-CHO"牌银杏叶无焦油卷烟和"PONTNEUF"牌混合型卷烟，收到很大成效；针对东南亚消费者的吸食习惯，开发出"艳"、"CAFETERIA"等品牌卷烟，获得了普遍认可。自 2001 年开始，出口销量逐年增长，在国际市场的影响力得到了较大提升，并积累了开发国际市场的经验。

· 筹建海外公司和建设营销网络。将军集团走国际合作之路，拓宽国外市场空间。为进一步增强在国际市场上的影响力，将军集团以中东地区为突破口，在与客户建立长期稳定业务关系的基础上，谋求纵深拓展国际市场空间。通过前往中东地区调研和洽谈，在充分了解卷烟的目标市场的基础上，同中东某贸易公司达成了长期合作意向，其中包括：在济南组建卷烟加工中心，在迪拜联合兴建烟草公司。

将军集团根据国内原料的化学和物理特征，以混合型和低焦油卷烟的研制和生产为突破口，重点开拓中东、东南亚、东亚市场，辐射南美、非洲等市场。

3. 内部化优势

如果公司能够对资源和能力进行有效的内部化，就能够保证这些能力可以得到最好的应用，而避免在外部交易过程中被妥协和折中。

· 国际化的协同作用：各子公司能共享总公司的核心要素。但这种共享性使得区分各方的绩效有困难，进而产生机会主义行为和监督问题。参看图 3。

212

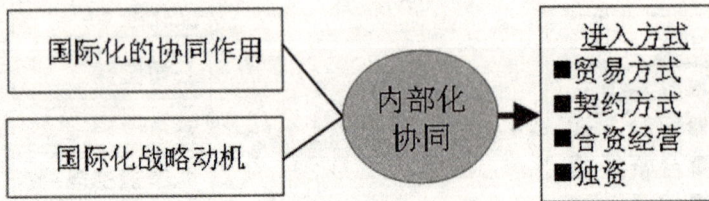

图 3. 基于内部化协同优势的国际战略选择

国际化协同性越高，海外业务所需的控制程度也会越高，通常构造层级，而不是扁平化的组织结构控制。参看图 4。

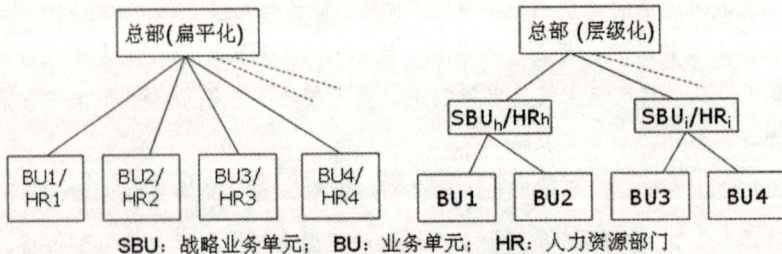

SBU: 战略业务单元； BU: 业务单元； HR: 人力资源部门

图 4. 基于国际协同性控制的海外组织结构

将军集团在不同跨国业务层面上致力于跨行业的协同和集成能力。

· 实施管理和技术"创新工程"，支持国内外市场开拓。包括：形成开拓创新观念和思路；健全创新管理制度；形成层级创新激励模式；推进开放式技术创新，包括：围绕自主知识产权开发创新，整合社会资源，加强与科研单位和大专院校的合作，如与清华大学、山东大学、合肥经济技术学院、中国烟草研究所等院校进行合作，提高了技术中心的研发能力、研发效率和效果。成功合作开发了《全国不同地区烟叶品质分析》、《烟叶配方库》、《香精香料配方库》等合作开发项目。

· 培养开拓型人才。强化一线员工一专多能的岗位培训，在不增加定员的基础上，满足了因产品结构调整、优化及市场变化需要临时转岗工作的要求；制定员工职业发展计划；量化经营绩效考核。

· 重构内部业务流程和外部供应链，提高反应速度和能力。包括：内部再造业务流程；外部整合供应链。

· 拓宽信息资源渠道，搭建快速应变的信息化平台。包括：建成客户关系系统，提高市场反应速度；整合信息资源，提高决策和管理水平；以核心业务为基础，制定信息化发展战略。近几年，将军集团以建设、更新和应用 ERP、CRM、SCM 为主，向系统集成的信息化迈进，新建管理系统与 GEN 1 - MIS 相关模块进行数据接口，逐步实现物流、资金流、信息流的完整统一，力争在 2006 年前达到高级信息化的水平。

4. 启示

213

这个阶段，将军集团还是处于国际化的初始阶段，国际化规模小，较好管理。毫无疑问的是，随着跨国公司的国际子公司和分支机构的数量增加，管理上不作为的官僚风气就会出现，官僚机构成本随即增加，也就限制了战略资源在国际市场上盈利的潜力。

企业特定所有权优势、区位优势以及内部化优势，是 Dunning(1981) 的国际生产折中范式中为国际化扩张列举的三个基本因素，所有这些优势都与公司之间的竞争力差别相关；也反映了国别的比较优势。参看图5。

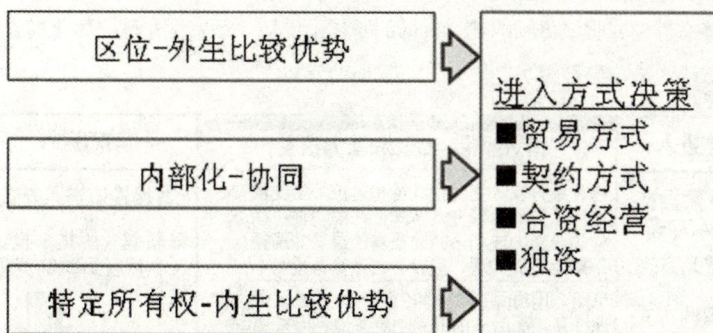

图 5. 能力优势和国际化战略选择的静态分析模型

□ 全球化创造能力

与全球化战略进化相关的能力是领导和创造能力，能产生未来的收益。重点不是竞争，也不存在国别的比较优势。企业的全球化创造能力是知识传播和全球协同的关系。协同性体现一种动态和有序的资源和区位安排。

有序的全球化实践不再孤立地强调与特定所有权优势有关的"交易成本"和与区位优势有关的"文化差异"等前提条件的重要性。跨国进入的决策融入"经验积累"和"适应能力"，这样跨国公司有可能改变进入一国市场的方式和顺序。这里，我们不再静态而孤立地看待 Dunning 的国际化扩张的三个优势变量，而是通过内部化对其余两个基本优势变量进行动态性整合，来作出具有效率和协同作用的全球化战略定位。参考图 6。

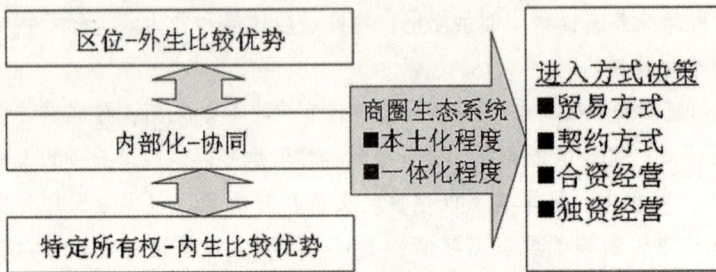

图 6. 内部化作用下的全球化战略定位

214

1. 动态性跨国优势变量

从国际化进程开始，企业以最具竞争优势的特定所有权优势进入国外市场，然后续的市场进入会逐渐加强利用区位优势，进入自己的竞争优势较小或者没有竞争优势的业务，来利用当地优势。在整个过程中，内部化优势发挥调整和协同作用，直到实现有效的全球一体化。

对应于 Dunning 的折中范式，跨国模式中。动态的全球一体化战略表现为以下三种优势变量的整合：

· 特定所有权内生比较优势：世界级技术的全球市场推广。

· 区位外生比较优势：当地市场的反应。

· 内部化协同优势：世界范围的效率。

国际化的静态性模式强调母国内部"有形的"技术优势。动态性全球一体化模式强调利用东道国的无形的市场优势。参看图 7。

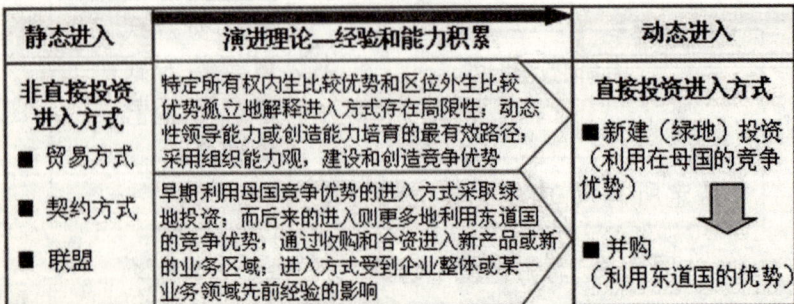

图 7. 跨国进入的动态分析模型

2. 跨国管理能力生命周期

类似于 Raymond Vernon 关于科技产品的国际产品生命周期理论，但不限于该理论的"先进国作为（科技）发源地"的前提条件，管理能力能在国内环境中运用；继而进化到国际环境中；再通过创造性的学习和活用，管理能力进化到全球化竞争环境中。这样，管理一家生产多元化的国内公司可以进化为管理一家国际多元化的公司；进而管理全球一体化的公司。

容易理解在国际化阶段，进入国际市场后公司的补充资源来自公司从母国获得的资源。其组织结构也是从母国行业的结构上发展而来的。而公司的国际化市场战略很大程度上是根据公司在母国市场获得的经验。这是前述 1. 中关于动态性进入的特定所有权内生优势的思想。以下同。

进而当跨国公司在国际市场上获得国际经验时，就能从接触更大的环境中获得全球资源并发展成为全球能力。这时候，资源结构扩大，成本效率提高。比如，在全球范围建立多个工厂，通过知识传递使每道工序得到改善，科技、产品质量和品牌得到提高，增强了跨市场融资能力，等等。

公司全球化战略能够在一定程度上反映出适应各东道国本土市场，又能体现出从规模和市场力量获得最大利益的全球中心能力。资源结构和效率只有在战略实施产生收益时，才能被认为是竞争优势和经济收益的来源。

3. 子公司特定优势

为了能够成功打开国际市场，取得当地市场优势，母公司会鼓励各子公司实行本土化战略。在不同东道国经营过程中，要克服市场专用性的劣势（那是人家的地盘），要在当地开发专用性资源，寻求最新的技术和进行产品研发，要建立当地市场网络。与此同时，母公司拥有的特定所有权优势中有一部分在当地不合用。这一切形成母子公司在管理上出现分离状态。在这过程中，全球一体化实际上形成了越来越复杂的母公司与子公司之间的分层结构和差别网络的关系。

母公司在不断转移各子公司独特的非规范性知识的过程中，公司全体逐渐从以母国为基础的管理传统向全球规模的管理结构转变；从"干中学"的国际化行为学习模式向"学中干"的全球化认知学习模式转变。进而能够理性地从全球范围寻求能力资源，并尽快把这种能力资源整合进公司的经营当中。

子公司具有相对的独立控制权优势。任何子公司都可能成为集团总公司的机会窗口。这种机会甚至可能比母公司在原来母国市场的机会更大。

跨国模式向跨国公司提出了组织结构的要求，就是要有能力控制全球一体化，而又不用担心失去各子公司和总公司的独特性。全球一体化的组织结构一方面鼓励子公司和子公司下属部门之间直接建立正常的业务联系，来提高业务效率；另一方面总公司有能力对各子公司进行协调。

4. 启示

知识传递与运用。通过全球一体化，跨国公司得以在国际市场上获得最大的开发知识资源的机会，以构建新的能力。一体化的全球公司能在外国的市场上发现有关技术和管理方面的实用知识，尽管开始时它们无法为公司所用，但是只要能善于吸收和将这些实用知识活用到更广阔的公

215

司技术系统中，就能构建新的公司能力。

多元化规模。当多元化或者多国化发展到中等程度时，国际化的扩张速度与公司能力很可能会失去平衡，致使效率下降和有关的成本增加。其中的管理成本是官僚作风滋生，原来能够节省的成本和增加的收益被官僚组织的结构成本抵消掉，公司业绩衰退。

如果缺乏领导能力和以学习为目标的组织创造能力，那么它们不可能实现真正的"全球一体化"。跨国公司的全球战略一体化所带来的后果可以从领导能力和创造能力的过程中推导出来。

案例中将军集团的来牌加工、自主设计品牌、合作筹建海外公司和合作建设营销网络这种国际化的顺序安排，还远未达到全球化的阶段。然而它的整个组织系统——管理和技术、学习型组织以及业务流程和物流链等都是以先进的信息系统作为基础的。信息机制在某种程度上代替了子公司和分支机构在国际市场上的分布成本，也减少了官僚机构的管理成本，当然也限制了公司在国际市场盈利的直接机会。不过强大的信息机制为今后公司的跨国市场扩张和未来收益提供和储备了丰富的知识资源。

通过对全球市场的一体化，公司的优势得到了提升。对于成功的跨国公司来说，跨国子公司以低成本管理广阔网络的能力是最关键的，也是保持长期竞争优势的源泉。参看图8。

216

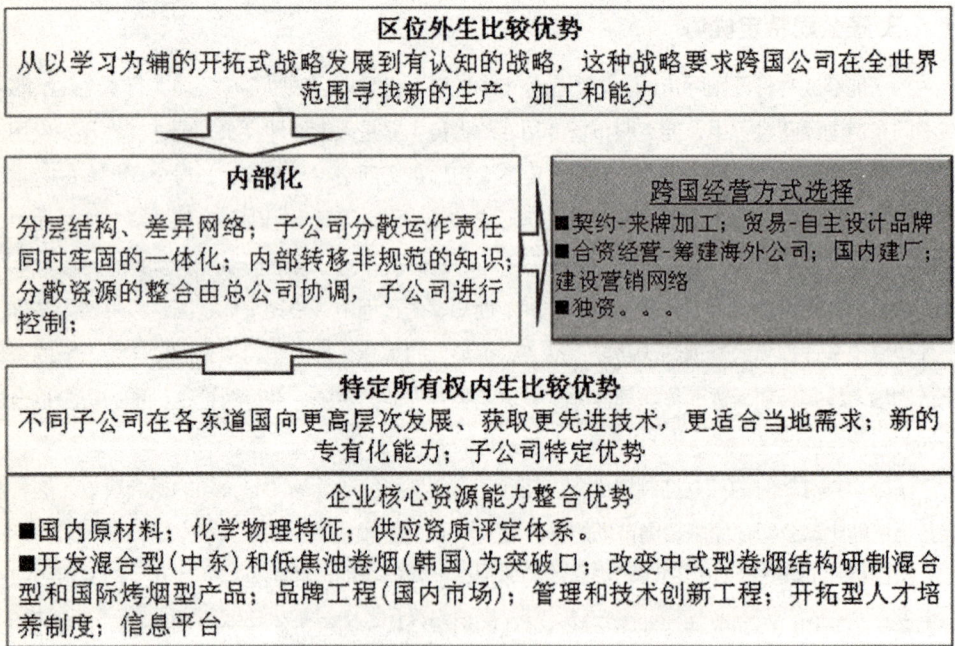

区位外生比较优势
从以学习为辅的开拓式战略发展到有认知的战略，这种战略要求跨国公司在全世界范围寻找新的生产、加工和能力

内部化
分层结构、差异网络；子公司分散运作责任同时牢固的一体化；内部转移非规范的知识；分散资源的整合由总公司协调，子公司进行控制；

跨国经营方式选择
■契约-来牌加工；贸易-自主设计品牌
■合资经营-筹建海外公司；国内建厂；建设营销网络
■独资。。。

特定所有权内生比较优势
不同子公司在各东道国向更高层次发展、获取更先进技术，更适合当地需求；新的专有化能力；子公司特定优势

企业核心资源能力整合优势
■国内原材料；化学物理特征；供应资质评定体系。
■开发混合型(中东)和低焦油卷烟(韩国)为突破口；改变中式型卷烟结构研制混合型和国际烤烟型产品；品牌工程(国内市场)；管理和技术创新工程；开拓型人才培养制度；信息平台

图 8. 能力优势和国际化战略选择的动态分析模型

第十七章 公司声誉[①]：
互动－折射－评估
Chapter 17

大多数有关品牌的书刊都着眼于公司外部，研究公司如何
针对顾客建立并管理品牌的战略和策略。

在今天的世界里，理念渐渐取代了实物在经济价值创造过程中的地位，声誉的竞争成为推动经济向前发展的重要动力。然而，跟货物交易不同，声誉常常难以估算的。

大多数有关品牌的书刊都着眼于公司外部，研究公司如何针对顾客来制定公司品牌战略和策略。但是，公司品牌精粹需要准确地反映出内部和外部利益相关者（即声誉资源持有者－简称声誉持有者，以下同）对公司评价的内涵。否则，公司无法客观而有效地进行品牌培育和管理，也就无法形成高度的公司声誉。

217

这里，公司声誉管理问题主要从"声誉究竟从哪里来"的方向，通过直接或者间接的声誉资源的互动、折射、评估三个程序进行跟踪分析，来达到独特而有效的公司声誉构建和形成特色化品牌的目的。

· 声誉互动过程把公司声誉分成三个层面：公司品牌；产品品牌；服务品牌。每个品牌层面都从某些视角出发，构成内部和外部，或者供应和购买的不同声誉持有者的主要互动关系。

· 声誉折射与放大过程主要是通过中介机构来折射或者放大公司声誉信息，并且跟声誉互动过程的效果作出比较，对声誉持有者的关系作出调整。

· 声誉评价过程是权威机构对公司声誉作出综合或者单项评价。它需要结合声誉互动过程，才能对公司声誉作出较为客观和准确的评估。

■ 声誉互动

□ 声誉互动过程

我们关心的重要一方面是，在这种企业品牌战略实施过程中，不同举措是跟声誉持有者单个群体（比如顾客群体），还是同时跟多个不同群体（员工、顾客、社区、供应商等等）有关联。

1. 声誉资源

应该同时从公司外部和内部两方面来看有关的品牌声誉内涵。品牌声誉从哪里来？它来自直接利益相关者（员工、顾客、供应商、社区、政府、投资者等）以及间接利益相关者（媒体、监管机构、评级机构等等）对公司的评价和理解。这些对公司的评价和理解可以看作声誉资源，公司内部和外部的利益相关者（直接或者间接）就是声誉资源持有者（简称声誉持有者）。解决公司品牌声誉的问题，就要探讨和跟踪声誉持有者对企业如何作出评价，如何使公司创造品牌价值这样的社会认知过程。

始建于 1926 年的中原百货公司，由广东商人林紫垣、林寿田、黄文谦等几位民族资本家共同投资 50 万银圆，在天津旭街（今和平路）建立起一座楼高 60 米、且营业设施和经营环境都比较先进的营业场所。经过近 800 年的发展，不仅在天津，在全国广大消费者中也享有很高的声誉。到上个世纪 80 年代末，中原公司更名为天津华联商厦，这个名称一直沿用至 21 世纪初。2001 年，组建了"中原百货集团"，恢复了"中原"老字号品牌。

通过实施品牌特色化管理，中原百货集团各项工作取得了很大进展。在全国百货零售企业排名，从 2001 年的第 73 位上升到 2003 年的第 34 位。已经连续 3 年在天津市商业零售业排名中居前三名。积极参与社会公益事业。3 年来先后被授予"全国抗击非典先进单位"、"全国守合同重信誉企业"、"全国诚信单位"、"全国物价计量信得过单位"、"全国用户满意单位"、"全国重点大商场百强企业"、"全国优质服务月先进单位"等荣誉称号。

中原百货成功实施品牌特色化管理后，各项事业得到了迅猛的发展，企业的资产负债率低、资产变现率高，不仅积蓄了较好的经济实力，而且企业的声誉、信誉逐渐高涨，一些希望与中原百货集团联姻、合资、合作、参股、转让、转卖的企业，纷纷找上门来。中原百货集团也利用天津海河开发，整顿、改造 5 条商业街的机遇，走多业发展、扩张与联合的道路。

2. 单个还是多个互动

我们关心的重要方面是，在这种围绕公司声誉的企业品牌战略实施过程中，每一个不同的举措是跟声誉持有者单个群体（比如顾客群体），还是同时跟多个不同群体（员工、顾客、社区、供应商等等）有关联。

我们将看到，每一个企业声誉战略实施的举措与构成公司声誉的三个品牌层次中的某个层次有关：公司品牌、产品品牌、或者服务品牌。不同声誉持有者将因应某个举措在某个品牌层次中起到最直接（主导）作用。如下图。

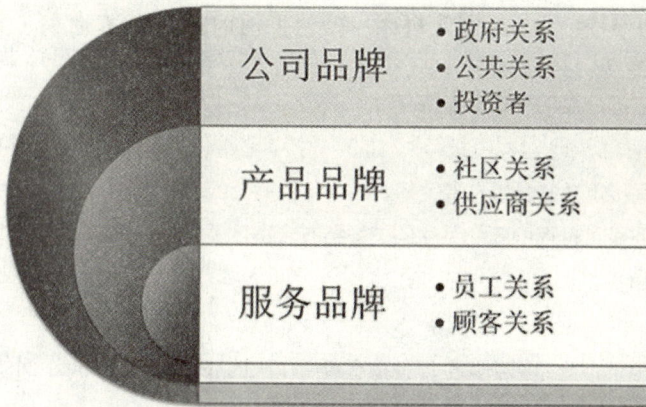

图1. 公司内部品牌元素跟利益相关者的对应关系

例如，中原品牌特色化管理的基本内涵：以市场为导向，以企业永续发展和在商品、服务、管理、设施方面勇创天津零售业一流为目标，围绕恢复"中原"独具特色的企业品牌、组合经营名优特色品牌和发挥、利用好服务品牌等三块特色化"品牌"管理，对企业的各项专业管理进行再造，从根本上改变传统零售模式下的经营品种质量档次低下、品牌重复、管理混乱等问题，实现进销分离、品牌经营和一级核算，用"八个统一"、"六个一"管理制度，促进集团公司的多业态、跨行业连锁化发展。

3. 声誉影响力序列

公司声誉根源于企业为影响关键声誉持有者所作出的战略互动过程。

我们分析各种声誉持有者互动关系时会给出关系序列，来表示声誉资源互动过程中参与的声誉持有者及其影响的程度，比如：供应商－员工－顾客－公共关系，是表示与企业声誉有关的举措内容体现了声誉持有者中以供应商关系为主导关系，其他员工关系、顾客关系、公共关系依次为从属关系。所谓从属，就是从这些从属关系中也能找出部分与主导关系有关的支持性元素，当然不是全部。

从中原百货集团当时存在的文化伦理受到严重侵蚀，所经营的商品中劣质品牌不断地侵蚀着优质品牌的情况下，可以看出重新从经营困境中突破的迫切程度。重要的是根据公司品牌的重新内部定位来进行内部整顿和治理。这样做的目的，是要改善声誉持有者（员工、顾客、供应商和社区等）对企业的看法和理解。至于应该如何改善声誉持有者对企业的看法和理解，从而提升公司品牌声誉，首先要知道声誉持有者如何给出声誉资源——即如何评价企业——这样的社会认知过程。这就成了相互了解的过程。对于企业来说，这种认知过程就像一面镜子，用来自我对照，对自己的行为进行鉴别和纠正。

声誉持有者往往是直接（从企业那里）或间接地（从中介或者体制性机构，如媒体和财务分析师等）获得有关企业的信息或评价，并进行理解和作出反应。这就是声誉持有者给出声誉资源的方式。

公司声誉由声誉体系的三个过程来形成：

在第一个（互动）过程中我们关注的声誉持有者关系是：顾客、供应商、雇员、社区、政府以及公共关系。它们是直接声誉资源持有者关系。

在第二个（镜像折射）过程中我们关注的声誉持有者群体关系是：专业监测机构；商业媒体；企业间网络这类间接声誉资源持有者关系。

在第三个（评级）过程中我们关注的声誉持有者群体关系是：评级权威机构这类间接声誉资源持有者关系。如图2。

4.启示

公司声誉根源于企业为影响关键声誉持有者所作出的战略互动过程。下面的分析内容可参看前述的图1和图2。

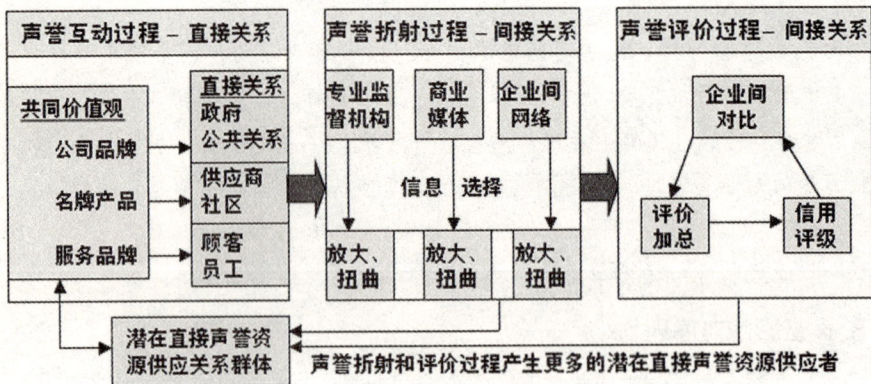

图 2. 声誉形成过程

□　公司品牌战略

公司品牌培育与两个直接声誉持有者关系有关：公共关系和政府关系。公共关系体现了公司拥有的显在和潜在顾客群体的范围大小。

1. 公共关系－顾客

社会视角。以公共关系为主导关系，社会视角是公共关系中基于一种社会制度的等级观念。对企业的评价是根据其社会等级状况，形成声誉等级的社会认知过程。这是经济视角和战略视角往往忽视的。

例如，原来的天津华联商厦是区域性品牌，而中原百货集团是覆盖东亚的品牌。"中原"老字号品牌不仅在天津乃至国内消费者心中，更在东南亚、东北亚享有盛誉。恢复"中原"老字号品牌，在于继承和发扬传统优势。同时，利用"中原"老字号品牌的优良传统和品牌的声誉，发展和壮大民族企业集团，并形成规范的本土化、民族化企业连锁经营。

2. 公共关系－社区－供应商

战略视角。专业化社区模式。这里是以公共关系为主导关系，社区为辅助关系。公共关系中的战略视角是要借助社区来创造公司层面的战略品牌声誉，目的是吸引公共关系中具有特定社区特征的目标人群。这里的社区特征包括性别、年龄、种族、职业等等。而供应商产品组合满足这类人群的社区结构。

中原百货注册的企业自有品牌"阳光休闲运动名城"是一个专业的特色化卖场（社区），它把体育与青春、运动与休闲很好地与百货业态结合，汇集了体育、健身、运动、青春等一大批国际二、三线品牌和国内一流名优品牌。

3. 政府－公共关系－员工－顾客

营销视角。创立行业服务标准。创立行业标准使企业得到政府的信任和认可。这是以政府为主导关系，使公共关系中的信赖程度有了实质性提升，推动公共关系的扩展。在这过程中，员工对公司服务政策能更好地理解、认同和传播，与此同时获得和提高了服务顾客的经验。

中原百货制定"七试一退"服务政策。让声誉资源持有者熟悉企业的产品，强化认同感，进而支持企业的发展。这也是以员工关系为主导关系。中原百货集团率先倡导售出商品（涉及多数商品品类）一律实行试骑、试搽、试戴、试听、试穿、试用、试看和不满意就退货的"七试一退"服务措施。并把"七试一退"的商品种类不断放宽，规定除贴身用品和食品外，只要不影响再次出售，一律可以"试用"和敞开退货。中国消费者协会制定《消费者权益保员工护法》，很多条款就是以中原百货制定的"七试一退"等多项优质服务举措为最初蓝本。中原百货实施的"七试一退"获得优质服务国家级大奖。

221

□ 产品品牌战略

产品品牌培育与两个直接声誉持有者关系有关：供应商关系和社区关系。

1. 社区－顾客

战略视角。业务层战略。这里是以社区为主导关系。实现经营品牌结构的社区特色化，在业务层面建立竞争差别化，吸引社区的目标顾客群。

"中原"紧紧抓住向现代百货转型的关键时期，按照"经营特色化锁定目标顾客，同业领先同行一步"的总体思路，打破传统的经营布局，对原有的经营结构、品牌档次、商场布局等进行由点到面循序渐进的改革、调整。

2. 供应商－员工－顾客－公共关系

战略视角。这里多个声誉资源持有者关系形成了较完整的声誉价值链关系，是以供应商为主导关系，直接涉及产品品牌；员工和顾客的关系直接涉及服务品牌；公共关系直接涉及公司品牌。

供应商为主导关系的这种价值链关系往往是企业在阶段性营销活动之前就开始在价值链上进行资源配置，借此帮助声誉资源持有者对企业产生某种可靠性和可预测性的看法。企业在阶段性经营活动过程中也强调加强各个价值链环节上协同关系对于公司声誉的重要性。这里运用了战略控制（战略视角）的思想。这种思想的出发点是：像百货店那样多业态的零售公司最终可能要通过密切供应链上各业态的关系来创造价值。经济控制则不同，是从经济视角来关注和管理不同部门和职能各自的财务绩效，强调独立核算。

按国际先进连锁百货规范化要求，中原百货集团对所属子公司实行了统一店铺形象、统一商品价格、统一顾客服务、统一促销、统一招商、统一信息管理、统一人力资源调配、统一资金结算使用等"八个统一"的策略，不断提升"中原"的品牌形象，最大限度地发挥企业品牌的优势。

围绕品牌特色化管理，中原提出了"六个一"的品牌特色化管理举措，使中原建立起工商、商商双方统一的战略合作伙伴关系，顾客与商场建立起友好的亲情关系。

第一，树立一切为了品牌的观念。坚持"品牌导向"战略，打造企业核心竞争力。在员工中牢固树立"品牌就是形象、品牌就是市场、品牌就是利润"的观念，不断培育"市场在我心中，名品在我手中，丢弃一块畅销品牌，失去一方市场"的责任意识，千方百计吸引品牌，为品牌供货商服务，为品牌创造良好的商业氛围。同时，加强与品牌供应商的沟通与交流，定期开展供货商问卷调查和满意度调查。

第二，搭建一个共享信息平台。为供应商专门搭建信息平台，把供应商在商场经营的销售品种、销货额、毛利额、库存情况等多项经济指标，全部输入网上，便于供应商随时查询、比较和了解市场动态，及时调剂货源，便于监督商场的经营行为。搭建这个信息平台，一改过去令供应商头疼的暗箱操作。

第三，提供一个供应商竞技的舞台。中原百货集团采取的3个做法来确定供应商在卖场的经营位置，减少了矛盾，收到了实效。一是一切靠经营数字说话，按经济指标定度。二是科学规划经营场地。减少了经营位置差距。三是激励品牌供应商多举办新意迭出、吸引消费的促销举措，使商厦经营的品牌和花色品种很好地流动起来，在商场内出现你追我赶的局面。

第四，建立一套为"两个上帝"服务的保证体系。"两个上帝"是指"供货商"和"顾客"。向员工灌输"没有供应商就没有市场，没有顾客就没有饭吃"的思想，每位员工都是服务链条中的一个环节。

第五，制订一套以合同为中心的企业管理制度。以合同为中心的新管理制度，将善待供货商、善待信息员也写进了合同，以期共同监督。

第六，成就一支高素质的管理团队和优秀的员工队伍。在"以德治店"和全心全意依靠企业员工办店的思想指导下，逐渐培养和造就了一支高素质的管理团队和敢打能胜的员工队伍。

经济视角。这里多个声誉资源持有者关系形成了较完整的价值链关系，是以供应商关系为主导关系。这往往是企业在阶段性经营活动之前在价值链上进行资源配置时产生的声誉，借此帮助声誉资源持有者对企业产生某种可靠性和可预测性的看法。这里的经济视角关注品牌资产管理。经济视角是关于声誉持有者（顾客、供应商、员工、社区、政府和公共大众）对企业性质、行为和所代表的相关利益，以及企业价值的看法。

中原建立产品品牌的引进和淘汰机制。中原找准自身经营定位，在品牌特色化经营中，努力实现经营品牌的引进和淘汰机制，让经营品牌在商场按市场化规律流动。一是建立一支高素质的品牌招商专业化队伍。二是强化对品牌引进的重视程度和指标责任，建立绩效考核体系，实行引进品牌、淘汰品牌、储备品牌的指标与责任、工作业绩、奖励挂钩。三是合理规范品牌结构比重。四是建立和完善品牌评价体系。

中原百货集团汇聚的国际、国内知名的商品品牌，加上人性化的商场布局，不仅拉动了市场的供需关系，提升了传统百货零售商场的形象，客单价（即顾客每笔购货价格）提高（从原来单笔销货 150 元提高到 450 元以上），消费层次提升，市场定位更加明晰。

□ 服务品牌战略

服务品牌培育与两个直接声誉持有者关系有关：员工关系和顾客关系。

223

1. 顾客 – 社区

营销视角。这是以顾客为主导关系，通过社区模式来塑造顾客想要的生活方式。营销视角关注营销活动如何通过塑造社区关系来影响顾客关系，致使这两种关系对服务品牌和产品品牌产生正面的评价作用（参看图 1），比如购买公司产品，并且对公司和产品品牌产生满意度和忠诚度。在营销活动中，零售业态通过构建社区模式来塑造顾客喜欢的生活方式，以此形成强大的集客力。因为每位顾客一天中不同时间段都会扮演不同的角色，基于生活方式的社区模式能够吸引每一位顾客一天中不同时间段越长，购买不同商品的机会会更多。

中原百货集团在着手恢复和构建"中原"企业品牌时，在企业内部先建立相应的组织架构、管理制度和运营机制，实现了从传统百货向现代百货的转轨变型，在天津百货零售业率先实现"四个转变"。即实现从低档次商品经营向名优新特品牌经营的转变，从综合经营向主题经营的转变，从单纯购物卖场向购物、餐饮、休闲、娱乐多功能卖场的转变，从单店经营向连锁经营的转变，并且以"品牌特色化、经营专业化、服务优质化"，营造在天津零售业的领先格局。

2. 员工 – 社区

营销视角。这是以员工为主导关系，社区为辅助关系。在不同部门岗位上，员工积极参与部门的文化建设，将公司的文化理念传递到部门（细分社区）的卖场环境中来，并且在互动过程中得到目标顾客对产品及其服务品牌的文化理念的认同。让声誉资源持有者（员工和顾客）在这过程中不断熟悉企业不同的产品内涵、服务内涵和业务前景，强化认同感，进而支持企业的发展。

中原百货紧紧抓住深厚历史凝塑的企业品牌文化，精心打造经营环境和卖场布局。通过企业文化理念的传递与渗透，不断丰富企业文化的内涵，弘扬企业品牌文化。根据各楼层经营品种、大类的不同，卖场的装潢格调迥异。甚至各商场指示牌，宣传用的吊旗、刀旗，也与经营的商品协调一致。在商品摆放上，为突出品牌的连带性，在主品类商品周围尽量摆放与主品牌相关联的配套商品，以方便消费者选购。

3. 员工－公共关系

社会视角。 这是以员工为主导关系，公共关系为辅助关系。员工要从社会视角来建立服务品牌意识。比如：员工要认知顾客至上的社会关系，公司就要协助员工形成这种服务意识，通过建立一种公共关系环境，来让顾客和员工都能体会到这种"顾客就是上帝"的内涵。战略视角和经济视角一般会忽视社会等级形成的层级声誉。这种层级关系的前提是企业跟有关声誉持有者处于共同的制度环境下，也就是对不同声誉层级有相同的社会共鸣。

中原百货集团给顾客提供高级服务设施。这样，作为声誉持有者的顾客相应的反应是在社会阶层中给企业以很高的位置。比如为顾客提供雨具，设有顾客专用的绿色通道，专用电梯、扶梯，外跨观光扶梯；电梯等候区间增设坐椅；为残疾人专辟通道、配专人、备专车、设专用电话；公共洗手间按照星级酒店标准进行管理，张贴、悬挂知识性、趣味性宣传品，等等。在这些公共场所无形中融入了公司品牌文化的内涵。

组织／伦理视角。 人本主义。文化与员工利益一致。这是以员工为主导关系。员工不仅仅被看成是企业人，同时也是社会人。牢固的正面声誉来自于对企业文化和价值观的真实表达。让每一位员工积极投身并参与企业文化构建中来；让每一位员工积极参与企业经营管理实践。把员工中蕴含的积极性和创造力最大限度地挖掘和释放出来，使企业充满生机和活力。员工对公司价值的认同很自然地通过公共关系传播开来。

中原百货把实行医保前的职工医药费基本付清；高中层管理者与困难员工结对子，定时和不定时给生活难的员工送去温暖；新建造的多功能厅投入使用，从根本上改善了员工吃饭和休息条件；公司每年在中秋节、春节都为在职员工和离退休人员发送年货和慰问金，所有这一切都充分说明，企业时刻关心员工，增强了企业凝聚力。

4. 员工－顾客－政府

组织／伦理视角。 这里是以员工为主导关系。员工跟顾客的有效互动直接影响服务品牌的提升。组织／伦理视角对于"不择手段"的竞争战略是一种约束，直接影响企业跟政府的关系。企业的声誉乃是基于企业身份的明确，即企业身份具有企业赖以塑造其行为、文化和决策的核心价值观，同时也是企业向其选民——顾客和政府——表达自身状况时所秉持的价值观。这是塑造企业声誉的最直接的途径。因为这表明企业行为不是建立在纯粹的牟利的基础之上。而很多企业都在组织伦理与牟利动机之间摇摆不定。所以，保持牢固的声誉是一个寻找价值观的过程，它要求企业认

224

清自身的经营原则和核心目的是来自企业认同的价值观和它赞同的行为。强力的声誉形成过程是通过向顾客和政府表达企业内部的真实状况——企业面目——来实现。

提升服务品牌"含金量"。高质量人性化服务是中原百货公司的优良传统。从 1926 年建店之初的"言无二价，童叟无欺"到"全心全意为人民服务"，改革开放以后，又制定的"顾客第一、信誉第一"的办店宗旨，无不从人性化角度出发，渗透着中原百货的优质服务的真谛。优质服务作为中原百货的一块特色品牌，在特色化经营管理中起到了不可估量的作用。中原百货集团坚持不懈地向员工树立"服务就是市场"的观念，强调为顾客服务。坚持"三个零"的优质服务管理目标，即售出商品的全过程做到"零缺陷"；只要顾客进商场，必须坚持为顾客"零距离"服务；顾客离商场，一定让顾客"零投诉"。

一旦出现顾客投诉，执行"三陪同"制度。规定顾客投诉，售货员一时难解决的，必须陪同顾客找商品部主任；部主任权限以外的，要陪同顾客找现场经理；现场经理认为棘手的，要陪同顾客找公司主管服务部门，绝不能因退换货再给顾客添麻烦。在解决投诉问题时，公司还制定出不出柜台、不出部组、不出商场的"三不出"和先行负责、先行理赔的向顾客倾斜制度。从 2001 年至今，没有发生一例顾客向外上访投诉事件，连续 3 年获全国、天津市优质服务和顾客最信赖商场奖。

战略视角。公司忠诚度计划。为了保持企业声誉及其内在的经济价值，公司要从战略视角来提高对顾客的公司忠诚度，否则无法留住顾客。优质服务举措有效贯彻，除了组织伦理外，还要有一套完整、严细、规范的服务管理制度和严格的奖罚机制，来指导员工实施公司忠诚度计划。强调以员工关系为主导关系。

中原制定关于"营业员服务规范标准"、"迎宾送宾仪式规范标准"、"一日工作程序规范标准"和"受理消费者投诉程序规范标准"等 10 大项 125 条规范标准。从集团领导到所有职能部室，从基础商场到每位售货员，通过可靠的组织检查考核系统，将优质服务质量责任与经济责任有机结合。中原百货集团建立的社会监查网、公司职能部室检查网、各商场服务监督检查网和社会督查、公司检查、各部门自查的"三网三查"制度发挥了很好的作用，强化了现场服务管理，使优质服务步入规范化轨道，成为每位员工的自觉行动。

战略视角。政府关系模式。这里也是以员工关系为主导关系。国家级的员工服务品牌直接给企业声誉带来巨大的社会共鸣。

上个世纪 80 年代中后期，中原百货公司被商业部命名为培养劳动模范、先进典型的沃土并颁发"沃土奖"。集团公司根据不同时期和不同历史要求，不失时机地培养和推出多块优质服务品牌。2004 年推出优秀服务品牌近 20 块，其中有享誉全国"一片情"精神的全国劳动模范年景林，有空调状元、全国"五一"劳动奖章获得者孙学华，有珠宝双星，有家庭影院小博士，有电脑、手机、小家电服务参谋等。这些服务品牌时代感强，科技含量高，都跟进了人性化服务，增添了传播知识、义务咨询、现场演示、观体拿衣等服务技能，每天活跃在商场的不同岗位，各自发挥着服务品牌的辐射带动作用，

225

为公司整体形象提升和经济效益提高贡献光和热。

5. 投资者关系

综合性视角。投资者主动找上门。投资者愿意投资是基于对公司过去行为和未来前景的综合评估和理解。

中原百货成功实施品牌特色化管理后，各项事业得到了迅猛的发展，企业的资产负债率低、资产变现率高，不仅积蓄了较好的经济实力，而且企业的声誉、信誉逐渐高涨，一些希望与中原百货集团联姻、合资、合作、参股、转让、转卖的企业，纷纷找上门来。中原百货集团也利用天津海河开发，整顿、改造 5 条商业街的机遇，走多业发展、扩张与联合的道路。投资者选择中原百货体现出对中原百货的信任，这种信任也可以由以上所有或者部分的声誉资源提供者的关系形态以及不同的视角反映出来。

直接关系声誉资源供应者互动结构见图 3。

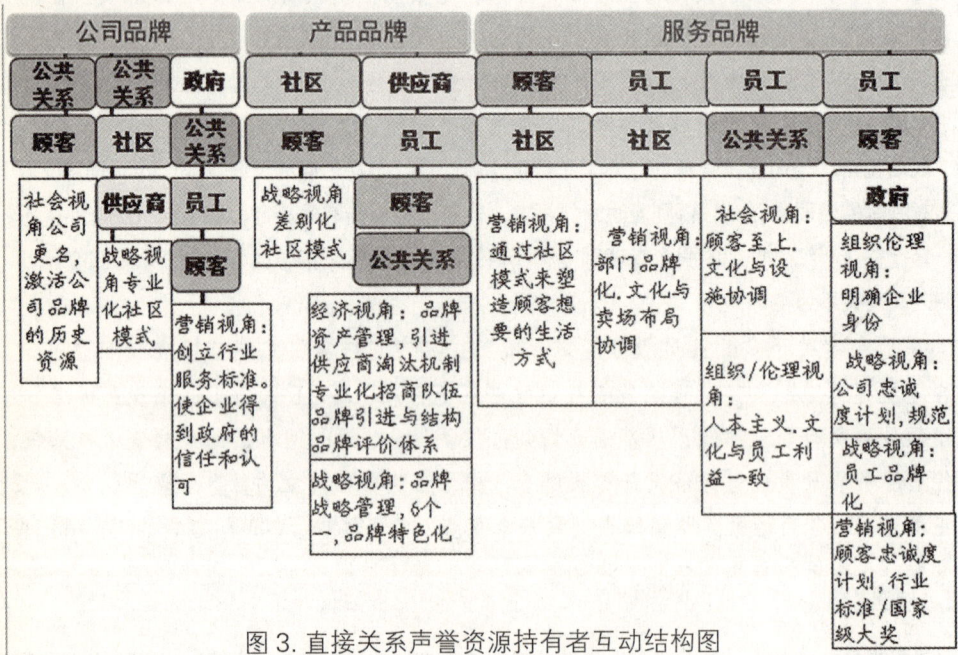

226

图中内容：

公司品牌：公共关系、公共关系、政府；顾客、社区、公共关系；社会视角公司更名，激活公司品牌的历史资源。供应商、员工、顾客；战略视角专业化社区模式。营销视角：创立行业服务标准，使企业得到政府的信任和认可。

产品品牌：社区、供应商；顾客、员工；战略视角差别化社区模式；顾客、公共关系；经济视角：品牌资产管理，引进供应商淘汰机制，专业化招商队伍，品牌引进与结构，品牌评价体系；战略视角：品牌战略管理，6 个一，品牌特色化。

服务品牌：顾客、员工、员工、员工；社区、社区、公共关系、顾客；政府；营销视角：通过社区模式来塑造顾客想要的生活方式；营销视角：部门品牌化，文化与卖场布局协调；社会视角：顾客至上，文化与设施协调；组织/伦理视角：人本主义，文化与员工利益一致；社会视角：组织伦理视角：明确企业身份；战略视角：公司忠诚度计划，规范；战略视角：员工品牌化；营销视角：顾客忠诚度计划，行业标准/国家级大奖。

图 3. 直接关系声誉资源持有者互动结构图

□ 讨论 1- 互动过程

在不同的分析视角下，或者（受战略驱动）某些环境因素改变导致视角转变的情况下，不同声誉持有者互动过程模式会产生变化。

1. 视角与互动过程

在不同的分析视角下，或者（受战略驱动）某些环境因素改变导致视角转变的情况下，不同声誉持有者互动过程模式会产生变化，例如上面的顾客－社区关系的互动模式中，如果从战略视角改变为从社会视角来看一些问题，那么我们就可能在多功能商店的社区模式中加入一些新的元素，如：商场内设立律师事务所、银行、诊所等属于政府关系的机构。那么互动过程就变成了顾客－社区－公共关系（社会视角，社区模式），而不再是顾客－社区关系（战略视角，社区模式）。

这说明，中原百货集团能够在某个阶段，通过增加或者减少一些条件，使声誉持有者（比如顾客）跟企业的互动关系形态改变，来达到有利于长期发展的平衡。

2. 不同关系的主从属性

我们列出的各种关系序列中，比如上述 2 的情形：供应商－员工－顾客－公共关系，是表示企业的该部分活动内容中，作为声誉资源持有者的供应商为主导关系，其他声誉资源供应者如员工、顾客、公共关系依次为从属关系。从这些从属关系中应能找出主导关系的部分元素（当然不是全部）。这样，他们之间在培育公司整体声誉时就能产生声誉资源供应功能方面的一致性和支持的效果，而不是对立。比如说，根据前面案例介绍，在适时招商引进名优品牌（供应商关系）的过程中，就需要高素质的员工队伍（员工关系），也促成相应的高品位的顾客群体（顾客关系），使消费层次提升，使原来单笔销货 150 元提高到 450 元以上，这三种社会元素也给企业构造出高层次的公共关系。这几方面的声誉资源持有者关系都存在某方面的一致性——高（品质；素质；品位；层次）。也就是供应商－员工－顾客－公共关系的情形。

3. 投资者如何看企业前景

投资者主要看企业目前的经济表现和利益相关各方对前景的信心。投资者在声誉的"镜像折射"中对中原百货集团的未来前景看好的一些内涵如下：

227

· 所有的声誉持有者关系（也是利益相关者关系）都参与在其中（供应商、员工、顾客、社区、政府、公共关系），他们构成了经济社会的主要部分。

· 例如中原百货集团的情形，经济效益验证了战略运用正确，而战略运用正确得到了声誉持有者（利益相关者）的支持；进而声誉持有者对企业的信心让潜在投资者看到了市场前景。见图 4。

· 在这个良性循环的过程中，作为核心的声誉不断扩大。

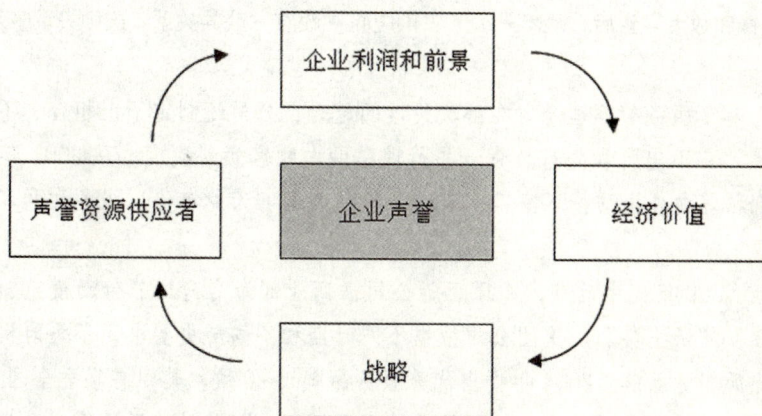

图 4. 企业声誉的价值循环

■ 声誉折射与评估

□ 折射过程

各种不同的中介机构在积极地监督和评判着企业活动和表现，并将相应的信息发布到有关声誉的市场上去，比如，报纸、电视、网络以及民间团体等等。

跟前述的直接（利益相关者）关系的互动过程不同，这里的镜像折射过程是有关媒体和机构聚焦于企业某些（优良的或者不良的）典型事件，进行报道和放大。我们首先从以下有关中原的信息报道来进行分析，从报道内容我们再确定涉及哪些声誉持有者，他们是属于主导关系还是辅助关系，以及先后的排序。

1. 商业媒体和监督机构

信息选择和放大－售前。顾客－供应商－员工－社区－政府。这种关系序列根据以下媒体报道：

中原百货集团率先倡导售出商品（涉及多数商品品类）一律实行试骑、试搭、试听、试穿、试用、试看和不满意就退货的"七试一退"服务措施。并把"七试一退"的商品种类不断放宽，规定除贴身用品和食品外，只要不影响再次出售，一律可以"试用"和敞开退货。中国消费者协会制定《消费者权益保护法》，很多条款就是以中原百货制定的"七试一退"等多项优质服务举措为最初蓝本。中原百货实施的"七试一退"获得优质服务国家级大奖。

信息选择和放大－售中。员工－顾客－政府－公共关系。这种关系序列根据以下媒体报道：

其中包含享誉"一片情"精神的全国劳动模范年景林，还有空调状元、全国"五一"劳动奖章获得者孙学华、珠宝双星、家庭影院小博士、电脑、手机和小家电服务参谋等。

借着这种媒体折射放大原理，中原百货集团不断相应推出先进典型的服务品牌。

信息选择和放大－售后。顾客－员工－供应商－政府－公共关系。这种关系序列根据以下媒体报道：

"三个零"服务管理理念。在解决投诉问题时，公司还制定不出柜台、不出部组、不出商场的"三不出"和先行负责、先行理赔的向顾客倾斜制度。从 2001 年至今，没有发生一例顾客向外上访投诉事件，连续 3 年获全国、天津市优质服务和顾客最信赖商场奖。

上个世纪 80 年代中后期，中原百货公司被商业部命名为培养劳动模范、先进典型的沃土并颁发"沃土奖"。集团公司根据不同时期和不同历史要求，不失时机地培养和推出多块优质服务品牌。2004 年推出优秀服务品牌近 20 块，其中有享誉全国"一片情"精神的全国劳动模范年景林，有空调状元、全国"五一"劳动奖章获得者孙学华，有珠宝双星，有家庭影院小博士，有电脑、手机、小家电服务参谋等。这些服务品牌时代感强，科技含量高，都跟进了人性化服务，增添了传播知识、义务咨询、现场演示、观体拿衣等服务技能，每天活跃在商场的不同岗位，各自发挥着服务品牌的辐射带动作用，为公司整体形象提升和经济效益提高贡献光和热。

2. 企业间网络

信息选择和放大。供应商－员工－政府－公共关系。这种关系序列根据以下媒体报道：

例如，中原为供应商专门搭建信息平台，把供应商在商场经营的销售品种、销货额、毛利额、库存情况等多项经济指标，全部输入网上，便于供应商随时查询、比较和了解市场动态，及时调剂货源，便于监督商场的经营行为。搭建这个信息平台，一改过去令供应商头疼的暗箱操作，使结款方式公开化、透明化。在广告宣传、促销措施上，中原百货集团统一筹划，全方位为品牌服务。

□ 讨论2-折射过程

现在对分析寻查中得到的数据结果进行分析。从折射过程的结果发现某些需要改善的声誉持有者关系。这时候，声誉互动过程部分阐述的相应的声誉持有者关系顺序就要改变。

1. 商业媒体和监督机构

信息选择和放大。 顾客－供应商－员工－社区－政府关系。镜像已经对6个声誉资源供应者的5个进行了折射（剩下公共关系），而且由顾客关系进行驱动和放大。改善公共关系及其相应的公司品牌层面（图1）成为声誉工作重点。

信息选择和放大。 顾客－员工－政府－公共关系。镜像已经对6个声誉持有者的4个进行了映射（剩下社区关系和供应商关系），而且由顾客关系进行驱动和放大。这里看到需要在改善社区关系和供应商关系及其相应的产品品牌（图1）方面加大工作力度。

信息选择和放大。 顾客－员工－供应商－政府－公共关系。镜像已经对6个声誉持有者的5个进行了映射（剩下社区关系），而且由顾客关系进行驱动和放大。这里看到需要在改善社区关系及其相应的产品品牌（图1）方面加大工作力度。

2. 企业间网络

信息选择和放大。 供应商－员工－政府－公共关系。镜像折射和放大已经对6个声誉资源供应者的4个进行了映射（剩下顾客和社区关系），而且由供应商关系进行驱动和放大。

以上分析说明了以下两方面：

· 四个层面的镜像已经将6个声誉持有者关系进行了放大映射；

· 二个层面的镜像映射的驱动力来自顾客关系；一个层面的镜像映射的驱动力来自员工关系；一个来自供应商关系。

□ **评估过程**

　　或许，在不同视角和利益关系互动的情形下，要较准确地掌握公司声誉的资源情况，企业更重要的是依赖于企业内部建立起直接跟市场和顾客个人对应的评估标准。

1. 企业间对比 - 信用总评

　　通过实施品牌特色化管理，中原百货集团各项工作取得了很大进展。在全国百货零售企业排名，从 2001 年的第 73 位上升到 2003 年的第 34 位。已经连续 3 年在天津市商业零售业排名中居前三名。积极参与社会公益事业。3 年来先后被授予"全国抗击非典先进单位"、"全国守合同重信誉企业"、"全国诚信单位"、"全国物价计量信得过单位"、"全国用户满意单位"、"全国重点大商场百强企业"、"全国优质服务月先进单位"等荣誉称号。

□ **讨论 3- 评估过程**

　　专业机构和分析师对企业的评价常常跟声誉互动过程得出的结论不同；声誉持有者群体内部或者群体之间的观点也会不同。

　　以上的外部评价有两类，第一类是综合评价，第二类是单项评价。

　　折射过程与评价过程的关系。要注意的问题是：往往，这些经理人和分析师对一家企业的评价，并不得到该企业的雇员、顾客和社区会的认同，这是司空见惯的事。

　　在单项评价的情形，在互动模式和折射模式的框架下，以上的诸单项的外部评价也不可能最后实现综合外部评价的均质化。

　　或许，在不同视角和利益关系互动的情形下，要较准确地掌握公司声誉的资源情况，企业更重要的是依赖于企业内部建立起直接跟市场和顾客个人对应的评估标准，这就是声誉建设过程中互动模式的重要性。如：(1) 企业的产品和服务质量；(2) 企业的革新；(3) 长期投资项目的价值；(4) 财务健全情况；(5) 吸引、培养和留住人才的能力；(6) 社区责任；(7) 企业资产的使用；(8) 管理水平。而就这些指标而言，中原百货集团都实现得较理想。然后在内部评估基础上，将那些个别次元的外部单项声誉评价附加到内部评价机制里头，对各种声誉资源供应者因素重新进行均衡，找出今后提高声誉的独特路径。或许这就是零售企业的品牌特色化管理的内涵吧。这种内涵在相当程度上是自己可以掌握的。

　　互动过程跟折射过程的关系。另一方面，对于以上不同评估机能，声誉持有者群体内部或者群体之间，个体的观点也会不同，有的会无视或者故意忽略那些企业或者中介机构传达给他们的信息。例如，有的投资者具有社会责任，有的则全然不顾；有的消费者追求"绿色环保"，有的则追求物美价廉；有的员工视公益活动为工作的一部分，有的则只是追求自己个人的利益。评价者的多元化削弱了企业的声誉。

第十八章 品牌诊治①：
从医院看服务品牌重建
Chapter 18

像医院这类需要对病情作出快速反应的组织体，医患关系常常在很短时间内从信任的密切关系迅速往信任危机的方向逆转。

Thought Frontiers in Strategic Management of Instantiation-Based Knowledge Structure

像医院这类需要对病情作出快速反应的组织体，医患关系常常在很短时间内从信任的密切关系迅速往信任危机的方向逆转。企业也应该从中警醒。这样，对事件作出果断准确的处理作风会形成对个人独断能力的强调，以及团队特定的工作方式和关系。

其他行业的管理者能够从商业化体制下医院如何进行声誉管理方面学到的比以前更多。这些年来，医闹事件已经蔓延全国。在这样的环境下，我们分析了本溪医院如何将思维严密的专业医疗程序和方法运用到重建企业品牌方面来。

· 从医生预先了解的诊断能力和企业伦理视角来理解外部和内部相关群体和个人对医院声誉有关的医疗服务质量和组织文化的评价；

· 从经济视角来关注医院财务健康状况；

· 从战略视角来观察竞争关系，对不同医院进行比较和选择；

· 从社会视角来考虑经济和战略决策是否得到社会各阶层认同；

· 要得到社会认同，声誉问题还需要从营销视角出发，对社会公众进行"表白"。

这些相互之间的视角关系遵循着企业进行品牌重建的路径："听诊和诊断、手术方案提出、手术实施、术后跟踪评估。"

■ 品牌诊断

□ 适应自我发展

服务机构之间的竞争日趋白热化，已从设施竞争、技术竞争转移到服务竞争和文化竞争方面。

在这个最直接跟人打交道，竞争又特别激烈的服务行业，企业为了能够适应生存和发展，在越来越复杂的市场环境下，越来越关注如何挖掘市场潜力的问题。市场空间很有限的情况下，市场的潜力往往来自从竞争者那里争取和吸引潜在的顾客。围绕如何赢得顾客的信赖，公司要涉及多方面的知识：人口统计、地理资源、社会心理、微观经济、人类生态、甚至发展心理和临床心理等等知识领域。在医疗行业已经转变为商业化，医患关系恶化的背景下，来看医护人员如何运用其职业基因具有的缜密而独特的思维，来改善和提高品牌声誉，会有意想不到的收获。

本溪市中心医院（简称中心医院）创建于1954年，是一所集医疗、教学、科研和预防保健为一体的市级最大的综合性三级甲等医院。该医院地处辽宁省本溪市中心，现拥有编制床位1016张，员工1700人，其中专业技术人员1380人，拥有各种医疗设备2600余台（件），年门诊量45万人次，年收治病人2.5万人次，年收入1.23亿元，设备资产总值23400万元。

中心医院从2001年12月开展重建服务品牌工作，通过实施服务品牌管理，狠抓优质服务，从传统经营向品牌经营、从单纯提供医疗技术向技术和服务并举、从传统管理模式向文化管理模式延伸和跨越，初步建立了全员参与、全程控制、全方位管理的品牌体系，有效地提高了医院管理水平，使医院步入健康、快速、有序的发展轨道。医院也从靠政府拨款为主逐步过渡为自主经营、自负盈亏、自我发展的经营实体。

对于本溪医院而言，一方面由于本溪市与省内较大城市相比地域狭小，人口不多，地区经济发展水平和人民群众医疗消费水平较低，医院收入在低水平徘徊，而医院在基本建设、设备更新、设施完善、提升服务、环境改造等方面面临着艰巨任务，唯有抓服务是投入最少、见效最快的办法。另一方面随着城镇职工医疗保险制度的推行和医药卫生体制改革的不断深入，医疗机构之间的竞争日趋白热化，已从设备竞争、技术竞争升级为服务竞争和文化竞争。然而部分员工仍然在计划经济的影子里头，对医院所处地位和现状没有清醒的认识，存在等、靠、要思想。在为患者服务过程中存在生、冷、硬、顶、推等现象，工作效率低下，敷衍了事，使医患关系紧张，服务引发的医疗纠纷有增多的趋势。

随着人民群众生活水平的不断提高，患者对卫生服务的质量意识、经济意识、法律意识也不断增强。但是，社会经济高速发展带来的负面影响，医疗行为中的亲情和仁爱被冷峻和客观所代替，这种服务模式与时代所倡导的医学人文精神相背离。

在以上问题背景下，本溪医院开始了文化改革和服务品牌重建运动，作为指引的品牌精粹是："使患者满意——为患者创造出值得回忆的感受"。

□ **听诊——预先了解的能力**

管理者与医生之间最大的不同，是医生的病人意识到他们自己病了，主动找上门来。一位好的管理者需要更多地从事"预防性的医疗"。

如果我们对员工的教育做得很好，那么管理者或者员工是否能够像医生那样，足以辨别员工或者顾客"需要帮助"的"症状"是什么，并且能够适时向顾客或者员工提出建议和帮助？

想象一下作为服务业的一线员工，能够像训练有素的医生那样，胜任解决难题的角色，会是怎样的情形？在解决难题上能够运用诸如科学或者本行业特有的专业知识，这些专门知识需要花很多年时间用心来学会操作。这样，像医生的情形一样，服务团队接触的服务问题通常都是他们必须要事先理解的，用来教授和学习服务的方式和工具让员工今天学成的可以用于将来的工作。服务业管理者也应该是基于这种"事先理解的"的行业特质来指导下面员工的新文化创建工作。如果在共有型文化下面，所有的员工像医护人员那样，都具有这种预先了解的能力的话，那么不同顾客的需要将很快得到解决。员工和顾客密切接触的关系是直接而迅速的，很快就会消失，而又因为服务员的行为迅速改变原来对整个企业的印象。遗憾的是，在商业化过程中，跟商品的标准化不同的是，员工的服务水平跟各医护人员的医疗水平和职业道德一样，往往是参差不齐的。这样，服务品牌的建设不应停留在整个服务品牌的平均值水平，而应该是细分的，细分成部门品牌和个人品牌的建设，由优秀者对非优秀者进行有效的现场指导，对素质低的服务人员进行必要的"治疗"。个人服务品牌建设跟各个顾客的关系是对应的。服务品牌的塑造来源于不同顾客对服务企业不同评价的综合。

1. 社会脉搏与诊断

社会环境与需求。患者需要的不仅仅是医疗功效，还有心理上和社会问题方面的帮助。社会经济高速发展带来的负面影响，使医疗行为中的亲情和仁爱被冷峻和客观所代替，这种服务模式与时代所倡导的医学人文精神相背离。

跟医院情形相似，这种企业的服务与顾客对象之间的矛盾恶化的环境是，地理市场小；服务资源相对过剩和竞争激烈；顾客要求越来越高。企业就会长期处于低收入水平。

诊断——恢复人文精神。在上述市场和体制环境下，企业或者医院重要的盈利途径是留住顾客或者患者，保持稳定的客户基础。留住顾客的关键是恢复人文精神。

2. 行业脉搏与诊断

行业环境与需求。我国现阶段对卫生事业改革与发展提出的要求是：要"以病人为中心"。医务人员要从传统的生物医学模式向生物—心理—社会医学模式转变，对病人实施全方位的治疗，不仅把病人看成"生理人"，而且看成"社会人"。相应地，医疗机构之间的竞争日趋白热化，已从设备竞争、技术竞争升级为服务竞争和文化竞争。对于医疗机构来说是增加客源的机会。

企业的产品服务同样需要将顾客看成不仅是"生理人"，为其提供物质需要，很重要的是真心地想要从心理上和社会观念上跟不同的顾客接近。在服务场所，让顾客感觉是家庭生活的延伸。

233

特别是提供人体服务或者有形物品服务的企业，员工往往疏忽了精神和心理方面的无形服务。

诊断 – 生理人变为心理人。在行业改革指引下，如何跟同行建立起适应性关系意味着医院如何在特定医疗市场有效地竞争或者协作，如何让患者或者其家属关注自己的医院，体验和感受医院的服务理念和具体运作，并且最终能够对医院服务如何体现患者生命价值方面作出概念上的诠释。这需要有效地建立起关于自己医院品牌独特的顾客心理地图。心理地图 (mental map) 可以准确、详细地描述所有突出的患者对自己医院的品牌联想以及对品牌的反应。

企业管理者可能很羡慕，医院或者医生能够很快地建立起品牌效应，如果他们的医术足够精通，抢救及时的话。因为他们面对的是最重要的顾客需求：跟生命和健康有关的需求。但是，企业管理者也应该知道，在医患关系紧张的环境下，一旦出了医疗事故，品牌效应马上就变成负面的。企业界能够从医院的品牌效应得到两方面的启示：如果我们能够从优秀医护人员的精细态度对待自己的业务；另一方面，我们设定的业务标杆能够把业务的风险意识提高到医生那种救死扶伤的高度，那么，我们的业绩会提升很多，企业和个人品牌效应会更明显更强烈。

3. 企业脉搏与诊断

内部环境与需求。部分员工受计划经济影响，在为患者服务过程中存在生、冷、硬、顶、推等现象，工作效率低下，敷衍了事，使医患关系紧张，因服务引发的医疗纠纷有增多的趋势。服务模式与医院规模和地位不相匹配，已严重阻碍了医院的进一步发展。

诊断——主导功能转换。在获利能力受到资金瓶颈限制，无法增加服务新设施这类有形资产的情况下，本溪医院能够因势利导，从"零"费用的无形资产 – 服务品牌创建开始，来"治疗"病态的企业文化，挖掘盈利潜力。借此文化建设，医院服务的主导功能从原来的生理性医疗效用功能转换为心理性和社会性功能，以适应病人及家属的新时代生活护理方式。

企业往往也能够像本溪医院那样，找到适应自我发展的路径。比如资金等能力很弱势，就给自己定位为"瘦狗"（波士顿矩阵）。但是能够像本溪医院那样，通过外部环境（市场和行业要求）适应和内部资源整合（文化建设），来改变战略方向，将劣势（资金）的局面扭转，这样的企业不多见。

以上从行业外部、行业内部、直至自身企业内部的三个环境层面进行了"预先了解"，使企业在接下来的社会经济环境变化中进行适应性文化变革和创建品牌尝试方面有了初步借鉴医院管理方法的思路。参看图1。

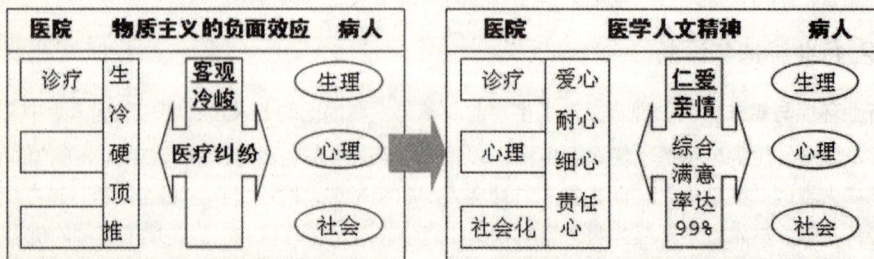

图1. 生理性医疗转换为心理性和社会性功能

4. 启示

医生的情形是否是，他们接触的都是他们必须要事先理解的医疗知识、经验和设施，让医生今天学成的可以用于将来的工作？

现实中的企业管理者是否能够像医生一样，有优先权去体现和获取实际可行的知识，以作将来之用呢？

跨界学习。在企业文化和服务品牌创建方面，愿意承认不是所有的方法都在人们的实践框架里面，他们会接受跨专业和跨业界的培训，从一个更广阔的视野来看问题。比如，在文化建设中，出于听诊和问诊的职业本能，医生的工作不只是向患者，他们还会向同事、企业家、社会和政府等进行"问诊"和"听诊"，从医疗和管理两方面看待和处理医患关系问题。这样，我们能够期待更少的失败。然而，大多数情形我们的管理专家不是这样做的。

认知深度 – 培训项目。培训内容从经营策略到操作细节，具有服务品牌内涵的深度。通过反复培训，员工在自己工作岗位上能增强全局观念和风险意识，应变能力和协同能力，自觉提升品牌在自己心中的地位。

本溪医院的培训不是一次性的全员素质培训，而是以学校形式随时可以进行的，以达到随时解决问题的目的。

认知宽度 – 跨界标杆。从企业外部更宽广的视野来进行思考，建立跨界标杆。这使企业能够站在超越竞争关系的立场上来思考问题。

比如，本溪医院领导层参观考察文化建设方面的先进同行，到新加坡管理学院学习。

235

认知全方位 – 理解吸收。为了决策和执行力方面有实质性提高，需要中层干部就如何将新知识跟业务结合的问题进行解释和表述。

本溪医院的中层管理通过写论文的形式，来进行深刻理解和归纳。这种方式也有利于高层领导掌握下面层面的职能人员对文化实施的理解和思路。有利于整个文化建设的交流、统筹和改善、为"预先了解"积累数据信息。

跨界学习中，实际上，寻找企业标杆的视野离开本企业越远，就越有可能取得突破性进展，并让企业的服务优势获得跳跃式提高。标杆瞄准是指系统地界定标杆的经营管理机制和制度、优秀的运作流程和程序、或者卓越的经营管理活动。作为标杆的企业应在某一方面做得特别出色，而且能够持续。

挖掘隐性知识。对标杆进行学习和管理的最佳场所不是在公司的总部，而是在服务的第一线。比如要了解患者满意度，就要在患者与一线医护人员直接互动的地方进行。锁定标杆时一个不可忽视的问题是，最佳实践往往隐藏在员工和顾客的头脑，以及制度、组织结构甚至公司文化里头。公司要重视这几方面的作用和影响。相应的措施是管理层善于通过对员工进行"听诊"和"问诊"来挖掘隐性知识，并与企业的实际情况结合起来，只有这样，才会培育出预先了解的能力。

诚信和信任同步互动。企业的一线服务人员与顾客互动的情形跟医护人员与患者的互动类似。在"问诊"和"听诊"过程中，随着医生和患者的同时互动，医院诚信度和顾客忠诚度也在同时互动。这样，医院在创建服务品牌活动中对医患双方的关系预先有了较为确切的了解。企业创建服务品牌的情形也应如此。在"同步互动"这样的前提下，医院传播自我形象的信息跟患者和所处社区对医院的评价之间的信息差距就大大缩小。

□　术前方案 – 伦理视角

牢固的正面声誉来自于对企业文化和品牌身份的真实表达，而脆弱的声誉则是由于企业的形象战略没有把握企业的核心价值观和共同意识形态。

企业在"术前"制定解决文化重建问题的方案时，应首先设定方案的目标。

在"诊断"的基础上，本溪医院提出"使患者满意 – 为患者创造出值得回忆的感受"这一医疗服务宗旨，是医院的品牌精髓，它表达了亲情仁爱之心，服务水准的高度，以及希望患者回头光顾的意愿。这与原来"生、冷、硬、顶、推"心态是完全不同的。

1. 品牌精髓

企业品牌精粹 (brand mantra) 是企业核心精神的一种高度简练和概括的表达，然而又是强有力的工具，可以用来指导在品牌下可推出哪些服务产品，服务产品应该在哪里、以何种方式推出，进行哪些营销策划，等等。

本溪医院的品牌精粹是："使患者满意——为患者创造出值得回忆的感受"。

此外，品牌精粹的作用和影响可以推广到以上策略以外的方面。品牌精粹甚至可以用来指导看似无关的普通决策，比如，看病挂号或者咨询接待员的态度形象、电话应答的方式等。事实上，根据品牌精粹可以减少或者消除那些与品牌不适宜的营销活动或者任何其他可能有损于品牌形象的行为或者活动。这就是说，品牌精粹有助于品牌保持一致形象。

2. 全员换心

无论何时，一旦顾客接触服务 – 无论以哪种方式 – 他对该服务品牌原有的价值认知都会改变，从而直接影响企业的品牌资产。众多的医护人员每天直接或间接地跟患者接触，此时此刻每个人的一言一行都会对企业的品牌资产造成影响。对品牌精髓的深刻认识和认同使员工自主地从对顾客的冷漠转换成温暖之心；处于不同场合都能够产生品牌联想，并且知道应当高度关注哪些主要问题。

品牌联想。因此，对品牌精髓的理解和定义不能够是个别管理层的事，而须要全员参与，共同来诠释的。每位员工都对自己公司品牌精髓有深刻理解，才能在日常的客户服务中有正确的指导，才能把冷漠变成热心。比如，对于患者跟医院服务之间建立良好关系这一层意义上来说，经各部门员工参与形成的"博爱"的品牌联想，容易化解矛盾，促进医院员工和患者对医院品牌身份产生认同，激活患者和亲属对特定医疗服务和特定需求相关的品牌联想，强化患者和医护人员之间的相互依附的效应，加深患者对服务的"怀旧"心理，从而扩大患者市场的口碑传播范围。

经由各部门进行共同诠释，本溪医院形成品牌精髓的联想价值链："'十心'实意"。如图2。

236

3. 文化的作用

文化的作用比制度的效用大得多。低质量往往跟高成本走在一起；高尚文化能够产生高质量和低成本。

本溪医院除了常规静态指标，如：医疗、护理、物价管理等，还加上动态无形指标：医德和医风。共 8 个质量考核指标。品牌形象因为医疗功效的提高而强化。

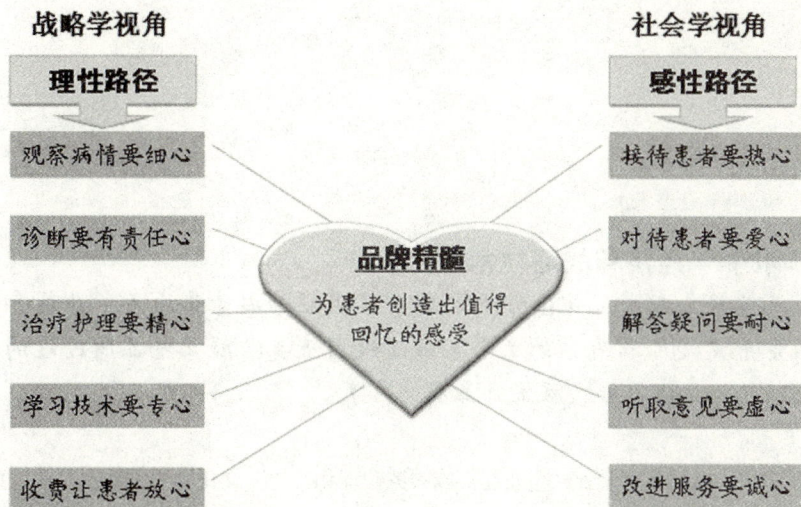

图 2. 医院的服务品牌精髓和联想："'十心'实意"

战略学视角 — 理性路径
- 观察病情要细心
- 诊断要有责任心
- 治疗护理要精心
- 学习技术要专心
- 收费让患者放心

品牌精髓
为患者创造出值得回忆的感受

社会学视角 — 感性路径
- 接待患者要热心
- 对待患者要爱心
- 解答疑问要耐心
- 听取意见要虚心
- 改进服务要诚心

237

4. 组织伦理学视角

身份证。组织理论的支持者认为，声誉是企业的外部特征，是"身份证"。它根源于内涵一致的品牌精粹。品牌精粹是从雇员和经理人彼此之间文化和品牌身份的相互理解中形成的。它表达了一种"社会事实"，通过它来构建企业声誉这个外观。品牌精粹的这种"自我表达"突出体现为企业的视觉图标、商标、格言。比较起"'十心'实意"这样的企业对自身信仰的陈述和文化活动来，这类"事实表达"更明显、更令人关注和容易记忆。它是核心的、独特的而且是永久性的企业外在共同特征 (A1bert 和 Whetten，1985)。Schultz、Hatch 和 Larsen(2000) 描述了一个强有力的声誉的形成过程：通过表现真实的企业内部状况——企业身份——来实现。

5. 启示

学者们认为，牢固的正面声誉来自于对企业文化和身份的真实表达，而脆弱的声誉则是由于企业的形象战略没有把握企业的核心价值观和共同意识形态 (Collins 和 Porras,1996)。

本溪医院的做法是构建文化符号。在院徽、手册、大门和草坪处构造心形图案，作为责任心和爱心以及各医者和患者心连心的象征。这是医院精神和团队精神的融合表现。医院巧妙地利用各种活动组织全员参与到建立医院愿景和理念的"会诊"中来。在这过程中，医院领导实质上是在进行"听诊"，倾听不同职能部门和员工的心声，做出能够表达共同愿景的心理图式。这是一种通过医院标志（符号）、格言（诠释）、和医院服务品牌（服务项目）三位一体建立起来的心理诠释图式。通过这些符号的心理图式，医护人员和患者从日常无意识的被动习惯行为渐渐引向有意识的主动认知学习方面来，最终目的是引导医患双方持久的关系的改变，对所诠释的价值观的认同。

本溪医院的这种策略合理型文化从强调文化的适应性入手。企业中不存在抽象的好的企业文化，也不存在任何四海皆准、适应所有企业的"克敌制胜"的企业文化。只有当企业文化适应企业经营策略自身，这种文化才是好的、有效的文化。

■ 品牌修复

□ 术中 - 经济和战略视角

从经济学视角来看，价值资产的三个效用驱动因素是质量、价格和便利。从战略视角来看，品牌资产的三个关键心理因素是：顾客对品牌伦理的感知；顾客对品牌经济价值认知；顾客对品牌的态度。

从本溪医院的事例可以看到，企业在实施服务管理和"心"文化的"大手术"前，重要的是需要变革性的企业领袖。他们具有前瞻性，而这种前瞻性来自于事先了解的能力。他们会在文化和品牌重建的实施阶段把监督管理权下放给顾客以及社会。这样等于让外界人员参与到管理中来，无形中将顾客和社会各界跟企业的距离拉近，增加了管理者的"听诊"能力，对企业品牌有更客观的认识和评价，更具建设性。

品牌身份细分。服务品牌资产来源于顾客心智。一般而言，评估品牌资产的来源，要求品牌管理者在价值链上的不同环节完了了解顾客怎样购买和使用服务。更重要的是，要了解顾客怎样看待不同环节上的服务子品牌，特别是在评估企业品牌资产来源时要对服务子品牌认知和子品牌形象的各个方面进行评估，这些不同方面极可能造成顾客的差别性反应。基于顾客的企业品牌资产是各服务子品牌资产的综合。

本溪医院在定义顾客行为方面是以不同的科室子品牌为基础。这样站在医院高层管理者角度，根据科室类别的顾客行为细分，对不同顾客如何看待不同科室服务问题方面，大大提高了对顾客市场认识的准确性和效率。

1. 顾客细分与品牌细分

前述"术前 - 组织伦理学视角"是关于企业的整体品牌塑造战略，它推动了外部评价的划一化；同样，中介机构通过正式渠道努力系统地传播标准化信息（如商务通信）也能产生这一作用。然而，尽管企业经理人费尽心思，声誉资源供应者（顾客、员工、供应商、投资者、社区、政府等等）可能不会认同企业的这种划一的自我陈述或者专业机构、媒体以及传言对企业的这种划一

238

评价。声誉资源供应者的评价过程只是一种松散的联系。最终做出决定的将是个体，无论是在利益相关者群体内部还是多个群体之间，个体的观点也会各不相同。所以，相应地，本溪医院服务品牌创建的方式是分解对应，以分散的顾客关系为基础，将医院服务品牌分解成多个以科室为单位的子品牌。每个子品牌具体的形象诠释内容如图3。

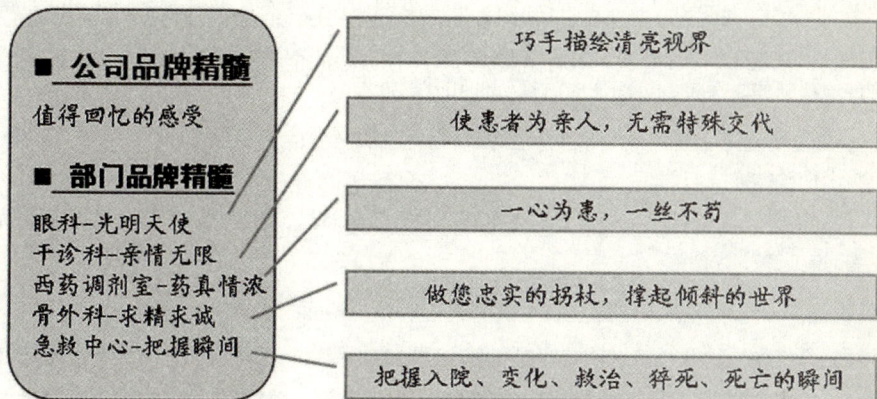

图 3. 基于 "'十心'实意" 的各服务子品牌精髓及其诠释

2. 部门子品牌与部门职能

企业有必要将这些部门子品牌细分跟相应的部门运作流程进行有机结合，对应不同患者群体需要，来提高细分的服务品牌定位的准确度。

基层单位职能。这是减少顾客进入企业的障碍，使顾客乐于光顾，以此来维护顾客市场稳定的基础。其效用体现在企业的基层单位职能方面。

比如医院门诊。采取综合措施确保门诊工作质量，设计医疗路径和护理路径，使患者和家属进入和离开服务区域简单易行，从基础质量、环节质量和终端质量来规范和量化治疗行为和护理行为。

高层次职能。在提高企业声誉方面，最终要让顾客看到企业的服务水平，这与企业的重点专业建设水平有关。对重点学科加大资金投入，鼓励科技创新，为人才培养提供资金保障。

本溪医院为攻克重症疑难病症提供了重点学科研究和服务的空间。这是"心"文化服务品牌跟患者最"贴心"的领域。其效用体现在医院高科技职能部门和医生个人。

3. 服务流程－连心流程

流程布局简易化。对于患者来说，比正常人更关注的是服务的简易性。对于医院来说，创造这种简易性要运用流程。在优化通用性流程基础上再根据不同患者、不同层次、不同方式的需要设计优化子流程。总体上看，从挂号、就诊、一直到收费都进行简易化设计。

不少企业，比如零售业，有意把店内游走路径设计得很复杂，目的是让进店的每个顾客尽量浏览所有的商品，往往顾客找不到出店的门口，店内拥挤。这是错误的，没有从顾客的便利性着想。另一方面，管理上造成了错觉，感觉人流量很大，但实际购买比率却低。

239

服务流程延伸。医院的流程形成前向延伸、后向延伸。

· 前向延伸是预先在媒体上定期公布各科室主任医师出门诊时间。

· 后向延伸是成立治疗后护理中心，开设陪护、陪检、家庭康复病床等。

这样的服务流程延伸是从企业传统的围绕购买者个人（如患者）的产品服务基本性供给开始，延伸到围绕顾客关联群体（如患者亲属）对产品服务的完整性需要，通过加强对外界的沟通，增强了企业的社会性和公共关系。

管理流程延伸。医院的管理形成内部延伸和外部延伸。

· 流程内部延伸是医院实行内部管理流程跟员工建立"连心工程"，使员工对奖惩有清晰的界限，由他律转变成自律。

· 管理流程外部延伸是通过《本溪日报》刊登百名专家"廉洁行医"倡议书，来主动接受社会各界监督。

像这样的企业管理流程内部延伸减少了管理层和员工层面的社会等级距离，增加了员工对管理层的信任，工作上的抵触情绪转变为提高解决问题的积极性；管理流程外部延伸首先是领导层和高职位人员受到监督，这往往在企业内部是做不了的事情；这种内外延伸的结合能够起到相互促进的作用，其次，对于企业的社会信任度提升起到很大的促进作用。

当然，没有企业责任心和积极进取动机的管理者不可能会这样做。

4. 品牌精粹分流

顾客、品牌、部门和职能细分后的服务流程和管理流程形成了"品牌分流"。品牌分流是根据各对应科室评价考核体系形成的子品牌，这样，无形的子品牌联想跟有形的服务流程和管理流程结合起来，成为统一可操作的体系。每个子品牌具体的形象诠释内容如图3。

5. 经济学视角

利益相关者的看法。经济学视角从企业功能方面来看服务的品牌声誉：它形成了利益相关者（员工、患者顾客、投资者、竞争者和大众）对于企业性质、行为以及企业所代表的利益的看法，并对该企业的服务效用进行价值评估。利益相关者的这些看法和价值评估构成了企业与公众之间的互动关系。一方面顾客根据对企业价值资产的评价作出要放弃或者想获得服务产品的决定。另一方面企业对自己的价值资产进行评估，并作出相应的战略方案；从经济学视角来看，价值资产的三个效用驱动因素是质量、价格和便利。

按照本溪医院的地域分析，在消费力较弱，而医疗资源过剩的情况下，服务价值资产的驱动因素的重要性权重先后为：服务质量、便利性、合理价格。

潜在信息差距。信息不对称迫使外部观察者必须依赖于其他中介机构，来了解医院和竞争者的声誉情况。因为患者掌握企业的可靠性信息不多，对医院内部的服务产品质量不知情，他们就要依赖医院声誉来做出是否购买服务产品的决定。

为了克服潜在的信息认知差距，本溪医院采取与声誉的经济学视角直接相关的可见的医院服务改善，如：资本诚信、融资诚信、经营诚信、完税诚信、服务承诺制、收费阳光工程、一日清单、收费标准公示、科室设物价专管员，主动帮助患者理财，等等。

6. 战略学视角

品牌资产的三个关键心理提升因素是：顾客对品牌伦理的感知；顾客对品牌经济价值认知；顾客对品牌的态度。

伦理感知。无论何时，一旦顾客接触企业的服务人员——无论以哪种方式或形式——他对此企业服务品牌原有的认知或多或少都会改变，从而影响品牌资产价值。这种"倒摄"作用能够让顾客淡忘以前有关该企业服务的记忆，无论以前是"冷淡，马虎"还是"热情周到"。众多的医护人员每天直接或间接地跟患者碰面，此时此刻每一位医护人员的一言一行都会使患者顾客对自己将要接受的医疗服务质量作出预期，这就会对服务品牌资产造成影响。因此，本溪医院意识到作为实施心文化的必要和重要的第一步骤，要对全员进行"换心手术"。"换心"过程中灌输服务品牌精粹容易让员工记住品牌的哪些要素应当给予高度关注，从而使全体上下产生思想和行为的凝聚力。

经济价值认知。与经济学观点一致，战略学观点强调企业必须通过纵向（基层职能和高层职能）的科层组织资源整合，在横向的不同价值链环节，如医院的部门子品牌那样，来建筑品牌声誉壁垒，并获取品牌资产。品牌资产是顾客对品牌价值主观的评价，超出客观感知的价值。品牌资产提升增加了顾客偏好，减少了向竞争对手品牌的转换。当顾客已经将品牌作为自我价值构成的一部分的时候，更是如此。

对品牌的态度。经理人在创建品牌活动之前进行资源整合（比如员工表现出来的热情和认真）所产生的声誉可以帮助外部观察者作出某种关于可靠性和可预测性的诠释。本溪医院"'十心'实意"这一服务品牌的核心是"以病人为中心"，它涵盖了患者从门诊就诊、住院、手术、出院以及医后服务整个流程。这种流程环节形成独特的服务子品牌"声誉价值链"，成为防止顾客（资产）流失的转移壁垒。服务流程形成的品牌"声誉价值链"描绘出企业与其声誉资源持有者（比如患者、其他利益相关者和社会）之间独特的互动方式——"使顾客（患者）满意——为顾客（患者）创造出值得回忆的感受"。它向市场和社会观察者传达了企业如何代表顾客的利益。从战略学视角来看，这种声誉是企业外部（顾客或者其他利益相关者）对企业独特的看法，是任何企业的管理者不能直接掌控的。也就是说，竞争对手很难复制顾客评价高的企业声誉。顾客更青睐拥有更高声誉的企业的产品和服务。在外部观察者观念中树立声誉是一个长期的过程；经验研究表明，即便面对负面信息，声誉资源持有者也不愿意轻易改变他们已经形成的声誉评价。

241

7. 启示

品牌资产来源于顾客心智。一般而言，评估品牌资产的来源，要求品牌经营者完全了解顾客怎样购买、怎样使用产品或服务。更重要的是，要计算到各个细分市场的顾客个体层面，以及企业品牌下各个细分子品牌的各个方面，来了解顾客怎样看待不同的品牌，比如，对各个部门（子品牌）、多个楼面收费、门诊分流、重点学科分类、等等方面的评价。这些不同方面的评估极可能形成顾客的差别性反应，并由此改变品牌资产的评估方法，构成不同的品牌资产。案例中本溪医院医护人员和管理层对不同的院外患者进行随访、对病房明察暗访、从个别患者了解对品牌认同的细节。参看图4。

虽然战略学者关注的是管理者决策行为产生的经济和竞争效应，社会学方面的学者还要求人们注意这些决策的社会意义。

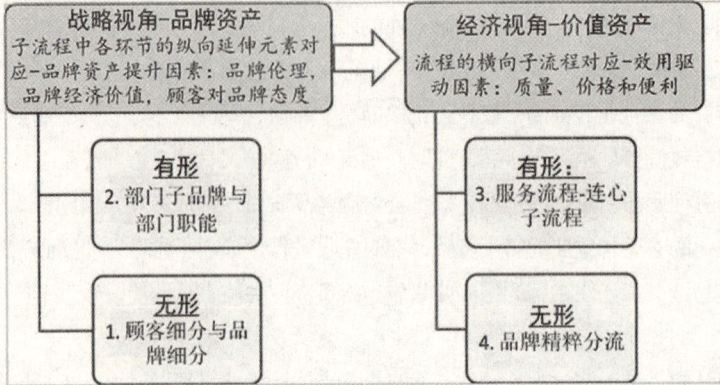

图 4. "术中"的经济视角和战略视角

□ 术后 – 社会和营销视角

服务的诚信和顾客的信任是在双方互动过程中形成的。从"诊断"、"术前"、"术中"、一直到现在"术后"这个过程，需要不断对组织和个人的诚信行为进行密切监督和检讨，根据结果进行总结、调整和改善。

1. 自下而上和自外而内

诚信的基础是从最高领导层开始。比如，本溪医院各级领导签订诚信责任状，让下面员工监督自己；百名专家"廉洁行医"的签名报纸广告，一方面向外界进行宣传，另一方面让外界监督自己。

2. 诚信管理

全员参与。采取院务公开的做法，目的是全员参与管理诚信。为实际实施诚信建设和纠正诚信问题提供诚实可靠的组织保证。

3. 诚信强化

固定时距 – 问卷。这种每季度固定时段发出问卷的做法是企业向外界发出很强烈的信号，企业是希望跟外界社会建立一种很牢固的信任关系。这种关系是建立在市场和社会对企业的服务"诚信"作出确认的基础之上。

本溪医院的做法是，在医院内部，通过向门诊和住院患者和家属发出服务满意度问卷，鼓励患者和家属参与到对员工评价的活动中来；在医院外部：通过有奖征答方式，进行社会调查。根据医院内部和外部的患者和群众的调查意见，相应的部门作出整改措施。

这种"固定时距"的问卷方式会产生"正强化"刺激，引起顾客和外部社会对企业服务的关注。问卷过后这种关注自然会消退。但是如果每次顾客的问题得到企业及时有效的反馈，那么下一次问卷会产生更积极的"正强化"作用。就医院来说，患者和外部社会会增加对医院和服务品牌的关注、信任、甚至谅解，从而缓和医患双方不必要的猜疑和紧张状态，增加员工捍卫医院声誉和纠错的自觉性，稳步巩固品牌建设的成果。

不定时距 – 查房。管理者随时到工作现场观察的做法产生"负强化"和"惩罚性"刺激。比如，医院领导随时来到病房进行明察暗访，得到第一手资料。为了不因玩忽职守而得不到奖励或者受到惩罚，所有的医护人员每天都得警醒自己，不要犯错。这种不定时距造访患者的做法也使高层领导跟患者和家属的心更贴近，达到"交心"的效果。

不定比率 – 入户随访。企业通过这种随机抽取的客户名单，不定期地上门征求用户使用服务或者产品的信息反馈，这样一方面可以加深企业对客户使用服务或者产品情况的了解，另一方面，让客户感受到企业的社会责任心。只有这样才能有效地把良好的顾客关系不断维持下去，也不断增强企业获取顾客满意度的愿望和动力。例如，本溪医院在"卫生服务万里行"活动中，每年随机抽取一定数量的病例，由医院领导带头，到患者家中入户随访，了解患者对服务品牌的认同程度。这种做法实际上医院把外面的患者看成是社会人，的确起到"服务无边界，服务无小事；接待一位患者、交一位朋友、带动一片市场"的效果。这种随机抽样的方式是对于心文化工程效果的直接测试，是医院希望获取患者顾客"值得回忆的感受"。当结果不如理想时，会刺激医院的危机感以及对成功服务的渴望。确保在顾客脑海中建立与特定服务或产品相关联的品牌联想。

固定比率 – 加强社会监督。企业通过常规性地邀请外部不同阶层人士，如政府部门官员，权威监管机构，社区团体等，进入内部进行参观，交流，监督等方式，主动将企业跟外部社会相互了解的距离拉近，达到提高品牌认同度的目的。例如，本溪医院聘请 25 名社会各界人士为监督员，通过不断努力，得到这些社会监督员的认同程度也就越来越高。

4. 社会学视角

关系资产。站在社会学视角来看关系资产，是指不同的企业声誉资源持有者（利益相关者）与品牌联结的社会倾向性，超越了战略视角和经济视角对品牌本身价值的主观和客观评价的范畴。关系资产的四个关键驱动因素是忠诚度计划、特殊事件再认知和处理计划、社区建设项目、建立知识体系的计划。比如产品和服务的终生保养护理计划、残疾人问题、性别歧视和性侵犯问题、农民工的留守儿童问题、希望小学赞助问题等等社会问题。

经济学视角和战略视角一般都会忽视实际形成企业声誉的社会评价。相反，社会学视角指出，声誉的"社会等级"这种社会建构过程反映了企业和行业周围社会系统的关系结构状况。比如，市级医院跟省级医院的声誉区别，政府医院跟私人医院的声誉差别，产品服务对象的性别和年龄区别，等等。另外，面临企业行为的不完全信息，外部观察者不仅要了解企业本身定期发布的信号，还需要通过其他可信度高的中介部门，如市场分析、专业分析和记者转达的评估信息。比如

243

上述情形，本溪医院（出于医生听诊的职业敏感本能）主动聘请25位社会各界人士为监督员，对自己医院进行会诊。通过召开监督员座谈会或者到监督员所在单位进行走访，来获得社会各界的评估。另外在医院内部对就诊患者进行问卷调查，主动上门入户随访等"听诊"和"问诊"方式向患者即时了解。

顾客资产。以上关于企业服务品牌的三个视角（社会、经济、战略）表达了企业因应利益相关者和外部不同社会阶层对企业的客观和主观评价，来进行内部资源整合，建立起跟社会不同阶层的适应性关系，从而获取相应的经济价值（经济视角）、品牌资产（战略视角）和关系资产（社会视角）。这三方面的资产都是基于顾客对于企业品牌的认知产生的，统称为顾客资产。

5. 营销学视角

但是，对于企业和医院两方面的专家们来说，来自外部不同社会阶层的信息只是解决问题的一部分。比如，就算你能尽最大的努力从患者或其家属身上获取最好的信息——它不总是真实的，它在很多方面是有偏差的，有时候甚至会干扰你做出正确的诊断。在医生的情形，的确，没有什么能够替代倾听其他人的话，比如病人，还有所有学科出身的同事。但是，最后还得由负责该项医疗工作的主治医生来做决定。企业的情形一样，外部的信息也不总是真实的，很多方面对企业的看法是有偏差的，或者是对企业没有知觉，最后还得要管理层作出正确的决定，其中包括启动营销功能，主动告诉外界关于自己企业的真实信息，对外界的信息偏差作出澄清，对自己的产品服务的真实好处进行传播。比如前述的医院符号、员工的服务方式、报纸预先公示专家就诊时间、百名专家"廉洁行医"的签名报纸广告等等。通常，这些信息和形象还会被运用到针对企业其他委托人的传播活动中去，这也是作为医院和医生的职业特征所具有的优势。比如，向院内患者及其家属发放服务调查问卷、领导直接查房向患者就服务问题"问诊"、主动上门随访。在亲情服务和人性服务的基础上，各科室开展个性服务、超值服务、接点服务、延伸服务等。在获取患者信息，千方百计满足病人需求的同时，也传播企业服务的信息。参看图5。

244

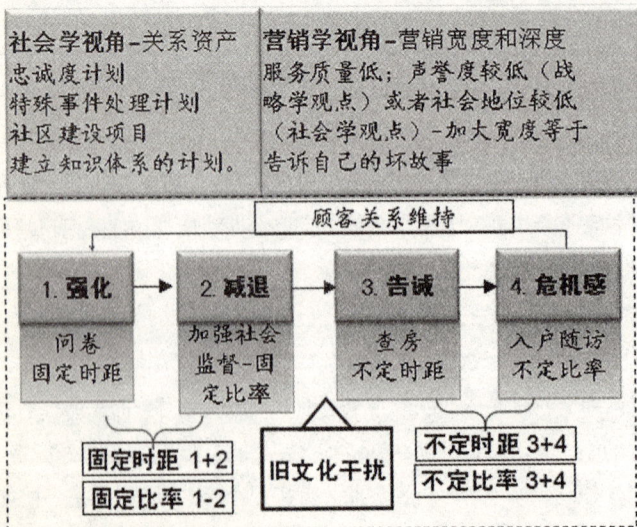

图 5. "术后"的社会视角和营销视角

6. 启示

本溪医院的营销宽度和深度取决于当时的服务品牌投入的方式和过程表现。品牌创建初始阶段，服务质量的显在差距或者潜在差距都较大（经济学观点），或者声誉度较低（战略学观点），或者社会地位较低（社会学观点）等情形下，扩大宽度，比如做广告来宣扬自己，会陷进"过度营销"的误区，相当于在讲述自己的"坏故事"。这种情形适当的营销应当是加强深度，如通过贴近顾客，掌握比较准确的信息，来减少实际服务质量跟患者期待之间的差距。从案例看，本溪医院发挥"听诊"和"问诊"的功能，通过医院内部进行问卷调查，院领导直接查房，上门拜访患者，以及邀请各界代表进驻观察，提出意见等等方式，一方面达到了解患者市场和社会意见的目的，另一方面互动交流中自己传播的信息更准确、更有针对性和客观。通过广告媒体向公众"表忠"，而不是"宣扬"。

1999年一项对10000多名受访者的调查表明，美国公众对一些规模相对较小且没有做过广告的企业，如本－杰利，给予了很高的声誉评价，而一些常常占据财富榜顶端的企业，如通用电气，得到的评级却相对较低。这说明通用电气对自身的企业身份的角色理解跟利益相关者心中的评价存在的差距比较起前者来更大。

图6.是关于跟医疗程序对应的服务品牌重建的各阶段医患关系演进示意图。

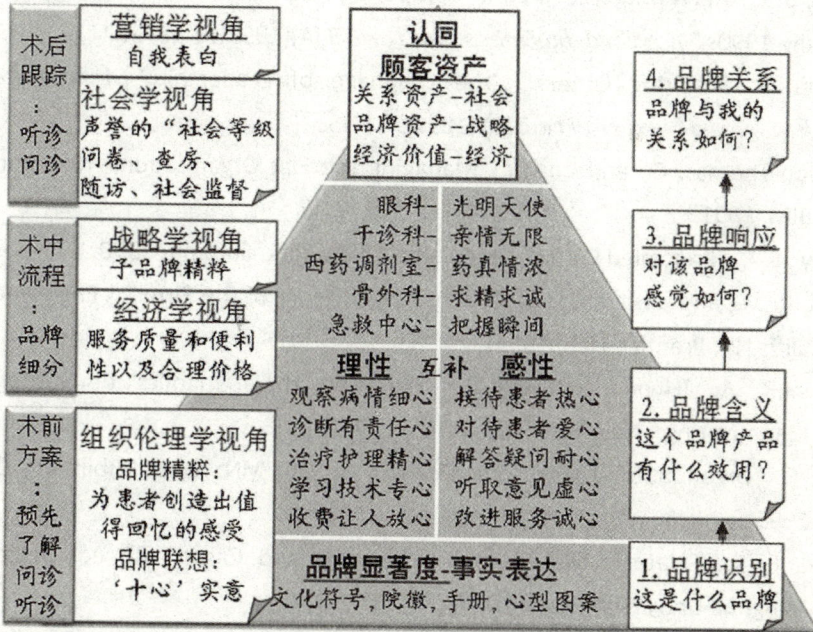

图 6. 医院品牌创建不同阶段的医患关系互动

参考文献 (1)

Ackoff, R. "Creating the Corporate Future. " New York : Wiley, 1981 .

Amit, R. , and Schoemaker, P. J. H. "Strategic assets and organizational rent." *Strategic Management Journal* 14 (1993): 33- 46.

Arthur, W. B. "Increasing returns to scale." *Harvard Business Review* 1 (July/August 1992): 100-9. N. T. , 1996.

Baker, J. C. "International Finance: Management, Markets, and Institutions." Beijing: Tsinghua University Press, 1998.

Bryman , A. "Charisma and Leadership." London: Sage, 1992.

Burns , J. M. "Leadership." New York: Harper & Row, 1978.

Capelli, P. "A market-driven approach to retaining talent." *Harvard Business Review* 78 (1) 2000: 103-13.

Cateora, P., Gilly, M. C., and Graham, J. L. "International Marketing." 14th ed. Beijing: Renmin University of China, 2009.

Collis, D. J. , and Montgomery, C. A. "Competing on resources : Strategy on the 1990s." *Harvard Business Review* 73 (4)(1995): 1 18- 28.

Conger, J. "Inspiring Others : The Language of Leadership." *Academy of Management Executive* 5(1) (1991): 31-45.

Coulson-Thomas, C., and Coe, T. "Managing the Flat Organization." New York: BIM, 1991.)

Covey , S. R. "Principled Central Leadership." New York: Summit, 1990.

Cyert, R. M., and March, J. G. "A Behavioral Theory of the Firm." Englewood Cliffs NJ : Prentice-Hall, 1963 .

D'Aveni,R. A. "Hyper competition: Managing the Dynamics of Strategic Maneuvering." New York: Free Press, 1994.

Daft, R. "Organization Theory and Design." St.Paul MN: West Publishing Co, 1995.

David, F. R. "Strategic Management: Concepts and Cases." 8th ed. Beijing: Tsinghua University Press, 2004.

Davis, M. "That's interesting!" *Philosophy of Social Science*, 1 (1971): 309- 44.

Dean, J., and Sharfman, M. "Procedural Rationality in the Strategic Decision-making Process." *Journal of Management Studies* 30 (1992): 587- 61 1 .

Dess, G. G., Lumpkin, G. T., and Covin, J. G. "Entrepreneurial strategy making and firm Performance: Tests of contingency and configuration models." *Strategic Management Journal* 18 (9) (1997): 677—95.

Dunne, P. M., Lusch, R. F. "Retailing." 5th ed. Beijing: Tsinghua University Press, 2005.

Eisenhardt, K. "Making fast strategic decisions in high-velocity environments." *Academy of Management Journal* 32 (1989): 543-76.

Eisenhardt, K., and Zbaracki, M. "Strategic Decision-Making. *Strategic Management Journal* 13 (1992): 17-37.

Fisher, D., and Torbert, W. "Transforming Management Practice: Beyond the Achiever Stage in L. L. Cummings and B. M. Staw." (eds.), *Research in Organizational Development*, Greenwich, Vol.5. CT: JAI Press, 1991. 143-73.

Fiske , S., and Taylor, S.. Social Cognition. New York: McGraw-Hill, 1991.

Fredrickson, J. W. "The strategic decision process and organizational structure." *Academy of Management Journal* Vol.2 (1986): 280-97 .

Granovetter, M. "Economic action and social structure: A theory of embeddedness." *American Journal of Sociology* 91 (1985): 481-510.

Greiner, L. "Evolution and revolution as organizations grow." *Harvard Business Review* 60 (4) (1972): 37—46.

Hamel, G., and Prahalad, C. "Competing for the Future." *Harvard Business Review* (July Aug. 1994): 122-8.

Hamel, G. "Killer strategies that make shareholders rich." *Fortune* 23 (June. 1997): 70-84.

Harrigan, K. R. "Exit decisions in mature industries." *Academy of Management Journal* 25 (4) (1982): 707-32.

Hart, M. "Inside Professional Services" series: An Introduction to Field series of case collections from Harvard business School. Beijing The People's University of China, 2002.

Hart, M. "Inside Retailing" series: An Introduction to Field series of case collections from Harvard business School. 2nd. Beijing: The People's University of China, 2003.

Hitt, M. A., Freeman, R. E., Harrison, J. S. "Handbook of Strategic Management." Oxford England: Blackwell, 2005.

Hitt, M. A., Ireland, R. D., Hoskisson, R. E. "Strategic Management : Competitiveness and Globalization(Concepts)." 7th de. Beijing: Tsinghua

University Press, 2006.

Horngren, C. T. Datar, S. M. and Rajan M. T. "Cost Accounting: A Manaaerial Emphasis." 13th ed. Toronto, Ontario: Wiley, 2007.

Ingram, T. N., LaForge, R. W., Avila, Ramon, A., Schwepker, C. H., Williams, M. R. "Sales Management Analysis and Decision Making." 6th ed. Beijing: Peking University PRESS

Kaplan, S., and Sawhney, M. "E-hubs: The new B2B marketplaces." *Harvard Business Review* (May June 2000): 97-103.

Kelley , R. "The Power of Followership." New York: Doubleday, 1992.

Langley, A., Mintzberg, H., Pitcher, P., Posada, E., and Macary, J. "Opening Up Decision-making: the View from the Back Stool." *Organization Science* 6 (3) (1995): 260- 79.

Lascu, Dana-Nicoleta "International Marketing." 3rd ed. Toronto: Content Technologies, 2008.

Levy, M., and Weitz, B. "Retailing Management." 4th ed. Boston, MA : cGraw-Hill, 2007.

March, J. "A Primer on Decision-making : How Decisions Happen." New York : Free Press, 1994

Mintzberg, H. "Patterns in strategy formation." *Management Science* 24 (1978): 934- 49.

Mintzberg, H. "The Structuring of Organizations." *Englewood Cliffs* NJ: Prentice-Hall, 1979.

Mintzberg, H. "The Rise and the Fall of Strategic Planning." New York: Free Press, 1994.

Mintzberg, H., and Westley, F. "Decision-making: It's Not What You Think." *Sloan Management Review*, 42(3) (2001): 89- 94.

Morgan, G. "Imaginization." *Newbury Park* CA: Sage, 1993.

Nutt, P. C. "Why Decisiorus Fail: The Blunders and Traps that Lead to Decision Debacles." San Francisco CA: Barrett-Koehler, (2001a).

Nutt, P. C. "The De-development of Contemporary Organizations. Research in Organizational Development and Change." *Greenwich* Vol. 14. CT: JAI Press, (2001b).

Oakley, E., and Krug, D. "Enlightened Leadership." New York: Simon & Schuster, 1993.

Pascale, T. T. "Managing on The Edge." New York: Simon & Schuster, 1990.

Porter, M. E. "Please note location of nearest exit: Exit barriers and strategic and organizational planning." *California Management Review* (Winter. 1976b): 21- 33 .

Porter, M. E. "Competitive Advantage." New York : Free Press, 1985.

Prahalad, C. K., and Hamel, G. "The core competence of the corporation." *Harvard Business Review* 68 (3) (1990): 79- 91.

Prahalad, C. K., Ramaswamy, Patrica B., Katzenbach, J. R., and Lederer C. "Harvard Business Review on Customer Relationship Management." Boston MA: Harvard, 2001.

Quinn, J. B., Anderson, P., and Finkelstein, S. "Leveraging intellect." *Academy of Management Executive* 10(3) (1996):7- 27.

Rajagopalan, N., Rasheed, A., and Datta, D. "Strategic decision processes: Critical review and future directions." *Journal of Management* 19(1993): 349- 84.

Ring, P. S., and Van de Ven, A. H. "Structuring cooperative relationships between organizations." *Strategic Management Journal*, 13(1994): 483- 98 .

Robbins, S. P. "Organizational Behavior." 7th ed. Beijing: Tsinghua University Press, 1996. Robbins, S. P. "Organizational Behavior." 7th ed. Beijing: Tsinghua University   Press, 1996.

Rosenau, P. "Post-Modernism and the Social Sciences." Princeton NJ: Princeton University Press, 1992.

Rosenberg, M. "The Logic of Survey Analysis." New York: Basic Books, 1968.

Russell, J. T., Lane W. R. "Kleppner's Advertising Procedure." 13th ed. Beijing: Tsinghua University Press, 1996.

Sanchez, R. "Strategic flexibility in product competition." *Strategic Management Journal* 16(1995): 135-59.

Schiffman, L. G., Kanuk, L. L. "Consumer Behavior." 5th ed. Beijing: Tsinghua University Press, 1996.

Schwartz ,P. "The Art of the Long View." New York : Doubleday, 1991.

Shapiro, B. P., and Sviokla, J. J. "Seeking customers." collection: An Introduction to Harvard Business Review book series. Eds. Boston MA: Harvard, 1976-1993.

Sharfman, M., and Dean, J. "The Effects of Context on Strategic Management Process and Outcome." Holland: Kluwer, 1998

Sharpe, W. F., Alexander, G. J. Bailey, Jeffrey V. "Investments." 5th ed. Beijing: Tsinghua University Press, 2005.

Spender, J. C. "Making knowledge the basis of a dynamic theory of the firm."

Strategic Management Journal 17 (1996):45- 62.

Stewart,T. A. "Intellectual Capital: The New Wealth of Organizations." New York: Doubleday/Currency, 1997.

Sviokla, J. J., and Shapiro, B. P. "Keeping customers." collection: An Introduction to Harvard Business Review book series. Eds. Boston MA: Harvard., 1968-1992.

Swoboda, F. "Corporate Downsizing Goes Global." *Washington News Service* 11 April 1995: A8.

Teece, D., Pisano, G., and Shuen, A. "Dynamic capabilities and strategic management." *Strategic Management Journal* 18 (1997): 509-34.

Wall, B., Solum, R., and Sobol, M. "The Visionary Leader." Rocklin CA: Prima, 1992.

Weick, K. "The Collapse of Sense-Making in Organizations: The Manngulch Disaster." *Administrative Science Quarterly* 38 (45) (1994): 628- 52.

Wernerfelt, B. "A resource-based view of the firm." *Strategic Management Joumal* 5(1984): 171- 80.

Yin , R. K. "Applications of Case Study Research." Newbury Park CA: Sage, 1993.
Amabile, T. M., and Steven J. Kramer "How Small Wins Unleash Creativity." *HBS Working Knowledge* 06 Sep 2011
<http://hbswk.hbs.edu/item/6685.html>.

Anteby M., Kanter R. M., and Kaplan R. S. "Rupert Murdoch and the Seeds of Moral Hazard." *HBS Working Knowledge* 19 Jul 2011
<http://hbswk.hbs.edu/item/6777.html>.

Ayers, J. "Don't Get Buried in Customer Data—Use It." *HBS Working Knowledge* 21 Jul 2003 <http://hbswk.hbs.edu/item/3596.html>.

Bandiera, O., Guiso, L., Prat, A., and Sadun, R. "What Do CEOs Do?" *HBS Working Knowledge* 31 Mar 2011
< http://hbswk.hbs.edu/item/6662.html>.

Beer, M. "Pay-for-Performance Doesn't Always Pay Off." *HBS Working Knowledge* 14 Apr 2003 <http://hbswk.hbs.edu/item/3424.html>.

Beer, E. M. "High Ambition Leadership." *HBS Working Knowledge* 15 Sep 2011 <http://hbswk.hbs.edu/item/6735.html>.

Bloom, N., Sadun, R., and Reenen, J.V. "Organization of Firms Across Countries." *HBS Working Knowledge* 23 Nov 2011
< http://hbswk.hbs.edu/item/6804.html>.

Bower, J. L., and Gilbert, C. G. "What *Really* Drives Your Strategy?" *HBS Working Knowledge* 09 Jan 2006 < http://hbswk.hbs.edu/item/5157.html>.

Cespedes, F. V. "Connecting Goals and Go-To-Market Initiatives." *HBS Working Knowledge* 15 Nov 2010 <http://hbswk.hbs.edu/item/6529.html>.

Chua, R. Y .J., Morris, M. W., and Mor S. "Collaborating Across Cultures: Cultural Metacognition and Affect-Based Trust in Creative Collaboration." *HBS Working Knowledge* 21 Jul 2011 <http://hbswk.hbs.edu/item/6756.html>.

Ely, Ebrahim, A. "The Hard Work of Measuring Social Impact." *HBS Working Knowledge* 14 Jun 2010 <http://hbswk.hbs.edu/item/6401.html>.

Gaur, V., Lai, R., Raman, A., and Schmidt, W. "Signaling to Partially Informed Investors in the Newsvendor Model." *HBS Working Knowledge* 19 Jul 2011 <http://hbswk.hbs.edu/item/6580.html>.

George, B. "The Power of Leadership Groups for Staying on Track." *HBS Working Knowledge* 06 Sep 2011 <http://hbswk.hbs.edu/item/6801.html>.

Gino,F., and Ariely, D."Are Creative People More Dishonest?" *HBS Working Knowledge* 07 Dec 2011 <http://hbswk.hbs.edu/item/6883.html>.

Goldreich, D., and Halaburda, H. "When Smaller Menus are Better: Variability in Menu-Setting Ability and 401(k) Plans." *HBS Working Knowledge* 28 Apr 2011 <http://hbswk.hbs.edu/item/6648.html>.

Heskett, J. "Building a Business in the Context of a Life." *HBS Working Knowledge* 03 Nov 2011 <http://hbswk.hbs.edu/item/6797.html>.

Heskett, J. "Getting to Eureka!: How Companies Can Promote Creativity." *HBS Working Knowledge* 22 Aug 2011 <http://hbswk.hbs.edu/item/6734.html>.

Heskett, J. "How Will the 'Moneyball Generation' Influence Management?" *HBS Working Knowledge* 06 Oct 2011 <http://hbswk.hbs.edu/item/6787.html>.

Heskett, J. "Thinking Slow: An Argument for Bureaucracy?" *HBS Working Knowledge* 01 Dec 2011 <http://hbswk.hbs.edu/item/6789.html>.

Heskett, J. "What Do You Think?" *HBS Working Knowledge* 06 Jan 2011 <http://hbswk.hbs.edu/item/6564.html>.

Heskett, J. "Why Do Managers Fail to Act on Their Predictions?" *HBS Working Knowledge* 06 Dec 2004 <http://hbswk.hbs.edu/item/4531.html>.

Kaplan R. S. "Business Summit: Enterprise Risk Management." *HBS Working Knowledge* 09 Jun 2009 <http://hbswk.hbs.edu/item/6205.html>.

Kaplan, R. S., and Norton D. P. "Managing Alignment as a Process." *HBS Working Knowledge* 24 Apr 2006 < http://hbswk.hbs.edu/item/5305.html>.

Kaplan, R. S. "When Benchmarks Don't Work." *HBS Working Knowledge* 09 Jan 2006 < http://hbswk.hbs.edu/item/5158.html>.

Kaplan, R. S., and Norton D. P. "Creating the Office of Strategy Management." *HBS Working Knowledge* 05 Jul 2006 <http://hbswk.hbs.edu/item/5420.html>.

Kaplan, R., and NortoN, D. P. "The Strategy-Focused Organization." *HBS Working Knowledge* 23 Oct 2000 <http://hbswk.hbs.edu/item/1746.html>.

Kaplan, R. S., and Norton, D. P. "Partnering and the Balanced Scorecard." *HBS Working Knowledge* 23 Dec 2002 <http://hbswk.hbs.edu/item/3231.html>.

Kaplan, R. S. "Mapping Your Board's Effectiveness." *HBS Working Knowledge* 30 Aug 2004 <http://hbswk.hbs.edu/item/4341.html>.

Kraus, J. J. " Lessons from the Classroom." *HBS Working Knowledge,* 13 Oct 2011 <http://hbswk.hbs.edu/features/classroom.html>.

Malhotra, D. "Cheese Moving: Effecting Change Rather Than Accepting It." *HBS Working Knowledge* 06 Sep 2011 <http://hbswk.hbs.edu/item/6796.html>.

Masanell, R. C., and Halaburda, H. W. "When Does a Platform Create Value by Limiting Choice?" *HBS Working Knowledge* 26 Oct 2010 <http://hbswk.hbs.edu/topics/managingeffectiveness.html>.

McFarlan, F. W. "Putting the Project Puzzle Together," *HBS Working Knowledge* 24 Mar 2003 <http://hbswk.hbs.edu/item/3389.html>.

McGinn, K. L., Bohnet, I., and Fletcher P. "Gender and Competition: What Companies Need to Know." *HBS Working Knowledge* 21 Sep 2011 <http://hbswk.hbs.edu/item/6772.html>.

Nohria, N., Joyce, W., and Roberson, B. "4+2 = Sustained Business Success." *HBS Working Knowledge* 07 Jul 2003 <http://hbswk.hbs.edu/item/3578.html>.

R., and Thomas, D. "Racial Diversity Pays Off." *HBS Working Knowledge* 21 Jun 2004 <http://hbswk.hbs.edu/item/4207.html>.

Roberto M. A., and ynne L. L. "Four Ways to Create Lasting Change." *HBS Working Knowledge,* 11 Oct 2004 <http://hbswk.hbs.edu/item/4415.html>.

Steenburgh T. J. "HBS Introduces Marketing Analysis Tools for Managers." *HBS Working Knowledge* 16 Aug 2010 <http://hbswk.hbs.edu/item/6377.html>.

Shapiro, B. "Commodity Busters: Be a Price Maker, Not a Price Taker." *HBS Working Knowledge* 10 Feb 2003 <http://hbswk.hbs.edu/item/3314.html>.

Shapiro, B. "Want a Happy Customer? Coordinate Sales and Marketing." *HBS Working Knowledge* 28 Oct 2002 <http://hbswk.hbs.edu/item/3154.html>.

Trichakis, N. "Rethinking the Fairness of Organ Transplants." *HBS Working Knowledge* 28 Nov 2011 < http://hbswk.hbs.edu/item/6857.html>.

Valentine, M. A., Nembhard, I. M., and Edmondson, A. C. "Measuring Teamwork in Health Care Settings: A Review of Survey Instruments." *HBS Working Knowledge* 22 Sep 2011 <http://hbswk.hbs.edu/item/6727.html>.

252

参考文献 (2)

安妮·T. 科兰，埃林·安德森，阿德尔·埃尔-安萨里. 营销渠道. 蒋青云，
　　王彦雯，顾浩东等译. 第7版. 北京：中国人民大学出版社，2011.
安妮塔·M·麦加恩. 产业演变与企业战略. 孙选中等译. 北京：商务印书
　　馆，2007.
毕意文，孙永玲. 平衡计分卡中国战略实践. 北京机械工业出版社，20U7.
保罗·藤甫诺. 高级品牌管理—实务与案例分析. 牛国朋译. 北京：清华大
　　学出版社，2010.
蔡洪滨. 做创新创业特色商学院. 经理人 216 期（2012/07）：106-07.
曹仰锋.6 种有效的领导风格. 经理人 206 期（2011/09）：57-59.
查尔斯·T·亨格瑞，斯里坎特·M·达塔尔，乔治·福斯特，马达夫·V·拉
　　詹，克里斯托弗·伊特纳. 成本与管理会计. 王立彦，刘应文，罗炜 译.
　　第13 版. 北京:中国人民大学出版社，2010.
陈炳岐. 麦当劳与肯德基. 北京：中国经济出版社，2005.
陈闻. 通过商业模式重构焕发新生机. 经理人 209 期（2011/12）：62-63.
陈闻.德州仪器：投影的新增长点. 经理人 215 期（2012/06）：94-95
陈振烨.263 模式难以复制. 经理人 197 期（2010/12）：102-104.
大久保恒夫. 世界最赚钱：零售店的经营课. 张哲译. 北京：浙江人民出版
　　社，2011.
戴喆民. 汉龙：矿业"抄底王". 中国企业家. 2011-09-20: 110.
邓之江：小公司的"大信仰". 经理人 208 期（2012/02）：60-63.
杜亮. 最大的挑战是能不能认识自己. 中国企业家. 2011-11-20: 102-105.
段明珠. 深耕中国-2011 年"跨国公司本土化指数"榜单解读. 中国企业家.
　　2011-10-20: 089-093.
多丽丝·普瑟. 服装零售成功法则. 张玲编译. 北京：中国纺织出版社，2006.
范黎波，宋志红. 跨国经营理论与实务. 北京：北京师范大学出版社，2009.
房煜.TCL：改革开放的冲浪者. 中国企业家，TCL30 周年特刊. 2011：8-21.
房煜. "国际化，你姓什么？". 中国企业家. 2011-09-20: 148.
房煜. 跨国巨头中国巷战. 中国企业家. 2011-10-20: 080-085.
房煜. 顺丰：不入电商圈. 中国企业家. 2011-10-20: 054-057.
付志勇. 闹猎产业链核心！. 经理人 199 期（2011/02）：28-31.
高闻. 公司治理：原理与前沿问题. 北京：经济管理出版社，2009.
高连奎. 警惕"迂回陷阱"！ 经理人 214 期（2012/05）：26.

253

格里·约翰，凯万·斯科尔斯. 战略管理案例. 王军，王红，肖远企，陈海潮，姚骁，贾维国译. 第 6 版. 北京：人民邮电出版社出版发，2006.

龚超凡. 客式危机. 经理人 208 期（2012/02）：54-57.

关景欣. 公司并购重组操作实务. 北京：法律出版社，2007.

桂曙光. 成长陷阱：小心，伪商业模式！经理人 208 期（2011/11）：56-58.

韩奕. 4A 转型的四大节点. 经理人 209 期（2011/12）：98-100.

何振红. 产媒融合不仅是场联姻. 中国企业家. 2011-10-05：009.

何振红. 张瑞敏的"模式革命". 中国企业家. 2011-11-20：005.

亨德里克·迈耶·奥勒. 日本零售业的创新和动态：从技术到业态，再到系统. 盛亚，李靖华，胡永铨等译. 北京：知识产权出版社，2010.

霍尔登. 零成本网络营销：80 个实用技巧. 高采平，史鹏举译. 北京：电子工业出版社，2010.

杰弗里·蒂蒙斯，小斯蒂芬· 斯皮内利. 创业学案例. 周伟民, 吕长春译. 第 6 版. 北京：人民邮电出版社，2009.

杰里·纽曼. 卧底麦当劳. 但汉敏译. 北京：中国人民大学出版社，2007.

金顺九，李美榮. 视觉·服装：终端卖场陈列规划. 穆芸芸译. 北京：中国纺织出版社，2007.

京东. 打造动态的战略应变力. 经理人 208 期（2011/11）：46-47.

凯勒著. 战略品牌管理. 卢泰宏，吴水龙译. 第 3 版. 北京：中国人民大学出版社，2009.

Ken Favaro. 如何实现有机增长？经理人 216 期（2012/07）：54-55.

拉姆·查然. 顶级董事会运作—如何通过董事会创造公司的竞争优势. 武利中译. 北京：中国人民大学出版社，2003.

拉斯库. 国际市场营销学. 马连福等译. 北京：机械工业出版社，2010.

郎咸平. 零售连锁业战略思维和发展模式. 北京：东方出版社：2006.

林汉川，邱红. 中小企业战略管理. 北京：对外经济贸易大学出版社，2006.

理查德·诺曼. 服务管理：服务企业的战略与领导 范秀成，卢丽主译. 第 3 版. 北京：中国人民大学出版社，2006.

李氓. 产品家与企业家. 中国企业家. 2011-11-20: 007.

李岷. 黑马的后患. 中国企业家. 2011-09-20: 007.

李岷. 牌照社会. 中国企业家. 2011-10-05: 011.

黎平. 唐，舒尔茨：品牌传播的杠杆法则. 经理人 214 期（2012/05）：88-92.

黎冲森. 史晓燕：踩准差异化节奏. 经理人 215 期（2012/06）：88-89.

梁利峥. 光伏"围城". 经理人 212 期（2012/03）：34-36.

刘国栋. 肯德基在中国：天时，地利，人和. 北京：机械工业出版社，2007.

254

陆新之. 郁亮凭啥能成功接班. 经理人 206 期（2011/09）：84-86.

罗伯特·M·格兰特. 现代战略分析：概念、技术、应用. 罗建萍译. 第 4
　　版. 北京：中国人民大学出版社，2003.

罗伯特·S·卡普兰，戴维·P·诺顿. 组织协同：运用平衡计分卡创造企业
　　合力. 北京：商务印书馆，2007.

罗清启. 政策刺激透支家电业？经理人 208 期（2012/02）：40-42.

马吉英. 比亚迪"减速". 中国企业家. 2011-09-20: 091.

马吉英. 达沃斯：全球共振的"新危机时代." 中国企业家.
　　2011-10-05: 046-48.

迈克尔·A·希特，R·杜安·爱尔兰，罗伯特·E·霍斯基森. 战略管理：
　　概念与案例. 吕巍译. 第 8 版. 北京：中国人民大学出版社，2006.

迈克尔·波特. 竞争战略. 陈小悦译. 北京：华夏出版社，2010.

迈克尔. R. 所罗门. 消费者行为学. 卢泰宏译. 第 6 版. 北京：电子工业出
　　版社，2009.

Mette Norgaard. 创建你的领导模式. 经理人 209 期（2011/12）：58-59.

尼尔·马丁. 习惯的陷阱. 高彩霞译. 北京：中国人民大学出版社，2011.

宁向东. 大银行的"规模绑架". 中国企业家. 2011-10-05: 042.

宁向东. 乔布斯身后冷与热. 中国企业家. 2011-10-20: 044.

宁向东. 为什么要恋栈. 中国企业家. 2011-11-20:040.

欧阳文，高政利，李亚伯，陈修谦，姜向阳. 中小企业公司治理：理论与实
　　务. 北京：经济管理出版社，2006.

帕科·昂德希尔. 顾客为什么购买. 缪青青,刘尚焱译. 北京：中信出版社，
　　2011.

彭一郎. 超限增长：启动顶层式创新！经理人 208 期（2011/11）：53-55.

彭一郎. 永辉：生鲜超市要做"价格杀手". 经理人 207 期（2011/10）：
　　90-91.

邱惠坚. 庞大：并购萨博局中局. 经理人 212 期（2012/03）：78-80.

全国企业管理现代化创新成果审定委员会. 国家级企业管理现代化创新成
　　果. 第 9 届. 北京：企业管理出版社，2003.

全国企业管理现代化创新成果审定委员会. 国家级企业管理现代化创新成
　　果. 第 11 届. 北京：企业管理出版社，2005.

Ram Charan. 提升执行力 9 要素. 经理人 209 期（2011/12）：56.

任浩. 战略管理：现代的观点. 北京：清华大学出版社，2008.

任浩. 现代企业组织设计.北京：清华大学出版社，2008.

Roger Dawson. 优秀决策者的九大特质. 经理人 213 期（2012/04）：68-69.

沈国梁，卢嘉：跨界. 北京：机械工业出版社，2010.

沈伟民. 蒋锡培：突围产业困局. 经理人 207 期（2011/10）：82-86.

沈伟民. 余俊雄：创新需要"私酿酒". 经理人 216 期（2012/07）：48-51.

苏龙飞. 变形的渠道. 经理人 208 期（2012/02）：26-35.

苏龙飞，罗思华，黎冲森. 奇虎 360 进化轨迹. 经理人 214 期（2012/05）：32-42.

苏龙飞. 资本博弈雷士照明. 经理人 197 期（2010/12）：94-99.

苏珊·F·舒尔茨. 董事会白皮书：使董事会成为公司成功的战略性力量. 李犁，朱思种，刘宸宇译. 北京：中国人民大学出版社，2003.

孙国辉，崔新健. 国际市场营销. 北京：中国人民大学出版社，2007.

唐纳德．H．邱. 公司财务和治理机制. 杨其静，林妍英，聂辉华，林毅英等译. 北京：中国人民大学出版社，2005.

王家卓. 中小企业问题出在哪？经理人 212 期（2012/03）：74-75.

王赛，郑静婷. 重塑未来"：5 大年度战略创新. 经理人 218 期（2012/09）：46-51.

王智慧. 上市公司治理结构与战略绩效研究. 北京：对外经济贸易大学出版社，2002

韦伯(Weber, L.). 社交网络营销：构建您的专有数字化营销网络. 张婷婷，赵睿涛译．北京：人民邮电出版社，2010.

魏薇. 比亚迪的产业链版图. 经理人 199 期（2011/02）：32-35.

魏炜. 4 步设计卓越商业模式！经理人 206 期（2011/09）：40-42.

魏薇. 8 大热门商业模式. 经理人 206 期（2011/09）：44-51.

魏薇. HTC 的烦恼. 经理人 210 期（2012/01）：28-32.

小阿瑟·A·汤普森·，A·J·斯特里克兰.，约翰·E·甘布尔. 战略管理：概念与案例. 王智慧译．第 14 版. 北京：北京大学出版社，2009.

肖文. 方太：归核化制胜. 经理人 207 期（2011/10）：118-19.

新山胜利. 服务的细节：完全商品陈列 115 例. 扈敏译.东方出版社，2011.

休伯特·K·兰佩萨德. 全面绩效计分卡. 梁东莉译. 北京：北京械工业出版社，2005.

徐冠华. 谨防高技爪产业的低附加值陷阱！经理人 216 期（2012/07）：60.

雅各布斯，蔡斯. 运营管理. 任建标译. 原书第 13 版. 北京：机械工业出版社，2011.

扬米·穆恩. 哈佛最受欢迎的营销课：如何打造脱颖而出的品牌. 王旭译. 北京：中信出版社，2012.

杨黔秋. 艾格菲：坎坷养猪梦. 经理人 215 期（2012/06）：36-38.

叶永平. 展示设计. 北京：机械工业出版社，2005.

伊查克·爱迪思. 企业生命周期. 赵睿，陈甦，何燕生译. 北京：中国
　　社会科学出版社，1997.

依山·帕里. 标准是一连串事件. 中国企业家. 2011-10-05：043.

于刚. 创新企业生命线经理人. 215 期（2012/06）：60-61.

于刚. 放弃最优决策思维！经理人 216 期（2012/07）：58-59.

原田进著. 设计品牌. 黄克炜译，南京：江苏美术出版社，2009.

于清教. 谁能抓住 OLED 先机？经理人 197 期（2010/12）：72-73.

袁学伦. 8 大全球化突围路径. 经理人 218 期（2012/09）：80-84.

约翰·A·皮尔斯二世，小理查德·B·鲁滨逊. 战略管理：制定、实施和
　　控制. 王丹，高玉环译. 北京：中国人民大学出版社，2005.

曾立平. 任勇：把企业做"小". 经理人 212 期（2012/03）：66-71.

泽维尔，维夫斯. 公司治理：理论与经验研究. 郑江淮，李鹏飞等译. 北京：
　　中国人民大学出版社，2006.

詹姆斯 A. 菲茨西蒙斯，莫娜 J. 菲茨西蒙斯. 服务管理：运作、战略与信
　　息技术. 北京：机械工业出版社，2007.

章继钢. 农业投资中的真伪机会. 经理人 215 期（2012/06）：52-54.

张晓鹏,魏薇. 尚德：迟到的垂直整合. 经理人 209 期（2011/12）：64-66.

赵奕. 体检搅局者俞榕. 中国企业家. 2012-01-20：121-123.

赵奕. 飞利浦"千日维新"中国企业家. 2012-01-20：100-102.

支维墉. 复制日本综合商社的战略柔性. 经理人 199 期（2011/02）：40-41.

周建华. 均衡增长：新环境下的转型新思维. 经理人 208 期（2011/11）：38-39.

周建华. 流血转型：离不开管理创新！经理人 218 期（2012/09）：32-33.

朱清贞,颜晓燕,肖小玮. 财务管理案例教程. 北京：清华大学出版社,2007.

祝文欣. 店铺商品管理. 北京：机械工业出版，2007.

朱汐. Shokav：社会企业也时尚. 中国企业家. 2012-01-20：115-117.

祝文欣. 促销实战攻略. 北京：机械工业出版社，2006.

朱武祥. 越碎片 越聚合 越平台！经理人 206 期（2011/09）：35-38.

257